中央党校（国家行政学院）
离退休人员科研成果资助出版项目

U0830109

徐树铮传

王彦民　著

人民东方出版传媒
People's Oriental Publishing & Media
東方出版社
The Oriental Press

图书在版编目（CIP）数据

徐树铮传 / 王彦民 著 .—北京 : 东方出版社，2024.1
ISBN 978-7-5207-3827-9

Ⅰ.①徐… Ⅱ.①王… Ⅲ.①徐树铮（1880-1925）—传记
Ⅳ.① K825.2

中国国家版本馆 CIP数据核字 (2024)第 025250号

徐树铮传
(XUSHUZHENG ZHUAN)

作　　者：王彦民
责任编辑：李小娜　张嘉宝
出　　版：东方出版社
发　　行：人民东方出版传媒有限公司
地　　址：北京市东城区朝阳门内大街 166号
邮　　编：100010
印　　刷：北京铭传印刷有限公司
版　　次：2024年1月第 1 版
印　　次：2024年1月第 1 次印刷
开　　本：787毫米 ×1092毫米　1/16
印　　张：30.25
字　　数：450千字
书　　号：ISBN 978-7-5207-3827-9
定　　价：109.00元
发行电话：（010）85924640

徐树铮像

目录

引言

其雄略足以横一世，其霸气足以隘九州。其才兼乎文武，其识通于新旧。既营内而拓外，翳杜断而房谋[①]。又扬历乎域外，增学识于四洲。其喑呜废千人[②]，其洞视无全牛。其飞动高歌擅昆曲，其妩媚清词追柳周。大盗竟杀猛士兮，天人起邦家殄瘁之愁！假生百命之前，为人龙而寡俦。哀世乱而内争兮，碎明于九幽。

——康有为悼徐树铮词[③]

1925年12月29日午夜，千里北国，万籁俱寂。雪月相映，格外清丽。突然，京津之间，爆响划破长空的枪声，陆军上将、远威将军、考察欧美日本各国政治专使、前陆军次长、国务院秘书长、西北筹边使兼边防军总司令、“段祺瑞的智囊、灵魂、左右肱股”——徐树铮，应声倒在雪地血泊中……

次日，上海《时报》登出“徐专使专车被炸”的消息。31日，国内外大报纷纷登出“徐树铮在廊坊被杀，陆承武为父报仇”的新闻。北京《晨报》还登载“陆承武的通电”，说他“本月二十九日遇徐贼于廊坊，手加诛

---

① 翳（yì）：意为遮蔽。杜断而房谋：唐太宗李世民的大臣杜如晦善于决断，房玄龄善于谋划。

② 喑呜（yīn wū）：勇悍之气。“项王喑呜叱咤，千人皆废。”（《史记·淮阴侯列传》）

③《康有为全集》第十二集，姜义华、张荣华编校，中国人民大学出版社2007年版，第403页。

戮，以泄国人之公愤，报杀父之深仇”等等。

这究竟是怎么回事？是“专车被炸”还是陆承武“手加诛戮”？陆承武何以得遂其手？行凶后为何没有被捕？其通电又从何处发出？廊坊当时可是冯玉祥国民军张之江部驻扎的军事要地！这中间的事情……一个疑团接着一个疑团，使人如坠云里雾里。南通张謇写道[①]：

风惨云愁，
莽中夏今是何世？
远归客，九关轻犯，
身危命致。
符节谁司南北卫？
囊丸任陀东西市。
问幽都紫陌亦甘人，
谁之耻？！[②]

问题纷纷，诸多猜疑。欲明底细，还得从头说起。

① 张謇研究中心等编：《张謇全集》第五卷·艺文（下），江苏古籍出版社1994年版，第443页。

② 中夏：即中国。九关：重重关隘，北京城有九门。符节：此指京畿警备官。司：主持、主管。卫：京畿要地。陀（shì）：台阶两旁砌的斜石。幽都：北京。紫陌：京城的街路。甘人：虎豹甘人，凶残的人甘于杀人。

第一章

青少年时代

一、家世与早年

徐树铮，字又铮，幼号铁珊，又曾自号则林，盖与林则徐有关。乡里人多称“徐铁三”，因他在兄弟中排行第三，很少人知道“徐树铮，字又铮”。有人称“徐铁山”，还有人戏呼为“铁牛”，说“铁牛铁牛，暂时埋头；时运来到，挂印封侯”①。中华民国初期，世称“小徐”，以别于“大徐”徐世昌。徐世昌是清朝末年至民国初期的重要人物，1918 年 10 月至 1922 年 6 月任总统。②

清代光绪六年十月九日（1880 年 11 月 11 日），徐树铮生于江苏萧县（今属安徽）醴泉村。村在徐州西南 50 里，东面是旗山（池山）、钟山（锅帽山）、鼓山（捹篮山），南面是皇藏峪（黄桑峪），西面是龙岗山、天门山，蜿蜒崎岖，殊为壮观。据传说，孔子周游列国经过这里时遇雨，雨过天晴，晒书后草被压得平长，至今还那样，天门山上还有孔子的晒书场；

---

① 杨光庭:《徐树铮传略》，未刊稿。

② 徐世昌（1855—1939），号菊人，又号东海、水竹村人，直隶（河北省）天津人，生于河南省卫辉府（卫辉市），进士，历任晚清翰林院编修、新建陆军营务处总办、军机大臣、东三省总督、国务卿等。

汉代开国皇帝曾因战争躲避到黄桑峪（因而又名皇藏峪），峪中有马扒泉、拔剑泉、皇藏洞，还有瑞云寺。旗山东边，有古今南北交通要道，不知多少风流人物经过。

徐家本甚贫寒，原先不在醴泉。徐树铮祖父徐兰，知书而业农，因战乱逃难，飘徙无定，偶然卜居醴泉村。徐树铮故居，在醴泉河东，坐北朝南，其父自作春联，每年贴在大门："笔架三山当户列，龙潭一水抱村流"①。徐家南面几千米处有三山，山峰参差，形如笔架。村西五里处有黑龙潭，流经醴泉，自西折北转东，常年流水淙淙。

徐树铮父亲徐世道（1834年1月8日—1906年5月4日），字葵南，榜名忠清，自幼严遵父训，于颠沛流离中，亦能坚持读书。同治十二年（1873年）选拔贡生（相当于举人），授为教谕，改州判未就，一生以教书为业，在徐州地区颇有声誉。徐州守备官李秀岭，聘他为家庭教师（7个儿子多半是他的学生），并和他结为儿女亲家，娶他的三女儿为五儿媳妇。李的第五子李辅京（字钟镐）是武秀才，曾拜徐州道员袁世廉（袁世凯三哥）为师，后任徐州统领；李辅京的哥哥李辅勋（字竹铭），曾任总兵、亳州统领；李的第三子李辅桢曾任河南彰德府（安阳）参将，后在袁世凯回籍"养疴"期间，带两营飞骑马队守护袁宅。李家与袁家是世交。徐树铮后来投奔袁世凯与此有关。

徐世道的学生非常多，据说有上千人。当时徐州八县范围内的举人，十有八九是他的学生。后来在北洋政府任职的张伯英、臧荫松、宋子扬等也是他的学生。

徐树铮母亲岳氏，原籍江苏丰县，幼时随父岳保瑾（字封叔）逃荒落户于萧县桃山集（今属宿州市埇桥区），与当地岳姓叙为本家。该族人自称是岳飞后裔，建有岳武穆祠，保存着宋时岳武穆像。岳保瑾知书而识人，

① 杨光庭:《致王彦民信》1982年5月8日。徐树铮大哥是杨光庭姨父。

认为徐世道日后会有大出息，就把女儿许配给他，出嫁时女儿 18 岁。

徐世道夫妇共生 9 个孩子，三男六女（两女夭折）。徐树铮排行最幼，也最受父母喜爱。牙牙学语，父母就教认字。五六岁时，父亲在徐州教书，寒暑季节回家，总是带着他往返。曾于风雪中，将他攀缚驴背，口授诗歌，且吟一句“驴鸣双耳竖”，戏令他仿效作句，他以“狗尿一蹄翘”相对，意虽不雅，倒还合拍，反映他的聪敏，和对生活环境的观察。乡人传说他“七岁能诗”，夸为神童。有位老先生不信，当面要试试他，以“推窗望月”命他答对，他对以“拔山超海”，老先生吃惊而去，他父亲却很高兴。父亲教书，常带他附读。“留于家，则杂取书史骚雅”，折角让其母亲“分日督课”，尽出所学以教之。他正式入学渐渐懂事后，“慕为踔踬”，父亲“不复责其勤惰”，放心让其自学。他 12 岁成为秀才，16 岁岁试一等第一名。“食廪饩，益放旷，作名士结习”，对于每月所获助学金，皆信手挥霍，不告诉家人，家人亦不过问。其行为豪纵，常似游侠，不自审为穷儒之子。论者诋誉参半。有位老翁劝其父设法戒止他，其父笑而不答，反复劝诫之下，欣然说道：“我辈幼时游戏，岂不自能知止，戒曾何补！”当时他正捧茶上客，闻听此话，不知进退，“一息未平，万念纷起纷落，心志似骤失其依”[①]。从此，他刻苦自约，以知书达礼厚责自己。可是 17 岁到南京乡试[②]却没中举，此后即离开科举之路。

---

① 徐道邻编述、徐樱增补：《徐树铮先生文集年谱合刊》，台湾商务印书馆 1989 年版，第 25、27 页。踔踬（chuō tuò），卓然特立，精神振发，放荡不羁。廪饩（lǐn xì），清政府发给生员的生活补贴。

② 光绪二十三年（1897 年）八月初七日（9 月 3 日），江南乡试在南京举行。江苏、安徽两省的秀才参加。乡试分三场，每场三天，共九天。陈独秀亦参加这场乡试，并有记载：“考头场时，看见一位徐州的大胖子，一条大辫子盘在头顶上，全身一丝不挂，脚踏一双破鞋，手里捧着试卷，在如火的长巷中走来走去，走着走着，上下大小脑袋左右摇晃着，拖长着怪声念他那得意的文章，念到最得意处，用力把大腿一拍，翘起大拇指叫道：‘好！今科必中！’”（陈独秀：《实庵自传》）

二、投笔从戎

徐树铮居家读书，常以致用为宗旨，并且深感“频年朝政日非，丧师割地，为国大辱”，若不关心国家大事，纵然读到老死何益！他心平气和地向父母说明，意欲外出从戎。父母认为他还年轻，不许他去当兵，希望他安心学业，早日中举，以后像父亲一样做名教书先生。他二哥徐树镄是位普通农民，也想让他继续学业。大哥徐树衔是名中医，想叫他弃学经商。但他坚持自己的思想，“私究兵谋，留心天下政财大略，预为投笔计”①。

1900年，义和团运动爆发，英、德、俄、法、美、日、意、奥八国联军打进北京，慈禧挟持光绪皇帝逃往西安。徐树铮听说京师招兵，便私拿父亲的钱乘夜出走，未及江浦，被母亲追还。

父母为了留住他，强行为他娶亲。新娘夏宣，字鸿筠，徐州铜山人，生于光绪四年七月十六日（1878年8月14日）。其父夏敬斋，也是位教书先生。夏宣兄弟姊妹5人，上有两个哥哥，下有两个弟弟。夏宣皮肤白皙，相貌端庄，天资聪颖，深受父母喜爱。四五岁时，父亲便教她和哥哥们一起读书写字。但在那个时代，“女子无才便是德”，稍稍长大，父亲便不再鼓励她读书，而引导她跟母亲学做针线活与家务事。不过，她耳濡目染，还是学些文化，十几岁时，越发让人喜爱。不少远近富庶人家，请人上门说亲，都被她父亲拒绝。徐树铮考取秀才后，徐世道贸然跑到夏家，亲自为儿子说亲。夏敬斋虽然同意，但不愿让女儿过早出嫁。此后几年，徐世道多次到夏家要求迎娶，夏敬斋总是推托。徐树铮出走被追回后，徐世道又到夏家要求迎娶，夏敬斋才答应让夏宣出阁。光绪二十六年（1900年）农历八月，徐树铮与夏宣成婚。可是新婚之夜，夏宣竟得急症，徐树铮连夜跑到几十里外，去求名医徐道人。名医神方，药到病除。这位名医有意

---

① 徐道邻编述、徐樱增补:《徐树铮先生文集年谱合刊》，台湾商务印书馆1989年版，第28页。

要徐树铮跟他学医，徐树铮没有答应，否则，他的前途就是另一光景。

新婚燕尔，夫妻恩爱，没有打消徐树铮从军的愿望。他与夏宣商量，夏宣未加阻拦，并且尽出妆奁私房钱，支持他勇奔前程。父母无奈，只得给他些路费，让他远行。他后来极为感叹地写道："呜呼！父母膝前，少儿啼笑自兹远矣。"[①]深深体会当年父母疼爱的心情，及难以言说的离别滋味。

1901年秋，徐树铮迎着北风，踏着古道，跋山涉水，直奔济南。这时，夏宣的二哥夏仲陶，正在济南武备学堂学习。徐树铮到济南即住其处。夏仲陶无法使他参军，他即草拟经国大计，上书山东巡抚袁世凯，"极言国事之败，败于兵将之庸蹇。欲整顿济时，舍经武无急务"。袁世凯深以为是，因母亲去世，即写信命济南观察使朱钟琪接见。朱钟琪素有名士气，问对中意见不合。徐树铮退去后写信嘲讽朱钟琪，不料两信被寄回家，"朋偶惊为奇纵，长老辈或以卤莽讶之，甚者啮指为之危，虑将获祸"[②]。他却借酒浇愁，醉中写道："性气粗豪不自收，等闲岁月太难留。此生称意须何日？抵死衔杯未肯休！苏晋清才并仙佛，灌夫故态慢公侯。安能化得身千亿，处处迎风上酒楼！"[③]羁愁难解之时，他忽得父亲来信，信中训他：你离家外出，是要被人用的。还没被人用，就妄想用你之人先为你用吗？他顿感醒悟，于是知天下知己者莫若父也。

徐树铮与朱钟琪相见不合，但被段祺瑞看中，就做段的记室（秘书）[④]。段祺瑞时年36岁，随袁世凯驻防济南，任武卫右军各学堂总办。徐树铮时年21岁，从此踏上军旅之途，协助段祺瑞，对中国政治、军事，以至于国

① 徐道邻编述、徐樱增补：《徐树铮先生文集年谱合刊》，台湾商务印书馆1989年版，第28页。

② 徐道邻编述、徐樱增补：《徐树铮先生文集年谱合刊》，台湾商务印书馆1989年版，第28页。

③ 徐道邻编述、徐樱增补：《徐树铮先生文集年谱合刊》，台湾商务印书馆1989年版，第54页。

④ 段祺瑞撰：《徐树铮神道碑》谓徐，"时年二十有二，跋涉山川，重輮上书。袁公适居丧，命道员朱钟琪延见。朱素有名士称，所如不合，遂作余记室"（《徐树铮电稿·附录》，中华书局1963年版，第382页）。何千里《张作霖与徐树铮》说："袁发交段祺瑞量才录用"（《吉林文史资料选辑》，吉林人民出版社1983年版，第228页）；一说，段祺瑞到旅店会客偶遇徐树铮（《徐树铮先生文集年谱合刊》第195页）。

际，产生较大影响。

1901 年 9 月 7 日，李鸿章与 11 国签订《辛丑条约》，11 月 7 日，李鸿章病逝。袁世凯继任北洋大臣兼直隶总督。袁在保定设立督练公所，委派段祺瑞为参谋处总办（冯国璋为教练处总办，王士珍为营务处督理）。徐树铮随段祺瑞到保定，虽然是个记室，但“时与兵士同操作，习跑步，艰苦卓绝，志趣异人”[①]。袁世凯也看过他和士兵一起操练，认为他是位与众不同的人，说他一脸的书气。

1903 年春天，两江总督、南洋大臣张之洞赴京朝觐，途经保定，袁世凯请他阅兵，既表明尊重，又彰显威武。张之洞时年 65 岁，是清末很有名望的重臣。袁世凯 43 岁，亦是功名中人，视张之洞如神，因刚担任新职不久，在各省督抚中资历最浅，声望亦不很高，职位却列各省督抚之前，所以非常慎重。阅兵之后，袁世凯设盛宴招待张之洞。徐树铮“躬侍陪席，亲见项城（袁世凯）率将吏以百数，饬仪肃对，万态竦约，满座屏息，无敢稍解”[②]。张之洞却故作老态，不屑一顾。袁世凯愈是执礼恭谨，张之洞愈是傲慢，倚老卖老，甚至故作瞌睡，呼吸之间，犹隐隐打鼾。袁世凯很不愉快，此后数月犹耿耿于怀。徐树铮对此印象特深。十几年后，他读《清史稿·张之洞传》，还很感慨，致信《清史稿》总纂马其昶说：“自合肥李公（鸿章）逝后，柱国世臣，资望无逾公（张之洞），干略无逾项城（袁世凯）。公于项城，爵齿德俱尊，而辈行又先。项城功名中人，仰公如神。其时公果涵以道气，驭以情真，两美诉合，共忧国是，项城不愦亲贵之龋龁，尽其材画，戮力中朝，公虽前卒，而武昌之变，至今不作可也。讵公与相遇，殊形落寞……一色息之细，不能稍自节束，以笼络雄奇权重之方面吏，徒使其人心目中更无可畏可爱可敬之人，生与并世，渐滋其骄谲之

① 段祺瑞撰：《徐树铮神道碑》，《徐树铮电稿·附录》，中华书局 1963 年版，第 382 页。
② 徐道邻编述、徐樱增补：《徐树铮先生文集年谱合刊》，台湾商务印书馆 1989 年版，第 17 页。

萌，致力于拒纳之术，以遗后世忧。当日衮衮诸公，何人曾足语此！此亦清室兴废一大关键，而春秋责备之义，所不容不独严于公也。鄙见以为宜于传中微书数言，俾后之读史者有所考，而知所以自处之道也。”①

徐树铮虽然投笔从戎，但一有闲暇就埋头读书，尤喜兵书。驻保定期间，他偶尔得到明代赵虚舟注释的《孙子》（日本传刻本），欣喜之情难以言表。为使更多人读到这部书，他让人活字印刷数百部，分赠熟识者。该版《孙子》，后被辗转排印，在江鄂地区尤为流行。他本人则自藏原书，随身携带研读。因感国家积弱，后来他再次手校原书，“付之坊间，印行售世，以广厥传”②。

三、留学日本

1904 年，日俄战争爆发。日本战胜俄国，并且是在中国东北境内。这时离甲午（1894 年）中日战争才十年，许多人感到震惊。日本何以如此？中国怎样才能强盛？

1905 年，袁世凯、张之洞、赵尔巽等人联名上奏清廷，要求废止科举制度。清廷迫于大势所趋，就废除了相沿一千多年的科举制度。这个时候，中国出现赴日留学高潮。1905 年，留日学生数由 1904 年的 1300 名，猛增至 8000 名③，是 1896 年以来中国所派留日生总数（3327 名）的 2.4 倍有余。清政府禁止自费留日学生攻读军事，1905 年还要求日本政府禁止留日学生从事革命活动。根据练兵处 1904 年奏定《陆军学生分班游学

① 徐道邻编述、徐樱增补:《徐树铮先生文集年谱合刊》，台湾商务印书馆 1989 年版，第 17—18 页。齮龁（yǐ hé）：忌恨、倾轧。

② 徐道邻编述、徐樱增补:《徐树铮先生文集年谱合刊》，台湾商务印书馆 1989 年版，第 8—9 页。

③ ［日］实藤惠秀著:《中国人留学日本史》，谭汝谦、林启彦译，生活·读书·新知三联书店 1983 年版，第 451 页。

章程》（16条），中国每年从各省共选100名学生留日学习陆军，经费由国家支付。

徐树铮申请赴日学习陆军，得到段祺瑞的支持，于1905年以江苏籍学生身份到日本留学。赴日前，他把家眷安排在天津。

徐树铮到日本，先在振武学校学习。该校由中日双方协议，于1903年在日本参谋本部开设，专门从事陆军士官学校的预科教育。修业期限，开始时为一年三个月，后来延至三年。学习日语、数学、地理、历史、生理卫生、物理、化学、典令教范、体操等课程。该校实行严格的军事化教育，并且严防革命青年入学。《振武学校规则》规定：申请入学本校者，年龄须在18岁以上，22岁以下，具备适当学历，连同入学申请书及下列文件，经清国政府派驻东京留学生总监督，呈交清国学生监理委员长：（1）清国各省负责官员之咨文；（2）驻京留日学生总督之保证；（3）学生东渡前后之履历。该校初期有学生约180人，1907年增至300人。1904年毕业生49名，1905年121名，1906年202名，维持至1911年止[①]。辛亥前几年及辛亥后十几年间，中国军界重要人物大多数都在该校学习过，其姓名几乎“十之九可以从明治四十（1907）年《振武学校一览》之学生名册中查出”[②]。据阎锡山回忆：“振武学校是从第六批中国留学生起，专门为中国学生设的。士官学校的中国学生亦不与日本学生同住，且上课亦不在一起，因为日本有若干秘密，是不愿让中国学生知道的。”[③]徐树铮就是在这样的日本学校里学习的。他的年龄有点偏大。

自入军籍以来，徐树铮一直没有回家。1906年春天，因父亲病重，他才从日本回国省亲，至父亲病愈而返。可是未及东京，父亲病逝。家人遵

---

① ［日］实藤惠秀著：《中国人留学日本史》，谭汝谦、林启彦译，生活·读书·新知三联书店1983年版，第48—49页。

② 舒新城：《近代中国留学史》，中华书局1927年版，第64页。

③ 《阎锡山回忆录》，人民出版社2012年版，第5—6页。

其遗嘱，没有告诉他，担心军令威严，不容他再请假，希望他安心学业。

徐树铮返校时，途经天津，带妻子夏宣和两个小儿同去日本。岳父和内兄送他们到大沽口。可是岳父回去不久，也在那年去世。家人同样没告诉他们。

徐树铮回到东京，租一间小木屋勉强为家。日常费用，主要靠他留学的官费，过得相当艰难。他常饥肠辘辘，紧束腰带，硬着头皮上课出操，每隔两周回家一次。妻子总是省吃俭用，希望他回来饱餐一顿。有时他还带些朋友来家，只得靠借债应急。一次正在吃饭，债主突然上门，他不得不暗自溜出，等债主走了，再陪朋友。

1906 年秋，徐树铮姐夫的哥哥李竹铭，自国内来到日本，两人不期而遇，倍感亲切。徐树铮早年即和李竹铭相识相处融洽，而今在异国他乡聚首，无限喜乐涌上心头。两人促膝谈心，置酒论世，好不痛快！分别之际，徐树铮送李竹铭至东京新桥车站，并写诗《新桥送李竹铭》："人生离聚信无定，相逢远道殊殷勤。河梁薄暮送归客……胡马依风嘶故群。忆昔十年读书史，灯火与君伯季相依因。君时行役苦出入，休沐杯酒犹让陈。怀抱各有四方志，安能足迹规规山城闉。短衣长啸从军去，燕齐上都白河滨。君亦逐风走南北，素衣尘涴冬复春。宣南踪迹互邅迕，卢沟大车空哼哼。从此飘萧六七载，山河无恙疏音闻。……宁知握手在异国，风雨晦瘖浃兼旬。酒酣俯仰论世事，拍案大叫屋瓦振。廿年国步蹩躠骋，不学无术斯纠纷。……吁嗟乎，男儿生无媚世骨，腹笥兵甲鬼宁禋。……倚天长剑哀反顾，海岚四起愁风尘。执手珍重自兹别，疏铃车发雷殷殷。莫问何年何地重相见，徒使天涯涕泪沾斜曛。"[①] 在留学的苦涩时期，留下一段多么深刻的记忆。

1906 年 12 月 17 日（光绪三十二年十一月二日），徐树铮夫妇又生了

---

① 徐道邻编述、徐樱增补:《徐树铮先生文集年谱合刊》，台湾商务印书馆 1989 年版，第 55—56 页。

一个儿子。临产前几天，徐树铮请假回家。可是假期过了，孩子还没出生。他等待不及，只好返校。然而他白天才走，孩子夜里就出生了。寒冬之夜，夏宣独自一人，只得用嘴咬断脐带。后来，徐树铮采取《孟子》“交邻国有道乎”的意思，为新生儿取名审交，字道邻。他为前两个儿子起的名字是：宪、武。“他那时认为中国第一需要的是宪法，第二是武备，第三是外交。这很可以说明当时人的政治思考”。三儿长成后，发现“道邻”是史可法的号，拼成外国音时也比较好读，就用作为名，而不用“审交”了。①

三儿出生不久，徐树铮忽然接到袁世凯寄来的20两银子，此后每月寄来，作为津贴。这使徐树铮摆脱了以前那种困窘，不必再为避债而躲藏，并且有钱请保姆。可是保姆不慎将三儿摔伤，造成腿部残疾。

更为不幸的是，1907年9月5日，二儿4岁突然病死。这对徐树铮可谓是莫大的打击。徐树铮立志整军，满心希望这个生如牛犊的儿子，长成后也能从军习武，报效国家。不料一朝离去，永世无回。他有一篇《诔殇武》，首列于文集，情词悲切，哀哀其痛，非常自责。其中写道：“余失父职，莫善护邪。幼稚国民，遂横殂邪。永载心疚，余何恕邪。嗟嗟！余志整军，名汝武邪。谓汝国殇，能终古邪。岂翳国魂，莫之辅邪。萌札倾折，独何故邪。……幽幽明月，余谁诉邪。魂兮仿佛，来语余邪！”②

对于次子的夭折，夏宣自然也非常悲切。她强忍悲痛，1907年11月，

① 徐道邻编述、徐樱增补：《徐树铮先生文集年谱合刊》，台湾商务印书馆1989年版，第198—199页。徐道邻（1906—1973），德国柏林大学法学博士，历任中华民国驻意大利使馆代办，国民政府行政院政务处长，中央大学、同济大学教授，台湾省政府（魏道明主席任内）秘书长，台湾大学教授，美国密歇根州立大学教授、哥伦比亚大学教授、西雅图华盛顿大学教授。著作有《宪法变迁》（博士论文）、《唐律通论》、《中国法制史论略》、《论政治与学术》等。

② 徐道邻编述、徐樱增补：《徐树铮先生文集年谱合刊》，台湾商务印书馆1989年版，第2页。

自费进入东京女塾学习，注册姓名徐夏宣，1909 年 3 月学习结束。[①]

徐树铮课余之暇，触景生情，写些诗词，抒情言志，并记载他的生活、学习，及对祖国的忧患意识。“夜读阴符朝试剑”，“落日营门军令急”，“拔剑挥虹起，摊书喝月回”，是他军校生活的写照。1909 年元月，袁世凯因权势膨胀，遭摄政王载沣嫉妒，被勒令开缺回籍养病。徐树铮得知消息，怅然写道：“趣意萧疏似野人，寒窗风雪独相亲。青灯无复儿时味，绿酒谁倾故国春？廷尉门前已罗雀，将军阁上待图麟。漫漫长夜何时旦？枯坐摊书一怆神。”[②] 袁世凯，字慰廷。诗中廷尉隐指袁世凯。这首诗可以和他回国后写给袁世凯的《养寿园》诗对照起来读。从中可以看出，他自早年以来，是推崇袁世凯的。

课余闲暇，他还考察日本国家的法政及规章制度，撮录纲要，进行研究，以便回国致用。还与同学好友，定期相聚，高谈阔论，狂歌痛饮。

1909 年元旦前后，徐树铮由振武学校进入日本陆军士官学校，主攻步兵科。课程结束后，又到日军部队 —— 离明治天皇最近的青山近卫第四纵队 —— 见习一段时间，1910 年 5 月毕业。

徐树铮留学结束后，即带着家眷[③]回国。临行写诗《赠别诸同学》：

一片斜红动夕曛，五年蛩距此离群。
西乌南雁皆愁侣，陇树秦云有赏音。
异国烟花春寂寂，联床风雨昼愔愔。
几回欲说神州恸，沧海横流万感纷。[④]

---

① 谢长法：《清末的留日女学生》，载《近代史研究》1995 年第 2 期。

② 徐道邻编述、徐樱增补：《徐树铮先生文集年谱合刊》，台湾商务印书馆 1989 年版，第 58、63、62 页。

③ 1910 年 4 月 28 日，长女徐樱在东京出生。徐樱后来嫁语言学家李方桂。

④ 徐道邻编述、徐樱增补：《徐树铮先生文集年谱合刊》，台湾商务印书馆 1989 年版，第 70 页。

四、创制兵法新棋

徐树铮留日期间，日本人非常蔑视中国人。日本人曾很仰慕中国，但自鸦片战争以来，尤其甲午战争之后，翻然变态。1904 年日俄战争，日胜俄败后，日人更加蔑视中国人。“蔑视中国留学生的不只是他们的日本同学，社会上一般日本人对待中国留学生的态度更是等而下之。…… 留学生蒙受极大委屈，他们的生活，实已处于‘是可忍，孰不可忍’的境况中。”①

而中国政治腐败，又使留学生深感痛恶。因此，留日学生陈天华自杀，许多人准备革命。革命团体兴中会、华兴会、光复会等，在日本东京皆有活动。孙中山领导创立同盟会，尤振革命之声。然而，徐树铮始终没有参加这类革命活动。但他心情并不轻松。他曾写道：“大风驱云去，烦忧不可违。”“自请羸囊处，谁令倦客游？男儿且努力，锦带有吴钩！”“宗邦不振，时轸方遒。羁游异国，忽忽数稔。岂不欲研练钤略之秘，揣摩发纵之术。”“寥落艰难百未成，吴钩锦带亦书生。照人除是天边月，谁识男儿肝胆清。”② 身为留日学习军事的官费生，他也深感宗邦不振，因而自警自励，努力学军以期将来有所作为。

1910 年 2 月，徐树铮在日本士官学校的课程终结，和同学下棋时忽然百感交集，坐立不安。祖国积弱，是何原因？他以军人的视角，认为是军威不振，是将帅不得人，士卒不用命，归根到底是由于军学不倡，知兵人士少。于是，他“欲以军事知识，遍饷国人”。同时他认为，若无通俗之具诱掖国民，纵然“著书充栋、兴校盈野”，恐亦难见大效。于是，他“不惜数日之力，规仿今世陆军大旨，目营心构，创为‘兵法新棋’。赋性命名，一依现行军制；绘图说略，衍制贡世。使好之者循途而趋，会心不远。

① ［日］实藤惠秀著：《中国人留学日本史》，谭汝谦、林启彦译，生活·读书·新知三联书店 1983 年版，第 180 页。

② 徐道邻编述、徐樱增补：《徐树铮先生文集年谱合刊》，台湾商务印书馆 1989 年版，第 62—64 页。

渐于游戏自得之余，恍然见甲兵大略”。2月21日，他专门写了一篇《兵法新棋序》说明上述情况，还追溯我国围棋与象棋的历史，认为“我国棋法有二：一曰围棋，一曰象棋，行于世最普，所从来亦最古。张华《博物志》，称‘尧造围棋，丹朱善之’。则敻乎远矣！象棋之初，殆不可考。相传以为周之武王所作，然罕所据。其最先见于史书者，宋玉《招魂》篇：‘菎蔽象棋，有六簙些’，疑即此物。……总之不离乎战国以前者近是”。并认为：“围棋自谢安石赌墅东山，‘儿辈遂能克敌’以后，世人盛引侈夸，以为棋寓兵机，竞起争胜。元明以来，以棋名家者，比比皆是。”“近更盛行于日本，著书立说，家喻户晓，举国殆无不擅此能者。其实围棋之为物与兵无涉。技之长者，一局胜负，动累旬月。使知兵之士为之，动与形随，默皆神遇，濬发其智灵，缜密其心思，诚大有造于开合禽纵之秘。使不知兵之士为之，亦徒玩物丧志，费时失业而已。”“象棋略具战阵之意，纵横奇正，自成诡辩。惟规模较俭，蕴含亦肤。”“两棋余均不精，然颇嗜之。虽军书旁舞，令制森严，犹不免橘中窃隙，手谈对客。”如同苏东坡乐于下棋一样，“胜顾欣然，败亦可喜，亦聊适天趣而已”。① 正是基于这些认识及对祖国积弱不振的忧虑，徐树铮才在课程结束之后，创制兵法新棋，并希望该棋能够推广，以便妇孺皆知，对倡武强国有所补益。

1915年初夏，徐树铮将其创制的《兵法新棋图》拿给姚永概看。姚永概（1866—1923），字叔节，安徽桐城人，桐城派晚期重要人物，曾任北京大学文科学长。他深叹徐树铮能“因人所乐而导之”，能“寓教战于嬉戏，且适用于今日”，并为其作《兵法新棋说略序》，说：“天下之大利，莫善乎因人所乐而导之。因人之所乐，则无用之物皆有至用者存。……古者，嬉戏之事有博有奕，而皆用棋奕，即今之围棋、弈棋，见于《左氏传》为最古。又有所谓象棋者，或疑即《招魂》之《菎蔽象棋》……皆有寓于

① 徐道邻编述、徐樱增补：《徐树铮先生文集年谱合刊》，台湾商务印书馆1989年版，第2—4页。

战。围棋之用在占势而破人之目，当必不得已之时，宁弃少以全多，合于兵家之权谋。象棋则以食敌将为胜，其用不尽合理……”“徐君又铮曩游海外，通知近日各国之战术，创为《兵法新棋图》，且说之。其篇有六，曰局、曰子、曰能、曰约、曰律、曰理，举凡进退之道，攻守之利，器械之能，习熟之，皆可以知其用而不穷。迺者将广其传于将士间。出以见示，余读之，深叹其能与圣人因人所乐而导之者合。寓教战于嬉戏，且适用于今日。”①

① 《桐城派名家文集（11）· 姚永朴集、姚永概集》，安徽教育出版社 2014 年版，第 249—250 页。

第二章

辛亥前后

一、到彰德府拜见袁世凯

徐树铮自日本留学回国不久，带着妻子儿女，到河南彰德（安阳）度过了一个短暂时期，并在那里拜见“养疴”的袁世凯。袁世凯当时51岁，徐树铮不足30岁。袁世凯是李鸿章、张之洞之后，最有权势的清末重臣，由于创办新军及政治影响而声名显赫，因权势斗争受到摄政王载沣等人排挤，在宣统元年之初，被朝廷开缺回籍养疴，但仍雄心不减而韬光养晦。袁不回交通闭塞的河南项城老家，而先去河南卫辉住几个月后，于1909年6月迁到交通方便的彰德。彰德府北门外洹上村，原有天津盐商一座别墅，前临洹水，右拥太行。袁爱其朗敞宏静，即购买加以改造扩建，题名“养寿园”。他曾叫人在园内池水上放只小船，自己持篙立于船尾，其兄披着蓑衣坐而垂钓，叫人拍照发表于上海《东方杂志》，题为“蓑笠垂钓图”，以掩盖其胸怀。园内设有电报房，随时与各地联系。

徐树铮见到袁世凯，非常高兴。十余年来，袁在他心目中，有特别高的位置。当初环顾海内，认为创练陆军，转抚山东大有可为，无人比得上袁，因而才跋涉山川，上书于袁。袁在保定接待张之洞时，他躬侍陪席，认为李鸿章之后，国人干略无逾袁者。留学日本期间，得知袁被开缺，深感惋惜，其诗《戊申除夕》[①]，似即为此。这次见袁，更加深了认识。

徐树铮向袁世凯介绍在日留学情况，感谢袁对他的资助，与袁讨论国内外局势，并参观了养寿园。

从袁世凯的言谈举止中，徐树铮深感袁是聪明绝顶的人[②]，认为袁虽被迫下野，但仍雄心韬养，有望东山再起。

徐树铮以《养寿园》为题，写诗五首[③]，送给袁世凯。

一

小拓园林好避贤，镜湖姑赐买山钱。
风风雨雨浑无赖，叶叶花花各逞妍。
十亩新荷半红白，一池明月两团圆。
琼楼玉宇高寒甚，聊此衔杯放醉眠。

写园林的美好，称袁因此而“避贤（嫌）”，避开“琼楼玉宇高寒甚”的朝中争斗，从容自得地在此生活。“十亩新荷半红白，一池明月两团圆”，既显生态环境美，也表明这次来彰德，正值盛夏时节。

二

奇气还应发浩歌，关山直北近如何。
逍遥湖上驴堪跨，寂寞门前雀有罗。
抚剑长吟追白日，卷帘高卧看黄河。
灌园闭户英雄事，岂是消闲安乐窝。

诗中把袁比作刘备，韬光养晦，绝非等闲之辈。不久，袁的出山就成为事实。

---

① 徐道邻编述、徐樱增补：《徐树铮先生文集年谱合刊》，台湾商务印书馆 1989 年版，第 61—62 页。
② 1913 年 12 月徐树铮《致曾毓隽张伯英》函中有“足征项城之聪明绝顶”之语，中国社会科学院近代史研究所档案馆藏。甲 160—2：徐树铮致傅良佐曾毓隽等函稿（1913 年），第 62—68 页。
③ 徐道邻编述、徐樱增补：《徐树铮先生文集年谱合刊》，台湾商务印书馆 1989 年版，第 72—73 页。

三

阵图无恙简书重，蛇鸟风云秘始终。

万里封侯笼里药，十年树木牖前松。

曾闻西极来天马，今日南阳有卧龙。

老范胸中甲兵在，窥边烽火要从容。

把袁比作卧龙孔明，又比作胸怀甲兵百万的范仲淹，称袁虽然闲居彰德，却不露声色地与各军政人物保持联系，时刻关注天下大势。

四

小事胡涂大事痴，万方一概更何之。

酒樽北海太常客，丝竹东山谢傅棋。

白发无情争岁月，苍生满目痛疮痍。

请留洗发林峦意，整顿乾坤再济时。

五

愿公长寿花常好，世有梧桐待凤凰。

破曙云霞喧海甸，连天金鼓瞰辽阳。

楚辞都是灵均泪，流水偏滋杜若香。

忙里功名闲里福，读书养气自堂堂。

四、五两首诗，更是望袁好好韬光养晦，准备以后整顿乾坤再济时。

袁在彰德“养疴”，自号洹上渔人，有《烟蓑雨笠一渔舟图》，曾以摄影赠王逸塘，并题诗云：“百年心事总悠悠，壮志当时苦未酬。野老胸中富兵甲，钓翁眼底小王侯。思量天下无磐石，太息神州变缺瓯。散发天涯从此去，烟蓑雨笠一渔舟。”[①]

袁在彰德时，有一些唱和的诗侣，如庐江吴保初、汉阳田文烈、会稽沈祖宪、甘泉闵尔昌、吴江费树蔚、项城张镇芳、番禺凌福彭、宜宾董士

① 王逸塘著:《今传是楼诗话》，台湾文海出版社 1979 年版，第 257 页。

佐、汲县王锡彤、合肥朱家磐、永城丁象震、江都女士史济道、静海女士权静泉等，“以外则筱石制军、寒云公子也。当时宾从唱酬，门庭雍睦，窃谓为项城平生第一适意之时，人或以投闲惜之，则真皮相之论矣”，“以诗境论之，‘钓翁眼底小王侯’、‘一行猎马疾归来’等句，硬语盘空，固是英雄本色，寻常文士，正未可同年而语[①]”。

袁世凯“养疴”时期，写有不少耐人寻味的诗。他是否把徐树铮的诗放在眼里？徐写给他的五首诗，未见他回复一首。一个“眼底小王侯”的前“震主高官”，下野后随时伺机再起的权势人物，会看得起一个刚留学回国的青年游子吗？何况曾在袁世凯下面做事的日本士官学校毕业生已有许多，如蒋雁行、张鸿逵、陆锦等是日本士官学校第一期毕业的，吴光新、傅良佐、曲同丰、陈文运等是第三期毕业的，而徐树铮是第七期毕业的。

二、参观宁镇湘鄂皖陆军

徐树铮从彰德返回后，把家眷暂时放在母亲身边，独自去北京谋职。经过陆军部复核，被分配到段祺瑞任统制的第六镇，这也符合他的心愿。北洋六镇是清末袁世凯负责编练的新式陆军，借鉴日本和德国的军事体制和练兵方法，采用日本和德国的一些武器，大体上于1905年建成。镇相当于师，设统制官；每镇二协，协相当于旅，设统领官；每协二标，标相当于团，设统带官；每标三营，营设管带官。段祺瑞是1909年12月29日受命任第六镇统制的，驻北京南苑。

1910年9月26日，清廷裁撤京畿督练公所，北洋六镇均归陆军部

① 王逸塘著:《今传是楼诗话》，台湾文海出版社1979年版，第258—259页。

直接管辖。12 月 18 日，第六镇统制段祺瑞，奉命署理江北提督。江北提督，全称“提督江北军务总兵官”，是光绪三十一年（1905）设置的江北地区最高军事长官，级别略高于镇统。刘永庆、荫昌、徐绍桢、雷振春、王士珍，曾署理该职。清政府原计划在江北编练第七镇新军，并将袁世凯在直隶正定编练的第十三混成协，于 1906 年调徐占凤任统领移驻江北，继任者魏宗翰。该协有官 376 人，兵 2481 人，总计 2857 人。混成协，相当于旅，是由不同兵种混合组成的独立协，规模和军力比普通协大。

1911 年 1 月 1 日，段祺瑞“请训召见”，旋即赴任，派徐树铮为“军事参议，领袖群僚”①，曾毓隽任总文案监管粮饷，驻江苏淮安清江浦。清江浦，旧称袁江，即淮安府清河县（后改称淮阴县，再改淮阴市，又改淮阴区，仍属淮安）。江北提督，统辖江北旧军巡防营，负责江北治安、剿匪等事宜。江北包括淮安、海州、徐州等地。1 月 27 日，徐树铮“领千骑击贼徐境”。随后回家看望母亲，谋葬停柩多年的祖母和父亲而未成。②

1911 年 5 月，陆军部派遣部内官员炮兵科长沈郁文为检阅长，吴绍璘、志庚、雷振镛等为检阅委员，前往苏州、南京、镇江、江阴、安庆、长沙、武昌、汉口校阅所驻陆军。徐树铮得知消息，深愿乘此机会参观各省近年治军实况，即援引陆军部章程，请示于江北提督段祺瑞，并自拟五条注意事项，作为参观准则，大致如下：

一、将佐之智识、材行及节制联络情形。观平时教养，即卜战时优劣。设一官，必有一官之责。不能自举其责者，无异刻木为吏。层层节制，实为军队教育必不可缺之义。

---

① 段祺瑞：《陆军上将远威将军徐君神道碑》，见《徐树铮电稿》，中华书局 1963 年版，第 382 页。

② 徐树铮：《先考妣事略》，见徐道邻编述、徐樱增补：《徐树铮先生文集年谱合刊》，台湾商务印书馆 1989 年版，第 28 页。

二、纪律之张弛。有众无纪不啻乌合，平时则易滋哄闹，战时必望敌风靡。纪律消长，实为胜败之母。

三、弁兵[①]之精神及动作。上有所求，下必有以应之。观其兵，斯知其将矣。

四、军械之优劣及装需之筹备。此由国家财力、政策所表著，不能就一省一军论定。惟就此观之，则疆吏之是否热心军事，与统将之能否著意慎用，概可考焉。

五、陆军部所派校阅诸员注重之事。现在陆军教育，尚未指明一定宗旨及全国协一办法。此次诸员之出，必承有陆军大臣秘授著意事项，就此即可推知部宪趋重何义，庶足循为本省整顿军队准绳。[②]

请示获得批准时，苏州校阅已经结束，陆军部官员已到南京校阅。

6月13日，徐树铮赶至南京，校阅已半。尽管如此，他仍感幸运。

6月14日至20日，参观南京陆军。

先后参观陆军第九镇步马工辎各营演练打靶、将佐实地兵法、工程特技及全镇野操（军事演习）等。

陆军第九镇，是江苏省按照清政府决策，用本省财力于1906年正式建成的。全镇有两个协，即第十七、十八协。“所有步队第三十三、三十四两标归第十七协；第三十五、三十六两标归第十八协。”[③]

第九镇将佐，原来皆以武备学生分任。现在“除统制官及队官以下官长外，惟步队第三十四标统带系由南洋将弁学堂出身，其余协、标教练管带以及差遣各员，凡中等以上者，均系日本或德意志陆军毕业学生，计共五十六七人”[④]。第九镇有官789人，兵8225人，总计9014人[⑤]。徐树铮认

① 弁（biàn）：低级军官。弁兵：基层官兵。

② 徐树铮：《参观宁镇湘鄂皖陆军禀报》，北京大学图书馆藏，版次年月不详，第3—4页。

③ 中国社会科学院近代史所中华民国史组编：《清末新军编练沿革》，中华书局1978年版，第251页。

④ 徐树铮：《参观宁镇湘鄂皖陆军禀报》，北京大学图书馆藏，版次年月不详，第9页。

⑤ 张华腾：《清末新军》，人民出版社2019年版，第74页。

为，现任统制官（徐绍桢）爱护人才，而严毅不足以率下，官长间纪律不严，兵士训练不够。所用步枪、机关枪等，半系日本制造，半系德国制造，但都比较落后。“推察部员动作，未见有特别注重事项。”①

在南京，徐树铮还“闻所存枪炮各子弹，略敷数年余打靶之用。然历年未经发给打靶，不知何意。人谓两江制军于陆军颇存猜疑之见，每陆军一营，必有防军一营监其后，或者别有用心耶”②。南京城内外驻扎新旧两军，旧军是张勋的部队和江宁巡防队，新军即徐绍桢统制的第九镇，新旧两军互相倾轧。时任两江总督张人骏，既防新旧两军冲突，又害怕新军革命。

6 月 22 日至 24 日，参观镇江陆军。

镇江陆军的协、标教练及管带各官，“均由日本陆军士官学校毕业”。“步队第十八协统领官，甚得驭下之方……其胸襟、学问、眼光、志量均有卓越寻常者。……观其兵士之动止，洵能行其所言。官长、兵士一切纪律，均远出南京诸队之上，兵士多江北人，文艺比宁队稍逊，而健实过之。”“所用军械，亦日本制三十年式，步枪子药均由南京存储，军装、军需诸品一切足用。部员逐事默观，无他用意。”③

参观镇江陆军时，陆军部官员分校江阴，徐树铮分身无术，只能在镇江参观，自觉可惜。

6 月 26 日，徐树铮回清江浦处理公事。7 月 2 日，他奉命再出，沿江直奔安庆。到达安庆时，该地校阅已结束，他仅得参与饯行宴会，自觉无功而食，丈夫所羞。13 日至长沙。

7 月 15 日至 18 日，参观长沙陆军。

主要参观湖南第二十五混成协各种操练。湖南原定新编一镇陆军，实

---

① 徐树铮：《参观宁镇湘鄂皖陆军禀报》，北京大学图书馆藏，版次年月不详，第 11 页。
② 徐树铮：《参观宁镇湘鄂皖陆军禀报》，北京大学图书馆藏，版次年月不详，第 10 页。
③ 徐树铮：《参观宁镇湘鄂皖陆军禀报》，北京大学图书馆藏，版次年月不详，第 13 页。

际编成第二十五混成协，有官 248 人，兵 4056 人，总计 4304 人[①]。管带以上各官，“由日本陆军士官学校毕业者略居大半”。徐树铮认为：湖南兵士，能够服从纪律，体格好，有勇气。“将来有事时，湘人必尚大有可用，柄兵政者，似应留意。”惟新统领官（萧良臣）才上任一个月，魄力不足，不够负责。“部员始终默观，略无一言。”[②]

7 月 23 日至 8 月 1 日，参观武昌及汉口陆军。

先后参观第八镇阅兵、军官堂考（军事知识考核），第三十一标场操（队列训练）、械操（器械训练），马队第八标械操，步队第三十一标及辎重第八营军校官实地兵法；参观第二十一混成协步队及第八镇步队第三十标第三营场操、械操；参观第八镇工程特技，第八镇目兵堂考。7 月 31 日，参观第八镇步兵及第二十一混成协步兵演战打靶。同日晚至 8 月 1 日正午，参观第八镇野操。

湖北新军是张之洞于 19 世纪末开始创办的，在各省创办的新军中，是最有成效的，仅次于袁世凯创办的北洋新军。目前主要有第八镇，官 702 人，兵 10502 人，总计 11204 人；第二十一混成协，官 288 人，兵 4612 人，总计 4900 人。镇协加在一起，共计 16104 人[③]。实际上，也可能只有 14200 人[④]。

第八镇统制张彪（1860—1927），是山西省榆次人，行伍出身。1906 年南北军在河南彰德会操时，任南军总统制。1908 年南北军在安徽太湖县会操时，补授湖北提督。他是张之洞去世前一直信任的主要官员，曾被派往日本考察学习。

第二十一混成协统领黎元洪（1864—1928），字宋卿，湖北黄陂

---

① 张华腾：《清末新军》，人民出版社 2019 年版，第 97 页。
② 徐树铮：《参观宁镇湘鄂皖陆军禀报》，北京大学图书馆藏，版次年月不详，第 16—17 页。
③ 张华腾：《清末新军》，人民出版社 2019 年版，第 97 页。
④ 张国淦：《武昌所驻新军》，见《张国淦自述》，人民日报出版社 2011 年版，第 54—57 页。

人，北洋天津水师学堂毕业。参加过甲午战争、彰德会操。历任湖北常备军马队营管带、第三协统领兼护第二镇统制等，亦曾被派往日本考察学习。

第八镇工程营管带王永泉（1880—1942），直隶天津府青县（今属河北省沧州市）人，祖籍江苏徐州。日本陆军士官学校第五期工兵科毕业。

第十六协统领官邓承拔，亦是日本陆军士官学校毕业。

辎重营管带、马标教练，由德国陆军院校毕业。

其他军官，多出自湖北讲武堂或湖北武备学堂或行伍，并且多是本省人。

湖北创办新军，远在北洋之先。所用枪炮及军装、军需，一切军用品，均由湖北自造，殊为各省所不及，马匹亦壮大整齐。

对于湖北这次军演，徐树铮“未见有惊人之鸣”。但认为，第二十一混成协统领黎元洪，“驭下较严，官兵纪律实在第八镇之上”。[①]

武昌及汉口，是陆军部官员校阅的最后一站。

至此，陆军部官员校阅苏州、南京、镇江、江阴、安庆、长沙、武昌、汉口所驻陆军之任务基本结束。

8月5日，送别陆军部官员回京后，徐树铮折返安庆，以私谊入军参观。

8月7日至11日，参观安庆陆军。

安徽原定新编一镇陆军，实际编成第三十一混成协，有步队第六十一、六十二标，和工辎队及炮营。军官253人，兵4155人，总计4408人[②]。第六十一标驻安庆城外五里庙，第六十二标驻安庆城外20里集贤关。

徐树铮这次到安庆，参观了第三十一混成协工辎各队内事及杂技（各

① 徐树铮:《参观宁镇湘鄂皖陆军禀报》，北京大学图书馆藏，版次年月不详，第25—26页。

② 张华腾:《清末新军》，人民出版社2019年版，第97页。

兵种专科训练），第六十一标场操、内事及杂技各事，第三十一混成协炮营内事及场操、杂技各事，安徽陆军小学堂，第六十二标内事及场操、械操各事。

第三十一混成协统领官赵理泰（1868—1925），字康侯，安徽合肥人，曾入淮军，威海武备学堂毕业，历任武卫右军随营学堂教习，山东武备学堂提调。1904年8月赴日本，任留学日本士官学校学生监督。回国后任保定北洋陆军速成学堂总办。不久前，调任陆军第三十一混成协统领官。后来，任保定陆军军官学校校长，补授陆军少将加陆军中将衔。

徐树铮参观安庆陆军后说：

“安徽第三十一混成协将佐，由日本陆军士官学校卒业者约居五分之一，出身行伍者约五分之一，余皆北洋武备学生及陆军速成学生也。彼军新易统将（赵理泰），静镇安详，宽严并用，具见历识之沈著，而阅操时遇事指摘，不嫌琐细，尤见治军热诚。窃意吾国今日官兵之学识，好高者骛远而不切于用，新进者气浮而不习于矩，非如此细针密缕，处处从确实切近处下手改正，万难奏功。彼日以战略战术自鸣高深者，窃恐成效之著利钝非能逆睹也。”

“当部员临校时，各军长官概多自誉部下，相为标榜。闻惟皖协统领官驳斥部将，毫无隐饰，是亦浊世之难能而可贵者也。”

“官长兵士均知著意纪律，其职守所在，亦各能认真办理，以在上者身为之则也。兵士体格坚壮，动作亦步步踏实。淮皖军声，当时知非虚著，以视南江（京？）人物，诚不免文弱之愧矣。”

“皖省财政奇绌，第三十一混成协有著之款，闻现仅十六万有奇，余须临时挪凑，以故营房历岁失修，军用器具诸不完备。步马工辎所用枪枝，均湖北仿制套筒式，尚称一律。马队名为一营，实不足百骑，而马匹更难以体格、年齿相核。炮营有炮二十一尊，日常操用者，为湖北厂仿制五生的七格鲁森山炮，为数十二，其九尊系法国恪庐善旧式七生的半山炮，重滞不任卸载，仅同废铁耳。工程队除铁锨、铁锹各十余柄外，别无长物。辎重队虽有轮车十余，而道狭不便操用。皖抚（朱家宝[①]）资望较浅，京师各部施设之政，率不抵牾，故于陆军部章亦无异议。惟无米之炊，难以相责过急耳。”

“部员校阅皖协时，未得与睹，闻亦无格外着意事件。”[②]

徐树铮到宁镇湘鄂皖参观陆军，除以上所述主要情况外，对其他有关事项，均有细致观察和记载，并对宁镇湘鄂皖陆军状况进行列表比较，认为：

“以上各军教育程度，相去实无几何，只以层层节制义（议）之，均不能切实率职，遂使军官自学堂毕业以后，率不肯刻苦自绳、勇进修诣。入伍以后，又无人诱掖鞭策。考核成功，故在堂所授之始基。学问大抵日见消磨，而世风所趋之浮惰积习，更将日加展染。官长如此，兵士何从得善教而服习之以著美绩耶！”

“然则以上各军优劣如何，若就教育而论，殊难妄为轩轾。其稍得一言以为断者，不过所在之省分，财款充足则购办诸品略称完备，便足诩然自满矣。今姑就私衷所见及者最（撮）列一表，藉便观澜，非敢谓仓卒经眼遂足论列是非，据为定评。亦非敢谓各省，群谋整军历有年所，而一目之下遂无余蕴也。”

“吾国旧俗，凡群众同居之地，房廊庭院，率污秽难治，而军营尤甚。此次参观所经各军，其营房华好者，粪除净丽固不待言，即营房甚旧年久失修，且规模过隘仄偪萃处[③]者，亦皆洒扫明净，洁无细尘，对之令人心目一清。此足见起居一事，深得卫生之要，与从前涕唾狼藉，安于不洁者迥

① 朱家宝，云南省华宁县人，曾任直隶（河北）省知县，升任安徽巡抚，“自县令至巡抚，为时不及二年”（《民立报》1911 年 12 月 13 日）。辛亥革命时逃离安徽。

② 徐树铮：《参观宁镇湘鄂皖陆军禀报》，北京大学图书馆藏，版次年月不详，第 30—31 页。

③ 仄偪（bī）萃处：地方狭窄，人员聚居。

殊。可知凡将整理一事而好以积习难返为词者，率皆偷安性成，畏难诿过者所言。风气之转移，端视提纲倡事者之办法何如耳。但能注定心力，黾勉图功，加以悉意考较，切实督饬，则精诚所贯，断无不破之症结，亦断无不立之事功。虽其成功有迟速，收效有早晚，而终底于成则一也。学理、心理，诸事皆然。营房之能守洁，其易见者耳。”[①]

参观期间，徐树铮还了解到，两江总督张人骏、湖南巡抚杨文鼎、湖广总督瑞澂、安徽巡抚朱家宝等地方主要领导人，对于新编陆军的态度和措施。他们偏重于地方巡防营队，基本上不支持新编陆军，不愿拨款给陆军，甚至加以抵制和防范。

8月17日，徐树铮结束参观之行，回到清江浦，拟将参观各军情况汇报上司。因皖军统领在，他又陪从游宴几天。23日，才得以静心起草《参观宁镇湘鄂皖陆军禀报》，让人誊抄后于28日上报。徐树铮参观宁镇湘鄂皖陆军，每天都写日记，将所见所闻所感记下来，《参观宁镇湘鄂皖陆军禀报》就是在此基础上形成的。针对各军存在的一些不良现象，他建议加强军事教育和训练，并在经费和制度方面予以保障。

后来，《参观宁镇湘鄂皖陆军禀报》铅印成线装本，徐树铮自叙说：“念此行亘两月余，经四省之地，不惟亲见诸军实状，得识别诸将领性行志量，默取其私心所甘倾倒者而与之游，殊为治兵事者所必不可少之阅历。历数足迹所过，名都大邑、江山风景，与夫旧友之逢迎、新知之邂逅，凭眺曾（国藩）洪（秀全）战垒，则慨然思英雄之成败；见江水溢岸漂没村庐，则凄然念民生之敝，为国力之所由穷，其象不可以久。若是者，何一不足开拓心胸，恢皇志气，而况冒炎暑练勤动，有以劳其筋骨，曾（增）益其所不能者哉！虽终岁于外，劬劬不息，犹将祷祀以求之，欢欣鼓舞以

① 徐树铮:《参观宁镇湘鄂皖陆军禀报》，北京大学图书馆藏，版次年月不详，第33页。

为之矣。”[①]

他又说：“曩闻各省陆军章制纷歧，程度不一，一旦有事，殊恐难资御侮。惟为是言者，率乏特识，不足凭信。又自以远学初归，未明本国近年军队情形，故乘此次陆军部派员校阅之机，力请派往各省随同参观，以期著实，推勘某军可用，某不可用，或备将来有事时，知己之一助，并将藉公事以为学，或自稍增阅历，是即用心之所在也。”[②]

这次参观结束两个月后，武昌起义爆发。以黎元洪为首的新军，以起义为标志，揭开了新的一页。

三、更预开平之役

徐树铮在《重印赵注孙子序》中说：“辛亥（1911）之春，寄迹袁江（即清河县）……寻奉檄江皖湘鄂，历观军佐。徂夏涉秋，更预开平之役。”[③]“奉檄江皖湘鄂，历观军佐”，指“参观宁镇湘鄂皖陆军”。“开平”指滦州，“更预开平之役”，指参与处理滦州兵谏之事。

原来，1911年5月18日，宣统帝谕军咨府：“本年秋季，调集近卫军及近畿各镇陆军，在永平府地面举行大操，著派冯国璋充东军总统官，舒清阿充西军总统官，即著禁卫军训练大臣及陆军部，按照朕颁训令，编成东西两军。”又派军咨府大臣载涛总监两军[④]。因此，清政府抽调驻扎奉天的陆军新军第二十镇入关，准备参加拟定于10月17日至19日正式举行的秋操。第二十镇即开到河北滦州演习。10月13日，因武昌起义爆发，清廷

① 徐树铮：《参观宁镇湘鄂皖陆军禀报》，北京大学图书馆藏，第1—2页。恢皇：恢弘。劬（qú）：劳苦。

② 徐树铮：《参观宁镇湘鄂皖陆军禀报》，北京大学图书馆藏，第3页。

③ 徐道邻编述、徐樱增补：《徐树铮先生文集年谱合刊》，台湾商务印书馆1989年版，第8页。徂（cú）：过，过去。

④ 《宣统政纪》，见来新夏主编：《北洋军阀》（一），上海人民出版社1988年版，第404—405页。

下令，本年大操著即停办。

为镇压武昌起义，清政府急将陆军第四镇和混成第三协、混成第十一协编为第一军，派陆军大臣荫昌督率开往湖北。10 月 14 日，又要把已在滦州参加秋操演习的第二十镇，及驻山东济南的第五镇（统制张永成）、驻吉林长春的第三镇混成第五协（统领卢永祥），编为第二军，派军咨府军咨使冯国璋督率。冯国璋当即致电第二十镇统制官张绍曾[①]，要将第二十镇编入第二军开往湖北前线，并要火速开拔。但张绍曾不为所动，而命所部在滦州多驻些时日，设法储备军需抗拒调遣。冯国璋、陆军部、军咨府及督练公所一再催促，张绍曾亦不为所动。而南方形势日益紧迫。

清廷无奈，决定重新起用袁世凯。10 月 14 日任命袁世凯为湖广总督，"所有该省军队暨各路援军，均归该督节制调遣"，"荫昌、萨镇兵所带水陆各军"，也让他"会同调遣"[②]。其实，摄政王载沣并不想再用袁世凯，怕袁势力太大对其不利，因为北洋新军主要是袁世凯编练的。但现在形势紧迫，北洋新军不听指挥，内阁总理大臣奕劻，协理大臣徐世昌、那桐等不止一次提出要起用袁世凯，摄政王亦无其他办法。

10 月 22 日，清廷电寄段祺瑞："据袁世凯电奏，'请饬署江北提督段祺瑞酌带得力将弁，毋庸多带队伍，克日由海道北上，径赴鄂境'等语。段祺瑞著即赴前敌，与袁世凯协商布置。"[③]清廷也是不得已而用段祺瑞，因为段是袁世凯的亲信，当初把他调离第六镇，就是对他不信任。荫昌准备督师南下时，有人提议要段祺瑞率清江军队溯江而上径赴武汉（那样可以

---

① 张绍曾（1879—1928），字敬舆，直隶（河北）大城县人，日本士官学校第一期炮兵科毕业。1911 年 2 月，接替陈宧任第二十镇统制。1913 年任绥远将军，1916 年任陆军训练总监，1922 年任陆军总长，1923 年 1 月任国务总理，6 月去职。后在天津遇刺身亡。

② 《宣统政纪》，见来新夏主编:《北洋军阀》（一），上海人民出版社 1988 年版，第 405 页。荫昌南下路过彰德时，曾下车看望袁世凯。

③ 《宣统政纪》，见来新夏主编:《北洋军阀》（一），上海人民出版社 1988 年版，第 406—407 页。

节省不少时间），但载沣、良弼等对段放心不下，没有采纳。这次要他只带得力将弁，北上再赴鄂境，自然少点顾虑。

这时候，袁世凯还在河南彰德。10月24日，袁又电奏清廷：现在军情益紧，“拟请先派冯国璋充第一军总统，迅赴前敌，商承荫昌，先布守局，俟筹备完善，再图进攻。并请饬下军咨府、陆军部，即调第二军陆续开拔，在信阳一带择地集合，俟段祺瑞北来，即派充是军总统，会合第一军，早图规复”[①]。清廷25日即批准照办。

段祺瑞接到命令，即和徐树铮等商订起程日期、酌带炮七标标统吴光新[②]等，准备“径赴鄂境”，并电奏清廷。清廷接电后，10月26日命其“著即赶速北上，迅赴事机，毋稍延缓”[③]。段祺瑞和徐树铮、吴光新、曾毓隽等，即赶速北上。

10月27日（九月初六），第二十镇统制张绍曾与第三镇代理统制卢永祥、第二混成协[④]统领蓝天蔚、第三十九混成协统领伍祥桢、第四十协统领潘矩楹等，联名电奏清廷，要求立宪和政治改革，提出“政纲十二条”，包括：年内召集国会起草宪法，组织责任内阁，总理大臣由国会选举，其他国务大臣由总理推荐任职，皇族不得为国务大臣，增加人民负担须由国会议决等；并通电各省总督、巡抚、将军、陆军统制、统领、防军统领、咨议局说：“现在祸乱纷呈，舆情疑阻，分崩惨祸，即在目前。我驻奉（天）第二十镇、第二混成协及驻长（春）第三镇奉命南征，各将佐士卒等，咸以目今致变之源，皆由政治不良而起，若不从政治改革著手，而徒恃兵讨，窃恐治丝益棼。同人等不忍国家沦胥，自相残杀，业已提出政纲十二条请愿朝廷：速改政体，即开国会，改正宪法。诸公或现居政

① 《宣统政纪》，见来新夏主编:《北洋军阀》(一)，上海人民出版社1988年版，第407页。另见骆宝善等主编:《袁世凯全集》第19卷，河南大学出版社2013年版，第26页。

② 吴光新（1875—1939），字自堂，江苏宿迁人，段祺瑞妻弟。日本士官学校炮科毕业。

③ 《宣统政纪》，见来新夏编:《北洋军阀》(一)，上海人民出版社1988年版，第407页。

④ 混成协（旅），是由不同兵种混合组成的军队，规模和军力比普通协大。

要，或代表舆情，同舟风雨，安危与共，改革谅有同情，尚乞共匡大局，遥相声援”[①]。试图以武力逼迫清政府立宪改革。张绍曾还分别致电袁世凯及东三省总督赵尔巽等[②]，希望得到他们的理解和支持。震动各方的“滦州兵谏”由此发生。

滦州兵谏的大部分军队，属于被编入第二军南下的军队。第三镇和第二混成协，当时还在东北。第三镇因统制官曹锟奔丧回乡，暂由第五混成协统领卢永祥代理统制，卢永祥是段祺瑞的旧属。第二混成协由军咨府商明陆军部，编入第二军。第三十九混成协，一开始就被编入第二军。

同日（10月27日），清廷授湖广总督袁世凯为钦差大臣，望他迅赴湖北。命冯国璋总统第一军，段祺瑞总统第二军，连同赴鄂的所有北洋海陆军队，全归袁世凯节制调遣。命陆军大臣荫昌“著即将第一军交冯国璋统率”，待袁世凯到后再回京供职。[③]

清政府为平息“滦州兵谏”，急派第六镇统制吴禄贞到滦州宣抚。不料吴禄贞和张绍曾、蓝天蔚等，早已密谋联合推翻满清。吴禄贞，1880年3月生，字绶卿，湖北云梦县人，日本士官学校第一期骑兵科毕业，同盟会重要成员，曾任延吉边务督办、陆军第一镇统制。1910年初奉调回京，4月随载涛考察德国法国军务。12月23日，接替段祺瑞任陆军第六镇统制。蓝天蔚，1878年生，字秀豪，湖北黄陂人，日本士官学校第二期毕业，1910年任第二混成协协统。

10月29日，吴禄贞和张绍曾等，在滦州决定加紧进行军事部署。张绍曾随即致电资政院，更强硬地提出：“国亡无日，非将现在政体痛加改革，万不足以固邦本而系人心。绍曾等前提出政纲十二条奏请宣布，实为

---

① 《近代史资料》总91号，中国社会科学出版社1997年版，第51—52页。当时，卢永祥在长春，伍祥桢、蓝天蔚在奉天（辽宁）。

② 《近代史资料》总91号，中国社会科学出版社1997年版，第52页。

③ 《宣统政纪》，见来新夏编:《北洋军阀》(一)，上海人民出版社1988年版，第408页。

现在抚危定倾之不二法门，自谓一字不可增减。乃折奏于六日（阳历27日）递呈，至今尚未宣布，不知究系谁人把持？诸君代表舆情……敬乞迅予提案质问政府，从速解决。绍曾等不敏，谨荷戈执戟以为后援。”①

同一天，山西太原新军起义，攻杀巡抚陆钟琦，推举标统阎锡山为山西都督。

30日，直隶总督陈夔龙指使天津《大公报》发表“滦州兵变”消息，张绍曾立即予以反驳。但滦州兵谏的消息，已传遍天下。也就在这一天，袁世凯自彰德南下。

10月31日，袁世凯到达信阳，荫昌亦到信阳，两人随即晤谈。袁认为，北方绝不能乱，如果北方乱了，大局将更难收拾。于是，派段祺瑞带人北上处理“滦州兵谏”。

“段祺瑞带着少数亲信幕僚到北京后，立即开始实施他的‘攻心战’，一封封公开的和秘密的电报雪片似的飞到参加兵谏的将领们手中，段以同僚和师长的身份，语重心长地劝他们以国家利益为重，停止兵谏，服从袁世凯，率部南下。同时，还派出徐树铮、曾毓隽等亲信到自己的旧部中进行联络疏导。”“本来，参加兵谏的将领们就成分复杂，目的各异，在袁世凯、段祺瑞的分化、瓦解下，许多人很快转变了态度。卢永祥首先向段表示听从劝告，服从调遣。第三镇是北洋老六镇的精锐，它的人数、装备与第二十镇不相上下，卢永祥的倒戈对张绍曾形成了巨大威胁。”“二十镇的两位协统，潘矩楹已被袁世凯收买过去，伍祥桢迫于形势，开始软化。中下级许多军官是段祺瑞的旧部和门生，见段到北京，纷纷动摇。张绍曾处于被架空的位置。”②几天后，卢永祥就带第三镇第五协，从东北到达北京城南的丰台。

---

① 《近代史资料》总91号，中国社会科学出版社1997年版，第55页。

② 程舒伟、侯建明著:《段祺瑞全传》，黑龙江人民出版社2001年版，第68页。

自武昌起义以来，湖南、陕西、云南等地纷纷响应起义，接连宣布独立，革命烽火四起。

11月2日，清廷允准奕劻内阁总理及协理大臣和国务大臣辞职，“另简袁世凯为内阁总理大臣，组织完全内阁，所有大清帝国宪法，均著交资政院起草，奏请裁夺施行”[①]。对此，张绍曾表示坚决反对，认为不符合其原奏政纲，“原奏总理大臣必由国会公举，今亲贵内阁虽已解散，大臣仍系敕任，并非民选；原奏宪法必由国会起草，今交资政院，为旧政府机关，不能代表全国。宪法仍系钦定，国民不得与闻。臣等原奏概归无效”，“不能召集国会，不能制定宪法，不能选举总理大臣，根本问题不能解决，诸事皆属空谈”。[②]3日，吴禄贞自石家庄致电张绍曾，称“卓见极是”，并说“停止南北战争非有实力不可，非一纸空文所能（办）到”。[③]当日，吴电告军咨府、陆军部、资政院，凡有运往战地军火、子弹，暂行扣留，以消战争而保和平。

4日，吴禄贞自石家庄到娘子关与阎锡山会晤，议定组织燕晋联军，吴任大都督兼总司令，阎任副都督兼副总司令，准备与张绍曾等联合，从东西方向，直捣北京，推翻清廷。

吴禄贞与清廷良弼[④]相知，都反对起用袁世凯。吴禄贞坚决支持革命，试图阻止袁世凯镇压起义，并扣留经石家庄南下援助袁世凯的列车军用物资，还约阎锡山合力阻止袁世凯进京任职。吴禄贞致信阎锡山说：“革命之主要障碍为袁世凯，欲完成革命，必须阻袁入京。若袁入京，无论忠清与

---

① 《宣统政纪》（1911年11月2日），见来新夏编：《北洋军阀》（一），上海人民出版社1988年版，第408—409页。随后所有近畿各镇及各路军队，和姜桂题所部军队，均著袁世凯节制调遣。

② 《张绍曾致军咨府电》（1911年11月3日），《近代史资料》总91号，中国社会科学出版社1997年版，第62页。

③ 《吴禄贞电》（11月3日），《近代史资料》总91号，中国社会科学出版社1997年版，第63页。

④ 爱新觉罗·良弼（1877—1912），字赉臣，满洲镶黄旗人，日本陆军士官学校步兵科第二期毕业。清末大臣、立宪维持会（宗社党）首领，主张镇压革命军，反对起用袁世凯，反对与革命军议和，反对清帝退位。1912年1月26日被革命党人彭家珍炸伤，29日去世。

自谋，均不利于革命。望公以麾下晋军东开石家庄，共组燕晋联军，合力阻袁北上。”[①]

清廷窥破他们的密谋，急将京奉路线的列车调往北京，使张绍曾、蓝天蔚等人所带的军队不得速进；并令吴禄贞率所部往攻山西革命军。可是，吴禄贞率部到石家庄，即令所部勿再前进。吴禄贞去娘子关当天，清廷命他署山西巡抚。

11 月 6 日，清廷命“陆军第十一协统领官李纯，充陆军第六镇统制官”，“陆军第四十协统领官潘矩楹，署理第二十镇统制官”。授张绍曾为“宣抚大臣，驰赴长江一带”“专主安抚”[②]。（张绍曾称病电辞，9 日获准“开去差缺，回津就医”[③]。）命袁世凯：“迅速启程来京，所有前敌事宜，著先交署湖广总督王士珍接办”，“现在事机危迫，一切事宜均俟该大臣到京筹商，刻不容缓”[④]。

7 日凌晨，吴禄贞被暗杀于石家庄火车站。

袁世凯的亲信唐天喜说：“袁世凯知道吴禄贞有胆略，很能干，有政治野心，又倾向革命，很嫉妒他。吴也反对袁世凯。在清朝宗室中最反袁的是良弼，吴与良弼是日本士官（学校）同学，极为友善，更遭袁的猜忌。”袁“不止一次说要杀吴禄贞，有时不明说，用右手作砍杀的手势代替”，“袁世凯亲到孝感视师，因前线需用军火甚急，袁连电催运，清政府接济袁的军火列车，在石家庄被吴禄贞截扣，袁听了，急得吐了两口血。袁知道吴禄贞决心要在北京起义了，就决心要杀吴禄贞，即派人贿通第六镇协统

---

① 阎锡山：《掌握山西武力与太原起义前后》，见丘权政、杜春和选编：《辛亥革命史料选辑》下，湖南人民出版社 1981 年版，第 250 页。

② 《近代史资料》总 91 号，中国社会科学出版社 1997 年版，第 65 页。

③ 《宣统政纪》（1911 年 11 月 9 日），见来新夏编：《北洋军阀》（一），上海人民出版社 1988 年版，第 412 页。

④ 《宣统政纪》（1911 年 11 月 6 日），见来新夏编：《北洋军阀》（一），上海人民出版社 1988 年版，第 410 页。

周符麟，唆使管带马步周行刺”。[①]

“段祺瑞带着徐树铮、曾毓隽等来到北京，向清政府请示机宜”，准备南下时，“突然接到袁世凯的一个密电[②]，叫他设法除掉第六镇统制吴禄贞”，“段接到这个密电，只有照办，但如何下手，却颇感为难，忙找徐树铮等商议”。段是吴禄贞第六镇统制的前任，徐亦随段在第六镇工作过。徐知道第六镇第十一协（统领李纯）正在前线作战，吴禄贞手下“只有第十二协，而协统周符麟又新被吴借故开缺，如果利用第六镇内部矛盾暗杀吴禄贞决不难”，“徐树铮考虑再三，主张以马队管带马步洲（字惠田）作刽子手。因为马是江苏铜山人[③]，和徐是小同乡，一向关系很好，又是段在保定陆军军官学堂的学生，有此两重关系，一定不致误事”。而且，马步洲还是吴禄贞的卫队长。段祺瑞同意徐的主张，即“命徐秘密布置”[④]。

曾毓隽说：“段奉命率第二军南下，过石家庄，适第六镇兵变，统制吴禄贞被戕。盖吴袁素来敌视，吴授山西巡抚之后，与晋军妥协，宣布燕晋联军，截军械，劾荫昌，且将会师北京，袁知之益为嫉恨。时协统周符麟，为六镇旧部，与吴本不惬，又因撤职怀恨，遂假手吴之卫队长马蕙田杀之。后有人携吴之首级来报功者，周符麟报之于段，余适在侧。段告周云，此案中央作如何处理，尚不可知，汝与之五千元，告其速去。”[⑤]

---

① 任芝铭：《袁世凯刺杀吴禄贞之我闻》，见《辛亥革命回忆录》第八集，文史资料出版社 1982 年版，第 250—251 页。

② 查《袁世凯全集》（骆宝善等主编，河南大学出版社 2013 年版），尚未查到此电。

③ 一说“马惠田与周符麟系东北同乡，在延吉时跟随吴禄贞，颇为吴禄贞所信任，曾任其为卫队长”。侯宜杰：《袁世凯全传》，群众出版社 2013 年版，第 184 页。一说周符麟、马惠田是段祺瑞同乡安徽人。陶菊隐：《袁世凯演义》，中华书局 1979 年版，第 143 页。马步洲，字惠田，一作“马步周，字蕙田”。

④ 陈文运、张敦和：《徐树铮生平》，见石玉新、杨小波主编：《文史资料存稿选编（晚清北洋）》（下），中国文史出版社 2002 年版，第 830 页。

⑤ 曾毓隽：《忆语随笔》，见杜春和等编：《北洋军阀史料选辑》上册，中国社会科学出版社 1981 年版，第 266 页。

吴禄贞被杀当天，清政府“当即派段祺瑞前往查办”①。直隶总督兼北洋大臣陈夔龙亦“奉旨查办”，“卒莫得其实在情形”②。

吴禄贞被杀后，正定兵变，拆路，交通中断。“11 月 8 日，段祺瑞率领第三镇进驻正定，命周符麟招回第六镇散兵。次日，吴鸿昌③又回到石家庄来，退居第十二协二十三标标统，周符麟回任第十二协协统。”“该镇开抵石家庄后，段祺瑞进行了一次大整肃，马标管带黎本唐（后改名唐克明）、步兵第九标第一营管带张学颜、第三营管带孙岳均被清洗去职。”④段祺瑞还派员招抚山西叛兵⑤。很快，段祺瑞又被调赴湖北。徐树铮亦随段前往湖北。

四、联名通电主张共和

1911 年 11 月 11 日，袁世凯在孝感接到授任内阁总理大臣的谕旨。13 日回到北京，所有近畿各镇及各路军队，和姜桂题所部军队，均归他节制调遣。16 日，以袁世凯为总理的内阁成立。

17 日，段祺瑞奉命以第二军军统“署理湖广总督，兼办剿抚事宜”⑥，28 日抵汉口接任。12 月，冯国璋奉调回京任禁卫军军统。段祺瑞奉命统率

① 《宣统政纪》（1911 年 11 月 8 日），见来新夏编：《北洋军阀》（一），上海人民出版社 1988 年版，第 411 页。

② 陈夔龙著、张文苑整理：《梦蕉亭杂记》，中华书局 2018 年版，第 105 页。陈夔龙（1857—1948），字筱石、小石，号庸庵居士。祖籍江西，占籍贵州。光绪元年（1875）中举，十二年（1886）进士。历任兵部主事、郎中、总理衙门章京、侍读学士、顺天府尹、漕运总督、河南巡抚、江苏巡抚、湖广总督，宣统元年（1909）任直隶总督兼北洋大臣。临近清帝退位，请假养病，后即隐居。

③ 吴鸿昌（1873—1964），江苏宿迁人。时任第六镇第十二协代理统领，其前任是被吴禄贞免职的周符麟。

④ 陶菊隐：《袁世凯演义》，中华书局 1979 年版，第 143 页。

⑤ 《宣统政纪》，见来新夏主编：《北洋军阀》（一），上海人民出版社 1988 年版，第 416 页。

⑥ 《宣统政纪》，见来新夏主编：《北洋军阀》（一），上海人民出版社 1988 年版，第 415 页。

第一、二两军，派徐树铮为总参谋，曾毓隽为随营办秘书兼管总军需，驻扎湖北孝感，处武汉前敌。

12月18日，南北代表伍廷芳、唐绍仪在上海开始议和会议。曾经主张君主立宪的张謇、伍廷芳、汤寿潜等，这时已主张共和，并组织共和统一会，在22日至24日《申报》上发表《共和统一会意见书》。张謇还发表《建立共和政体之理由》，针对某些人以“国民程度不高、国土廖廓、种族繁杂”为由不赞成共和，张謇提出：“国民程度由一国之政治制造而成。国民程度，制造品也；政治则机器。有共和政治，然后有共和程度之国民。”“国土廖廓，最宜于共和分治。”种族繁杂，更不是反对共和的理由。[①]

12月29日，17省代表在南京选举孙中山为中华民国临时大总统。

1912年元旦，孙中山在南京就任中华民国临时大总统。1月3日，成立临时政府。28日，成立临时参议院。

正当革命军与清军在武汉方面相持不下之际，清廷多次召开御前会议，作最后挣扎。袁世凯暗中授意段祺瑞等敦促清帝退位。段命徐树铮草拟《通电》，“主张共和”。徐树铮迅速拟出电文，署名49位将领和军官，由段祺瑞领衔，自己以总参谋官身份列名其中第20位。段对电文略加修改，考虑再三，搁置多日未发。不料所部第四镇第七旅突然哗变，传说要轰司令部。广水驻军知道后，驱车来援，又同孝感兵车相撞。仓猝间无法镇摄，段即命将司令部兵车开往保定。1912年1月25日将“主张共和”的《通电》拍发出去。电文如下：

内阁，军咨府，陆军部，并各王大臣钧鉴，为痛陈利害，请立定共和政体，以巩王位而奠大局，谨请代奏事：

---

① 张謇研究中心等编:《张謇全集》第一卷，江苏古籍出版社1994年版，第201—202页。

窃惟停战以来，议和两月，传闻宫廷府鉴舆情，已定议立改共和政体。其皇室尊荣及满蒙回藏生计权限各条件，曰，大清皇室，永保不废；曰，优定大清皇帝岁俸，不得少于四百万；曰，筹定八旗生计，蠲除满蒙回藏一切限制；曰，满蒙回藏与汉人平等；曰，王公世爵，概仍其旧；曰，保护原有一切私产。民军代表伍廷芳承认，列于正式公文，交海牙万国和平会立案云云，电驰报纸，海宇闻风，率土臣民，罔不额手称庆，以为事机至顺，皇位从此永保，结果之良，轶越今古，真国家无疆之庥也。想望懿旨，不遑朝夜，乃闻为辅国公载泽、恭亲王溥伟等，一二亲贵所尼，事遂中沮，政体仍待国会公决。祺瑞等自应力修战备，静候新政之成。惟念事变以来，累次懿旨，莫不轸念民艰，惟国利民福是求，惟涂炭生灵是惧。既颁十九信条宪法，誓之太庙，又允召集国会，政体付之公决，可见民为国本，宫廷洞见其微，民视民听之所在，决不难降心相从。兹既一再停战，民军仍坚持不下，恐决难待国会之集。姑无论迁延数月，有兵溃民乱，盗贼蜂起之忧，环宇糜烂，必无完土，瓜分惨祸，迫在目前。即此停战两月间，民军筹饷增兵，布满各境，我皆无后援，力太单薄，加以兼顾数路，势亦孤危，彼则到处勾结土匪，勒捐助饷，四出煽扰，散布诱惑。且于山东之烟台，安徽之颍、寿境界，江北之徐州以南，河南之光山、商城、固始，湖北之宜城、襄樊、枣阳等处，均已分兵前逼，而我皆困守一隅，一筹莫展。彼进一步，则我之鲁、皖、豫即不自保。虽祺瑞等公忠自励，死生可保无他，而饷源告匮，兵气动摇，大势所趋，将心不固，一旦决裂，何所恃以为战。深恐丧师之后，宗社随倾，彼时皇室尊荣，宗藩生计，必均难求满志。即拟南北分立，勉强支持，而以人心论，则西北骚动，形既内溃；以地理论，则江海尽失，势成坐亡。祺瑞等治军无状，一死何惜，特捐躯自效，徒殉愚忠，而君国永沦，追悔无及，甚非所以报知遇之恩也。况召集国会之后，所公决者，尚不知为何项政体。而默察人心趋向，恐仍不免出于共和之一途，彼时万难反汗。是徒以数月水火之患，贻害民生，何如预行裁定，示天下以至公。使食毛践土之伦，歌舞圣明，零涕感激，咸谓唐虞之治，今古同揆，不亦伟哉。祺瑞等受国厚恩，何敢不以大局为念，故敢比较利害，冒死陈言：恳请涣汗大号，明降谕旨，宣示中外：立定共和政体，以现内阁及国务大臣等，暂时代表政府，担任条约、国债及交涉未完各事项，再行召集国会，组织共和政府。俾中外人民，咸与维新，以期妥奠群生，速复地方秩序，然后振刷民气，力图自强，中国前途，实惟幸甚。不胜激切待命之至，谨请代奏。署湖广总督会办剿抚事宜第一军军统官段祺瑞，尚书衔古北口提督毅军统领姜桂题，护理两江总督长江提督张勋，察哈尔都统陆军统制官何宗莲，副都统段芝贵，河南布政使帮办军务倪嗣冲，陆军统制官王占元、曹锟、陈光远、吴鼎元、李纯、潘矩楹、孟恩远，河北镇总兵马金叙，南阳镇总兵谢宝胜，第二军总参议官靳云鹏，参议官吴光新、曾毓隽、陶云鹤，总参谋官徐树铮，炮台协领官蒋廷梓，陆军统领官朱泮藻、王金镜、鲍贵卿、卢永祥、陈文运、李厚基、何丰林、张树元、马继增、周符麟、萧广传、聂汝清、张锡元，营务处长张士铨、袁乃宽，巡防统领王汝贤、洪自成、高文贵、刘金标、赵倜、仇俊恺、德启、刘洪顺、柴得贵，帮办天津防务张怀芝，正定镇徐邦杰，陆军统带官施从滨、萧国安谨叩。①

清廷得电，顿觉时局严重。1月26日，清内阁以徐世昌、袁世凯、冯国璋、王士珍四人名义电告段祺瑞等，望勿轻举妄动，说“忠君爱国，天下大义。服从用命，军人大道；道义不存，秩序必乱，不为南军所俘，便为乱军所胁，利害昭著，万勿误歧。我辈同泽有年，敢不忠告。务望剀切劝解，切勿轻举妄动。联奏一层，尤不可发，亦不能代递，务望转请诸将

① 徐道邻编述、徐樱增补:《徐树铮先生文集年谱合刊》，台湾商务印书馆1989年版，第203—205页。

领三思。涕泣奉复。昌、凯、璋、珍”[①]。这封复电，既是写给段祺瑞等前方将领看的，也是写给清廷看的，尤其是要让清廷皇族感觉到局势的严重性，“道义不存，秩序必乱，不为南军所俘，便为乱军所胁，利害昭著，万勿误歧”。张謇、汤寿潜看到段祺瑞领衔主张共和的通电，则复电表示“欢忭”和支持，以促进共和。[②]局势既已至此，清廷还有何继续维持的希望？这似是袁世凯的主意。面临这种危局，清廷又想充分发挥袁世凯“公忠体国”“匡襄大局”的作用，即封袁世凯为一等侯爵，并不许固辞。同日，清廷皇族中极力反对清帝退位的少壮派代表人物良弼，在住宅附近被革命党人彭家珍用炸弹炸伤，次日身亡。王公贵族更加惶恐，有的离京逃命。袁世凯则继续拖延，上奏说“迭奉恩旨，未敢坚辞。恳俟时局稍定，再行受封”[③]。1 月 31 日，清帝无奈地说知道了。同日，隆裕太后召集御前会议，没有人再反对清帝退位。这时，北方代表唐绍仪与南方代表伍廷芳商订的停战期已满，徐州、颍州均已开战。

在南方，孙中山 1 月 29 日致电黎元洪，望黎派人和段祺瑞接洽，并转达段致伍廷芳电：“祺瑞夙抱宗旨，不忍地方再有糜烂，涂炭生灵。因两军所持太近，时有冲突，已拟稍退，民兵不可再进，致生恶感。”[④]于是，黎段双方互派代表，到武昌协商停战事项。徐树铮、吴光新等代表段方，孙武、余大鸣等代表黎方，会商退兵办法。双方商定：清军北撤，促进共和，如阴历年内（阳历 2 月 17 日以前）不能解决共和国体问题，民军“即当前进，以资援助”[⑤]。

2 月 1 日，孙中山又致电黎元洪说：“北军赞同共和，似无疑义。段军

---

① 中国史学会主编:《辛亥革命》(八)，上海人民出版社 1957 年版，第 173 页。

② 张謇研究中心等编:《张謇全集》第一卷，江苏古籍出版社 1994 年版，第 202—203 页。

③ 中国第二历史档案馆编:《中华民国史档案资料汇编》(第一、二辑)，江苏古籍出版社 1991 年版，第 216—217 页。

④ 中国社会科学院近代史所民国史室等编:《孙中山全集》第二卷，中华书局 1982 年版，第 49 页。

⑤ 韩信夫、姜克夫主编:《中华民国史大事记》第一册(1905—1915)，中华书局 2011 年版，第 315 页。

既经贵处与之协商，彼军退时，可勿相逼，免以疑心，而生冲突。”[①]

2月2日，袁世凯拟定汉阳、汉口退兵办法六条，电令段祺瑞与黎元洪就近商谈。同日，段祺瑞还与冯国璋、姜桂题致电各路将领，希望北方军界联合团体，以增强武力。3日，清廷认识到“段祺瑞等电请速定共和国体，以免生灵涂炭”的严重性，授袁世凯以全权，先行迅速与民军商订条件。[②]

2月5日，徐树铮代表段祺瑞将清军撤退情况电告黎方，并表示不再准备作战。其电文是：“京电政体已决，现袁内阁、伍代表正在会商条件，不日想发明谕。段军帅今夜已北行，诸事可望圆满。北方军队筹画回京，已有开赴马厂者。既已推诚相信，决不再作战备。贵处命令如能行及各处，固无他虑。即有一二未能体会吾辈意向，至起冲突者，弟等从心束手待毙，决无怨言，请以此意代白诸同人为感。昨晚广水镇有土匪勾结不肖兵士，放火图掠，驯酿鼓噪。洪以此间兵力无多，又军帅启行，故未能力禁，仅于天明时追获数匪，询系熊联七党羽，日前由刘鸿皋君约定布置者，当以体（布）置在情意未密以前，不为无礼，尽数纵去。自以据刘君言，先来解散，故未力防，以致地方受累。军队之祸贻及无辜，吾辈军人，宁不愧死。刻下吴（光新）君北行，弟留此会同绅耆商社议商，以重民产，断不令有无告之苦物事。兵士退后，即严重查办，不稍姑息。又黄关道处已电饬照札办事。但全局之外交未定以前，一切仍宜照旧章办理，以免外人借口”等[③]。黎元洪随即将徐树铮的来电，转致孙中山。徐树铮“会同绅耆商社议商”，处理有关事情后，即追随段祺瑞北撤。

① 中国社会科学院近代史所民国史室等编:《孙中山全集》第二卷，中华书局 1982 年版，第 56—57 页。
② 《宣统政纪》，见来新夏主编:《北洋军阀》(一)，上海人民出版社 1988 年版，第 427 页。
③ 《黎元洪为转达段军代表徐树铮关于鄂境停战议和情形致孙大总统等电（1912 年 2 月 5 日）》，辛亥革命武昌首义纪念馆等合编:《湖北军政府文献资料汇编》，武汉大学出版社 1986 年版，第 164 页。

同日，段祺瑞领衔并会同第一军将领王占元、何丰林、李纯、鲍贵卿等，电请清廷速决退位，且以声言“兵谏”相震慑。其电文如下：

共和国体，原以致君于尧舜，拯民于水火。乃因二三王公迭次阻挠，以致恩旨不颁，万民受困。现在全局威迫，四面楚歌。颍州则沦陷于革军，徐州则小胜而大败。革舰由奉天中立地登岸，日人则许之。登州、黄县独立之影响，浸遍于全鲁。而且京津暗杀之党林立，稍疏防范，祸变即生。是陷九庙两宫于危险之地，系皆二三王公之咎也。三年以来，皇族之败坏大局，罪难实数。事至今日，乃并皇太后、皇上欲求一安富尊荣之典，四万万人欲求一生活之路而不见许。祖宗有知，能不恫乎！盖国体一日不决，则百姓之因兵燹冻馁死于非命者日何啻数万。瑞等不忍宇内有此败类也，岂敢坐视乘舆之危而不救。谨率全体将士入京，与王公剖陈利害，祖宗神明实式鉴之。挥泪登车，昧死上达。[①]

2月6日，袁世凯召集王公大臣会议，传阅段祺瑞等北军电报，决定赞同共和。

2月9日，段祺瑞致电孙中山，提出同时取消南北政府，预推临时总统。10日，段以同一内容致电黎元洪，并由信阳到达保定。隆裕太后要求内阁电告段祺瑞静候勿躁。段则“恳恩开去一切差缺”[②]，而不被允许。11日，段祺瑞到北京，徐树铮也随段到京。

1912年2月12日，清廷发布《清帝退位授袁世凯全权组织临时共和政府谕》，这也就是清帝决定退位的诏书。内容如下：

① 中国史学会主编:《辛亥革命》(八)，上海人民出版社1957年版，第178—179页。

② 《宣统政纪》，见来新夏主编:《北洋军阀》(一)，上海人民出版社1988年版，第428页。

奉旨：朕钦奉隆裕皇太后懿旨：前因民军起事各省响应，九夏沸腾、生灵涂炭，特命袁世凯遣员与民军代表讨论大局，议开国会，公决政体，两月以来，尚无确当办法。南北暌隔，彼此相持，商辍于途，士露于野。徒以国体一日不决，故民生一日不安。今全国人民心理，多倾向共和；南中各省，既倡议于前，北方诸将亦主张于后。人心所向，天命可知。予亦何忍因一姓之尊荣，拂兆民之好恶。是用外观大势，内审舆情，特率皇帝，将统治权公诸全国，定为共和立宪国体。近慰海内厌乱望治之心，远协古圣天下为公之义。袁世凯前经资政院选举为总理大臣，当兹新旧代谢之际，宜有南北统一之方。即由袁世凯以全权组织临时共和政府与民军协商统一办法。总期人民安堵，海宇乂安，仍合满汉蒙回藏五族完全领土，为一大中华民国。予与皇帝得以退处宽闲，优游岁月，长受国民之优礼，亲见郅治之告成。岂不懿欤。钦此。①

2月13日，孙中山报告临时参议院，辞临时大总统职，推荐选举袁世凯，说“我国民之志，在建设共和，倾覆专制”，现在清帝宣布退位，赞成共和，帝制永不留存中国，② 并将此意电告袁世凯及蒙古联合会蒙古王公。15日，临时参议院选举袁世凯为临时大总统，要他到南京就职。孙中山派蔡元培、汪精卫、宋教仁等到北京迎接袁世凯南下。20日，选举黎元洪为临时副总统。黎元洪要把首都设在武汉。

3月3日，段祺瑞与冯国璋、姜桂题联名通电，主张总统应在北京就职，中央政府亦应设在北京。随后，孙中山和临时参议院议决同意。孙中山领导制定《中华民国临时约法》，3月8日经临时参议院通过。

3月10日，袁世凯在北京就任中华民国临时大总统。

---

① 中国第二历史档案馆编:《中华民国史档案资料汇编》第一辑，江苏古籍出版社1991年版，第217页。安堵：安定、安居。堵：墙壁。乂（yì）安：太平安定。

② 中国社会科学院近代史所民国史室等编:《孙中山全集》第二卷，中华书局1982年版，第84—85页。

在以上这段历史转折的关键时期，徐树铮作为段祺瑞的总参谋官，随段祺瑞南往北来，尤其通电主张共和，具有积极作用。

1913 年 2 月 22 日隆裕太后病逝。3 月 20 日，举行“全国陆军哀悼大清隆裕皇太后大会”，由段祺瑞领衔，“勋五位陆军少将徐树铮实主其礼”。徐树铮时任陆军部军马司司长兼管总务厅事，他撰写的《祭隆裕皇太后文》说：“中华民国者，大清旧日之版图也。”大清帝廷宣布共和，是因“太后悯同室之操戈，惜生灵之涂炭，俛从民志，毅然从陆军将领联电奏请故”。[①]

---

① 徐道邻编述、徐樱增补:《徐树铮先生文集年谱合刊》，台湾商务印书馆 1989 年版，第 4 页。

第三章

创办报纸与学校

一、创办《平报》

清帝退位后，段祺瑞为陆军总长。1912 年 3 月 20 日，徐树铮任陆军部军学司司长，9 月 11 日调任军马司司长兼管总务厅事。

1912 年 11 月 1 日，徐树铮在北京创办《平报》，聘请臧荫松①为主笔，林纾②等为编纂。《平报》馆设在北京虎坊桥。徐树铮创办的都门印书局，也设在这里，委托范佩生管理。

《平报》在当时各报中，有特殊色彩，被称为陆军部机关报。《平报》主要报道军事，也有时政要闻、时政评论，有“社说”“海外通讯”“译论（专门刊登翻译成中文的外国评论）”“文苑”等栏目。“铁笛亭琐记”专栏，发表林纾的笔记故事；“践卓翁短篇小说”专栏，发表林纾的见闻杂记；“讽喻新乐府”专栏，发表林纾讽喻时事的新乐府诗（共计 130 余首）。1912 年 11 月 1 日至 1913 年 9 月 30 日，《平报》发表林纾作品共计 340 余

① 臧荫松（1883—1967），字磵秋，江苏宿迁人。后任众议院秘书长，并负责安福俱乐部财务。直皖战争后，被直系通缉。中华人民共和国成立后，任国务院参事。

② 林纾（1852—1924），字琴南，号畏庐或畏庐居士，笔名餐英居士、射九、践卓翁等，福建闽侯人，年长徐树铮 28 岁，当时已是全国著名文人，翻译的小说很多，影响很大；在诗词书画方面，都是名家。徐曾请林为《平报》总主笔，林因曾受汪辟疆责备而婉谢。

篇（翻译外国评论约60篇，大部分涉及中国）。林纾在《平报》的署名有：餐英居士、射九、畏庐、林纾等。《平报》社1913年出版《践卓翁小说》第一辑，由都门印书局印刷。《铁笛亭琐记》由都门印书局1916年7月出版单行本；1922年8月商务印书馆出版，改名《畏庐琐记》。

徐树铮说："辛壬（1911—1912）之际，始与畏庐老人交，猥许为性地廉厚，居恒以道义相磋劘。又时为论议古文字得失，及为学次第；每见鄙作，删抹不少假借。始欣欣然知学不可无师资矣。"① 徐特别尊重林纾，虚心向林学习。

由于办报而交往增多，徐树铮和林纾相互的感情与理解，亦不断加深。1913年，林纾为臧荫松作一幅山水画。徐树铮看后即题上一首《江城梅花引》词："西风斜日酿清愁。怕登楼，又登楼。笑举一樽浊酒饯残秋。直向万山深处去，起茅屋，尽余生，断送休。 送休，送休，更何求。水自流，云自浮。睡死，睡死，睡不死，飘梦岩头。扶杖飞泉，尘世总悠悠。依石看君留画稿，持此意，赠将归，当卧游。"林纾也为徐树铮填词作画。

1913年春，徐树铮纳沈定兰（字畹君）为如夫人。林纾填词赠徐，徐作《被花恼》词答林纾："……温宿梦，依新娇。愿人长寿花长好。……巾宽泪律，酒碍歌程，结束闲烦恼。任吹凉送暖傍东风，向飞絮，禅心证空妙。衹一例，付与幽窗啼翠鸟。（原注：畹君来归，余久不出。畏庐以词见调，故略以闺中起居答之。）"又填一首《梦横塘·再答畏庐》："单车驰使，过黄河桥，几供水仙，凉馨满襟。情致遥集，音节斯抗。笛梅吹月，钵水容天，鬓丝惭对华烛。借问年时，几醉倒，花前醽醁。儿女英雄，为谁欢笑，为谁哭？被零烦碎恼，秘怨神啼，都来占，眉峰蹙。 偏逢历劫天人，恰香花供养，绮梦慵续。华艳千丛，料不抵，清芳一束。待收拾，风云材略，并作温存慰寒绿。日暮空阶，缟衣何处，依萧萧修竹。"

① 徐道邻编述、徐樱增补：《徐树铮先生文集年谱合刊》，台湾商务印书馆1989年版，第12页。

不久，林纾作《徐又铮填词图》赠徐。徐又依其调作《相见欢》词，答谢林纾："湖边竹树玲珑，不玲珑？可惜一春烟雨太溟濛。水痕蘸，晴光转，更惺忪。错把半江云气剪吴淞。 清波绿洋鱼鳞，净无尘，一任画船来去不留痕。依阑望，还惆怅，景中人。毕竟为谁闲却半湖春？ 湖天懒放新晴，晓阴轻，逗得薄寒吹彻玉楼笙。数风信，清明近，怕丁宁。著意丝雨烟柳困雏莺。 双双紫燕归来，莫相猜，恰是湖山晴照晓簾开。约游伴，明朝换，踏青鞋。不道一天酥雨又香街。（这首词前有说明：畏庐写赠填词图，烟波淡沱，晴雨异态，寤寐西湖，辄依此调。）"①

以上几首词，都是办《平报》期间，徐树铮与林纾交往的作品。林纾时年 61 岁，对徐树铮非常欣赏，盛赞徐树铮精于词律。他们每有新作，即相互赠阅。

林纾在《徐又铮填词图记》中说："余嗜词而不知律，则日取南宋名家词一首熟读之，至千万遍，俾四声流出唇吻，无一字为梗。然后照词填字，即用拗字，亦顺我牙齿，自以为私得之秘。乃不图吾友徐州徐又铮已先我得之。又铮尝填《白苧》，两用入声。余稍更为去声，而又铮终不之安，仍复为入声而止。余寻旧谱按之，果入声也。因叹古人善造腔，而后辈虽名出其上，仍无敢猝改，必逐字恪遵，遂亦逐字协律。余之自信，但遵词而不遵谱，此意固与又铮符合。又铮之年半于余年，所造宁有可量？旧作《填词图》赠之，又铮已广征题咏于海内之名宿，顾多未见又铮之词，将以余图为寻常应酬之作，故复为之记，以坚题者之信，使知又铮之于词，实与余同调，兢兢然不敢于古人用字有所出入也。"②

林纾称徐树铮为"词兄"。1917 年 10 月至 11 月间，林作《听泉图》题识说："巢父洗耳不洗心，安得弗与世浮沉。盈科所贵在有本，未许世

① 上述 4 首词，见徐道邻编述、徐樱增补:《徐树铮先生文集年谱合刊》，台湾商务印书馆 1989 年版，第 110—113 页。另参见张旭、车树昇编著:《林纾年谱长编》，福建教育出版社 2014 年版，第 229 页。

② 徐道邻编述、徐樱增补:《徐树铮先生文集年谱合刊》，台湾商务印书馆 1989 年版，第 114—115 页。

人景浅深。又铮词兄嗜吾画如温舍，曾作长卷，又铮苦欲得元，余失心更作以赠，引磵秋为证，遭乱久未就，晚秋少略为成此图。固不为佳。然亦欠余久要不忘之意。丁巳九月，弟林纾并识。”[①]1918年三四月间，林还在《公言报》发表词作《八声甘州·雪中寄又铮》《梅子黄时雨·春日野行寄又铮磵秋》《烛影摇红·又铮以事至信阳，道中得词二解，凄绝皆近梦窗，即题其后》[②]。

林纾尽力支持《平报》，为《平报》撰写和翻译大量文稿，并与《平报》主笔臧荫松相处融洽，见解大都一致。

《平报》创办一周年时，徐树铮写作《平报周年纪念日感言》。1913年10月31日夜，徐应林纾之约，与林和《平报》诸多记者饮宴。偶尔谈及明日是《平报》周年纪念日，于是群谋庆祝一下。林对徐说：您与《平报》记者相处得很好，大概不能无言矣。希望您发表纪念感言。徐因太忙，没敢答应。次日外出回来，刚进书房门，就看到10月31日《平报》又已整齐地放置桌上，因此深有所感。自谓“素性不喜读报，又时殊剧忙”，虽有“中西京外报纸数十种”，而能以刻秒之暇快速让他休息的只有《平报》。《平报》周年纪念日，实际上也是他读《平报》周年纪念日。为什么他如此重视《平报》呢？他认为，他想说或想说而未及说，或及说而不能自己说的话，《平报》已经为他说了。从今以后，他能自己说而还没说的话，《平报》也会继续为他说。《平报》说什么呢？说“平”，《平报》曾宣言说：“平者不平之母”，即“言不平”“平不平也”。纵观《平报》一年来发表的作品与所提倡者，综合考察，可谓：“持论一轨于正，不似他人之转移于党争胜负也。纪事则一事不苟，虽里巷细谈，亦必斟酌取舍，不与无识之风谣，推波助澜，以惶惑观听。又不婴婴于个人之毁誉，妄冀因缘以为利。

---

① 张旭、车树昇编著：《林纾年谱长编》，福建教育出版社2014年版，第287页。
② 张旭、车树昇编著：《林纾年谱长编》，福建教育出版社2014年版，第294页。

人有毁誉之者，亦恝恝然不加喜戚于其心，而莫之顾也。殆真所谓学问深则意气平者，非歟？使非中有所主，不为外力所牵，乌能至是？是则余之所以乐读者”。他今天着重要说的是，他是军人，“军人之天职，在保民，在卫国。而保民之良法，在去暴；卫国之能事，在却敌。然则军人者，杀人之人耳。……‘惩一劝百’，‘杀以止杀’，非圣人之所谓‘仁术’者乎？毋（不）亦平天下之道，固有赖于是者乎？纵观世界大局，列强骎骎，率欲灭人之国，有人之土。而我国衰敝余生，得以稍延残喘者，惟幸赖列国均平之势耳。列国均平之势，惟幸赖军备之支柱耳。军备之支柱，惟幸赖军人之各爱其国耳。是军人者：小而言之，国家之骨干；大而言之，世界之重心也。军人得其平则世局平，军人不得其平，则世局不平。军人固不尽为不平之人也。故愿为记者进一言曰：‘我国破坏之余，建设未集，法纪荡然，道德扫地。元凶巨憝，间出扰害，贤路未尽登庸，宵小或仍窃政，朝野隐痛，常郁郁多不平之气。暴之不除，良何由安？故欲平国民不平之气，非余辈保民卫国之军人杀人不可。欲杀人而仍不失人心之平，非扶持证论之记者，倾注余辈军人杀人之目，参仿余辈军人杀人之腕，以著笔著述鼓吹杀人之事业不可。《平报》素详军事，语皆翔实，执笔者之性理，似与余辈军人为近，或者不以余言为河汉也！’余请拭目以观后效”①。

《平报周年纪念日感言》发表后，读者中有人认为：“其个性尤充分呈见，觉杀气满纸矣”，真“好一派肃杀情形”。“是时树铮与诸文人交游日浅，渐染未深，文事造诣，不逮后此。此文以‘以观后效’作结，既登报端，阅者或传以为笑，谓此徐次长对《平报》之训令也。”②

徐树铮时年33岁，身为陆军部次长，实主部务，面对国内外大局，深感中国落后而局势动荡难安，莫非其有治乱世用重典之心？

---

① 徐道邻编述、徐樱增补：《徐树铮先生文集年谱合刊》，台湾商务印书馆1989年版，第5—8页。

② 徐一士编著：《一士类稿　一士谈荟》，书目文献出版社1983年版，第202—203页。

袁世凯图谋称帝期间，徐树铮与段祺瑞备受猜忌，《平报》被迫停刊。

1916年9月1日，徐树铮资助《公言报》在北京创刊，并接受林纾推荐，由林白水主持《公言报》。林白水是林纾同乡和早年的同事，此时刚辞去议员职位，而且已以白话文扬名舆论界，有“白话道人”之称[①]。由此看来，文言文与白话文，并非势不两立，而是可以和平共存的。《平报》《公言报》就是例子。

1934年天津有《天津平报》。1937年12月4日，国民党人士在西安创办《西京平报》。1940年9月1日，汪精卫政权下的周佛海等也开始办《平报》。还有别的地方，也办过《平报》。不知是否受到徐树铮创办的《平报》影响。

另外，徐树铮还创办私营性质的都门印书局、都门编书局、经史学社、同风阁南纸铺等。直皖战争后，都被破坏。其所居宅第，亦被抄没。

二、创办正志学校

1914年，徐树铮任陆军部次长期间，经手购买美国制造的军械军火，价值93万美元（当时一美元折合中国银圆三块三毛三）。美商给他3%的佣金报酬。他请示段祺瑞是否可以接受，段批请大总统处理。袁世凯批示，既系美商规定佣金，可以收受，如认为款巨，不作私有，可办教育事业。于是徐树铮就接受下来，准备办一所带军事性质的学校。

同年12月，徐树铮与广东学堂负责人梁士诒[②]订立合同租赁校舍，以北京彰仪门大街菜市口广东学堂旧址为校址（1920年迁至阜成门外北礼士

① 张旭、车树昇编著:《林纾年谱长编》，福建教育出版社2014年版，第264页。

② 梁士诒（1869—1933），字翼夫，号燕孙，广东三水人。光绪进士，授翰林院编修。历任袁世凯总统府秘书长、交通银行总理、财政部次长、国务总理等。曾因支持袁世凯复辟被列为祸首通缉。

路），取名正志中学。

徐树铮自任校长，自选教学人员，规划教学内容，确定学校规章。

为办正志中学，1914年底，徐树铮在陆军部以吴闿生[①]名义，两次致电时在安徽桐城的姚永概，请他来京帮助办学；还托安徽督军倪嗣冲，派人几次劝姚尽快成行。姚因天冷，孩子有病，没及时答应，1915年1月13日才离开桐城，经安庆乘船至南京，再买车船票，渡江乘车，1月17日晚8点到京。18日（星期一）晚上，徐树铮即让吴闿生接姚来见。徐对姚极言敬仰之意，请其担任学校副教长，并讲一些课，约其隔日即住学校。19日晚上，徐树铮带正志学校庶务张庆琦[②]，及《平报》主笔臧荫松，一同访姚。徐说，还想聘姚"兼为陆军编辑局润色所辑之书"[③]。

正志中学的师资：以林纾为正教长，兼讲《史记》；姚永概任副教长，兼讲《孟子》《左传》《尺牍选钞》；姚永朴讲《论语》《文选》《修身》（讲义）；马其昶讲《春秋左氏传》和作文课等。这四人都是当时一流的国学大师、著名的古文家，林还是著名的翻译家。姚永朴治经学尤勤；姚氏兄弟不但文章好，诗也深有法度，均卓然成家，时称"桐城二姚"。宋子扬、于珍等任军事教官（后来宋任西北边防军第二旅旅长，于珍成为奉军名将）。梁上栋教数学（后为国民党监察院副院长）。清末秀才王肯堂也教过数学（后为徐州市文物管理委员会驻会第一副主任）。还请德国巴尔台博士

---

① 吴闿生（1879—1950），字辟畺，又辟疆，号北江。安徽桐城人，吴汝纶子。有家学渊源。曾师事姚永概。日本早稻田大学毕业。民国初年，先后任总统府秘书、教育部次长。不赞成袁世凯称帝。著有《诗文会通》《古今诗范》《古文教范》《文史征微》《孟子文法读本》《左传文法读本》《北江文集》《北江诗集》等。

② 张庆琦，字仰韩，徐州铜山人。姚永概说："铜山张君仰韩与余共事京师学校中，朝夕见，初不知其能文，偶为数篇示余，气盛而有条理。余大异之。仰韩未尝为经义，又不喜苏氏，日读昌黎、河东集……生近中原大河所旧经，宜其才之特殊也。"见《姚永朴姚永概集》，安徽教育出版社2014年版，第271页。

③ 姚永概著，沈寂等标点：《慎宜轩日记》（下），时代出版传媒股份有限公司2010年版，第1285—1287页。

等教授德语和理化课程，并请张庆琦任学监。后来任学监的还有吴复振。

正志中学的教材，由教师选编并铅印成册。如《左传选读》、《孟子》、《论语直解》(明代张居正撰、姚永朴节抄)、《礼记选读》、《大学章义》(姚永朴、姚永概选编)等。姚氏兄弟还为正志学校编辑《历朝经世文钞》，选择秦汉至今经典性文章170篇，从中可见“战胜有本，言语有术，劳苦必以身先，智识不为古囿”；可以“明去就之则，识兴废之由”；可知“读经之方，读史之益”；可以“养德性，长志气，助波澜，起观感”。①

正志中学校规，借鉴日本士官学校及德国的军事教规。严管理，禁党会。正志中学，实质上是一所以中国传统文化儒家精神为主的军官预备学校。

正志中学学制4年，采用军事教育体制。每期招生两班，开始一律招男生，后来亦招女生，每班50人左右，全部住校。学生家长，政教军商，各界都有。省长、部长、财经大家及名门子弟，进入该校学习者相当多。后来在台湾较有成就的唐君铂、李立柏、刘方矩等，都是当年的高才生。

军训课，是这个学校的一大特点。新生入校，犹如入伍。第一年就下军操，还学摔跤、拳击等。第三、四两年，操练步枪。寝室饭厅的规则，和日本士官学校的一样。教官五六人，都是赳赳武夫，从军队营连长中选来的，除步兵操典外，他们还娴熟技击，教学生徒手相搏。教官之上，设一名总教官。首任宋子扬(徐州人)，是徐树铮早年的朋友，也是留日同学，任教时间最长。徐树铮说开设军训课的目的，在于使学生“强健身体，克尽求学之苦境、任重道远之责任”。徐树铮力图把学生培养为军事上的有用人才，以便日后为国家服务。

1918年10月10日，徐世昌就任中华民国大总统，举行阅兵典礼。各

① 姚永概:《历朝经世文钞序》,《桐城派名家文集(11)姚永朴集、姚永概集》，安徽教育出版社2014年版，第256页。

学校学生列队参加，以正志学校为首选。该校学生，行列严整，随武装部队同受检阅，备受注目。从学校来时，特意通过东交民巷使馆区，外侨倾巷聚观。马其昶说："正志学风出京师诸学校上，天下无异词。"①

外语课开德语和法语两门，分别由德籍、法籍人担任教师。徐树铮认为，德国的工业与科学，居世界领先地位，要使中国富强，必须向德国人学习；法国的文化艺术极为光辉灿烂，堪作中国发展文化艺术的借鉴，因而也必须学习法文。这个学校不开英语课。徐树铮认为，学习德、法两国是当务之急，国内学习与掌握英语的人较多，不愁匮乏。徐树铮曾留学日本，也未设日语课。在他心目中，日本之兴，亦是学习德法之果。

音乐课也不同一般。歌咏兴叹，蔚为风尚。国歌、校歌之外，"读史有歌，劝学有歌，感时伤别，慷慨抒情，无不被之新声"，共约四五十首。学生"感于辞藻之典茂，音节之清越，吁吁喁喁，永言兴叹，心声既洽，人情遂无秦越"②。这与徐树铮酷爱音乐分不开。他熟知历代音乐演变，深谙音乐功能，经常慷慨悲歌，以兴怀而抒情。他想用音乐感化和陶冶学生的性情。

每逢开学周年，学校召开纪念会。1917 年 2 月 11 日，第二次周年纪念会，教育部总长范源濂及前总长汤化龙到会演说。纪念会包括体操表演，还举行运动会，均邀请学生家长及有关人员到会参观。学生制服，冬夏各有两套，一为平常穿，一为上操穿。

徐树铮认为，青年学生"血气未定，易入邪途"。课余时间，他常集合学生"训导"，勉"以克己之道自持"，"苟能人人行克己之道，自治其身，尽其职责，知是我所应当为者而为之，知我所应当戒者而避之，则一身以修，一家以齐，一国以治"。1918 年他在戎马倥偬之际，亦抽时间到学校

---

① 《桐城派名家文集（11）姚永朴集、姚永概集》，安徽教育出版社 2014 年版，第 457 页。

② 关德懋:《徐又铮先生创办正志中学述略》，见徐道邻编述、徐樱增补:《徐树铮先生文集年谱合刊》，台湾商务印书馆 1989 年版，第 219 页。

训话。同年11月初，他奉派去日本观操，临行之时还到学校，召集各班学生列队，告以奉命远行，约需月余归来，望各勤勉为学，勿稍偏离规矩。

该校师生关系融洽。林纾《与唐蔚侍郎书》中说，他与学生“亲善如父子”，他讲课“一涉伦纪，辄拊心痛哭者数矣。弟子颇感奋，知自爱”。[①] 马其昶、姚永朴、姚永概等，皆德高望重，循循善诱，言传身教，深受学生爱戴。宋子扬亦“平易近人，无疾言厉色”[②]，深得学生欢迎。

徐树铮作为校长，经常置身师生之间，了解教学情况。有时到教室里，屏息危坐，和学生一起听课。亲自过目林纾、姚永朴、姚永概、马其昶等各位教师批改过的学生作业，选择其中的佳作，张贴在教室，供大家切磋，借以表彰先进，激励后进。军事操练时，个别学生怕苦，不能坚持到底，徐树铮发现后严加训导，并作示范，不管何人都不迁就。在遵守校规校纪方面，即使校长的儿子也不例外。其大儿徐审义，是该校第一期学生，当时14岁，家在北京，亦必须在校吃住读书。周末回家，吃饭狼吞虎咽。母亲心疼他，给他做卤菜放在衣袋里带到学校，都被舍监搜去充公。

徐树铮十分尊重林纾、马其昶、姚永朴、姚永概等几位老先生。姚永朴双目重度白内障，他多次搀扶老先生进教室上讲台。每逢周三晚上，徐树铮请几位老先生，及吴闿生、臧荫松等，一起下馆子，经常去“醒春居”“便宜坊”“厚记”几家餐馆，有时也到“思成居”“沙锅居”等出名的小馆子，偶尔聚在“中华饭庄”。每次开菜单，都是臧荫松执笔。林纾最为健谈，往往是他一个人说话。吴闿生习惯早睡早起，徐树铮就派人提前接送他。吃过饭后，常到虎坊桥《平报》馆聊天，或者到琉璃厂松华斋南纸店坐坐。徐树铮还多次在自己家里，请老先生们吃饭[③]。老先生们有时也请徐树铮吃饭。他们经常相聚，一起听戏观剧，或游览公园。教师有什么建

① 张旭、车树昇编著:《林纾年谱长编》，福建教育出版社2014年版，第312页。

② 徐道邻编述、徐樱增补:《徐树铮先生文集年谱合刊》，台湾商务印书馆1989年版，第220页。

③ 姚永概著，沈寂等标点:《慎宜轩日记》(下)，黄山书社2010年版，第1300页:“赴会于又铮宅，豆粥甚美”；第1315页:“又铮招至寓食乡味”。

言，校长也能采纳。如姚永概记："与孙文元书，约之教博物，又铮从余言也。"[①]徐树铮和正志中学教师的关系，非同一般校长和教师的关系，而是亦师亦友，互相尊重，互相关心，互相支持。

徐树铮多次到林纾、姚永概、马其昶、姚永朴等人家里看望，问寒问暖，帮助解决困难。如：为姚永概租屋，送姚"俄毯""品锅"等[②]。姚永概生病时，徐树铮前去看望，"并赠贰百元药资，其意极诚"[③]。姚永概准备回家乡时，徐树铮特赠旅费[④]。1917年11月25日，徐树铮还赠姚永朴、姚永概两件羊皮衣服。姚永概不止一次向徐树铮借钱，徐从不含糊，总是如数借给。姚永概小儿安国出生时，徐树铮派车送去许多礼物，包括婴儿用品等。

由于在正志中学教书的关系，几位老先生遇到特别难办之事，即请徐树铮帮助。1917年7月张勋复辟失败后逃入荷兰使馆，一直被通缉而不能出来。1918年春，马其昶写信给徐树铮，希望他给段祺瑞总理说，放张勋一马，称张勋虽然"昧于大势"，举事轻率，"然究不失为肝胆血性男子"，比那些欺诈反复者好，"果其才有足用缓急可仗赖者"，则可收揽备用。"事已不成，困而知悔，则矜全之非私德也。示天下以大公，不以恩怨向背为取舍，盖古之观人者无他，亦观其性情心术而已。心术正，在仇必录，不然虽加以兵可也。"那些性情心术坏了的人，不足以共功名。张勋则不然，现在段总理可以杀他，也可以让他活；杀他或让他活，都不为私。"闻定武（张勋）困伏外馆，时时与人言：吾举事未告合肥（段祺瑞），合肥非卖我者，今事败无所恨。又言及公（徐树铮），则深感平生雅故之情。以此知公之不能恝于定武也。公位日高，建树益伟，忌者益日

① 姚永概著，沈寂等标点：《慎宜轩日记》（下），黄山书社2010年版，第1316页。
② 姚永概著，沈寂等标点：《慎宜轩日记》（下），黄山书社2010年版，第1308、1312、1313页。
③ 姚永概著，沈寂等标点：《慎宜轩日记》（下），黄山书社2010年版，第1339页。
④ 姚永概著，沈寂等标点：《慎宜轩日记》（下），黄山书社2010年版，第1363页。

众，使定武得出，彼不忘故主，岂负友哉，亦缓急可恃之交也。公素磊落，不为身图，今吾言此，疑若鄙浅，然愿公白合肥，煦定武，冀异时获指臂之助，正为国耳。若定武自谋得放归江湖，足矣，他非所望也。仆辱合肥知爱，欲自言，恐不获尽意，故具白于此。惟公侠气，能振穷阨，申谠言，慰士大夫之望，幸甚不宣。"[①] 马其昶深知张勋，欲救张勋，希望能为国再用张勋，亦为段祺瑞执政而谋，相信徐树铮能和段说。这封信反映马其昶和张勋的关系，也反映他和徐树铮及段祺瑞的关系。所谓观人"观其性情心术"，马亦如此。

1919 年 1 月 8 日，姚永概得知桐城革命党人史恕卿被拘求救，即和马其昶、吴闿生"公乞又铮"[②]，请徐树铮设法救出史恕卿。6 月 11 日，陈独秀因散发《北京市民宣言》传单被捕后，姚永概应"孝宽诸人"之托，"函求"徐树铮营救陈独秀[③]。

马其昶、姚永概等，请徐树铮帮助营救张勋、史恕卿、陈独秀，徐树铮如何处理，目前尚未看到具体资料。但其后不久，几位需救者就有了出路。

五四运动，徐树铮不让正志学校的人参加。正志学生上街，总是受到嘲讽，甚至被称为"冷血团"。学生们有所不安。徐即召集各班学生代表，和他们谈论时政得失，他们听了默然而退。

为避开五四运动影响，徐树铮租借北戴河原德国军管处的旧房子，带师生们去度暑假，可见其用心良苦。作为军人和校长，他站在当局的立场，维护中央政府，不让学生参加运动；但也不能不体会师生的心境和舆论的压力。他特写一首诗，赠正志学生：

---

① 马其昶:《抱润轩文集》卷十，安徽省图书馆藏，第 9—11 页。原文无段落标点。标点是引用者添加。

② 姚永概著，沈寂等标点:《慎宜轩日记》(下)，黄山书社 2010 年版，第 1379 页。史恕卿(1869—1942)，桐城人，曾参加中国同盟会，联络革命党人谋起义。1913 年二次革命失败后，仍进行革命活动。后来参与筹建安徽大学。

③ 姚永概著，沈寂等标点:《慎宜轩日记》(前言)，黄山书社 2010 年版，第 23 页。

敛才宜就范，道德发文章。
莫恃聪华秀，空嬉岁月长。
古今都修习，贤智亦荒唐。
惟有千秋业，名山不可忘。
匹夫兴亡责，不后不我先。
群儿竞逐逐，君子独乾乾。
大道直如发，千钧任一肩。
鸡鸣天欲晓，珍重祖生鞭。[①]

五四运动期间，正志学校始终坚持照常上课，其他学校大多卷入运动之波澜。汪辟疆认为：正志学校“士风肃静，出京师诸校上”[②]。

第一期正志中学学生，两班30人，1919年1月24日举行毕业典礼，姚永概等作演讲。26日，徐树铮宴会毕业生，并请教师们参加。

学生毕业之际，凑钱编订《正志同学录》，请校长作序。徐树铮即写《正志同学录序》。《序》以“忠爱”之心对待学生，并以“忠爱”勉励学生。他说，“忠”即“忠于国事”，“爱”即“爱保民生”。你们年龄还小，离国与民之事尚远，为将来能“致忠于国致爱于民”，“舍为学无他术”。他殷切希望正志中学的学生，离校之后还能专精于学，以便能够尽致忠爱于国民。《序》中追述他办学的一些情况说：因为自己学力不足，于是敦聘老师硕儒，岿然系海内文物之望者，如林纾、姚永概等为师。因为自己不能天天来校，于是请张仰韩作为学监。因为担心学生来自各方而无规范，于是制定规矩，使有遵循而不致大背于准绳。现在四年过去了，学生学习各有所获，斐然有章，他忠爱学生之心，亦多少得以见效。关于学生凑钱

① 徐道邻编述、徐樱增补:《徐树铮先生文集年谱合刊》，台湾商务印书馆1989年版，第89页。
②《汪辟疆诗学论集》上册，南京大学出版社2011年版，第146页。

编订《正志同学录》，他曾微闻其谋，告诉学监，校有总籍，即将刊行，学生可资考览，奈何多糜无益之费，希望学监阻止学生凑钱编订。不料学生很快编订出来，他自责没能尽挽其失，忠爱学生之心有所未尽，因而有所不安。书写此序，以补己过。①

这期《正志同学录》30人，姓名籍贯是：狄成谟，山西崞县；杨玉山，山西太原；谢汶，山西繁峙；杨祖诗，湖北松滋；刘炳煦，山西五台；徐鸿机，江苏铜山；张树滋，直隶京兆；沈瑜，江苏无锡；田明，直隶定县；王立内，江苏砀山；曾克临，福建闽侯；黄福墀，浙江平阳；朱维晶，山东福山；张凤，山西朔县；贺翊新，直隶故城；吴如瑗，贵州铜仁；熊应禧，湖北黄安；陈廷灿，山西定襄；童德荃，湖北圻春；王荣国，直隶束鹿；张赓慈，江苏铜山；高维，福建长乐；高景宴，江苏泰县；高崇仁，陕西米脂；程家驹，安徽潜山；王道荣，安徽旌德；黄国庭，陕西洋县；苏从周，江苏铜山；程家骙，安徽潜山；苏知极，安徽合肥。

该《同学录》，有四篇序、四篇跋。跋都是同学写的。

1919年2月12日，林纾撰写《正志中学同学录序》，并在《公言报》上发表。一个多月前，他曾撰写《送正志学校诸生毕业归里序》，发表于1918年12月30日《公言报》。《序》中说："古未有恃才艺足以治天下者。故孔子言艺，必先之以志道，居德，依仁，然后游艺……今诸生毕四年之力，颇闻古圣人之道，且略窥西人治艺之樊矣。或有挟资以西游者，吾又甚愿其勿右西人之艺而左吾道也。"② 后来，吴闿生在林纾训其四子林琮的一封信后写道："畏庐老人，文章道义，皆为当世所重，吾往年犹及与翁周旋，今读此札，弥服其内行之笃，持教之严，恍见翁灯下奋臂时也。"③ 此亦可见徐树铮请林纾执教之理由。

① 徐道邻编述、徐樱增补：《徐树铮先生文集年谱合刊》，台湾商务印书馆1989年版，第23—24页。
② 张旭、车树昇编著：《林纾年谱长编》，福建教育出版社2014年版，第304—305页。
③ 宋雪：《畏庐老人的教子用心》，《文汇报》2016年7月15日。

姚永概为这届毕业生做了一次演讲。有人传抄这次演讲笔记，并送给《公言报》，于2月9日至10日，连载发表，题为《示正志中学校一二班毕业诸生》。主要讲“经术最适宜于宇宙五大原因”，即：人伦（夫妇、父子、兄弟、朋友、君臣五伦）、礼乐、政刑、历史、文字的重要性。认为去掉经术这五大要素，国将不国。勉励学生离校后不要忘记读经。“读一句有一句之益，读一经有一经之益，会而通之，乃大儒矣。切实可行，新奇不腐。”这显然是针对社会上有些人反对尊孔读经，主张无政府主义甚至要废除汉字的。清史馆馆长赵尔巽认为这“极有关世道”，并向姚永概深致敬意。然而，一位激进趋新的读者SF，则把文章剪下来寄给《新青年》，要求予以批判。2月15日出版的《新青年》（六卷二号），发表SF君2月11日的来信和他剪下的文章，并加编者（钱玄同）按。SF的信发表时，题为《姚叔节之孔经谈》，其中说：“这不是今日‘人心世道之忧吗’？听见说有个《新民报》，也登着这篇，并且是拿他当（论说）登载的……就请诸位耐着性把姚先生这篇文章细细的看他一遍，仿照骂王敬轩先生的前例，痛痛的骂他一顿罢。”钱玄同2月12日代表《新青年》回复SF君说：“若姚氏此文，其发挥经义，颇为精当，竟把孔教的坏处完全显出，我们主张推翻孔教，此文颇可为间接之帮助，我们如何可以骂他呢？我将此文看了一遍，更恍然于共和与孔经是绝对不能并存的东西，如其要保全中华民国，惟有将自来的什么三纲五伦、礼乐、政刑、历史、文字‘弃如土苴’。如其要保全自来的什么三纲五伦、礼乐、政刑、历史、文字，惟有请爱新觉罗溥仪复辟，或请袁世凯……称帝。”[①] 因为正志学校一次演讲，引起这样一种波澜，是五四前后新旧文化冲突的一种表现。同时，这也反映正志学校的特点。

在建校过程中，有人予以资助。湖北督军王占元赞助万元，徐树铮

① 姚永概著，沈寂等标点：《慎宜轩日记》（前言），黄山书社2010年版，第19—21页。

1918 年 3 月 2 日致电王占元说："正志学校建造校舍，承助万元，先此奉谢。"[①]

在正志中学有一定基础之后，徐树铮准备办正志大学，并特地从德国请来几位教授。另外还有正志小学。姚永朴为编《正志小学修身教科书》，并铅印成册，目录是：立志、好学、辨品、治心、谨言、慎行、应事、接人、改过，孝父母、和兄弟、正夫妇、教子孙、睦族姻、待仆役、交友、爱国、居官。姚永概 1920 年春为此写道："教有次第，而师无高下"，"吾兄仲实应正志小学之请，复成斯编，凡为卷六，为目十八。自'立志'以至'改过'，正心修身之本也。自'孝父母'以至'居官'，则家国天下之本具焉。大端一宗朱子，而网罗较宏，文简而辞易了，于小学书为善本。"[②] 可是不久，直皖战争爆发，徐的愿望未能实现。他托吴鼎昌帮助正志学校善后。[③]

另外，徐树铮还和有关人员校刊《汉魏六朝百三名家集选》，校注并重印《赵注孙子》，校印《诸家评点古文辞类纂》，拟将十三经增补为十五经，对文化教育亦有贡献。

直皖战争后，1920 年 9 月，总统徐世昌将正志中学改名"成达中学"，并改私立为公办，"总统派校董二十人，公推王晋老（王树枏）为董事会会长，傅毓芬为校长，张仰韩为监学"[④]。姚永朴和姚永概，仍旧在学校，其他人略有更换。

中华人民共和国成立后，该校逐步变迁为首都师范大学附属中学。

---

① 中国科学院近代史研究所近代史资料编辑组编辑：《徐树铮电稿》，中华书局 1963 年版，第 19 页。

② 姚永概：《书正志小学修身教科书后》，《桐城派名家文集（11）姚永朴集、姚永概集》，安徽教育出版社 2014 年版，第 260—261 页。

③ 林绪武、邱少君编：《吴鼎昌文集》，南开大学出版社 2012 年版，第 55 页。

④ 姚永概著，沈寂等标点：《慎宜轩日记》（前言），黄山书社 2010 年版，第 18 页。

第四章

反对帝制与复辟

一、反对袁世凯称帝

1912 年 2 月 17 日，袁世凯让段祺瑞署陆军总长。3 月 20 日，徐树铮任陆军部军学司司长，9 月 11 日，调任军马司司长兼管总务厅事。

1912 年至 1913 年间，各省进行国会选举，国民党在参众两院里成为第一大党。宋教仁以国民党领导人资格，竞选约法中规定的责任内阁总理。他到处活动，非常引人注目，不幸在上海遇害。国民党认为主谋是袁世凯，孙中山决定以武力推翻袁政权。

1913 年 7 月 13 日，由李烈钧在江西湖口率先誓师讨袁，15 日黄兴在南京誓师讨袁。随后，柏文蔚在安徽，陈炯明在广东，孙道仁、许崇智在福建，谭延闿在湖南，熊克武在重庆，相继响应。可是袁世凯大权在握，并且实力强，再加以收买离间，仅仅两个月，各地讨袁军就都失败了。这就是所谓的“赣宁之役”、国民党“二次革命”，也称为“癸丑之役”“第一次南北战争”。

段祺瑞自总理赵秉钧因宋教仁案辞职后，5 月初代理国务总理，直到 8 月 26 日熊希龄就任国务总理，仍任陆军部长。徐树铮一直在陆军部任职。

1913 年 10 月 6 日，国会选举袁世凯为正式大总统，7 日选举黎元洪为副总统。10 日，袁世凯在京举行大总统就职典礼。12 日，授徐树铮“二等文虎章”。黎元洪兼职湖北都督，迟迟不愿从武汉到北京就职。11 月 4 日，袁世凯以“赣宁之役”为由，下令解散国民党，撤销国会中 438 名国民党议员资格，国会即无法召开。袁世凯意图复辟帝制。

12 月上旬，袁世凯派段祺瑞去武汉，敦促黎元洪进京就职。行前，段祺瑞对曾毓隽说：“你前些日子和我所谈，我曾问过袁，袁指天发誓，否认帝制。冯国璋也曾以此事询问过袁，袁也是以否认的态度答复了冯国璋。现在他（要）迎黎北上，用意所在，我已明白。现在又以金钱诱我，我南下迎黎北上，正是脱身的机会。你明天领款 30 万元就够了，不要多领。”曾毓隽次日领得 30 万元，不久随段到达湖北。经段劝说，12 月 9 日，黎元洪离鄂北上。10 日，袁世凯命段祺瑞兼代湖北都督，以实现对湖北的控制（陆军总长暂由周自齐代理）。段祺瑞代理湖北都督两月，徐树铮和他始终保持联系，对陆军部筹备军饷及人事状况随时报告，且谓“总统府之干涉，财力之窘匮，固居大病，然运用得宜，亦可不为所累也”①，并对段祺瑞的湖北都督府范围提供参考意见。对于袁世凯的图谋称帝，徐树铮尤其注意，尽可能加以抵制并报告段祺瑞。

12 月间，袁世凯在京组织召开“政治会议”，以代替国会，商量“救国大计”。“政治会议”由总统派 10 人，国务院派 4 人，各部派 1 人，各省派 2 人，共计 69 人；以李经羲为议长，张国淦为副议长。徐树铮代表陆军部参加“政治会议”。15 日举行开幕式，上午袁世凯致训词；下午，李经羲致开会词。对于“政治会议”，徐树铮曾请示段祺瑞是否承认。得到答复后，他致函段的秘书张伯英说：“既荷承认政治会议耳，则弟亦耳之一也，此后拟自号为‘一耳’，何如？”②

① 《徐树铮致曾毓隽函》1914 年 1 月 22 日，中国社会科学院近代史研究所藏，档案号二六—52 第 16—20 页。耿来金先生代抄。

② 《徐树铮致张伯英》1914 年 2 月 6 日，中国社会科学院近代史研究所藏，档案号二六—52 第 50—53 页。耿来金先生代抄。

12月29日，徐树铮致电随段祺瑞到湖北的曾毓隽、张伯英，告知他们离京20天以来陆军部的情况等，谈到“政治会议”时说：“今日开议，掩耳欺世，乃将以在会诸人耳，而掩之以欺世，不复顾外人与后世之论议何如。挂名会籍，真多事矣。惟既挂此名，即不能不始终其事，亦聊与浮沉耳。此会办法用意甚妙，足征项城之聪明绝顶，惜乎正副议长、秘书长及接近议长之诸员之无远略，不能称项城手腕之指挥耳。”[①] 显然，他对“政治会议”不感兴趣。他还说：“群言庞杂之世，‘一耳’不如聋也。议长李仲轩（经羲）善摇，喜登坛发言，每发言，弟辄不敢仰视，一仰视则晕矣。”[②] 他是抵制袁的“政治会议”的。

1914年1月10日，袁世凯正式解散国会，为实行独裁统治扫除障碍。这个时候，“豫匪”白朗[③] 军正转战中原，突破河南都督张镇芳和护军使赵倜组织的“围剿”，连克豫东南光山、潢川、商城和皖西六安、霍山，直逼皖中舒城和鄂东英山。袁世凯急将张镇芳、赵倜免职，2月13日派段祺瑞以陆军总长兼署河南都督（段芝贵接任湖北都督），先后驻信阳、开封，统一指挥豫鄂皖二万多军人，会战白朗军。

段祺瑞指挥“围剿豫匪”期间，陆军部许多事，实际由徐树铮操持。奉命“剿匪”的鲍贵卿、赵倜等将领，都曾致电徐树铮请求“时赐箴规”“箴言”。徐树铮也很关心“剿匪”，数次致电段祺瑞提供有关意见。一些外国人要求实地观察“剿匪”，认为白朗势力阻碍他们经营商务及传教，要求中国军队仿照圣彼得堡用飞行艇投掷炸弹，或照阿尔加用飞行艇投掷电石剿灭野蛮人方法，将白朗军全部炸死。他们多次威胁中国政府“如再不能即日剿平，拟电请本国政府各派兵若干，帮同剿办”[④]，等等，大

① 中国社会科学院近代史所档案馆：甲160—2：徐树铮致傅良佐曾毓隽等函稿（1913年），第62—68页。

② 《徐树铮致曾毓隽张伯英函》1914年1月16日，中国社会科学院近代史研究所藏，档案号二六一52第69—72页。耿来金先生代抄。

③ 白朗（1873—1914），河南宝丰人，清朝末年在第六镇统制吴禄贞手下做过参谋。

④ 《白朗起义》，中国社会科学出版社1980年版，第241、245页。

有仿效八国联军之势。对此，徐树铮予以婉拒。后来袁世凯令准外国人观察，他不得不照办。袁要陆军部处理有关镇压白朗事宜，陆军部亦及时处理[①]。

1914年2月14日，江汉关监督兼外交特派员丁士源，致函徐树铮称："又铮老兄大鉴：顷展大示，只悉智襄贤劳为慰。此间近获机关不少，香帅（段芝贵，字香岩）已斩决十人。陆稷臣已任军政执法处长，武汉可望安枕矣。所虑者，汴省匪尚未平，费我军力二师三旅之多。昨法使自申来，弟往见面，彼谓：总长（段祺瑞）不宜久驻汴，宜速回京。其武官高赍德少校且谓：八师及陈独立马队暨拱卫军南调太多，京师及张家口附近，似嫌空虚……此间有两英报，其英文楚报颇不安分……现在拟设法借应酬其他一报，能使彼此辩难，庶邪说退避……闻汉口外人，又有要求推广汉口租界事。以弟所知，如'中央准外人在租界外购地，设立货栈，但须守中国警章'，则此难题，便可打消。因此间商务日兴，租界内货栈，实有无地可容之叹。如能如此通融，外人便无词可藉矣。"[②]函中所言，都是徐树铮关心之事。在此前后，陆军部派人设法混入白朗军内部，进行有关活动[③]。

4月3日，段祺瑞奉召回京。5月14日，徐树铮被任命为陆军部次长。

袁世凯加紧图谋称帝。1914年5月1日，袁世凯颁布高度总统制的"民国约法"，即所谓"新约法"，以取代1912年孙中山主持制定的"旧约法"（《临时约法》）；5月8日，又设立一个"海陆军大元帅统率办事处"，陆军、海军、参谋三部总长，都成了"办事员"。段祺瑞、徐树铮对袁世凯

① 中国第二历史档案馆编：《中华民国史档案资料汇编》第三辑·民众运动，江苏古籍出版社1991年版，第208—225页。

② 《江汉关监督关于帝国主义企图藉白朗起义时期扩大汉口租界致徐树铮函》，中国第二历史档案馆编：《中华民国史档案资料汇编》第三辑·民众运动，江苏古籍出版社1991年版，第219页。

③ 《陆军部差遣员企图混入起义军进行破坏活动报告》，中国第二历史档案馆编：《中华民国史档案资料汇编》第三辑·民众运动，江苏古籍出版社1991年版，第220页。

这种行为非常不满。从此，段祺瑞很少到陆军部上班，部务由徐树铮代办。徐以陆军部或总长名义发出的文件，段祺瑞也很少看。

有一天，袁世凯召段祺瑞到总统府查问一件公事，段回答“要到部里查明”，袁就满脸不高兴地说：“怎么还要查明？你的呈文不是已经送来了吗？”这使段很难为情。他根本没有看过那件公文，是徐树铮代他签名送去的。事后袁大发牢骚：“咱们北洋团体，还成一个什么样子的团体，华甫（冯国璋）要到十二点钟以后才起床，芝泉（段）老不到部！”①

1914 年 12 月 29 日，袁世凯又公布修订的《大总统选举法》，规定任期 10 年，连任没有限制；参议院可“议决”连任，不必改选；继任人由现任总统推荐。这样，他就可做“终身”总统，甚至可让子孙“世袭”总统。在独裁的道路上，袁越陷越深，情不自禁地要成为皇帝。

段祺瑞默察出袁世凯的阴谋。他召集徐树铮与曾毓隽等密商对策，说“项城帝制自为之迹，已渐显露。我当年曾发采取共和之电，如今又拥项城登基。国人其谓我何？且恐二十四史中，亦再找不出此等人物！所以论公，我宁死亦不参与；论私，我从此只有退休，决不多发一言”②。徐树铮即与段祺瑞进一步抵制袁世凯，关系渐趋紧张。不久，陆军部发生茶役偷放炸弹案，日本报纸说是袁世凯谋杀段祺瑞的政治阴谋。从此，段祺瑞绝迹不到陆军部。徐树铮是段祺瑞最信任的人，因而成为袁世凯很讨厌的人。袁世凯要治段祺瑞，即想先治徐树铮。有一次，袁世凯表示要调动徐树铮，段祺瑞忍不住就大声回答说：“很好！请总统先免我的职，随后要怎样办就怎样办！”③由于段祺瑞坚决反对，这事暂时放下。

1915 年 5 月 7 日，日本就 1 月 18 日提出的“二十一条”要求，向中国发出最后通牒。这时候，陆军部呈文袁世凯，请求增加职员薪金。这显然

① 陶菊隐著：《北洋军阀统治时期史话》第二册，生活·读书·新知三联书店 1957 年版，第 71 页。
② 徐道邻编述、徐樱增补：《徐树铮先生文集年谱合刊》，台湾商务印书馆 1989 年版，第 213 页。
③ 陶菊隐著：《北洋军阀统治时期史话》第二册，生活·读书·新知三联书店 1957 年版，第 72 页。

是蓄意与袁世凯为难。袁世凯批字“稍有人心，当不出此”。对日屈服后，一心想做太子的袁克定，公开向人表示，陆军不能作战，部务无人负责，政府不能贸然决定抵抗日本[①]。

段祺瑞因反对袁世凯图谋称帝，不得已而去京郊西山“养病”。袁世凯计划以蔡锷代替段祺瑞，因不能实现，即于5月31日，派王士珍署理陆军总长。8月底，明令解除段祺瑞陆军总长职务，以王士珍继任。

袁世凯还准备征聘林纾为参政，并要徐树铮转告在正志中学任职的林纾，林纾誓死不接受[②]。

段祺瑞离职后，袁世凯指使肃政厅弹劾徐树铮，说徐树铮订购外国军火浮报40万元。6月26日，免去徐树铮的陆军次长职，以田中玉继任。

所谓徐树铮购买外国军火浮报案，即1914年徐树铮经手订购美国军火，3%的佣金报酬经袁批示，用于创办正志中学的钱。1915年春，袁命特设肃政厅，选派肃政使，专事搜索各部门贪污受贿卖官等情况，以便排除对立面。结果查得：财政部委派各省税关监督和盐运使有受贿情况；交通部对京汉、京奉、京张、津浦、沪宁五大铁路有弊端；陆军部次长徐树铮订购外国军火浮报40万元。袁即借此下一道命令，免去财政部次长张弧、陆军部次长徐树铮、交通部次长叶恭绰三人的职务。这就是1915年有名的“三次长参案”。实质上，这主要因为段祺瑞和梁士诒（财政总长）、熊希龄（前内阁总理）三人，都不赞成帝制，所以就罢徐树铮以威胁段，罢叶恭绰以威胁梁，罢张弧以威胁熊。段后来提及此事说：“余预审将有政变，乙卯（1915）五月借病退养。季秋，筹安会设，议复帝制，与创造共和之义相背驰，切言以为不可，致有财、陆、交三部参案。详查陆部无隙

① 陶菊隐著：《北洋军阀统治时期史话》第二册，生活·读书·新知三联书店1957年版，第72页。

② 张旭、车树昇编著：《林纾年谱长编》，福建教育出版社2014年版，第252—253页。1917年，段祺瑞任总理期间，要聘请林纾、姚永概为顾问，并亲自登门拜访。林纾、姚永概亦不接受。

可抵。”[①]

罢免三名次长后，袁世凯指使杨度等8月1日成立“筹安会”，加紧筹备帝制。

1915年12月12日，袁世凯通电接受“推戴”，拟改国号为“中华帝国”，以1916年为“洪宪”元年。

这时候，段祺瑞仍在西山“养病”，但与徐树铮、曾毓隽等保持随时联系。

袁世凯称帝受到多方反对，他为挽救危局，又想起用段祺瑞。段听从徐树铮的计策，拖延不出。一天，袁世凯忽然召见曾毓隽说：“松坡（蔡锷）已离京转滇（云南），芝泉（段祺瑞）亦知之乎？为我转告芝泉，此时忍坐视我满头白发，遭人摧毁欺负耶？没有我，恐怕也没有你们！我今年逾五十，位极元首，个人尚有何求？然不能不为此一团体打算，我们不能让人家打到大门口来！即有错误，第一个了解我，又能谅解我的应该是芝泉。今乃刚刚相反，芝泉竟是第一个不了解我，不谅解我的。这令人不解！汝可转告他。”接着又说：“最好芝泉能亲自来见我。”于是提笔草就一函，交曾毓隽转给段祺瑞。段祺瑞阅后，决定仍不见袁世凯，即嘱曾毓隽拟稿，亲笔加以矫正，交曾毓隽送给袁世凯。袁世凯拆函一瞥，随即命令曾毓隽说：“汝且退，明日此时，可再来此。”曾毓隽回去向段报告见袁经过，段说：“汝明日复谒项城（袁），不必多费一词，只听其发付可也。生死且不计，何有于得失！”[②]

段祺瑞的态度何以如此坚决？其受徐树铮影响最多。当曾毓隽再去见段时，段告诉他：“昨晚又铮来称：项城左右，已亟谋不利于我，并及又铮。闻他们只待上面点头，便采取行动。我料此乃想当然事，但亦不可不

① 段祺瑞：《徐树铮神道碑》，《徐树铮电稿·附录》，中华书局1963年版，第382页。
② 徐道邻编述、徐樱增补：《徐树铮先生文集年谱合刊》，台湾商务印书馆1989年版，第213页。

防范之。”[①]

曾毓隽离开段处，颇有歧路徘徊之感。但又思量：徐树铮毕竟是权奇倜傥之人，不如试探一下其本意，然后请其相助。于是，他就直往某俱乐部见徐树铮，如实说出袁世凯要他与段祺瑞联系的一切经过。徐树铮笑着说：“阁下诚坦白，但尚隐有一事，即（袁）项城大骂徐树铮该死是也。”曾毓隽亦笑着说：“事诚有之，何必赘述，以撄君之怒。”曾毓隽进而诉说袁世凯、段祺瑞各执一端，自己无法向袁世凯回报之苦，请“智多星”给想想办法。徐树铮先是说笑，见曾毓隽有不豫之色，才正经地出谋献计说：“阁下明日仍先谒项城，告以合肥拟俟稍愈，即亲谒面呈密要。项城能得与合肥面谈，必喜且不胜。然后吾人徐图补救。兹事体大，不可造次。”[②]曾毓隽认为徐树铮所言极是。

第二天，曾毓隽告诉袁世凯：“段以兹事体大，决俟病体稍愈，躬亲请谒，面呈一切。”又故意加重语气说：“亲来密商，比较方便。觉其病状已好转，大约最短期内，即可应命前来。”袁世凯听到最短期内可以会晤，立刻变为喜悦。曾毓隽正想乘机告退，袁世凯又准备发言。曾毓隽怕袁一发问，问题便多，就暗自埋怨徐树铮：凡所作计，总带几分冒险性质。就在这时，袁世凯找出冯国璋亲笔信交曾毓隽一阅。信中略谓：“京以外事，倘有所命，决不敢辞。惟京内事，则极望菊人（徐世昌）芝泉（段祺瑞）诸兄，能切实秉命而行，不要为其左右所误。”这后一句话，显然是指段祺瑞信任徐树铮，最中袁世凯禁忌。袁要曾毓隽阅后转给段祺瑞，却又急着说：“且慢！又铮其人，亦小有才，如循正轨，可期远到。但傲岸自是，开罪于人特多。芝泉如爱之，不应反以害之……亦可为我转加勉励，并可将去此函共阅……”[③]

---

① 徐道邻编述、徐樱增补：《徐树铮先生文集年谱合刊》，台湾商务印书馆 1989 年版，第 214 页。
② 徐道邻编述、徐樱增补：《徐树铮先生文集年谱合刊》，台湾商务印书馆 1989 年版，第 214 页。
③ 徐道邻编述、徐樱增补：《徐树铮先生文集年谱合刊》，台湾商务印书馆 1989 年版，第 214—215 页。

段祺瑞看了冯国璋的这封信，勃然大怒，当即扔到地上，说："冯华甫（国璋）本来是狗，现在看来，简直连狗不如！"曾毓隽即转变话题，说是否去见袁世凯问题："既已权允病愈往见，则不能称病到底，事先应有准备才好。"段祺瑞说："又铮来过，亦为此事担心，汝可找又铮共商。"[①]

曾毓隽又找到徐树铮，出示冯国璋信。徐树铮说："我们还是抓定自己的原则，即第一，不论直接间接，积极消极，均反对帝制到底；第二，欲项城中途取消称帝野心，据张季老（謇）相告，已完全失望；所以合肥还是始终称病不见为上。"曾毓隽反驳说："不见固佳，但不能称病到底。"徐树铮思考片刻，忽然拍案叫道："得矣，我可派人扬言于梁燕孙（士诒）、杨皙子（度）辈：'只要合肥愿见项城，项城可答允合肥一切要求，所谓要求，包括人事调整'云云。彼辈一闻此言，恐被指名调整，必多方设法以缓项城与合肥之见面，则吾人可从容坐视其变。"曾毓隽常暗服徐树铮之勇迈而兼有雅量。因而一再相约道："一切如君所论，但请从速进行。"[②]

果然，此后多日，袁世凯不再召见曾毓隽，徐树铮的谋划告成。

忽有一天，梁士诒过访曾毓隽，说："顷间项城相告，谓据足下转陈，合肥已允病愈往谒。果能如此，何事不可商量。第一，冯华甫即不敢再如目前之作壁上观，而将一切责任推诸合肥身上。第二，东南西南各省督使（都督、护军使），对我方必立刻改变观念，而有所顾虑，以共寻求缓冲之道。则项城做不做皇帝，均得有时间从长计议……"曾毓隽答："合肥已决定病愈往谒，但项城左右，恐非每个人都如阁下想法……合肥个性，阁下所知，绝不可供群小玩弄。"梁说："足下之言是也，容将此意往陈项城，得其了解，再来就商。"[③]

梁士诒走后，曾毓隽即往告徐树铮。徐说："有我徐某在，决不令此獠

① 徐道邻编述、徐樱增补:《徐树铮先生文集年谱合刊》，台湾商务印书馆 1989 年版，第 215 页。
② 徐道邻编述、徐樱增补:《徐树铮先生文集年谱合刊》，台湾商务印书馆 1989 年版，第 215—216 页。
③ 徐道邻编述、徐樱增补:《徐树铮先生文集年谱合刊》，台湾商务印书馆 1989 年版，第 216 页。

猖獗祸国也。”并谓：“南皮（张之洞）项城（袁世凯）是半豪杰。”曾毓隽问，何谓半豪杰？徐说：“南皮一生，以骂人起家。项城一生，以骗人起家。非豪杰不敢于骂人，非豪杰不足以骗人。然真豪杰，则既不骂人，更不骗人。今南皮与项城一骂人，一骗人，吾故曰半豪杰也。豪杰而曰半者，其他一半，属屠沽故也。”关于梁士诒与曾毓隽晤谈问题，徐树铮毅然说道：“我料梁氏旨在窥探吾人意向，暂时决不会怂恿项城召见阁下。因我所做功夫重点，即在投彼辈所好。可使项城一时更不图见合肥，请君高枕看我好谋。”[①]曾毓隽深信徐树铮言行，不再担心袁世凯召见问题。袁世凯想与段祺瑞见面，终因徐树铮窥破其左右意图并略施拖延之策而未成。

后来，徐树铮又对曾毓隽说：“只要我们能消极到底，军事方面，久持必生变，虽倒河倾海，亦无能为力。”[②]所说河海，指冯河间（国璋）和徐东海（世昌）。

1915年12月25日，蔡锷等在云南通电，反对袁世凯称帝，并组织“护国军”，北上讨袁。

袁世凯骑虎难下，又想起用段祺瑞，便任命徐树铮为“将军府事务厅厅长”，并召见徐，“详示职守”，期其“遵循”；还指示徐“遇有事关大体，加以讨论”。

徐树铮回来后，精思细虑，就“事关大体”问题，提出自己的意见。1916年2月2日（农历乙卯除夕），直接上书袁世凯，剖析内政外交大局，痛言利害是非，冒死要袁取消帝制。略谓天下初定，誓血未干，即变更国体，不仅外交未获承认，而且民心不服，干戈四起，大局危迫在眼前。惟有速下罪己明诏，与民更始，恢复共和体制。而蔡锷那里，可驰一介之使，以解其兵。若再迟疑瞻望，多延时日，是直授人以柄，自招天下之兵，绝

① 徐道邻编述、徐樱增补：《徐树铮先生文集年谱合刊》，台湾商务印书馆1989年版，第216—217页。
② 徐道邻编述、徐樱增补：《徐树铮先生文集年谱合刊》，台湾商务印书馆1989年版，第217页。

非正道。同时提出，所部军队，将骄卒惰，形同乌合，徒费国家千数百万饷糈，而不能保国卫民；吏治腐败，民生艰难；财官所言开源节流，只为政费而不顾国计民生；内政如此，国无不亡。[①]

这次上书，既不称袁为皇帝“陛下”，也不再称“总统”，而是称“大元帅”。袁世凯看后，甚不以为然，又原封退还给他。

王树枏后来看到这份上书说：“《上袁大元帅书》，反复指陈，痛切事理。辞婉而意直，言人所不敢言，运笔亦极尽屈曲郁盘之势。”[②]

在反袁称帝过程中，徐树铮最重视的是袁世凯以后如何收场，段祺瑞怎样出来处理善后，及其追随者怎样预作准备。当他得知袁世凯拟退位时，即致电冯国璋，请冯电约段祺瑞等准备分担京内外治安。电文如下：“急。南京冯上将军鉴：特密。顷闻首座拟定退位稿件，有知照文武大员保秩序各节，所部服从后任。草条约共六条，今日曾亲以示人，谓即宣布云云。但用明令抑或电报，及后任何人，均尚无闻，都中亦无若何预备。以此度之，此件究竟发否，是否出于至诚，亦未可测定。因国本至计关系甚重，敢以奉闻，果有其事，拟请我公电约芝公及各省要员分担京内外治安，预防纷扰，免召外人干涉，先令国本不摇，将来无论大任谁归，均易解决，至个人进退，此时尤不应念及也。杞忧之见，我公以为何如？树铮。”[③]

徐树铮的中心主张，是不让段祺瑞沾上一点污迹，不与袁的帝制有任何关系，无论袁授段何种名义，即使授以全部军权，也不能接受，绝不授人以口实。待袁失败，就可在政治斗争中稳操一半胜券。后来事实演变，果然如其所算。虽然徐世昌善于操纵，冯国璋亟思染指，而北洋军权，仍控制在段祺瑞手上。

---

① 徐道邻编述、徐樱增补:《徐树铮先生文集年谱合刊》，台湾商务印书馆 1989 年版，第 126—147 页手稿。

② 徐道邻编述、徐樱增补:《徐树铮先生文集年谱合刊》，台湾商务印书馆 1989 年版，(再版序)第 5 页。

③《徐树铮致冯国璋询问南京会议情形及袁世凯退位后谁继承其位的函札》，中国第二历史档案馆藏，全宗号 1002，卷号 1111。

1916年3月22日，袁世凯被迫撤销帝制。随后手令徐世昌，请段祺瑞同筹善后，一切请段处理，惟不能再用徐树铮。段祺瑞一听此言即怒道："事到如今，尚一点不放松。我宁不干，我又如何能干！"[①]

关于徐世昌、段祺瑞和徐树铮的关系，曾毓隽说："大徐最怕小徐，但有时亦爱小徐，且想利用小徐。而小徐终其身，只接受其怕，不接受其爱，更谈不到利用。而合肥则不然，能使小徐终其身不见其爱，只见其信任；不见其怕，更不见其利用。信任矣，爱何加焉；利用矣，怕必随之。然则大徐之智出合肥下矣。"[②]

3月25日，袁世凯用黎元洪、徐世昌、段祺瑞三人名义，致电西南方面反对称帝的陆荣廷、梁启超、唐继尧、蔡锷说："帝制取消，公等目的已达，务望先戢干戈，共图善后。"这个电报并未征求黎、段两人的意见，段得知后很生气地说："老头子到今天还是要包打包唱！"[③]4月1日，袁又以黎、徐、段三人名义，向护国军提出六条议和条件[④]，段不肯表示意见。黎未过问。这些条件，实质上是威胁对方投降。袁知道自己已经陷入四面楚歌的境地，才把被他排挤出局的黎、徐、段三人请来维持危局。为了利用这三个人，袁表示要公开一切权力，政治问题交徐世昌全权负责，军事交段祺瑞全权处理，请黎元洪和自己一起办公。实际上他仍力图大权独揽。

这时候，徐树铮为以后考虑，草拟一份《关于划分大总统权限，实行责任内阁制，及大总统退位、元首继任问题的大纲》。内容如下：

---

① 徐道邻编述、徐樱增补：《徐树铮先生文集年谱合刊》，台湾商务印书馆1989年版，第218页。

② 徐道邻编述、徐樱增补：《徐树铮先生文集年谱合刊》，台湾商务印书馆1989年版，第218页。

③ 陶菊隐：《北洋军阀统治时期史话》第二册，生活·读书·新知三联书店1957年版，第188页。

④ 六条议和条件是：一、滇黔桂三省取消独立；二、三省治安由三省长官负责维持；三、三省新兵一律解散；四、三省派往战地的士兵一律撤回；五、三省自即日起，不准与官军交战；六、三省各派代表一人来京筹商善后。参见陶菊隐：《北洋军阀统治时期史话》第二册，生活·读书·新知三联书店1957年版，第188页。

现在情形，以帝制既经废止，大总统、副总统均于帝制前暗消，是为无政府。现欲恢复政府，应从法律著手，维持现大总统，保全治安。

按外省情形，若空言维持现大总统，必无以取信于人。故现应保全总统尊位，而将其实权划出；划出副总统之权，第一当恢复元年约法，确定大总统、副总统旧制，组织确实责任内阁，是现大总统之实权消纳于阁中，庶免外省疑虑。此说如属可行，则当应留心以下各事：

一、都城治安，必须有人确实担任，结合军警预防暴动。

二、政界现在人员，仍须有人设法维系，勿令散走。虽政院代行立法院，尤要以现尚有用处也。

三、财政须有人切实监督，勿容滥用。

此其大纲也，果能确实照此办理，则对内对外应籍法理为立足之地，可保平安。但此诸要政，必须中枢有人切实引为己任，分头实办，不必听命而行，方期有效。

此项办法，不能由中央提起，须由外省联络要求，然后用代行立法院名义议决，由中央选人组织承办。

以上皆就维持现大总统而言也。如潮流所激，现总统有不能不退之势，则办法有二：

一、现副总统代理。

二、宣统复辟。

以上二义，以现副总统代理最为顺适，但黎公敢否担任，为目前不可不考求之事。黎公就任后，如何方能预防其人挟持，又为后此不可不预计之事。清帝复辟，为事较艰窘，但为现总统计，前交隆裕太后之命组织政府，今事不得已而复还之，如说尚顺，且恐至其不得已之时，或先自连结徐州，出此一途，亦未可定。故不能不先略之耳。

若只提一人出任总统，费事较巨。此现势所宜，但至其不得已时，恐亦不容一概推却。

总之，以现情论现势，无论何处要独立，但得长江治，京汉、京奉两路各省份不动，则大局尚可为也。

（附）苏省五千人，西陵约一团，可于至急用时抽出北上。

（附）必须请退时，苏、徐可连名进请。①

1916年4月中旬，徐树铮去南京与冯国璋联系。4月16日，冯国璋接见他，并让他参加军事会议。冯当天致电袁世凯，历数中央集权之失，认为眼下之计，在“尊重名义，推让治权，开诚布公，昭告中外”，“务示天下，无烦金革，共保和平”，暗示袁世凯以退位为宜②。

由于众叛亲离，袁世凯不得不重新起用段祺瑞。4月22日任命段为国务卿，以代替徐世昌。段祺瑞任国务卿后，表示不给实权就不干。5月8日，袁世凯又不得不废弃政事堂，恢复国务院，以段祺瑞为国务总理。

段祺瑞拟用徐树铮为国务院秘书长，但担心袁世凯未必同意，就托王士珍向袁推荐。王知道袁忌用徐，没有推荐。几天后，忽有消息说袁要用王式通做秘书长。段又托张国淦传话给袁，说：“王式通素未共事，不能合手。徐树铮相处有年，文笔甚佳，请予任命。”袁世凯听了，满脸不高兴地说：“段总理军人，徐某亦军人，以军人总理而用军人为秘书长，大不相宜。书衡（王式通）文笔亦佳，何不可用？”张国淦说：“总理因素未共事，不能合手。”袁世凯又说：“从前段代总理时，你做秘书长，曾共过事，现在可以教育总长兼任，总能合手。”张说：“既任教育，自不能兼。”又说：“总理告我，已经聘老（王士珍）代陈。”王士珍当时在座，一言不发。袁世凯最后说：“总理若以徐某之才可用，不妨令其为陆军次长。”张国淦去向段祺瑞回话，只好约略其词，尚未说完，段就气得说：“总是不答

① 《徐树铮草拟袁世凯帝制废止后关于划分大总统权限，实行责任内阁制，及大总统退位、元首继任问题的大纲》，中国第二历史档案馆藏，全宗号1002（2），卷号227。

② 公孙訇：《冯国璋年谱》，河北人民出版社1989年版，第51页。

应耳！”随即将口衔的香烟嘴使劲地掷在桌子上，向前猛推着厉声说：“今日还是如此！”[①] 几经斡旋，最后双方都作了让步。徐树铮被任为副秘书长（帮办秘书），而秘书长一职，由公府机要秘书王式通担任。实际上，徐树铮比王式通更能左右国务院。

徐树铮和段祺瑞始终一致，坚决反对并抵制袁世凯称帝。同时，全国各地也有许多人反对和抵制袁世凯称帝。

1916 年 6 月 6 日，袁世凯终于在众叛亲离情况下，忧疾交加而去世。

6 月 13 日，徐树铮被任为国务院秘书长。

22 日，追随孙中山的冷遹，致电徐树铮，主张恢复旧约法，召集国会，惩办帝制祸首，认为“项城殒命，举国文电，皆要求恢复旧约法，召集旧国会，组织适法内阁，罢黜帝制祸首。凡此主张，悉本法律，见诸施行，易如反掌”，希望徐向段祺瑞总理进言：不要犹豫不决，不要误听二三妖孽谰言，而要“以快刀斩乱麻之法，将全国所属望者，毅然施行”，否则，“人民忍无可忍，必以干戈相见”。并认为：“我公（又铮）与段公（芝泉）关系至切，言听计从，现值时局多故，复为段公不次之信任。是关系天下至切者系于段公，而关系段公至切者又惟我公，愿善为说辞，促公速顺舆论，立解危机，太平有望。”又说：“立国之本，首在人格，如独立之目的未达，便翻然改图，冀保禄位，人格尚安在哉。此中关纽，足下谅早洞悉，并愿乘机进言，以培植人格为治国之标帜。”[②] 徐树铮刚任国务院秘书长，政务繁忙。不知他接此电后，作何感想。

恰在这个时候，海军闹独立。“其始为排袁起见，未及发而袁颓，遂变论调”[③]，前海军总司令李鼎新率第三舰队，加入护国军，宣言不服从政府命

---

① 杜春和等编：《北洋军阀史料选辑》上，中国社会科学出版社 1981 年版，第 199—200 页。

② 中国第二历史档案馆编：《中华民国史档案资料汇编》第三辑 · 政治（二），江苏古籍出版社 1991 年版，第 1131—1132 页。

③ 《曾毓隽报告海军独立情形致国务院电》（1916 年 7 月 10 日），中国第二历史档案馆编：《中华民国史档案资料汇编》第三辑 · 政治（二），江苏古籍出版社 1991 年版，第 1147—1148 页。

令，要求遵约法、复国会、组阁。接着海军舰队由福州等地纷纷调近上海。副总统冯国璋（时在南京）、闽督李厚基、海军临时总司令萨镇冰（在上海）、上海护军使杨善德等，均有电报发给国务院及陆军部，告知海军独立情况和相关意见[①]。

6月30日，徐树铮为敦促海军取消独立，致电杨善德说："读上总理艳电，至佩荩筹。约法、国会、内阁诸事，均已明布。沪上亦不宜再有纷扰。拟请派员与李会晤，开示一切，乘此时机自向中央请罪，解散会议，听候命令，中央可恕其既往，不予置议。若待中央处置，恐不能不有相当之怨。海军欠饷，现正悉力筹措。试问尚有何事须以独立要求？尚（倘）待武力制止，于公于私，两无利益。麾下临之以威，示之以诚，冀其从此恍然，亦大局之幸也。高明以为何如？"[②]从这封电报中，可以略知徐树铮如何处理海军独立。此外，他派曾毓隽等，到南京、上海等地，联系陆军，调查和调解海军独立之事。后经多方努力，海军终于取消独立。这也是反对袁世凯称帝的结果。

二、抵制丁巳复辟

1917年，农历丁巳年，民国六年，发生一次帝制复辟，史称丁巳复辟，也称宣统复辟、张勋复辟。从中华民国成立，到丁巳复辟，清帝退位不到5年半。清朝的结束，犹如昨天。两千多年的皇帝统治，虽被推翻，但是大多数人崇尚皇权的思想观念没变。思想观念改变并有共和思想的人，

① 中国第二历史档案馆编：《中华民国史档案资料汇编》第三辑·政治（二），江苏古籍出版社1991年版，第1140—1148页。
② 中国第二历史档案馆编：《中华民国史档案资料汇编》第三辑·政治（二），江苏古籍出版社1991年版，第1146页。

属于很少数，主要是留过洋的人和开明的知识分子。

张勋属于大多数人中的一员。张勋（1854—1923），字少轩，又字绍轩，江西奉新县人，参加过中法战争、甲午战争，多次扈从慈禧太后、光绪皇帝。历任云南、甘肃、江南提督，江苏巡抚兼署两江总督，南洋大臣等。时为长江巡阅使、安徽督军，具有一定的代表性。他头上一直保留象征清帝统治的辫子，并要下属官兵也保留辫子，因而他们被称为“辫子兵”。1916 年 6 月至 1917 年 5 月，他在徐州召开四次军政会议，蓄意恢复清朝帝制。

1916 年 6 月 9 日，也就是袁世凯去世后第三天，张勋即在徐州召集各省军阀代表开会，到会的有奉天（辽宁）、吉林、黑龙江、直隶（河北和天津）、安徽、河南、山西七省代表。会议以“固结团体，拱卫中央”为幌子，议决十条，首先要尊重清室优待条件。

9 月 20 日，张勋召集第二次徐州会议，由第一次会议的七省代表，扩大为十三省区代表，及有关单位或个人的代表。山东督军张怀芝、第五师师长张树元、奉天督军张作霖、吉林督军孟恩远、黑龙江督军毕桂芳、江苏督军冯国璋、河南督军赵倜、湖北督军王占元、江西督军李纯、福建督军李厚基、直隶督军曹锟、直隶省长朱家宝、浙江督军杨善德、淞沪护军使卢永祥、第七师师长张敬尧、兖州镇守使施从滨、两广矿务督办龙济光、京师警察总监吴炳湘、北京步军统领江朝宗等都有代表参加。会议推举张勋为十三省区联合会领袖，并制定省区联合会章程十二项。其中第七项为：“本团体联合以后，各方面如有妨害国家统一之行为及对于政治有非理之要求，为公论所不容者，本团体即以公敌视之”；第十项：“各方面对于本团体如有存心破坏及谋削弱本团体之势力者，本团体当协力抵制之”。这明显具有拉帮结派干政或割据的意图。

24 日，为谋取张勋等对段祺瑞总理的支持，国务院秘书曾毓隽带来一份电稿让会议讨论，张勋和倪嗣冲主张按原稿通过。次日即以张勋、冯国璋、王占元、李纯、倪嗣冲、张作霖、孟恩远、郭宗熙、毕桂芳、许兰洲、曹锟、张怀芝、赵倜、田文烈、李厚基、张广建、田中玉、杨善德、卢永祥、陈光远、李进才、李长泰、张敬尧、范国璋、蔡成勋、张永成、张树元、王金镜、鲍贵卿、唐天喜、施从滨、徐占凤、陆锦、杨以德等34人名义，按原稿发出通电①，竭力反对任唐绍仪为外长。唐绍仪看到这个通电后，25日当天即通电辞任外交总长。有人认为，这个电报是徐树铮指使发表的。唐是由黎元洪提名而段祺瑞坚决反对的。

国民党人吴景濂，为反对段政府，也想取得张勋的支持，并与张勋有所联系。12月17日，他对日本人说，张勋提倡徐州会议，“完全是受徐树铮一派的阴谋利用所致。最近已逐渐觉悟，态度有所改变，至少已无意拥护段内阁”②。

在此之前，徐树铮奉段总理之命，为解散国会，到徐州征询张勋意见，张表示同意。随后徐又到南京征询冯国璋副总统意见，冯不明确表态。17日，徐树铮回到徐州向张勋说明冯的态度，18日回京向段总理汇报。

23日，冯国璋对日本“中国驻屯军司令官”说：“此时相信应拥护总统、维持国务院、尊重国会，使三者互相融洽，实为挽救时局之上策。”③并派南京警察厅长到徐州征求张勋意见，形成提案要求联名通电。张勋不同意尊重现时国会，认为冯在徐树铮征求解散国会意见时没有表明态度，现在突然采取这种行动，实属不信行为。24日，徐树铮再次到南京见冯国璋，并与当时由上海来南京的梁启超交换关于解散国会的意见。

第三次徐州会议，1917年1月9日开始。徐树铮代表段祺瑞参加，主要还是谋取张勋对段内阁的支持，而打击黎元洪总统。5月20日，徐又代表段到南京见冯国璋副总统，“陈述在京各督军对政局的态度。冯不以各督

① 章伯锋、李宗一主编:《北洋军阀》第三卷，武汉出版社1990年版，第22—23页。

② 章伯锋、李宗一主编:《北洋军阀》第三卷，武汉出版社1990年版，第44—45页。

③ 章伯锋、李宗一主编:《北洋军阀》第三卷，武汉出版社1990年版，第47页。

军的主张为然，但赞成维持段内阁”[①]。不过，冯的这种态度没有起到维持段内阁的作用。在此前后，徐树铮还到河南、山东、安徽、浙江、湖北、江西等省，与曹锟、倪嗣冲、张怀芝等实力人物联系，密商对策。临行之前，他曾向段祺瑞痛陈春秋责备之义。

第四次徐州会议，1917 年 5 月下旬召开，徐树铮和曾毓隽代表段祺瑞参加，安徽、江苏等十三省区都有代表参加。会上，张勋向徐树铮探测段总理的态度。徐树铮说：“芝老（段祺瑞）只求达到目的（驱逐黎元洪），一切手段在所不计。”张勋因此认为段总理不会反对复辟。私下里，徐树铮对王郅隆[②]说：“张勋是复辟的脑子，别的他听不入耳。咱们就赞成他复辟，等他复辟时，咱们再想别的法子。”“先让他去做，我们机会就来了。”[③]

就在这个时候，黎元洪总统宣布免去段祺瑞国务总理职，以外交总长伍廷芳暂代；免去段祺瑞陆军总长职，以陆军次长张士钰暂代；命王士珍为京津临时警备总司令，江朝宗、陈光远为副司令。段祺瑞一气之下，出走天津并以总理名义发电声明：“查共和各国责任内阁制，非经总理副署，不能发生效力。以上各件，未经祺瑞副署，将来地方、国家因发生何等影响，祺瑞概不能负责。”[④]张勋则致电黎元洪称，各省以中央首先破坏法律，群情激愤，唯有自由行动。5 月 29 日，为反对黎元洪免去段祺瑞职，倪嗣冲通电宣称独立，很快就有 12 省响应。

---

① 公孙訇:《冯国璋年谱》，河北人民出版社 1989 年版，第 86 页。

② 王郅隆（1888—1923），字祝三，天津人，曾任黑龙江、湖北、安徽盐务总办。1916 年 9 月，在徐树铮支持下，集资收购《大公报》，任总董，聘任胡政之为总编辑，使《大公报》成为皖系的喉舌。1917 年 11 月，安福俱乐部成立后，任常务理事兼会计课主任。1918 年，被选为参议院议员。1919 年，与徐树铮在天津合办边业银行。政治上属于官僚系统中的北洋派。1920 年直皖战争后，被通缉而逃亡日本。1923 年死于日本大地震。徐树铮挽联：“覆巢之下，焉有完卵；城门失火，殃及池鱼。”

③ 曾毓隽:《忆语随笔》；苏锡麟:《我在复辟之役中的亲身经历》，见中国政协《文史资料选辑》第四十一辑，中国文史出版社 1963 年版，第 28、61 页。

④ 章伯锋、李宗一主编:《北洋军阀》第三卷，武汉出版社 1990 年版，第 108 页。

徐州会议后，徐树铮回到天津，向被免去职务的段祺瑞汇报。与段商谈对策后，徐树铮又到北京会晤王士珍等，一边探询时局问题，一边表达解决时局问题的意见。由于王士珍已迁入公府办公，外间误传徐树铮曾去谒见黎元洪[①]。

段祺瑞得知徐州会议情况后，又和研究系人物梁启超、汤化龙等研究对策，决定暂时不表示反对复辟，等张勋驱逐黎元洪打出复辟旗号后，再起兵讨张，高举共和旗帜，恢复段内阁。

6月1日，黎元洪召张勋入京“共商国是”。7日，张勋以“调停人”名义，从徐州率兵5000人北上，次日抵达天津暂驻，与徐世昌、朱家宝（直隶省长）和段祺瑞等进行联系，一心想着复辟，却不直接说明。他要黎元洪先解散国会，然后才肯负责调停。黎元洪进退两难，13日，不得不下令解散国会。

14日，张勋带着队伍从天津到达北京后，与黎元洪多次会晤，但仍不负调停责任，而是尽力收罗人马，通电各省要求取消独立，要求各地军阀收束军队，且与康有为、王士珍、瞿鸿禨、劳乃宣、万绳栻等联名，奏请已逊位的清帝溥仪重登皇位。

7月1日，张勋率文武官员300多人，拥年仅11岁的溥仪宣布复辟，改民国6年7月1日为宣统九年五月十三日，恢复清朝官制，自任首席内阁议政大臣，并编造黎元洪还政文件说：“上谕：本日黎元洪奏请奉还国政，吁恳复御大统……”[②]

黎元洪得知后，立即通电否认还政之说，拒不承认复辟。张勋派梁鼎芬等到总统府游说，黎亦严词拒绝，誓不承认，随后迅速躲到日本使馆，7月2日让人秘密带出一道命令和一纸任命状，特令特任段祺瑞复任国务总

① 《晨钟报》1917年6月7日、8日。
② 来新夏主编：《北洋军阀》（三），上海人民出版社1993年版，第498页。

理，举兵讨张，还请在南京的冯国璋副总统依法代行总统职权，希望冯国璋和段祺瑞协力讨张。

复辟当天，段祺瑞和傅良佐一起到马厂，与接近直系的第八师师长李长泰接洽，又用电话与在保定的曹锟联系，相约坚决反对复辟。段还接受贾德耀建议，派已调任的冯玉祥（时在天津）仍回廊坊任第16混成旅旅长，带军队去攻打张勋。这样，段祺瑞即勉强凑合起讨伐张勋的武装。

7月3日，段祺瑞到马厂与李长泰计议，立即召开全师会议，组成讨逆军。会议一致赞成段祺瑞为讨逆军总司令。段即致电各方，请出师应援，并组织总司令部，誓师讨逆：以梁启超、汤化龙、李长泰、徐树铮为参赞；傅良佐、曲同丰为参议；张志谭为秘书长；曾毓隽为军需处长；刘崇杰为交涉处长；叶恭绰为交通处长；丁士源为军法处长。

同时，段祺瑞以讨逆军总司令名义，发布讨逆通电，历数张勋倒行逆施，并谓："我大总统手创共和，誓与终始，两日以来，虽在樊笼，犹叠以电话手书，密达祺瑞，谓虽见幽，决不从逆，责以速图光复，勿庸顾忌。我副总统一见伪谕，即赐驰电，谓被诬捏，有死不承。""祺瑞罢政旬月，幸获息肩，本思稍事潜修，不复与闻政事。忽遘此变，群情鼎沸，副总统及各省督军省长，驰电督责，相属于道；爱国之士夫，望治之商民，好义之军旅，环集责备，义正词严。祺瑞抚躬循省，绕室彷徨，既久奉职于民国，不能视民国之覆亡。"誓师讨逆，"祺瑞一俟大难勘定之后，即当迅解兵柄，复归田里，敬候政府重事建设，迅集立法机关，刷新政治现象，则多难兴邦，国家其永赖之"。①

7月4日，段祺瑞又与冯国璋联名通电，宣布张勋八大罪状②。

① 张赣畬著:《复辟详志》，见来新夏主编:《北洋军阀》（三），上海人民出版社1993年版，第672—675页。

② 参见来新夏主编:《北洋军阀》（三），上海人民出版社1993年版，第508—509页。

段祺瑞组织的讨逆军兵分三路，迅速向北京进发。他自领第八师担当中路，以李长泰为前敌；以段芝贵领东路；以曹锟领西路。前第十六混成旅旅长冯玉祥以其旧部扼京津之交，并约浙江督军杨善德、安徽省长倪嗣冲等协力讨逆。

7月5日起，讨逆军占领卢沟桥、黄村等要隘及廊坊等地。

7月6日，冯国璋在南京宣告代行大总统职务，次日通电全国。

7月8日，讨逆方面宣布褫夺张勋长江巡阅使、安徽督军职。9日，讨逆军捕获参与复辟的张镇芳、雷震春、冯德麟等。

7月12日，讨逆军三路会攻北京。张勋的辫子兵抵挡不住，纷纷缴械投降。张勋见大势已去，逃入荷兰使馆。康有为因参加复辟逃入美国使馆。其余参加复辟的主要人物也纷纷逃散。溥仪宣告退位。

全国各地都对复辟感到震惊。首先是北京、天津、上海、长沙、武汉等大城市，纷纷声讨张勋。浙江督军杨善德、省长齐耀珊，当即“召集本省军警各长官集议，一致主张，万难承认”[①]，并于7月2日通电反对复辟。孙中山在上海发表《讨逆宣言》，并准备组织与复辟王朝相对抗的新政府。梁士诒在香港连日分电冯国璋、段祺瑞、唐绍仪及叶恭绰、陆荣廷等，劝他们协力讨伐张勋。梁给段的电报中说：“张勋叛国，拥戴复辟，天人共愤，举国震惊。”他希望依照《约法》，由副总统冯国璋暂摄总统职权，“（段）公就近指挥诸将出师讨贼，必能迅奏肤功。所虑者不在贼之南下，而特虑其北走。倘张贼于势败时挟废帝出塞，连接蒙王，勾通日本，则民国之忧，正未有艾，请预为布置！仓猝用兵，饷糈必急，已嘱誉虎（叶恭绰）筹助，希接洽！”致叶恭绰电，嘱其“速助合肥（段祺瑞）讨贼！饷由津行筹拨！”致陆荣廷电说：“当此存亡绝续之秋，尤贵全国一致，急速进行”，望其“通电全国，一致进行！”致唐绍仪电说：“一切外交通告，

① 来新夏主编:《北洋军阀》(三)，上海人民出版社1993年版，第502页。

不可不慎。”望其速赴南京，协助冯国璋斟酌外交通告。同时，段祺瑞和叶恭绰联系，“由叶与交通银行商定，预备军饷二百万元”[①]。

徐树铮在7月1日之前，即受段祺瑞委托，到蚌埠去做倪嗣冲的工作，劝倪不要参加复辟。倪表示决不参加，并复电段祺瑞表明态度。徐树铮与倪嗣冲留守蚌埠，遏制张勋余部北上，并准备阻止南方响应复辟。接着徐树铮又到南京，与冯国璋商谈如何制止复辟。7月2日，徐树铮通电说：“复辟既肇，军争恐所不免，电报铁路机关，务请就地速加监视”[②]，并请冯国璋等从速声讨。他还致电阎锡山等，望坚决协力阻止复辟。段祺瑞组织讨逆军时，任倪嗣冲为讨逆军南路总司令。7月7日，倪就任讨逆军南路总司令，并致电冯国璋，表示讨逆决心。[③]

7月9日，徐树铮回到天津，谒见段祺瑞才知道，段已准备组阁，并已于昨日发电报给冯国璋，告诉拟组织的阁员名单。徐树铮不赞成这个名单，当天打电报给冯国璋，请缓发这个内阁名单。徐树铮认为：“现据各省接洽情形，考究利弊，尚有极须斟酌之处”，“此时军事未定，阁员即缓二三日亦无妨碍，而革新局面，发轫之始，众情稍不孚洽，日后纠葛方多。为国家计，似不如慎之于早。树铮此次躬历数省，见闻较切，故敢冒昧陈词，伏乞鉴察”。[④]

原来段祺瑞已接受黎元洪总统的特令特任，于7月5日通电就任总理，一边以讨逆军总司令名义讨伐复辟，一边着手组阁。

---

① 凤冈及门弟子编：《梁士诒年谱》上，广东人民出版社2014年版，第372—374页。此外，“这次战争，在开始时，得到日本人非常重要的帮助。七月一日，他们就派青木中将帮助段策划军事，并立刻垫付军费壹佰万元。再则根据辛丑条约，中国在天津周围二十里内，不得有军事行动，而讨逆的根据地，必须设在天津。也是由日本公使向公使团疏通，中国军队才得到行车及运输的自由”。见陶菊隐：《北洋军阀统治时期史话》第三册，生活·读书·新知三联书店1957年版，第150页。

② 何智霖编注：《阎锡山档案·要电录存》第2册，台北“国史馆”2003年版，第437页。

③ 《倪嗣冲就任讨逆军南路总司令致冯国璋电》（1917年7月7日），中国第二历史档案馆编：《中华民国史档案资料汇编》第三辑·政治（二），江苏古籍出版社1991年版，第1291页。

④ 中国第二历史档案馆编：《中华民国史档案资料汇编》第三辑·政治（一），江苏古籍出版社1991年版，第165页。

徐树铮看到阁员名单中有党会人员，深感不安。给冯国璋发电报表示意见后，他又去见段祺瑞，建议当前组阁选人应以加强北洋军派团结为主，不宜偏重党会。“切陈阁员之组织，第一重在选才，选才之要，应向人民国家计当否，不应专向党会求妥适，而目前要义，尤在能否为我北洋军派增长团结之度，我北洋军派是否愿为出力奉依政纲，若前日之名单偏重党会，是否相宜？其中虽一二人，不妨撇去党会干连拔而用之，而其人有无行政经验？其往绩可考者为良为庸？姑皆勿论，但问其所主持究竟能否与我北洋军派呼吸一气，此不得不考之于先也。党会之才，备我赞佐可也，将举我而听诸党会之操纵不可也。用一人而方面吏相庆，虽党会怨言可也；用一人而相庆者在党会，而方面吏或容有所议、或姑置不言，皆不可也。此时政变未定，兵尚在外，西南事衅，旦夕必发，似尤当注重整纲饬纪、理棼治剧之才，姑不必听容多论少功之人，持索高位，俾爱我者闻而短气也。”段祺瑞回答：等看南京（临时代总统冯国璋）复电如何再议[①]。

7月10日，徐树铮再次致电冯国璋，复述他向段祺瑞提的上述意见和段的回答。接着，段祺瑞又去电催促冯国璋说：“内阁不能久悬，外交尤其紧要”，希望冯国璋尽快表示意见。

冯国璋刚在南京接受临时代总统职位，接到段祺瑞拟组阁的名单，没有马上回复。冯国璋与研究系的关系相当深，没有采纳徐树铮的意见。同时有人向冯进言：“责任内阁，总理名单未便驳回。”于是冯才复电“同意”段的组阁名单。

7月14日，段祺瑞入京，重掌中央政府大权。随后分两次发表阁员名单，15日发表外交、陆军、海军名单，17日发表其他阁员名单，具体如下：

---

① 中国第二历史档案馆编:《中华民国史档案资料汇编》第三辑·政治（一），江苏古籍出版社1991年版，第166页。

外交　汪大燮

内务　汤化龙

财政　梁启超

陆军　段祺瑞（兼）

海军　刘冠雄

司法　林长民

教育　范源廉

农商　张国淦

交通　曹汝霖[①]

同日，通缉康有为、刘廷琛、万绳栻、梁敦彦、胡嗣瑗等参与复辟之主要人物。

1917年8月8日，徐树铮再次被任命为陆军部次长。

复辟被平息后，张勋余党还有图谋再起活动。为防范和制止这种活动，1917年10月1日，徐树铮致函山东军务帮办张树元和镇守使马良说："顷据秘报，天津张勋余党，安设之谋乱机关，确与南中勾结，而东省如尹锡武，曾充日本稽查，与日本浪人极为接近。薄子明即今在粤谋乱丁惟汾之亲甥。安茂寅为丁之表弟。唐柯三，则孙洪伊之死党。丁世峄又常往来津、济，与天津机关均有关系，云云。相应密达，希秘商张督军（怀芝）查察，妥为防范，相机制止为荷。""再者，总督政务厅，秘书厅闻多党会中人，故未敢迳达。便中祈致意，勿谓弟有函与两兄商酌，转致生疑。"[②]

但徐树铮对张勋并不完全否定。张去世后，徐撰挽联："仗匹夫节，挽九庙灵，其志可嘉，其愚不可及也；有六尺孤，无一抔土，斯人既逝，斯

① 张国淦：《中华民国内阁篇》，见杜春和等编：《北洋军阀史料选辑》上，中国社会科学出版社1981年版，第216页。

② 《北洋政府陆军部档案》，中国第二历史档案馆藏。

事谁复图之。”[①]

在惩治张勋复辟余孽时，徐占凤请求赦免张镇芳，并致函徐树铮说：“又铮贤侄英览：月前过郑，匆匆送别，特深系念。前次政争，国事阽危，赖执事奔走号呼，得以及时解决……不意政变又生，海内震动。幸蒙芝老（段祺瑞）东山再起，力挽狂澜，共和再造……所有罪魁祸首，自必次第惩办。昨阅报纸，张镇芳已奉明令，送交法庭。查镇芳素本读书……此次被牵，陷入漩涡。虽罪无可逭，惟张君前督豫省，所有军政两界，感情尚好，以予与吾侄族谊攸关，且为芝老素所器重，现在函电交驰，纷纷来郑，代求设法……用特一言介绍，交前广西省长王公肖庭趋诣，务望推情接见，代为设法斡旋。”[②]徐占凤是江苏省铜山县人，徐树铮族叔，曾任江北协统，辛亥革命徐州成立军政府时被推为军政长。1916 年 9 月获中将衔，时任第八混成旅旅长。

张镇芳是袁世凯兄嫂的弟弟，曾任河南省都督兼民政长，参与袁世凯复辟，又参与张勋复辟，被任为议政大臣兼度支部尚书。此次被捕后，不少有势力者为其说项（包括东路讨逆军总司令段芝贵），但是被判无期徒刑。其家人为使其获释，以其名义捐赈灾款 40 万元。张镇芳入狱两天，就被保释，后又被收监坐牢一段时间。

对于张勋复辟之役，梁士诒事后评议说：“是役也起灭不过旬日间，然秘密酝酿，也已多时，内有各派政客之运筹，外有国际阴谋之牵线，中有各军阀之布局与投机，遂成此局，扮演固为张勋，其后台尚有无数人在也。冯段登台，表示胁从罔治，乃政略所应尔，实亦不能穷究也。张勋七月八日通电，谓河间（冯国璋）东海（徐世昌），均与其谋，督军团聚议徐州，

---

① 《徐树铮徐道邻父子》，王觉源：《近代中国人物漫谭》，台北东大图书公司 1991 年版，第 429 页。

② 《徐占凤为请赦免张镇芳致徐树铮函》（1917 年 7 月 20 日），中国第二历史档案馆编：《中华民国史档案资料汇编》第三辑·政治（二），江苏古籍出版社 1991 年版，第 1303 页。

亦列诸计划，虽语难置信，然可料其中固甚多内幕也。”[①] 读者可注意及之。

梁启超事后称颂段祺瑞说：“由今思之，倘非纪明（唐朝太尉段颎字纪明，此指段祺瑞）有马厂之行，则今日正不知成何世界。马厂出兵倘迟三日，则大江以北，称臣者从风而靡矣，次者亦观望中立耳。南省万里远讨，越境假道，所至冲突，其必四海鼎沸，劳外人之勘定明也。纪明以一匹夫，闻变之次日，单身驰入军中，提一旅以起。在今日共羡其成功之易，曾亦思其当时冒险犯难之状为何如者？”[②] 历史之发展，风云际会，稍纵即逝。为国家勇于负责，及时乘势而为，敢于冒险犯难，方得有所成功。这也是应予注意的。

① 凤冈及门弟子编：《梁士诒年谱》上，广东人民出版社 2014 年版，第 379 页。

② 梁启超：《致梁季宽》（1917 年 9 月 23 日），丁文江等：《梁启超年谱长编》，上海人民出版社 1983 年版，第 837 页。

第五章

谁是谁非

一、弄潮府院

1916年6月7日，即袁世凯去世第二天，黎元洪副总统依法继任总统。段祺瑞通电表示拥护，仍任国务院总理，进行第三次组阁。

段再次拟任徐树铮为国务院秘书长，托张国淦转达黎元洪。张以为这事在袁世凯时未获通过，对黎来说当无问题，不料黎却毫不犹豫地表示坚决反对，说他不能与徐树铮共事，还说："不但不能共事，且怕见他。我见了他，真芒刺在背。"张问："何至如此？"黎说："别事不提，就最近一事言之：冯国璋发起南京会议，提出办法八条，徐世昌、王士珍等均赞成，徐树铮、林长民先后强我署名一同复电。林长民站在法律方面，强词夺理，使我已不耐烦；徐树铮来过两次，盛气凌人，我不赞成，彼便声色俱厉，加以种种威胁，如此倔强，叫人如何受得了？"张说："彼虽倔强，究属军人爽直一派，总统何不包涵？"黎说："我总统可以不做，徐树铮绝对不能与他共事。"张退出后，恐怕这事演变下去后果不堪设想，甚至可能危及自身，就私自决定不答复段，便递呈辞去各职，避往天津。次日临行前，他到徐世昌处密谈经过，徐说："你去天津，只了个人，而此事不能了，且亦非别人可了。总理用人，总统并非不可驳回，惟秘书长不当驳回。此事关系太大，我为大局，可到府向总统解释，如何再决行止，你可少待。”徐世昌当即驱车去见黎。刚过一会儿，黎就召见张，徐世昌还在座。黎说：“徐树铮事，相国（徐世昌）所言，诚然有理，我可答应他为秘书长，但是先要与你约定，他每日见我时，你同他偕来，我不单独见他。一切一切，须你负责。”张正想说话，徐世昌以目示之说：“这是自然。”退出后，徐很悲观地告诉张：“只好忍耐，做一段算一段，尽心而已。”下午，张向段说总统同意用徐树铮为国务院秘书长。段不知其中的过程，感到很高兴，不待明令，就让徐树铮到院布置秘书厅事了①。

1916年6月13日，黎元洪任命徐树铮为国务院秘书长策令正式发表②。

徐树铮任国务院秘书长之初，“每日早六时至总统府，先将总统交办各事，受令至院禀承总理，分头办理。至午后三时，又将办就各件，送总统府用印，然后发院公布。如紧要者，则经由府发。”③

这时，总统府秘书长张国淦即向总统黎元洪提出辞职，并辞所兼教育总长。黎元洪极力挽留，张于是保荐汤化龙、梁启超二人以自代。张还“封呈政府密要说帖一件”，主张先将总统府与国务院权限划清，以免将来诸项政务有所掣肘。“大总统批阅后极为嘉许”，并将说帖批交段祺瑞。④

徐树铮很快制定出《国务院权限节略》，申明：“现既采用责任内阁制度，元首居于不负责任地位，国务院为凡百政令所从出，国务总理领袖阁员，负综揽政务、统一政策之责。故共和各国通例，元首命令必须国务总理及该管部长副署，否则无效，即所以明其责任之所在也。”《节略》把国务院权限与总统府权限等，“厘然划清，以慎其始”。规定：选定内阁阁员、主持施政大计方针政策，及统一行政步奏等，皆总理职权。“凡呈报大

---

① 杜春和编：《张国淦文集》，燕山出版社2000年版，第240—241页。

② 中国第二历史档案馆编：《中华民国史档案资料汇编》第三辑·政治（二），江苏古籍出版社1991年版，第1130页。

③ 《国务院徐（树铮）秘书长已经接事》，《申报》1916年6月20日。

④ 《申报》，1916年6月27日。

总统事件，除别有规例者外，一切须经国务院或国务院会同该管之部分别核办，盖不如是，则总理不能负其责”；“凡京内外各部署应由国务总理直以文书指挥，而京内外各部署有须请示于政府或与政府商酌者，即应直陈国务院。如各官署有以属于总理或各部该管事件而迳呈大总统者，大总统应即发交国务院及该管之部酌夺办理”。[①]

府院两秘书厅也有划限：办公依责任内阁制；国务政务令电，先由院起草，送府厅核行。后来又增加两项：总统得随时提案送院，但施行与否，仍须国务会议表决；特任以上职官，得拟相当之人补署，须交院同意方能发表。[②]

徐树铮与黎元洪的关系，至少可以上溯到1911年7月徐树铮参观武汉陆军，那时黎元洪是第二十一混成协统领官，带领军队演练。徐树铮留学日本期间，黎元洪曾到日本参观访问日本军队，不知他们是否曾相识。辛亥武昌起义爆发后，徐树铮随段祺瑞对抗武汉革命军时，与黎元洪的代表会谈，并和黎有所联系。

黎元洪任中华民国副总统后不久，武昌起义重要参与者张振武、方维被杀案发生。黎元洪因而受到一些人非议，心情很不愉快，以致“深自引疚，意存谦退”[③]，并致信徐树铮，说明有关情况。1912年9月15日，徐树铮回复黎元洪如下：“宋卿先生大鉴：昨奉赐书，以张、方一案反对者多不无介介，然是非自有公论，稍明事理者，莫不翕然敬佩。近则造言生事者，亦渐匿迹销声矣。国基甫定，人心最易摇惑，治乱国，用重典，正在此时，不应以瞀儒雌黄挠军国之大计。树铮愚见如是，质之我公，以为何如也？

① 《财政部总务厅机要科转送国务院权限节略致泉币司移》，中国第二历史档案馆编：《中华民国史档案资料汇编》第三辑·政治（二），江苏古籍出版社1991年版，第1133—1134页。

② 《申报》，1916年7月2日；1916年8月4日。

③ 《统一国民党为拥护黎元洪先杀张振武方维后从优抚恤策函》（1912年8月23日），中国第二历史档案馆编：《中华民国史档案资料汇编》第三辑·政治（二），江苏古籍出版社1991年版，第1026页。

敬颂 政祉 徐树铮 敬启。”[①]黎元洪，字宋卿，1864年生，时为中华民国副总统。徐树铮，1880年生，1912年3月任陆军部军学司司长，9月11日调任军马司司长兼管总务厅事，职位并不高。不知黎元洪为何要向徐树铮说明有关张、方案情况（或许因为他曾和徐有过来往，或许因为他深知徐是段祺瑞的亲信，或别有隐情）（1912—1913年间，徐曾奉命在京与张振武等武昌起义人士周旋[②]），而徐树铮复函直抒己见，径称黎为宋卿先生。其他人致函黎元洪，都称“黎副总统”[③]，唯独徐树铮称“宋卿先生”。

徐树铮与黎元洪的关系，自然也受到段祺瑞与黎元洪关系的影响。所谓府院之争，主要是黎元洪和段祺瑞之间的矛盾。黎元洪初任副总统时，兼任湖北省都督，既有地位也有实权，不料段祺瑞奉袁世凯密令突然到武汉，迫使他去北京，从此成为袁的政治俘虏。袁对他虽不很好，但还有虚伪的礼貌，并且结为亲家。段对他却是态度冷淡。袁死后，几位主要人物讨论由谁继任总统时，段始终保持沉默，只有徐世昌表示由黎继任。黎知道后，当然不高兴。段去东厂胡同迎黎出任总统，有种颐指气使之象。黎接任总统后，远不如袁世凯有权势。段认为现在实行责任内阁制，黎配合他就行了。段的拥护者，“也都只知有总理而不知有总统，黎对此更有‘芒刺在背’之感”。黎对段当然有所不满。黎的军事幕僚哈汉章、金永炎、蒋作宾等，经常建议他必须掌握军权，他们的理由是：“责任内阁制是指政治而言。军事方面，总统既然是全国陆海军大元帅，就不能不管。总统不管军事，就不如不做总统。”[④]黎也认为应该如此，况且有袁世凯为先例。但这是段所不能容忍的。

段祺瑞看不起黎元洪，有长期的历史根源。一是前清时期，段做过统

---

① 《徐树铮为张振武被杀勉黎不顾反对函》，中国第二历史档案馆编：《中华民国史档案资料汇编》第三辑·政治（二），江苏古籍出版社1991年版，第1028页。

② 《哀又铮》，林绪武、邱少君编：《吴鼎昌文集》，南开大学出版社2012年版，第53页。

③ 中国第二历史档案馆编：《中华民国史档案资料汇编》第三辑·政治（二），江苏古籍出版社1991年版，第1024—1034页。

④ 陶菊隐著：《北洋军阀统治时期史话》第三册，生活·读书·新知三联书店1957年版，第52—53页。

制（师长）、军统（军长）和提督，署理过湖广总督，而黎不过是一个协统（旅长）。二是袁世凯时期，段是首屈一指的大将，而黎不过是一名政治俘虏。三是目前黎的总统地位，没有段的认可是不成的。

段既看不起黎，也就不愿与黎经常见面。总统府和国务院之间的事，他和黎之间需要商量的事，就让总统府秘书长张国淦，或国务院秘书长徐树铮，或其他人员与黎联系，自己很少和黎直接联系。

段看不起黎，段的追随者们，也就倾向于看不起黎，以致不把他放在眼里。

徐树铮任国务院秘书长不久，就与总统黎元洪发生冲突。一天，为任命山西省三个厅长发文，徐树铮到总统府盖印，黎元洪偶然问及有关情况，他就不耐烦地说："总统但在后页年月上盖上印，何必管前面是何事情。"这使黎元洪非常难堪，黎表示以后不愿再见他[①]。其实山西省长阎锡山来呈请简，各有缘由，不难简单陈述，而且任免简任官，须经过内阁会议，徐亦完全知情。

1916 年 8 月 1 日，总统府秘书长张国淦，因府院矛盾感到为难而辞职。丁世峄[②]继任总统府秘书长，认为府院职权极不明确，对徐树铮的专擅亦有所不满，于是提出《府院办事手续草案》，主张大总统出席国务会议为根本救治方法。他建议："大总统得出席阁议发表意见，但不得参加表决。大总统对国务得自由行使其职权。如用人不同意，得拒绝盖印。阁员应随时向总统面商要政。国务会议前须将议事日程呈报，会议后须将议事记录呈阅。"[③]但不久他就提出辞职，并痛心地说："所谓府院问题者，国务会议以前，无议事日程，会议以后，无报告；发一令，总统不知其用意，任一

---

① 杜春和编:《张国淦文集》，燕山出版社 2000 年版，第 209 页。

② 丁世峄（1878—1931），字佛言，山东黄县人，日本东京法政大学毕业，曾任山东咨议局议员，1912 年为临时参议院参议员，次年当选国会参议院议员，隶属进步党。后来脱离政治，对《说文》及金石，很有研究。

③ 陶菊隐著:《北洋军阀统治时期史话》第三册，生活·读书·新知三联书店 1957 年版，第 54—55 页。

官，总统不知其来历……国务总理恒匝旬不一晤总统，惟见有院秘书长来往传达于其间；有所询，则以事经阁议，内阁负责为对抗。大总统无见无闻，日以坐待用印为尽职。”他不赞成《府院权限节略》及《国务院兼办总统府收发》，认为“府院病根在隔阂壅蔽，在内阁不知责任为何物，在国务总理不与总统直接议论国事，而不在权限之如何”①。丁作为总统府秘书长，一开始就想加强总统的职权。总统本人，何尝不想加强职权。黎总统的左右，哈汉章、金永炎、黎澍、蒋作宾等，也起而应和，态度极其坚决。因此，段总理就请假不上班，府院之争从此明朗化。

后经徐世昌等转圜，段祺瑞才稍作让步，于1916年8月26日销假视事，并发布国务院训令第十四号，令国务院秘书长徐树铮：“本院呈请大总统阅核文件，应责成该秘书长躬自递呈，阅印后赍回。无论风雨星夜，不得假手他人，以昭慎重而免歧误。”②段也想减轻院府之间的摩擦，并以书面形式告诉黎元洪：“查国务院呈请阅核文件，关系重要，逐日由祺瑞指示办法，交由秘书长徐树铮躬自呈递，于奉阅核印后，仍自赍回，未便假手他人，致生歧误。除训令该员禀遵办理外，理合呈报大总统鉴核。再，该员亢直自爱，不屑妄语，其于面对时，凡有声明为祺瑞之言者，祺瑞概负全责。”③关于府院权限问题，段总理坚持总统不应列席国务会议。次日，双方议定一个折中方案：一、关于国务会议，事前呈阅议事日程，事后呈阅议事记录；二、会议后由国务员公推一人入府报告议决事项；三、每逢星期五，国务员齐集总统府会商政务，举行聚餐；四、总统对议决案，如有认为不合者，得命总理及主管部阁员说明其理由，如仍认为不合，得交复议一次；五、未经国务会议议决之命令，总统得拒绝盖印。“结局仅得通过

① 丁世峄：《上黎元洪呈文》，见来新夏主编：《北洋军阀》（三），上海人民出版社1993年版，第282—283页。

② 中国第二历史档案馆编：《中华民国史档案资料汇编》第三辑·政治（二），江苏古籍出版社1991年版，第1135—1136页。赍（Jī）：持，携带。

③ 《政府公报》，第235号。

国务会议前后，报告其议题与结果；每逢星期五国务员到府会议一次之两条。”[①]这样划分职权后，府院双方表面上暂时平静下来。

可是，徐树铮与孙洪伊在国务院的争执，又使府院之间的斗争白热化。孙洪伊（1870—1936），字伯兰，直隶人。1913年任众议院议员。1916年7月12日，任内务总长。

7月6日，黎元洪曾下令将袁世凯所任命的各省将军、巡按使等称号，一律改为督军、省长；并发表陆荣廷为广东督军，以代替龙济光，希望能结束广东的军事冲突。但陆荣廷迟迟不就职，仍由龙济光代理，于是和进入广东境内的国民党军李烈钧部争夺防区。国务会议讨论这个问题时，徐树铮建议电令福建、广东、湖南、江西的北洋军，帮助龙济光讨伐李烈钧。与国民党接近的内务总长孙洪伊，即反对徐树铮的建议，并指责徐在内阁会议上没有发言权。根据国务院职权规定，秘书长列席国务会议没有发言权和表决权。

会议结束后，徐树铮公然拟就讨伐李烈钧命令，送到总统府盖印，因黎不肯盖印，没有发表。徐又以国务院名义，电令闽赣两省出兵。江西督军李纯回电说，江西兵力单薄，只能派兵防守赣粤边境，不能越境进攻。国务员[②]看到这个回电，才知道徐未经他们同意，就发出重要军事指令。因此，孙洪伊又当面指责徐越权，徐不服气地和他争吵起来，反驳他勾通报馆，泄漏国务院秘密。

原来，中国银行为兑现，借到500万美元，说按九一交款，没同银行团商量。这件事是在内阁会议上秘密通过的，黎元洪也赞成，而孙洪伊泄漏消息。报纸竟将原条文宣布，五国银行团来函抗议。在这之前，市场上中国银行票价，才四五折，如能保守秘密，那么借款到手后，暗中逐渐收回中票，借款就可留为善后用。但孙泄漏消息后，中国银行票价陡涨至八

---

① 丁世峄:《上黎元洪呈文》，见来新夏主编:《北洋军阀》（三），上海人民出版社1993年版，第283页。

② 国务员：1916年段祺瑞任国务院总理期间，采用责任内阁制，国务员即国务会议成员，参加议决国家政务。

折以上，所以，又费许多力量，中国银行才得以兑现。徐树铮还搜到情报，谓孙曾以低价收买中票，使中票兑现前就先涨价，从中获得厚利，实为损公肥私。因此，孙洪伊深恨徐树铮。

根据当时官制，任免县长以上官吏，须经国务会议通过，以总统命令发表。但任命郭宗熙为吉林省长，及查办福建省长胡瑞霖案，均未经过国务会议，徐树铮就以政府名义，擅自处理，显然突破制度。因此，孙洪伊当面质问段总理，凡与各省民政长官有关问题，内务总长是否无权过问，院秘书长是否有权擅自处理？段不好回答，只说一声“又铮荒唐”，吩咐将胡瑞霖案的咨文追回，但是参议院已将该件印发出去，无法追回。孙洪伊气愤至极，于8月30日提出辞职，并函请国会恢复他的议员资格。段总理以错在徐树铮，就派交通总长许世英到孙宅致意挽留，并退还辞呈。

黎元洪得知此事，不胜愤慨地说：“现在哪里是责任内阁制，简直是责任院秘书长制！”后来他召见孙洪伊，当面加以慰留。

孙洪伊因辞职而得势，就进一步同徐树铮斗争。他建议限制国务院秘书长的职权，因而在国务院秘书厅职权范围规定中，对院秘书长职权做出如下限制：一、承总理之命，掌管秘书厅事务；二、经国务院会议决定之案，不得擅自更改；三、公文命令，非得总理及负责总长之副署，不得发行。另外还规定：凡是政府答复国会的质问案，均须由主管部起草；政府命令，须由国务员副署后送府盖印发表。这些规定，使徐树铮不能为所欲为，不能利用国务院名义发号施令。至此，孙洪伊才同意复职。徐树铮与孙洪伊的矛盾因而更加复杂。

恰巧这时候，内务部与平政院发生一件争执案。内务部祝书元等28名高级职员被裁减，孙洪伊为他们向平政院提出控诉。9月21日，平政院决定受理，并限孙洪伊5天内答辩。孙没答辩。10月7日，平政院缺席裁判，认为：内务部非法任免命令，应一律取消，由院呈请大总统下令执行。判决撤销内务部原来对祝书元等的任命，仍让他们回原单位供职。孙洪伊拒绝接受这种裁决，斥责平政院是袁世凯非法设立的，袁死后虽未明令废除，但只能认作一个非法机构，无权受理这项诉讼。他声言要呈请大总统移付国会解决。双方争执，非常激烈。这时，徐树铮取得段总理同意，没经国务院会议讨论，拟就一道按平政院裁决书执行的命令送府盖印。孙洪伊拒绝副署，并呈请黎总统将此案提交国会审议，因而黎也不肯盖印，在命令上批“交院再议”四字，在孙的呈文上批“准咨国会解决”。

关于执行令问题，府院各执己见。黎坚持不盖印。段坚持总统必须盖印，否则就是不信任内阁或破坏责任内阁制。黎终于无法应付，只得叫孙与段自行解决。

1916 年 10 月 18 日，徐树铮忽然手持“孙洪伊着即免职”令，请黎总统盖印。黎感愕然，拒绝盖印。之后，徐连续四次到公府催促，最后一次忍不住地冒犯说：“总统不盖印，就只能不准伯兰（孙洪伊）出席国务会议！”黎一肚子火憋不住，就大喝一声：“你说的是一句什么话！”徐冷冷地回答说：“这是总理说的。”

国会议员王玉树等认为，罢免一个总长，应由国会提出弹劾，而不能让国务总理独断专行，并提出对政府的质问案。反段的国会议员，接二连三地跑到总统府，表示支持黎，赞同他不在这道不合法的命令上盖印。孙洪伊认为：“国务员对总统应负连带责任。内阁可以总辞，不能单独免一个阁员的职。”

10 月 24 日，以往很少去总统府的段祺瑞，忽然到总统府，亲自请黎在免孙令上盖印。黎仍然拒绝。段再也保持不住对总统的礼貌了，因而气势汹汹地说：“总统不肯免孙伯兰，就请免我的职吧！”黎对此毫无思想准备，便寻求自我解脱地说：“可以让伯兰自动辞职，免职令还是不下的好。”[①]

① 以上见陶菊隐著：《北洋军阀统治时期史话》第三册，生活·读书·新知三联书店 1957 年版，第 71—74 页。

但是孙洪伊表示决不自动辞职，除非总统下免职令。有人从旁讥讽他："既与总理政见不合，尽可退出，若只意气用事，不免失政治家风度。"他说："政治家要硬干，无论若何牺牲，决不辞职！"①

这时，支持孙洪伊的议员吕复、褚辅成等，在国会提出弹劾院秘书长徐树铮案。支持徐树铮的议员张伯衍、杨润等则提出反对弹劾意见书，双方唇枪舌剑甚为激烈。

此时正值补选副总统之际，孙洪伊为首的韬园派，在国会中颇占优势。孙洪伊与江苏督军冯国璋关系密切，就采取联冯倒段的策略，由韬园派拉拢益友社议员，在10月30日选举冯国璋为副总统，而不选段祺瑞。

徐树铮眼看问题越闹越大，担心不好收拾，即表示："只要伯兰辞去内务总长，维持总理的威信，可以调任为全国水利总裁，或者外放省长。"孙洪伊表示："什么官我都不要，只要维持我的人格。"并表示不辞职、不出洋、不外调。对此，段总理不禁怒气冲冲地说："好，我们大家都辞职，让孙洪伊一个人去干！"②

这时黎方策士已经决意倒段，主张请"隐居"河南卫辉水竹村的徐世昌，来北京组阁以代替段祺瑞。黎元洪认为可行，就派王士珍到卫辉请徐世昌。

徐世昌提出"拥护元首（黎）""维持合肥（段）""不入政界"三个条件，要黎答应才同意动身。徐世昌很想重登政治舞台，但害怕段而不敢轻易进京。

1916年11月16日，徐世昌终于到达北京，但他还要摆摆架势，当天没到公府谒黎。第二天，黎元洪到五条胡同拜访他，希望他能帮忙，而徐世昌只说一些海阔天空的话，黎很扫兴地回到公府。府秘书长丁世峄劝黎

---

① 杜春和编：《张国淦文集》，燕山出版社2000年版，第243页。

② 陶菊隐著：《北洋军阀统治时期史话》第三册，生活·读书·新知三联书店1957年版，第74页。

说：“半推半就是人之常情，徐世昌不会爽爽快快地表示自己愿意做总理。段是个心地狭小的人，先发表命令，必然会负气出走，徐就可以从容上台了。”[①] 黎认为这样不妥。又有人建议电召冯国璋、陆荣廷进京，然后下令免段的职，黎也不以为然。那些策士认为黎畏首畏尾不好，没有取得黎同意就致电冯国璋，捏造“菊老（徐）已允出山”的消息，请冯发电为其捧场。可是冯早就知道徐世昌不敢取代段祺瑞，并且自己也为当选副总统（10月30日）位居段祺瑞之上感到不安，想找个机会应酬段一下，于是回电说，内阁仍以维持原状为宜。这样，黎元洪的驱段活动便多一道阻力，徐世昌想上台也多一重顾虑。

徐世昌到京后提出兼顾府院双方威信的折中办法，就是同时免去孙洪伊、徐树铮两人的职[②]，并推荐张国淦继任院秘书长。张国淦以前做过府秘书长，又做过段内阁阁员，与双方都有较好的关系。徐世昌认为，由张国淦继任院秘书长，对于和解府院冲突，一定能起作用。11月20日，冯国璋致电段祺瑞：“请将徐树铮他调，以平政潮。”[③] 隔日冯国璋又密电黎元洪，谓其“左右多蒙蔽人，请去不良，以免壅蔽”。黎复电允将丁世峄他调，由林长民继任。[④]

黎、段终于达成一致，令免孙洪伊内务部总长职，以次长谢远涵代理部务；免徐树铮国务院秘书长职，以张国淦继任。徐树铮手持免职令到总统府盖印时，黎虽盖印却又有所不安，要聘他做总统府军事顾问，还说些安慰的话。孙洪伊被免去内务部总长后仍为国会议员，还不断利用国会党团力量打击段。

11月24日，段向公府提出三点质问：一、现在府方一切措施，是否

---

① 陶菊隐著:《北洋军阀统治时期史话》第三册，生活·读书·新知三联书店1957年版，第75—76页。

② 一说“由许世英主张，作孙徐两罢之议”。曾毓隽:《黎段矛盾与府院冲突》，见杜春和等编:《北洋军阀史料选辑》上，中国社会科学出版社1981年版，第262页。

③ 《民国日报》1916年11月21日。

④ 公孙訇:《冯国璋年谱》，河北人民出版社1989年版，第70页。

与责任内阁制的精神完全相符？二、府方经常延搁国务院的呈阅公文，倘有贻误，其责任应当谁属？三、经国务会议通过应当发布的命令，府方经常拒绝盖印，能否说明其理由？

12月间，北京有人感于时政混乱，写信给退居粤港的梁士诒说："自公南归，政象益紊。川鄂之陈（宧）汤（芗铭）被逐，皖湘之纠纷靡已。两广龙（济光）陆（荣廷）之争，公在南方，见闻益确。中枢命令，不出都门。近者府院交争，势成骑虎。内务总长之孙伯兰（洪伊），院秘书长之徐又铮（树铮），皆负气不下，每于大庭广众之中，互相丑诋。是岂兰台平章事者之所为耶！前日黄陂（黎元洪）与合肥（段祺瑞）知结不可解，敦劝东海（徐世昌）来京调和。伯兰于20日免职，又铮亦出枢府矣。十月三十日两院选举副总统，不属之合肥（段），而属之河间（冯国璋），殆以吴景濂与段合肥言论扞格，复因各方面之传言，乃益误会，河间当选，未必非吴所以报复段合肥也。自是乃由府院之争，扩充而至议院与政府之争矣。而议院之内，各树党派，又互相斗争，宪法研究会与益友社成势不两立。国事如此，诚恐最近将来，更有离奇之变象。"①

1917年1月1日，冯国璋领衔22省3特区长官联名致电中央政府，认为总统能信任总理，总理方有负责之地；总理能秉持大政，国家方有转危之机；国会参众两院能持大体，巩固国基，国府国会乃有所附丽。表示拥护段祺瑞，并以责备威胁国会。电文中说："自内阁更迭之说起，国璋等屡有函电，竭力拥护，一则虑继任乏人，益生纷扰，陷于无政府；一则深信我总理之德量威望，若竟其用必能为国宣劳，收拾残局，非徒空言拥护也。现在大总统既表虚己之诚，正总理励精图治之会。目下所急待施设者，军政、财政、外交诸大端，皆宜早定计划，循序实行。""国会为国家立法机关，关系何等重大，举凡一切动作，必惟法律是循，始足以餍众望……

① 凤冈及门弟子编：《梁士诒年谱》上，广东人民出版社2014年版，第354—355页。

不意开会以来，纷呶争竞，较胜于前，既无成绩可言，更绝进行之望。近则侵越司法，干涉行政，复议之案，不依法定人数，擅行表决……设循此不改，越法侵权，陷国家于危亡之地，窃恐天下之人，忍无可忍，决不能再为曲谅矣。”①

1月3日（农历十二月初十），徐树铮与靳云鹏、倪嗣冲、曾毓隽、吴光新等，到南京祝贺冯国璋六十大寿。次日祝寿后，拟在南京开会讨论时局，冯国璋拒绝。冯对倪嗣冲说：“我亦主张恢复国会，如何能请解散国会。至清君侧一层，尤非吾辈所宜出，且我为副总统，以副总统而攻击大总统，不独投鼠忌器，尤有瓜田李下之嫌，不独我不赞成，此间亦不能开会。”②

1月7日，由倪嗣冲出面，邀请各代表到徐州举行会议。徐树铮即和其他代表，自南京到徐州开会。此为第三次徐州会议。会议9日开始，议决重要议题五项：一、请总统罢斥“佞人”；二、取缔国会；三、拥护总理；四、淘汰阁员；五、促成宪法。显然，这是支持段而打击黎的。

1月14日，步军统领江朝宗忽然派兵到孙洪伊宅搜查，据说孙宅藏有8名“危险分子”，孙有“阴蓄死士进行暗杀”活动嫌疑。孙即逃往南京托庇冯国璋。

许多人以为，府院政潮已因黎的软化而告终，但是段的看法不同。段认为免孙洪伊职只是院内阁的事，不是府方的让步；院秘书长徐树铮既然去职，府秘书长丁世峄也应去职，这样才算公平。黎正准备拒绝这个要求，忽然接到张勋痛斥丁世峄的一份电报，勇气又被打消了。2月25日，丁世峄也被免职，由夏寿康继任府秘书长。

在张勋召集第四次徐州会议之际，5月18日北京英文《京报》说段祺

① 凤冈及门弟子编：《梁士诒年谱》上，广东人民出版社2014年版，第355—357页。另参公孙訇：《冯国璋年谱》，河北人民出版社1989年版，第74页。

② 公孙訇：《冯国璋年谱》，河北人民出版社1989年版，第74—75页。

瑞向日本借款一亿日元，允许日本训练中国军队和控制中国兵工厂等，激起人们的强烈反对。黎元洪随即利用这种情势，并取得美国公使“允为后盾”的支持，于5月23日宣布免去段的总理职，以伍廷芳暂时代理；同时免去段的陆军总长职，以张士钰代理。28日，特任李经羲为国务总理。李复信谢辞。6月12日，以江朝宗暂行代理国务总理。6月24日，李经羲就任国务总理。

徐树铮被免职后，又与交通总长许世英发生矛盾，在府院之间引起一段风波。他们两人本来无怨无德，但是许世英赞成免徐的职，并在徐被免职后，给段写一封信，谓徐学识与精力都有过人之处，但他既然弃文学武，宜就其所长，加以驱策；政治非其所长，不如任以武职；并且他的门户之见稍深，不符合段的兼容并蓄思想；有许多重要的武职，若能用其所长，那么既可以保全树铮，也可以保全总理，等等。许以为说得这样婉转，不会出什么问题。段认为这封信平常，没有秘藏。后来徐树铮看到这封信，对许世英非常反感。

时交通部与各路局局长因运输快车有租车之议，租约5年，每车每日以3元计租，照市价约值1800多元。如果这样，不到两年车商就可本息相抵，剩下三年多的租金就成为盈余。同时，揽售运输车的外国商人很多，也可分期付款。租车对当局弊端很大，而他们还认为每车每日3元租金不够。买办商人金荫涂、鲍星槎新立公司，呈文给交通部，交通部次长王黻炜把原文“三”字改为“四”字，并加以眉批：“部章各局互相调用，车辆系每日每辆作价四元。”金、鲍两人本是架空生意，即把此件拿给外商看，显示其门路很广，以便向外商赊账。不料各外商用照相机将原件拍照留存，后又落入徐树铮手。徐即在检察厅起诉王黻炜通同舞弊，并控诉金、鲍等人新立的公司虚有其表，他们原是德商买办，大战开始后失业，才冒险作这种勾当。许世英说这些情况他不知道，就派参事雷中夏、路政司司长曾鲲化查办。雷中夏秘告王黻炜，王即潜逃。次长既逃，遂将王家俭、姜可钦、盛文颐等正副局长送法庭办理。许世英自感责任不可推脱，就向黎、段请求辞职。黎、段加以挽留，徐树铮即未再作追究，这一风波也就停息了[①]。

关于府院之争，徐树铮后来总结说："吾国府院权责，自《约法》制定大略后，惟民国三年，大总统亲断庶政，行之岁余，余皆名曰责任内阁。职此之由，府院龁啮，屡酿巨变，笑柄尤不一而足。吾数数目击其事，思之痛心，述之徒资一噱。府之言曰：'总统为行政首领，凡事应取我进止。'院之言曰：'现行之制为责任内阁，凡事总揆负责，即应任我裁处。'总揆之所恃，曰'阁制'。总统之所恃，曰'盖印'。此与小儿女辈争花夺草，复何以异？其相持者何事，其事究否当办，其事之或办或否，将有何利何病见之国与民，从未尝须臾计及。院倡一议，府则曰：'非我允行，缓盖印。'府倡一事，院则曰：'干政之渐，不可不预防。'癸丑（1913）之前，府每有志办事，辄为院持。乙卯（1915）之后，争端又无一不自府发……嗟乎！府院者，一国之脑海也。十年来脑海之状若此，吾一国之全体，欲不受其病得乎？吾附丽于百骸四肢之小民，欲不疮痏风癃得乎？"[②]府院之争，其深层原因与教训，难于尽言，又岂止以前所述者？

二、反对段祺瑞对德宣战

1914年七八月间，欧战爆发，双方各遣公使，均欲中国参战，以助其一方。中国宣言中立，不偏袒任一方。此时山东区域，已被日本人蹂躏不

---

① 曾毓隽：《黎段矛盾与府院冲突》，见杜春和等编：《北洋军阀史料选辑》上，中国社会科学出版社1981年版，第262—263页。

② 徐树铮：《建国诠真》，癸亥季春出版，第5—6页。龁啮（hé niè）：撕咬。噱（jué）：笑，大笑。疮痏（wěi）：比喻痛苦灾难。癃（lóng）：衰弱，疲病。

堪。8 月 23 日，日本对德国宣战，主要目的是争夺在中国的权益，尤其要争夺德国经营 10 多年的青岛。

9 月 2 日，日军在山东龙口登陆。德方不料日军从后面进攻，步兵枪支预备不足，就令德国驻华使馆武官与徐树铮秘密接洽，借步枪 2000 支，并配以子弹。徐树铮向来崇尚德国，而且与其武官有友谊，就自己作主，趁着中国驻潍县军队调防，给青岛德军运去一列车军火。时任山东将军靳云鹏一连几个电报问他："我们是守中立的，怎么好用军火接济其中的一方面？你一向是亲日的，怎么这一次却反对日本？你瞒住了总统、总长干这件事，万一事情泄漏了怎么办？"他解释说：日本是中国最邻近的强国，中国是一个积弱的国家，在最近一二十年内，中国想有任何作为，只要得不到日本的谅解，就没有一件事能够做得成的，这是他表面上所以要采取亲日态度的原因。但是日本绝非中国的朋友，它不会要中国富强；将来真正能够做中国朋友的，只有在美洲的美国和在欧洲的德国。现在就青岛的局面来说，德国是处在危困中的，他这一批军火，就是要和德国成为"患难之交"。事情办好，能为中德建立长期的友谊。万一失败，国家就拿他个人来治罪，也不至于耽误国家的大事。所以这件事，绝对不能和总统、总长说明。这件事成功则国家有好处，失败了不过个人受损失，希望他能帮忙。徐树铮最终说服靳云鹏，并得到非他不可的掩护，使事情办得比较顺利，事后段祺瑞也认为做得对。①

10 月，日军占领胶济铁路，11 月 7 日攻占青岛。德军最终还是失败了。

袁世凯称帝引发内战后，举国着眼政争，不够注意外交。袁的前秘书长梁士诒，与交通系叶恭绰，"朝夕筹思，欲建策以维持国际地位，乃定招

---

① 徐道邻编述、徐樱增补：《徐树铮先生文集年谱合刊》，台湾商务印书馆 1989 年版，第 209—210 页。

募华工出洋，以工代兵之策”[①]，并采取措施，让华工应援协约国。

1916年10月20日，德国驻华公使向中国外交部抗议法国人在华招工。

为了应对外交问题，段祺瑞在国务院组织一个“国际政务评议会”，每逢星期一、二、三，各举行一次会议，被邀参加的人有陆征祥、夏诒霆、汪大燮、曹汝霖、熊希龄、梁启超、孙宝琦、汪精卫、魏宸组等。实际由院秘书长张国淦主持。徐世昌、王士珍有时也参加。外交总长伍廷芳，借口年老多病，经常派儿子伍朝枢（外交部参议）代表他出席。

府院秘书长更换后，黎元洪对国家大事，逐渐地由不问而要问，由要问而多问。段祺瑞认为自己是国务总理，掌握全国政权，总统只要安居其位签字盖印就行了。现在黎要多问，他实在不能容忍。两人的关系于是形同水火。

1917年初，在对德宣战问题上，黎元洪与段祺瑞的冲突达到白热化。段祺瑞主张对德国宣战，并欲借此取得日本的支持。黎元洪则坚决反对，不愿看到段的势力增大。冯国璋亦反对段的主张，担心段的势力增大。国内许多团体，及国会多数议员，也反对向德国宣战。但段祺瑞坚持宣战。

1917年2月1日，外交部接到德国海上封锁通牒。德国宣称以潜水艇封锁其敌国海岸2000海里各海道。国际舆论哗然，认为违反国际公法，对各国人生命财产和商船安全有巨大危险。

同日，国务院致电时居香港的梁士诒，征询对德政策。段祺瑞与梁士

---

① 所谓“以工代兵之策”：（一）中国财力兵备不足以遣兵赴欧，如以工代兵，则中国可省海陆运输饷械之巨额费用，而参战工人，反得列国所给工资，中国政府不费分文，可获战胜后之种种权利。此以工代兵为定策之一。（二）德国军械潜艇，世无其匹，然以一德而抗全世界，战争经年，恐终为协约国所击败，故今日以工代兵，应助协约各国。此为定策之二。（三）在欧战以法国为最前线，法国壮丁既少，伤亡尤甚，则所需华工，应以法国为最急，如派遣华工，应先与法国签订优待之工约。此为定策之三。（四）是时中国尚在中立时期，既不袒德，亦不应袒法，断不能由我政府与法政府直接交涉，只可由商人出名，代政府负责，于契约上亦不能有片言只字以工代兵，以免德国报复，及残害我国海外华侨。此为定策之四。“截至民国六年（1917年），惠民公司办理出发赴欧者，已有华工二十万人。是年三四月间，中国对德宣战，然实际上华工参战已在一年以前矣。”见凤冈及门弟子编：《梁士诒年谱》上，广东人民出版社2014年版，第300—301页。

诒“本旧交相契”，袁世凯取消帝制后，段曾极欲梁“助其计划财政”，梁以中国银行、交通银行情况困难相告，认为“今欲维持应发之军政各费，如不能借内外债，则只有增发钞票”。不过，如果大家提存挤兑，银行立倒，还应从长计议。“于是段派徐树铮等筹议多日，复与各银行家协议，财政界协议，皆认为两害取轻，不妨暂时宣布停兑，腾出时日，整理兑现；于国计民生，祸害比较为少。段以为然。”遂由国务院下令中国、交通两银行，停止兑现、付现。现在，段又就德国通牒问策于梁。梁早已主张对德宣战，即以主张宣战复电。尔后往来电报不断。“德国公使辛慈谓中国送工人赴欧助战，在前敌开掘战壕，及充当其他军役，实际上不啻为战斗员”①，因而表示不满。

据纽约报道，2月2日，“日本政府致中国政府哀的美敦书，要求中国与德宣战，否则日本拟将取汉冶萍公司各矿产，占据德、奥租界，没收德、奥在华船只、产业，并要求中国允许日本监视中国陆军之改良，管理中国军械局及代理中国财政”②。日本强烈要求中国对德宣战。

1917年2月9日，中国外交部抗议德国实行的新潜艇政策，并在抗议书中声明，若此抗议无效，则将不得已而断绝两国现存之外交关系。这“殆可视为对德宣战之初步”③。28日，国会议员马君武等300余人发表《致各省督军省长议会商会俭电》，反对与德绝交参战，认为：“中国实力全无，事事被动，既加入协约，强邻必借题干涉内政，侵害国权”。④

此时，美国已宣布与德国断交。巴西、西班牙等国已向德国提出抗议。日、英、法、俄等国，均与德国为敌。胜败之势，似已明显。日本与英国为同盟国，强烈要求中国对德绝交，乃至宣战。

---

① 凤冈及门弟子编：《梁士诒年谱》上，广东人民出版社2014年版，第358页。

② 《黎元洪藏函电稿》，见来新夏主编：《北洋军阀》第三册，上海人民出版社1993年版，第307页。

③ 凤冈及门弟子编：《梁士诒年谱》上，广东人民出版社2014年版，第357页。

④ 《申报》1917年2月28日。

3 月 4 日，段总理到公府见黎总统，请电令驻协约国公使，向驻在国政府磋商与德绝交后条件。黎以此事须经国会同意，不允照发。段当日提出辞呈，随后即赴天津。黎派员挽留，副总统冯国璋到天津劝说，段始于 6 日回京供职，很快发出致协约国公使电报。10 日，国会投票表决与德国断交。德国驻华公使送交中国对德抗议复文，复文因中国对德抗议表示惊异，并希望顾全中德友谊，说“中国若与德国断绝友谊，则将失却一真挚之友，而陷于纠结不解之局”①。在国会表决与德国绝交之际，上海总商会电请保守中立；马君武等通电各省反对；张勋、倪嗣冲、王占元及在野的唐绍仪、康有为等，亦电请政府维持中立；孙中山也持反对意见。梁启超积极支持段祺瑞，多次致书献计。

3 月 14 日，黎元洪收到驻意大利公使王圻来电：2 月 24 日，法国船在地中海被德军击沉，“闻有华工千名，死者约四百”。2 月 27 日，英国船被德军击沉，内有华人水手 43 人，均遇救②。得此电报，黎元洪终于同意对德断交。

段祺瑞一直坚持己见，经黎同意后，3 月 14 日宣布与德断绝外交关系。4 月 4 日收回天津、汉口的德租界等。4 月 11 日，美国驻华公使通告美国对德宣战。25 日，段祺瑞主持召开军事会议，一致主张对德宣战。但黎不同意宣战，国会议员及在野人物也有阻挠。于是，段召集各省督军到京开会（“督军团会议”），解决对德宣战问题。

5 月 1 日，国务院会议议决对德宣战案。7 日，政府咨送对德宣战案至众议院。19 日，众议院决定缓议对德宣战案。段看对德宣战案被搁置，就让各省督军等呈请大总统解散国会。黎总统阅呈文后，召见黑龙江督军孟恩远、湖北督军王占元，说按民国《约法》，总统无权解散国会。督军们得

---

① 凤冈及门弟子编：《梁士诒年谱》上，广东人民出版社 2014 年版，第 358—360 页。

② 《黎元洪藏函电稿》，见来新夏主编：《北洋军阀》第三册，上海人民出版社 1993 年版，第 325 页。

此消息，又反对黎总统，并应安徽督军张勋邀请，一起去徐州开会。

段祺瑞左右大都是拥护或附和对德宣战的，梁启超亦坚决主张对德绝交宣战，唯独徐树铮坚决反对。他屡次上书段总理，认为不可参战，应严守中立。有一次，段竟当面将其上书弃之于地。

1917 年 3 月 10 日，徐树铮又上书段祺瑞，沉静而委婉地劝其不要与德绝交。书中称："总理钧鉴：前日一书蒙示掷还，惶悚！惶悚！公志既决，私心已尽，夫复何言？树铮所持之议，非自今日始……钧座突发战志，殊非始料所及。然当机立断，应时而动，以兵谋之无常，岂胶柱所能测。无如自利之徒，引狼入室，以致负荷之艰，不得不认贼作子，譬彼舟流，莫知所届，亦徒存心痛已耳。然后此之事，谨尚穷有所愿，请具陈之可乎？大抵有力之家与人订交易，无力之家与人订交难，恒情已然，矧在捭阖逐利，以交邻国！愿钧座详告诸执事，以为国者任重道远，所办虽今日之事，而目光所注，常须在数年或数十年之后。今日之事，得志与否，固未可知，即绝人不可太甚。庶几有余不尽，尚可留为异日相见地步……如树铮者，本有犯颜强谏之谊，虽当关弓相向，犹将垂涕泣而道之。"上书还言及我国政党、政情，劝总理决策应"参以众见"，"万不宜孤行己志"[①]。但是，段总理仍不为所动。

徐树铮看上书无用，就暗中示意安徽省长倪嗣冲、湖北督军王占元，让其电请中央维持中立。后来，段总理召集各省督军来京议政，督军都表示拥护宣战政策。据倪、王并称："前此有电请维持中立者，系徐树铮示意，今日来京方知参战之必要。"[②]徐树铮遇事与黎总统为难，独对参战问题与黎总统相当一致。

虽然国务院会议 5 月 1 日议决对德宣战，但黎总统拒绝在对德宣

---

① 徐道邻编述、徐樱增补：《徐树铮先生文集年谱合刊》，台湾商务印书馆 1989 年版，第 50—51 页。

② 曾毓隽：《黎段矛盾与府院冲突》，见杜春和等编：《北洋军阀史料选辑》上，中国社会科学出版社 1981 年版，第 264 页。

战咨文上盖印。于是又发生倪嗣冲、靳云鹏、傅良佐等指挥所谓“公民团”胁迫国会的事件。5月8、9两日，以“五族公民”“陆海军人代表”为名义的所谓“公民团”，手持白布小旗，在北京象坊桥国会附近活动。10日众议院开会审查对德宣战案时，“公民团”2000余人，以各种方式要求通过对德宣战案，甚至威胁国会必须通过，否则将采取激烈行动。因此，国会停开，段内阁的一些国务员也相继辞职。黎段矛盾更为加剧。

院秘书长张国淦劝段总理暂时引退。有人说：当天晚上，徐树铮忽然跑到张国淦家里大肆咆哮：“你受了府方的指使，压迫总理辞职，将来北洋派瓦解，唯你是问！”[①] 接着，国务院秘书涂凤书携带为段准备的辞职稿，到府学胡同交段审核，被徐树铮抢在手里当面扯碎。从此，段不再提及辞职的话。

段祺瑞在讨平张勋复辟后，继续积极推进对德宣战事宜，并得到代理总统冯国璋同意，终于8月14日对德宣战，并及德国盟友奥地利。徐树铮仍不以为宜。

1917年10月2日，美国驻华公使芮恩施，写信给美国国务卿说，段祺瑞“暗地里让他的陆军次长（徐树铮）与我就派兵赴欧问题进行长谈。他认为宣布一个大规模的派兵计划是不合适的，因为这会导致同盟国的外交抗议，但是他同意立即派遣10到50个师，每师12000人”[②]。段祺瑞想借此获得美国的贷款，但是没有谈成，拟派军队人数降到4万，也没能成。11月1日，徐树铮还致函芮恩施公使说：“敝国派兵赴欧事，前经面谈概略。现又奉敝国国务总理兼陆军总长段上将军面谕：中国既与德、奥两国宣战，亟应早日派兵赴欧，以参协助之谊。近议先派四万人启行，现正筹

① 陶菊隐著：《北洋军阀统治时期史话》第三册，生活·读书·新知三联书店1957年版，第121页。
② ［美］徐国琦著：《中国与大战》，马建标译，上海三联书店2008年版，第196页。

备一切，惟财政困难，军费亟待区画。承美公使芮博士允代商订借款，望速与洽商，从速定局交款，以便赶紧筹备，尽速派出。”“特以转达，希察为荷。”①

1917年12月，日本《朝日新闻》征刊欧战论著，并托河野拜访徐树铮，希望他对欧战发表言论。徐树铮身为军人，“雅不好以雄谈高论为尚，又服官有规，久懔‘为政在力行，不贵多言’之训，故尤不喜躁论时事，标榜以自市”。但此时又不宜拒绝，即写信给日本人鹤彦（大仓男爵）说：“欧战之剧，可谓有史以来空前未有之巨役。服斯役者，称干比戈，不惮征缮以固已圉，生为杰士，死为国殇，诚吾人所宜奉为楷模。但自旁观者视之，其锋镝之惨，转徙之频，别离之苦，消费之重，盖亦大可悯矣！”“仆亦一披坚执锐之人，且官守所及尝得与闻此事大略矣。而于此独沉寂寡欢，默无一语，岂真愧然无动于衷哉！殆亦若古之伤心人别有所抱耳。”“吾国近二十年治绩，辄叹纷纭杂糅不举之政，实多危亡之兆，无日无之。”“幸托庇列强均衡之局之下，得以苟延喘息至今不绝；而有时奋起图强，则又往往虑为忌者所挠，不敢坚自振迅。欧战起后，均衡之局恐将破坠，而仇与相制，势若连鸡，各昵所亲，尚无东顾之暇。及是时，吾明吾政刑，惠吾工商，修吾文化，而缮吾武备，生聚教训，不必计以十年，国势之兴，必有勃然莫之御者。”“讵吾之秉国政、拥封圻、负时望者，率释此而不图，而方汲汲焉惟私利之是争，曲誉之是树。吾本有求治之善机也，而必自消磨而废弃之；吾本有混一之规模也，而必自支离而分裂之；吾本有执政之中枢也，而必自颠毁而朽蠹之；吾本有勤智之民众也，而必自水火而倒悬之。”“仆于此时，目击心痛，无可告语。念及欧战，则惟惶然以惧！盖以欧战之发，虽托始于奥储之刺，而实肇因于巴尔干半岛之争。据使彼半岛

① 《陆军部次长徐树铮向美芮使洽商参战借款函稿》，中国第二历史档案馆藏，全宗号：北十一（2），卷号：125。

中，有一强国能为岛中境地之主，则列强不必争，无相忌之宿衅，此役可至今不作也。返顾吾国近情，曾有何事较胜于巴岛诸国者？然则，此战之后，列强能不复以权利相攘则已，藉曰不能则他日再起大波，安知不以吾中国为彼造端耶？夫以吾泱泱大风，数千年文化所祖，乃不免为他洲争战之的，而宰割听之他人，宁非事之可惧者！且堂堂男子，托生此时，托籍此土，身为显宦，颇有与国休戚之责，徒鉴于人车之覆，竟不能挽己轸之遒，抑亦可耻之尤矣！”[①]由此看来，徐树铮反对对德宣战，是想趁欧战期间，尽可能做好中国的事，同时从欧战中吸取教训，避免将来中国成为列强争战之的，并且力图尽到为官的责任。

但是，段祺瑞等坚持执行对德宣战。1917年底，中国派唐在礼中将带领中国远征军先遣队，另外派遣10万名劳工，赶赴欧洲西线战场。而与法方谈判运送4万军队，希望得到法国财政和运输支持，终未能成。

为了通过对德宣战案，倪嗣冲为代表的督军团，曾呈请黎总统咨交国会修正宪法草案。倪将呈文送到国务院请转呈总统时，“徐树铮就在呈文上加盖了将军府的一颗大印，另外拟就了解散国会的一道命令，一并送往公府”[②]。黎看到这个呈文后，既没有同意呈文请求，也没有在解散国会的命令上盖印。

关于徐树铮反对对德宣战，段祺瑞后来写道：“丁巳（1917年），欧战剧烈，德国不循公法，滥用潜艇，抗议无效，有伤国体，立意参战，议会阻挠。余突被免，出寓津门。会有复辟之变，七月三日誓师讨平，总统（黎元洪）去职，河间（冯国璋）继任，余再任总理兼长陆军，仍调将军（徐树铮）为次长。八月十四日，与德、奥宣战，将军意不谓然，而坦直之情可原，令行无不服从也。”[③]

① 徐树铮：《致日本人大仓男爵》（1917年12月23日），《近代史资料》总76号，第172—174页。
② 陶菊隐著：《北洋军阀统治时期史话》第三册，生活·读书·新知三联书店1957年版，第127页。
③ 中国科学院近代史研究所近代史资料编辑组编辑：《徐树铮电稿·附录》，中华书局1963年版，第382页。

第六章

谁主沉浮

一、迎接冯国璋代总统

张勋复辟平息后，总统一职仍是需要解决的问题。1917 年 7 月 14 日，段祺瑞偕同汤化龙、张国淦等从天津返回北京，当天就在府学胡同段宅讨论总统问题。

复辟之初，黎元洪因难以继续当总统，通电“特任段芝泉（祺瑞）总理国事，并请冯（国璋）副总统依法代行职权。在副总统未经正式代理以前，一切机宜，统由段总理便宜处理。所有印信文件，业经送津，请段总理暂行摄护，并设法转送副座呈请接收”[①]。这时，段祺瑞左右有两种不同意见。丁士源等认为，既然发生复辟，民国就已中断，段祺瑞组织讨逆，不需要黎任命。张国淦等认为，应该接受黎的任命，以总理名义做讨逆军总司令，不需另起炉灶，在全国号召也比较方便。段祺瑞采取张国淦等的意见，7 月 5 日在天津就任总理职，所有以大总统名义发出的文件，是段在天津径自发出，然后以电报通知南京的。

讨伐张勋期间，段祺瑞可以代行总统职权。但讨伐结束后就不同了。

① 杜春和编:《张国淦文集》，燕山出版社 2000 年版，第 361 页。

丁士源等认为，不要再让冯国璋副总统到北京来，干脆由段总理自行代摄。张志潭等认为，应该请冯副总统来北京代理。张国淦等则主张，仍请黎元洪出任总统，因为按《约法》规定，大总统因事故不能行使职权时，才得交由副总统代理，现在战争结束，黎总统可由东交民巷出来，并没有不能行使职权的事故。即使说大总统真有事故，也应该由副总统代理，冯国璋在南京更谈不上有何事故，不管怎样，也轮不到段代摄总统[①]。结果，段祺瑞采取请冯代理总统的主张。

就段来说，请冯代理总统是不得已的。他深切地知道，冯的野心大，握有兵权，在北洋派中有不小的势力，如果冯任总统，将比黎元洪更难对付。但是，这时许多北洋派军人没有摸清段的底细，只知道段与黎不和，而不知段并不想让冯代理总统，就纷纷通电拥护冯。如果段不让冯做总统，可能引起北洋派分裂，而使反对他的西南各省有隙可乘。当然，迎黎复职可以拒冯代任。可是，段决不愿再把黎摆在自己头上。另一方面，段认为现在是采取责任内阁制，让冯来京代理总统，使他处于无权无勇的地位，比让他在南京有兵权、有地盘，容易对付。这也是段决定让冯来代理总统的原因。但后来的冯比以前的黎，更使他伤脑筋。

段祺瑞 7 月 14 日返京后，派江朝宗去东交民巷，迎接黎元洪至居仁堂，黎即正式宣布辞职。18 日，段祺瑞电促冯国璋北上就任代总统。冯迟迟不动。段又派靳云鹏等去南京面请，冯拒不接见。经过很多疏通，冯才答应。

原来冯和段是同时出头的。袁世凯在天津小站练兵时，冯、段和王士珍分任步兵、炮兵、工程三个学堂的总办。辛亥（1911）年，袁世凯组阁，任王为陆军大臣，冯为禁卫军军统，段为湖广总督。民国元年（1912），冯为直隶都督，段为陆军总长，王则无意政治而退隐了。冯是文人出身，

---

① 杜春和编:《张国淦文集》，燕山出版社 2000 年版，第 361—362 页。

由候补知县变为北洋武备学堂的学生，由学堂总办荫昌介绍给袁世凯，段和王也是由荫昌推荐的武备学生。冯和段是相互了解的。又经过不少接触和相互观察，段深知冯有野心，有兵权和地盘，和各方面有联系，不好对付。冯也深知段会对他有看法，难以驾驭——这是冯在总统问题上迟迟不出的原因。

冯在动身去北京之前，提出调任江西督军李纯为江苏督军，升任驻南苑的第十二师师长陈光远为江西督军。李纯、陈光远和湖北督军王占元都属于以冯为首的直系。这是冯在长江流域布置自己势力范围的一个步骤。同时，他又将一向由他直接统率的禁卫军扩大为两个师，以王廷祯为第十六师师长，留在南京，与江西调来的第六师（师长齐燮元）作为巩固江苏地盘的两支主力，另以刘询为第十五师师长兼“总统拱卫军”司令，移驻北京。通过这些布置，冯在长江一带就有实力做后盾，而在北京也不会是一个赤手空拳的人。段祺瑞曾内定以亲信段芝贵继任江苏督军，因而未能实行。

冯迟迟不愿北上就任代总统，还有别的原因。丁士源等酝酿拥段让冯感到不快。同时，冯与江苏张謇等联络英国商人，以制药为名，把存放在上海的1600多箱烟土，用民国元年公债券一万万元购出。实际用于制药的只是少数，多数由官商合伙谋利。民国元年的公债券，是由当时的财政部发行，曹汝霖当时为财政总长，与谋其事。这时，曹汝霖忽然征求徐树铮与曾毓隽入股。徐树铮与曾毓隽据实告诉段祺瑞。段闻言微笑，迟顿半晌才说：“我与冯旧交，此君有钱癖，固所深知。但以今日环境论，我决不能反对，因小失大，致伤感情。且系苏省官绅合办，彼既事前未征求我意见，我只好装作聋聩。你两人万不可沾染，但须力任疏通，而不受酬。将来我晤冯时一字不提，汝等可示意由其独断独行。”又说：“苏督暂不易人，易人则更多掣肘也。”[1] 这也是冯国璋迟迟不愿北上的原因。

---

① 曾毓隽:《忆语随笔》，杜春和等编:《北洋军阀史料选辑》，中国社会科学出版社1981年版，第277页。

1917年8月1日，冯才离开南京北上。徐树铮受段祺瑞的委托，与傅良佐、曲同丰一起，到天津迎候冯国璋。黎元洪也派代表（蒋作宾）前往迎候。黎这时想离开北京但未得到段的同意，并受段派人物严密“保卫”，因而他想借用冯的帮助离开北京。

8月3日，冯国璋在徐树铮等人迎候簇拥下到达北京。从此，冯、段之间的矛盾更趋复杂。他们争权夺利的斗争，促使北洋派明显分化，并使中国内战更为复杂、规模更大。

二、推行武力统一政策

这个时候，陆荣廷为首的桂系，仍然标榜其在张勋复辟时提出的“自主”；唐继尧为首的滇系公开反对段内阁；孙中山则公然要推翻段政府。这都是段祺瑞为首的中央政府不能容忍的。段祺瑞决定，尽快推行计划已久的武力统一政策，并要以北洋方面的优势兵力征服他们。而冯国璋却要采取“和平混一”（表面统一实际不统一）的政策，以维持陆荣廷、唐继尧等人现有的权力和地盘，换取他们的承认，并和桂系已有相当密切的联系。

桂、滇两系，在西南五省中实力最强，是段要武力进攻的重点。准备从四川进攻云南贵州，由湖南进攻广东广西。湖南军力较弱，与北洋军占领区距离最近。北洋军可由湖北江西两方面，先夹攻湖南。因此，段把湖南作为进攻西南的首要战场，并计划用三五个月平定西南。

这时，湖南省长谭延闿兼署湖南督军，拉拢桂系首领陆荣廷，并利用湖南对北洋方面的不满情绪，提出“湘人治湘”主张。在北京的湖南籍上层人士熊希龄、范源濂等也赞成“湘人治湘”，反对北军攻湘。广西陆荣廷、云南唐继尧等利用“湘人治湘”口号，竭力主张维持湖南现状——不要更动谭延闿的督军职务，不让北军入湘，甚至主张划湖南为南北军事缓冲区。这当然是有利于西南军阀割据而不利于全国统一的。

面对这种情况，段祺瑞方面想出一个将计就计的办法，即派一个湖南人去做湖南督军。派谁呢？徐树铮极力推荐[1]傅良佐。傅良佐，1873年生，字清节，湖南乾城人，1902年赴日留学，毕业于日本陆军士官学校炮兵科，是段的“四大金刚”之一，时任陆军部次长，与徐树铮许为刎颈之交。傅谓制服南方，当用迅雷不及掩耳的办法。徐树铮极为称道。8月6日，段即任命傅良佐为湖南督军。

傅良佐被任命为湖南督军后，陆军部次长一职需要人接任。段祺瑞属意于徐树铮。徐极力推辞，不肯担任，但最后还是接受下来。

1917年8月10日，徐树铮到陆军部就任陆军次长职。

8月26日，傅良佐动身南下，并带王永泉做参谋长，先绕道南京见李纯，再到武汉见王占元，以取得他们的支持。傅到湖南岳州时，命令驻岳州的北方部队，向湘阴以北推进。中央政府调驻马厂的王汝贤第八师开进岳州。9月9日，傅良佐到长沙接任湖南督军，随后发表两道命令：一、将林修梅撤职，派邹序彬为湘军第一师第二旅旅长；二、将刘建藩调省，派陈蘧章为零陵镇守使。这时，谭延闿正在原籍茶陵“省亲”，即宣布辞去湖南省长，悄悄化装离开湖南。

9月18日，林修梅在衡阳、刘建藩在零陵宣布自主，不服从傅良佐的命令，并要与段政府脱离关系，与两广云南一致。

19日，徐树铮致电傅良佐，要他明令申讨。傅即组织申讨。徐还多方搜集情报给傅参考，并从南方内部积极寻找可以利用的力量。潮梅镇守使莫擎宇、惠州督办张天骥等，向徐树铮表示拥护中央，反对陆荣廷、陈炳焜等援助刘建藩、林修梅等入湘作战。

---

① 一说徐世昌推荐。见陈文运:《傅良佐督湘前后》，石玉新、杨小波主编:《文史资料存稿选编（晚清北洋）》（下），中国文史出版社2002年版，第449页。

为击退来湘作战的西南军队，徐树铮多次致电傅良佐出谋划策，并调兵遣将，组织北方军队援湘。安徽倪嗣冲的部队，山西阎锡山的部队，都在准备援湘。

10月6日，北方部队，由接近直系的第八师师长王汝贤、第二十师师长范国璋，分任总、副司令，开始进攻湘军，很快攻占衡山和宝庆。可是在这之后，就没再向前进攻。10月20日，广西谭浩明，通电就任两广护国军总司令，誓师援湘，并和陈炳焜、程潜、李烈钧致电冯国璋，要求请黎元洪复职，恢复国会，罢免段祺瑞总理，撤换湘督傅良佐。同一天，属于直系的长江三督，即江苏督军李纯、湖北督军王占元、江西督军陈光远，忽然联名通电主和，提出解决南北问题四条意见：（一）停止湖南战争；（二）撤回傅良佐；（三）改组内阁（撤换亲日分子）；（四）整顿倪嗣冲部。这对段祺瑞及其皖系来说，真是晴天霹雳。11月14日，王汝贤和范国璋也联名通电主张停战撤兵。这都是冯国璋代总统幕后操纵的，也是直系与桂系互相呼应的。局势变得对皖系非常不利。当天夜里，傅良佐因军事失败逃离长沙。15日，谭浩明以湘粤桂联军总司令名义宣称兼理湖南军民两政。徐树铮得知消息，主张严办傅良佐。随后，中央下令将傅良佐撤职查办。

1917年11月16日，段祺瑞在直系及西南势力压迫下，不得已而提出辞职，并发电报痛言北洋派必须团结，及自己辞职的苦衷，意在揭露冯国璋阴谋分化北洋派、勾结西南，鼓动大家起来制止他。段竭力为武力统一政策辩护，电报中说，用兵西南，是想“发挥我北洋同袍之实力，统一国家，奠宁宇内”，“今日中国，盗贼盈途。环顾国内，惟我北方军人实力，可以护法护国”，“辛亥癸丑之间，我北方军人人数不及三之一，地利不及三之一，所以能统一国家者，心志一而是非明也”，“近日南方党徒亦知我北方军人根基深固，乃别出阴谋，始以北方攻北方，继以南方攻北方，终至亡国灭种而后快”。湖南前线发生突变，是“奸人煽惑，军无斗志”；王汝贤、范国璋通电停战是“不顾大局”“干纪祸国”“为虎作伥，饮鸩而甘”。但“不忍以王汝贤之故，致令同室操戈，嫌怨日积”，认为“我北方军人分裂，即中国分裂之先声；我北方实力消亡，即中国消亡之朕兆”。因此，“为国家计，当先为北方实力计，舍祺瑞辞职外，别无可以保全之法”，“自兹以往，伏望诸君子时时以北方实力即国家实力为念，团结坚固，勿堕彼等（冯国璋与西南军阀陆荣廷、唐继尧、谭浩明等）阴谋之中”。[①] 这个电报，明显出自徐树铮之手，其行文笔法与他的许多其他电报一致。同时，徐树铮另发一个密电，也是印证。他在密电中指使各省段系督军等和主战派响应段的电报，要慷慨激昂地斥责西南破坏统一，热烈拥护武力统一政策，坚持对南方继续用兵，以打击与段作对的“阴谋家”。

这时候，冯国璋也密电各省督军等，利用其总统地位希望他们拥护主和，以主和派的多数压倒主战派，彻底打击段祺瑞。11 月 18 日，在段祺瑞提出辞呈还没批准的时候，曹锟、李纯、王占元、陈光远又联名发表一个通电，主张停止内战，表示愿意出面调解。曹锟[②] 本属直系，但未曾加入长江三督主和集团，并与皖系保持良好关系，当时被称为“双栖者”。两系都想拉拢他，他就两面敷衍。他在北洋派中实力最大，地盘又最接近北京，他的态度尤为重要。他突然与长江三督联名通电，对段政府来说是致命之伤。11 月 19 日，冯国璋下令解除段祺瑞陆军总长兼职，派王士珍继任。20 日，令准徐树铮辞去陆军次长职。22 日，令准段祺瑞辞去国务总理职，以外交总长汪大燮兼代，30 日又派王士珍继任组阁。

但 11 月 20 日，曹锟给段祺瑞打电话说，那个电报未经他本人同意，他不能负责。那个电报的真相是，李纯曾经征求曹锟的意见，曹锟作了无可无不可的回答。李纯以为曹锟同意了，就在电稿上把曹锟列为领衔人，

---

① 陶菊隐著:《北洋军阀统治时期史话》第四册，生活·读书·新知三联书店 1957 年版，第 48—49 页。

② 曹锟（1862—1938），字仲珊，生于天津大沽口，1890 年天津武备学堂毕业，参加过甲午战争。历任北洋军第三镇统制官、陆军第三师师长等，1916 年 9 月任直隶督军。1919 年被拥为直系首领。1923 年 10 月任总统，1924 年 10 月被冯玉祥赶下台。

从南京发出。曹锟看到这个电报，发现这样对段祺瑞打击太大，不愿因附和李纯而与段结仇，所以又向段解释误会。

于是，已被免职的徐树铮跑到天津向曹锟表示，只要曹锟肯为武力统一政策出力，不久召集新国会改选总统，一定选他为副总统。徐树铮还向曹锟暗示：李纯现在是主和派领袖，执长江三督之牛耳，如果南北和平实现，将来他的政治地位更高，而曹锟是西南所切齿的洪宪旧将，将来必然会受到排斥。这些话恰恰打中了要害，曹锟正在因为李纯风头十足而心存妒忌。同时曹锟也知道，参议院里皖系占多数，将来成立新国会，必然是皖系为主。鉴于黎元洪、冯国璋都是副总统升为总统的，曹锟相信当上副总统后一定能够当上总统。因此他就接受徐树铮的意见，11 月 21 日单独发表电报，主张以南军退出长沙为南北议和条件。这个主张乍看起来似乎是一个折中方案，实际上是要南军无条件投降，是另一形式的主战论。[①]

在曹锟发表电报前后，皖系倪嗣冲、杨善德、卢永祥、张怀芝、张敬尧、李厚基等及倾向皖系的张作霖，纷纷响应段的号召，主张继续对南方用兵。这也是徐树铮鼓动的结果。这样，主战派就在两派力量的对比上占了优势。他们还对曹锟的电报加以发挥，制造“先战后和”的理论。主和派则制造“先和后战”论作为抵制，因而处于守势。

三、支持段祺瑞抵制冯国璋

段祺瑞被免去总理和陆军总长职务后，继续进行武力统一活动，同冯国璋进行较量。他和过去下野一样，以天津作为活动基地。徐树铮受他派遣，到东北及南方，与张作霖、倪嗣冲等联系，并拉曹锟参与主战。

---

① 陶菊隐著:《北洋军阀统治时期史话》第四册，生活·读书·新知三联书店 1957 年版，第 51—52 页。

1917年11月30日，代替段内阁的王士珍内阁成立时，曹锟、张怀芝[①]都在北京。第二天，他们忽然结伴到天津。12月2日，以曹锟、张怀芝为首的督军和督军代表在天津孙家花园开会。除长江三督未派代表，几乎各省督军都有代表参加。徐树铮则在幕后主持，他和曹锟、张怀芝及各省督军代表加强联系，以对冯国璋施加压力。

天津会议第一天，徐树铮就致电奉天张作霖、黑龙江鲍贵卿、安徽倪嗣冲、陕西陈树藩、山西阎锡山、河南赵倜、甘肃张广建、福建李厚基、浙江杨善德等各省督军，及第五师师长兼帮办山东军务张树元、长江上游总司令吴光新、上海护军使卢永祥、两广巡阅使龙济光、四川刘存厚，说"昨公府亲信咨议冯耿光之弟由香港电告，议和（时正酝酿广州军政府与中央政府议和）条件：一、黎（元洪）复职，冯（国璋）住瀛台；一、恢复旧国会；一、陈光远调闽，李烈钧督赣，柏文蔚督皖，谭延闿督湘，刘存厚督川；一、广东督军省长改为公举云云"，认为"彼辈诡诈"，希望"加意联洽"。[②]皖系机关报也发出有关消息，参加天津会议的督军和督军代表们，当然也得知这封电报的内容，他们在会议上摩拳擦掌，大声喊叫，认为南方欺负北洋派，一定要给他们颜色看，出出这口恶气。曹锟气鼓鼓地表示："我愿意战至最后之一人！"[③]第二天，徐树铮又致电各省督军说："我北军权势消长，与日本寺内内阁利害相通。芝揆（段祺瑞）去职，彼邦（日本）时相问讯，称以各省不挽留为疑。经弟切实告以我辈但求国家治理，不争意气权势之私，若后任能施善政，我辈为太平百姓，讵不甚美。若其不然，时势自有相需之日，相机而发，迎刃立断，孙子所谓'解棼丝不控拳'也。此时各省之沉静，正见我辈秩序。彼闻此说，极意赞服。"日

① 张怀芝（1862—1934），字子志，山东东阿人，天津武备学堂一期毕业，曾任北洋军标统、协统、第五镇统制官、甘肃提督、察哈尔都统，1916年任山东督军。

② 中国科学院近代史研究所近代史资料编辑组编辑：《徐树铮电稿》，中华书局1963年版，第1页。

③ 陶菊隐著：《北洋军阀统治时期史话》第四册，生活·读书·新知三联书店1957年版，第57页。

本“仍认定东海（徐世昌）、合肥（段祺瑞）为政局之中心，遇事力尽友谊援助”。在这封电报里，徐还补充说：“昨电议和条件尚有惩办祸首一条漏列，所谓祸首者，段（祺瑞）、倪（嗣冲）、汤（化龙）、梁（士诒）、吴（光新）、傅（良佐）及弟（树铮）也。”[①]督军和督军代表们看了徐树铮的电报，异常气愤，认为南方欺负北洋派太甚，现在该是“迎刃立断”给他们点颜色看看的时候了。同时，日本“遇事力尽友谊援助”的话，也使他们振奋。

徐树铮一方面致电各省督军，促使他们决意对西南用兵，一方面托人向奉系核心人物杨宇霆转达他预测结局之意见。他认为对西南用兵，应通过中央政府发布统一号令，“此时西南之征，仍应从整理政府入手”，“非先更换内阁总理王士珍和江苏督军李纯不可，李去则赣之陈（光远）无能为……王去则河间（冯国璋）亦难为害”。并请各省督军迅电曹锟、张怀芝主持为要。[②]

天津会议的主要内容，是对南方作战和对付北方主和派。关于对南方作战，会议决定，分两路继续进攻湖南，第一路以曹锟为主帅，由京汉路南下，通过湖北进攻湖南；第二路以张怀芝为主帅，经津浦路南下，通过江西进攻湖南。决定直隶、山东、安徽各出兵一万人，奉天两万人，山西、陕西各五千人。军费由出兵各省自行负担。这是徐树铮幕后主持的结果。

关于对付北方主和派，会议没有直接攻击冯国璋，也没有攻击王士珍，而是集中攻击冯的干将李纯，骂他是北洋派内奸，甚至以会议全体代表名义，质问李纯今后能否与北方各省采取一致行动。李纯在这种压力下，表示服从北洋派的公意，但暗中仍和桂系保持联系。虽然天津会议没有直接攻击冯国璋，但冯却害怕天津会议的气焰。冯派段芝贵去探询究竟。皖系

---

① 中国科学院近代史研究所近代史资料编辑组编：《徐树铮电稿》，中华书局 1963 年版，第 2 页。

② 中国科学院近代史研究所近代史资料编辑组编：《徐树铮电稿》，中华书局 1963 年版，第 2—3 页。

急进派本来还有一种军事倒冯的呼声，由于未能取得一致意见，就竭力制造紧张空气威慑冯，并决定尽决选举新国会，以便达到合法倒冯的目的。

1917年12月6日，曹锟、张怀芝、张作霖、倪嗣冲、阎锡山、陈树藩、赵倜、杨善德、卢永祥、张敬尧10人联名电请中央政府颁发讨伐西南的命令。16日，冯国璋不得不发表电令，令曹锟为第一路司令，张怀芝为第二路司令。通过天津会议，主战派进一步占了上风。

这时，俄国已发生十月革命，第一次世界大战中的欧洲战场因俄撤兵而发生重大变化。有消息说，俄国与德国单独媾和，日本准备对俄出兵，乘机侵占西伯利亚，并要求中国共同出兵。于是，冯国璋又同意设立参战督办处，任命段祺瑞为参战督办，并免去王士珍陆军总长兼职，派段芝贵为陆军总长。冯还发一道手令，以后关于参战事务，均交参战督办处理，不必呈送府院。段祺瑞曾向冯国璋表示："俄国虽然撤兵回家革命，而参加协约国的已经有十九个国家，德势已孤，寡不敌众，结果必败。我决不推卸责任，总统不要怕，参战督办令一下，我绝不推让，立刻走马上任。"[①]冯国璋本来想把段祺瑞的权力限制在对外问题上，结果却适得其反。参战督办并不隶属内阁，段祺瑞做出的决定，可以直接交发有关各部办理，对内可以发号施令调动军队，对外可以直接执行其对外政策。这样，参战督办处就俨然成为一个拥有无限权力，从军事、外交一直管到内政的"太上政府"，使得内阁名存实亡，冯国璋以前排斥段祺瑞的一些努力就没用了。

12月31日，曹锟、张怀芝、张作霖、倪嗣冲、阎锡山、陈树藩、杨善德、赵倜、孟思远、鲍贵卿、李厚基、姜桂题、田中玉、蔡成勋、卢永祥、张敬尧16人联名通电，坚决反对恢复旧国会，要求尽快召集新国会，表面是对南方示威，其实是对冯国璋施加压力，因冯曾计划推迟新国会选举，不让皖系控制。

---

① 曾毓隽:《忆语随笔》，见《文史资料选辑》第四十一辑，中华书局1963年版，第30页。

1918年初，以曹锟为首的主战派又在天津开会，随后倪嗣冲应徐树铮邀请到达天津，鼓动16省区军阀联名通电，坚持必须以总统名义正式发布对西南的讨伐令，否则他们就会自动讨伐，并宣布与中央政府脱离关系。还有消息说，徐树铮准备召奉军入关，进兵北京，举行政变。而在北京，段芝贵又多次在国务会议上催下讨伐令，王士珍害怕承担责任，不断要求下台。这使冯国璋大为恐慌，就叫参陆办公处答复主战派：各军先行，战令随发。他表示讨伐对象可以扩大到国民党，第二路军队可以开往闽粤边境作战，但不要向湖南方面进兵，以待桂系自动取消“自主”。

主战派坚持全面讨伐，仍然要求下讨伐令，说不下讨伐令，师出无名。冯国璋无奈地表示：既然如此，你们就去打湖南吧！等到打了胜仗，再下讨伐令也不迟。

这个时候，主战派已从1月6日日本垫付的1000万日元借款中，分到一批军费，因而参加天津会议的督军和代表们分别回到各省区，准备根据会议决定调兵南下，步步对冯施加压力。

表面上冯国璋似乎屈服了，实际上却更积极地加以抵制。

段祺瑞预备进攻南方的两路人马，西路有吴佩孚的第三师（已在汉口）、张敬尧的第七师（驻徐州）；东路有张怀芝的鲁军（驻济南）、倪嗣冲的安武军（驻蚌埠）。西路准备从湖北进攻湖南，东路准备经浦口转往江西进攻湖南，准备经过的地方都属于直系的势力范围。于是，冯国璋指示江苏督军李纯和江西督军陈光远，指使地方团体通电呼吁和平，拒绝主战派军队通过；让湖北督军王占元以别的方式拒绝对南方作战的军队通过。

冯国璋还让冯玉祥旅，在滁州浦口之间拦住开往江西的山东暂编第二师（师长施从滨）。冯旅原在段内阁倒台前由廊坊调往福建进攻广东，可是到了浦口，冯国璋就让冯玉祥旅驻扎下来，拨归李纯节制调遣。1917年12月21日，冯玉祥于浦口致函徐树铮说：“又铮先生大鉴：都门握别，转瞬月余，芝辉在望，葭想为劳。回忆敝旅，前驻廊坊，事无巨细，备承关照……敝旅月前奉令援闽，整军前进，方期鼓轮迅渡，直抵闽防，孰意甫抵浦口，段公解组，一切计划，顿形阻隔。枪械补充，前滞后绌，为难情形，已不堪言，而船只不便，困难尤甚，以致淹滞，至今未能南下。”[①] 并历数船只困难等情况。实际上，冯玉祥也不想渡江援闽作战。徐树铮收到此函，即存了起来。

1918 年 1 月 22 日中午，冯国璋到徐世昌私宅晤谈，试图取得徐世昌的支持。徐世昌不愿得罪段祺瑞，即建议请王士珍和段祺瑞来一起商量。随后王士珍、段祺瑞也到场。冯说，近来老朋友对他都不够信任，拟亲赴直隶、山东、蚌埠、江苏、湖北，当面向他们表示诚意。徐世昌未置可否。冯又提出中央与西南议和的意见：一、以旧法选举新国会；二、调回岳州的北军，以西南人物督湘；三、允许四川驻扎一师半滇军，划江为界；四、可让陆荣廷恢复原职，并兼广东督军，对龙济光另作安排；五、解散临时参议院。徐世昌微言不可，段祺瑞表示反对，并说如果撤回岳州军队，湖北怎能存在？ 23 日，总统府将所提议和意见，交国务院发电报给西南主要负责人。徐树铮更是坚决反对，同日致电张作霖、倪嗣冲、杨善德、卢永祥、李厚基、阎锡山、陈树藩、张树元、刘存厚等各省督军及两广巡阅使龙济光，说：“国会用旧法，与恢复何异？岳军调回武汉，何以支持湘粤？川听彼要求，统一何以保持？”“似此情形，国家如何得了！”[②]

冯国璋从徐世昌私宅回到公府即命令拱卫军司令刘询，在第十五师中挑选一旅精兵，配足武器弹药，作为其南巡卫队，准备出发。冯说，出京只一星期，在此期间，国家大事有王士珍内阁主持。他嘱王士珍加意维持治安，还召见陆军总长段芝贵、步兵统领李长泰、京师警察总监吴炳湘等，要他们协助内阁，维持北京治安。

---

① 徐树铮存马凤池密报等函件，中国社会科学院近代史研究所档案馆藏，档案号：甲 160—1。

② 中国科学院近代史研究所近代史资料编辑组编辑：《徐树铮电稿》，中华书局 1963 年版，第 7 页。

徐树铮密切注意冯国璋的言行举止，随时准备阻止冯的行动。1月25日，徐树铮致电张作霖、倪嗣冲说，冯“若有诚意，战令一发，士气立奋，何待面誓？如信不由中，誓亦何益？且亲誓亦曾躬闻其盛矣，若有亲出之决心，何事不可为，而竟陷于今日之困境。是其所谓亲出者，姑作是语以觇人心耳。否则，堕入西南圈套，另有诡谋耳”①。他还让曾毓隽等到奉天和张作霖联系，取得张作霖的支持。

1918年1月26日晚，冯国璋带了田文烈等高级幕僚和精兵一旅，并带了几十车辎重和200余箱子弹，匆匆离京“南巡”，专车由津浦路而非京汉路南下。次日经过济南时张怀芝上车随行，经过徐州时张敬尧上车随行。专车开到蚌埠，就开不出去了。倪嗣冲到站迎接，冯国璋解释说，他准备到南京召开一次军事会议，讨论对南作战的问题。倪嗣冲劝冯国璋不要去南京，说如要召开军事会议，在蚌埠也可以，他已经电召李纯来蚌埠。显然，倪在阻止冯南下。冯知道倪是个非常胆大的人，以前忠于袁世凯，现在是皖系的得力干将，什么事都做得出。蚌埠是他的大本营，自己虽带一旅精兵，毕竟寡不敌众。冯也看出倪是奉命行事，所以不得不接受倪的劝告，于29日下午原车开回北京。

① 中国科学院近代史研究所近代史资料编辑组编辑：《徐树铮电稿》，中华书局1963年版，第7页。

第七章

引领奉军截械入关

一、冯玉祥武穴停兵主和

这时，岳州已被南军攻占。南军进攻岳州是从 1918 年 1 月 23 日开始的。驻守岳州的都是直系或者接近直系的军队，不愿和南军作战，于 1 月 26 日退出并放火焚烧岳州。27 日南军占领岳州。30 日，冯国璋垂头丧气地自蚌埠回到北京，勉强下一道他一直力图避免的讨伐令，派曹锟、张怀芝、张敬尧率部进剿南军。

1918 年 2 月上旬，曹锟到达汉口成立第一路总部，派吴佩孚统率第三师由鄂北开往鄂南。中旬，张敬尧率第七师由徐州经郑州南下到汉口。冯玉祥旅奉命从浦口调往湖北。鲁军施从滨师也安全通过浦口开到九江。

可是，冯玉祥率部开至湖北武穴即停止前进，2 月 14 日发表主和通电，斥责南北战争是一种最无意识和最无情理的战争。他说以前“奉令援闽”，开到浦口不再前进，就是为了“促成和局”。他认为，岳州归湖南，荆襄归湖北，各守疆土，两不相犯，解决争端并不困难。电报还说：“总统为一国之元首，军人以服从为天职。使元首而果主战，敢不唯命是从。然元首始终以和平为心，早为中外所共知，讨伐之令出自迫胁，有耳共闻，无可掩饰。”因此，他坚决主张“迅速罢兵以全和局”，否则“请先杀玉祥以谢天下”。[①]

2 月 18 日，冯玉祥再次通电主和。他指责主战派说：“此次之战争，人以护法为口实，我以北派相号召，名义之间，已不若人……今之主战者，咸以前清庚子端王刚毅之见为心，何足以代表全国人民之真意？存亡所系，谁敢苟同？是以将领有不战之心，军士无必死之志……若以受挫于南，视为大辱，试问较之外国，孰重孰轻？不与外人较雌雄，只与同胞争胜负，无论胜败，同属自残。即获胜利，讵有荣光……为意气与私忿而战，虽胜必辱。祥虽不敏，审之熟矣。而今日言战之人，究竟有无把握……宜所深审。若仅出口言战，蒙蔽元首，乘机以扩充其实力，诈取军费……此玉祥所为日夜深忧者也。”因此，他重申要“罢兵修好，时局早定”，否则“愿为国前驱，万死不辞”。[②]

冯玉祥的这两封电报，对于主战派，特别是对段祺瑞和徐树铮来说，实际造成的影响，比冯玉祥停兵更难于忍受。

原来主和派布置了一个打击主战派的计划，叫冯玉祥停兵发表主和通电，就是要打乱主战派对南方用兵的部署。这对主战派已经开到湖北境内的军队及尚待开拔的军队，都有深刻影响。主和派的陆建章这时也在冯玉祥军中，他们还策划突击安徽，准备把主战派倪嗣冲赶走。把倪嗣冲赶出安徽，陆建章可以取得地位，属于直系的长江三督（李纯、陈光远、王占元）容易打成一片，主和派会更有力量对付主战派。

冯玉祥发表主和通电时，鄂皖边境和霍山六安一带还出现安徽讨逆军，推举陆建章为总司令，发布讨伐倪嗣冲檄文。倪嗣冲仓皇调兵自卫，并电请中央政府下令罢免李纯，讨伐冯玉祥。2 月 14 日，倪嗣冲致电北京大总

---

① 《冯玉祥武穴主和电》，见章伯锋、李宗一主编：《北洋军阀》第三卷，武汉出版社 1990 年版，第 492—493 页。

② 《冯玉祥武穴再次主和电》，见章伯锋、李宗一主编：《北洋军阀》第三卷，武汉出版社 1990 年版，第 493—494 页。

统、国务总理、参陆两部，认为冯玉祥率部援湘逗留蕲州、武穴一带瞬及十日，似有攻皖企图。21日，倪嗣冲又致电北京大总统、国务总理、参陆两部，认为冯旅有异动，应予以相当处置。22日，冯国璋致电倪嗣冲，声称不因冯旅事件影响对南用兵，“中央讨伐命令，业经颁发，自当贯彻始终，断不以国军一小部分之冯旅，偶然歧异，遂生疑阻”①。

这个时候，湖北督军王占元也致电中央，称冯玉祥在武穴勒提盐厘各款，大干军纪。2月24日，冯国璋不得不下令免去冯玉祥职：“前派陆军第十六混成旅长冯玉祥率师援鄂，乃意沿途托故逗留，通电主和，业经严电诫斥。兹据鄂督王占元电称，该旅长在武穴勒提盐厘各款，似此抗违明令，任性妄为，殊属大干军纪。冯玉祥着即先行免职，交曹锟严切查明，呈候核办。”②

曹锟的“查办结果，原情略迹，谓其无他，电请饬职留任”，遂经冯国璋总统明令公布。3月22日，冯玉祥致电冯国璋总统说：“北京大总统钧鉴：旅长壮岁从戎，尤务向学，罔知避忌，致滋流言。恭承严命遥颁，免职查办，恭自内疚，惶悚莫名。正在赶办移交赴京待罪，又奉三月二十日命令‘将冯玉祥褫夺陆军中将原职，暂由曹锟节制调遣’等因，奉此恭颂之余，感戴曷极！遵即仍旧视事，治兵如初。此后，惟有振奋精神，勉图报称，仰答钧座宽仁之德，以上酬国家养士之恩。”③

以上情况，使主战阵营非常不安。段祺瑞痛恨冯国璋玩弄手腕，想举行一次军事突变赶他下台。可是，段手中没有充分的武力，只得派徐树铮去奉天，与张作霖联系，调动奉军来担负这个任务。

① 中国第二历史档案馆编:《中华民国史档案资料汇编》第三辑·军事（二），江苏古籍出版社1991年版，第615—618页。

② 公孙訇:《冯国璋年谱》，河北人民出版社1989年版，第136页。

③ 《冯玉祥致公府之祃电》,《公言报》1918年3月26日。

二、策使奉军截获军械

段芝贵[①]任陆军总长之后，以国库券担保与日本泰平公司签订1800万日元借款合同，并以此款购买其军械，拟分期分批运至北京。直系密谋届时通过参陆办公处瓜分军械。[②]

徐树铮得知情况，就想截获这些军械，但自己没有力量，便设法利用奉军。他先托曾毓隽前往天津游说张作霖，许给奉军的条件是：（一）奉军本有六旅人在关内，可再让进来六旅；（二）截得的军械，四分之三归奉天，四分之一归树铮；（三）奉军由孙烈臣率领，沿京奉路到天津廊坊一带逼迫王士珍辞职，而让段上台。张对此是求之不得，哪有不赞成的道理。后来这些目的都达到了。[③]

张作霖有意进窥中原，即派参谋长杨宇霆为代表，往来京奉间。杨宇霆（1885—1929），字邻葛，奉天法库（今沈阳市法库县）人，日本士官学校第八期步兵科毕业。历任奉军参谋长、东北陆军训练总监等。后来任总统府侍从武官、西北边防军司令部参谋长、东三省巡阅使署总参谋，兼东三省兵工厂督办（总办）。杨宇霆和徐树铮深相契合，两人都是日本士官学校步兵科毕业。

1918年初，徐树铮通过曾毓隽、杨宇霆等及电报往来，积极与张作

---

① 段芝贵（1869—1925），字香岩，合肥人，北洋武备学堂毕业，曾任陆军第三镇统制、第一军军长、京师卫戍司令，1917年12月18日任陆军总长。

② 张国淦：《中华民国内阁篇》，见杜春和编：《北洋军阀史料选辑》上，中国社会科学出版社1981年版，第224页。一说："初，直系政府籍口对南用兵，向日本借款四千万元，订购军械，在秦皇岛交货。此事本为皖系所不慊，树铮泄其事于作霖。奉军入关，正苦无械，宇霆力主劫夺，乃命景惠勒兵密伺于岛上。俟日舶至，遽起而夺之。凡得精械三万余枝，炮亦称是。扬言袁氏当国日，曾向东省借械，得此以取偿。直系亦无作霖何也。"金毓黻：《杨宇霆别传》，见《吉林文史资料选辑》第四辑（张作霖等奉系军阀人物资料专辑），吉林人民出版社1983年版，第265页。

③ 张国淦：《中华民国内阁篇》，见杜春和编：《北洋军阀史料选辑》上，中国社会科学出版社1981年版，第224—228页。

霖联系，密谋奉军截留军械和入关。1月28日徐树铮致电张作霖说："云沛（曾毓隽）兄归，历述吾兄筹计情形……芝老（段祺瑞）闻及，诸深赞慰……日械漾（23）日开船者已有电，约二月三日到秦皇岛。沁（27）日开者何日到，电尚未来。军部接收员已布置妥善，弟可如意指挥，仍盼邻葛早日来京，接洽一切。"①

2月1日，徐树铮又致电西安陈树藩、太原阎锡山、成都刘存厚、福州李厚基等督军及香港龙济光巡阅使，告知"现议由奉省抽调军队，以助战为名，分运京奉京浦路次，强请明令罢李（纯），李去后王（士珍）必自退，不退再请罢之，另选出公正无私以国为重耆德硕望之人出任总理。然后通盘筹画，与天下相见以诚，公议国是，以期力挽颓运。奉省出后，鲁、徐、皖、沪、浙应之，李难自安，或不待明令即求自退，尤为稳妥。以上办法，历经菊老（徐世昌）、芝老赞许，并促速行，以免武汉再有动摇，益形危殆。李去王退后，两老中必有一毅然出荷艰难者……仲珊（曹锟）、子志（张怀芝）两督处非届兵发之时，不能明告……芝老已嘱弟届时赴奉相助"。同一天，徐树铮还电告阎锡山和陈树藩："奉省出兵须截留部购各械为用"，恰巧阎、陈两处订购日本的军械装在同一条船上，遂又向他们解释说，"截留时恐不能一一分析，拟俟截留到手后，再行分运……希密饬接运委员听弟安置为恳"。②

徐树铮密谋引奉军入关的消息不胫而走，京津一带人心惶惶，总统冯国璋大为恐慌，好像奉军随时可对中央政府造成一种威胁。仅在一年之前，辫子军开到天津，就把黎元洪赶下台。如果奉军入关，冯国璋就有被软禁的危险。他打算由京汉路南下到湖北，但在段系的严密监视下，无法逃脱。

2月16日，日本驻京代理公使芳泽谦吉密电日本外务大臣本野一郎，

---

① 中国科学院近代史研究所近代史资料编辑组编辑:《徐树铮电稿》，中华书局1963年版，第8页。

② 中国科学院近代史研究所近代史资料编辑组编辑:《徐树铮电稿》，中华书局1963年版，第10—11页。

报告徐树铮密谋引奉军入关，以胁迫冯国璋隐退、王士珍辞职，由徐世昌、段祺瑞出任总统、总理。20日，本野约见中国驻日公使章宗祥，对徐树铮此举表示反对；并训令芳泽就此向冯、段二人提出劝告，以避免北京政局陷于混乱，造成日本对华政策的至大障碍。

在这种情况下，段祺瑞等连日举行秘密会议，讨论驱冯和倒王的问题，仍然主张采取军事威胁（而不采取军事政变），尽快召开新国会，改选总统。冯国璋被迫公布临时参议院所修正的国会组织法与两院议员选举法，命令内务部筹备新国会的选举。20日，王士珍称病请假，由内务总长钱能训代理国务总理。

2月22日，徐树铮赴奉天与张作霖密商，由张作霖派奉军参谋长杨宇霆和第五十三旅旅长张景惠率领部队，以南征奉军先遣队名义星夜奔往秦皇岛，首要任务是截获从日本运来的军械。23日上午，徐树铮赶到秦皇岛，拿出他在陆军部次长任内留下的空白领取证件，交给杨宇霆填好，等到运械的日本商船靠岸，立即凭证交涉接收，军械全部到手。约计快枪3万支，子弹60万发，机关枪50挺，还有一部分大炮和小枪，其中包括山西和陕西两省的购械①。由于陕西款项未结清，日方不让领取，徐树铮当即写一便函，交泰平公司执事员饭岛少佐，声明该款由自己代付，日方才同意领走，并将阎锡山、陈树藩订购的军械，分装起运至山西和陕西。为安全起见，徐树铮分别电告交通总长曹汝霖、次长叶恭绰、北京警察总监吴炳湘，途中万勿停车，以免政府在丰台、长辛店等处截扣，如听说有停车或扣车之议，请秘作弥缝，并致电阎锡山，请预为布置，免生枝节。

就在奉军到秦皇岛截械时，冯国璋派去接收军械的人也到达秦皇岛，与张景惠、杨宇霆同住一个客栈。张和杨极力向他打烟幕，在军械装上火车以后，派人暗将机车倒挂，车头朝东，汽笛一响，火车满载军械出关了。

---

① 《晨钟报》1918年3月6日。

冯的人员大吃一惊，张、杨解释说，中央允许把这批军械拨给奉天，并写一张收据让其回京销差。[①]

2月25日晚，徐树铮返回奉天。军械车也开到奉天。

截械的消息，使冯国璋非常震惊。段祺瑞也非常吃惊。他们事前皆无所知，各自打着如意算盘。冯作为总统，在决定陆军部出面订购这批军械之前，没有与段商量，准备用订购的军械扩张自己的势力[②]。段祺瑞知道订购军械后，则准备用以建"参战军"，不料被奉军截走。26日，公府召集全体阁员及段祺瑞等要人会商办法，冯国璋首先发言："张作霖此次既未奉有中央命令，事前亦未来电报告，徐树铮又在奉活动，不知此举究竟有何用意？"段祺瑞问："向来各省出兵，当候部令，此次陆军部有无命令？"段芝贵答："本部并未发出此令。"段祺瑞又说："张督（作霖）未免太冒昧。"并允去电询问[③]。当天，段祺瑞就给张作霖发电报，要他将原物运到北京。张作霖在同一天发出通电，说他早已布置南征，只因缺少军火，未便开拔。这次"提去"一批军火，事前"呈报则需时日，运京而复运奉，更费周折，不得已先留用而呈报"，并向中央政府开单呈请备案，以求得表面合法化。27日，他又用电报回答段的电报说："此次奉天请领军械，系奉元首讨伐明令，整饬军队，为政府之后盾。所练军队，无论对内对外，均属拥护中央，一旦编练成军，悉听政府驱策。运京留奉，宗旨无殊。盖全军均属国家，尚何器械之足计！"[④]这一复电，显系张作霖、徐树铮共谋。徐又给陆军部（总长段芝贵和次长张士钰）去电，并请译送段督办（祺瑞），为自己和张作霖这次的行动辩护，电中说："宥示谨悉。数月以来，静居读书，久未奉谒。前见讨贼令下，而地方高级军官竟仍自倡言

① 张联棻：《一九一八年北洋军对湘作战经过》，《文史资料选辑》第二十六辑，文史资料出版社1962年版，第94页。

② 曾毓隽：《忆语随笔》，《文史资料选辑》第四十一辑，中华书局1963年版，第28页。

③ 《晨钟报》1918年2月28日。

④ 陶菊隐著：《北洋军阀统治时期史话》（中），生活·读书·新知三联书店1983年版，第743页。

主和，显抗军令，深痛政府威法不行于素同袍泽之人，剥削元首面目，损失国家资格，点污军人名誉，中夜彷徨，莫知为计。万一军心不定，武汉再有不虞，更将何以善其后。故来晤雨帅（张作霖），姑作筹商……为政府计，当亦乐得此后盾也。至军械一节，窃谓督办处甫经著手，待用之期尚远，与其运京闲置，或更拨给王（汝贤）、范（国璋）等类无耻军队，弃溃资寇，诚不如留奉编练，视机调用之为愈。”[①]

2 月 28 日，冯国璋以边防重要为由致电张作霖，要张“召还滦州方面之军队”。次日派何宗莲去奉天促张撤军。还召见赵尔巽，请其劝张撤军。3 月 4 日，派王克敏去蚌埠和倪嗣冲面商军事、财政等问题，托倪嗣冲询问张作霖派军队入关的真意[②]。冯国璋越来越感到局势复杂，难以为继。

秦皇岛截械之后，徐树铮听说陆军部订购的军械，还有一批炮、机关枪及弹药等，将于3 月 13 日前后直接运到北京。他也想由奉军扣留应用。[③]

对于截械一事，段祺瑞很不以为然。一天，徐树铮和曾毓隽到段处，段谓截械是“教猱升木”[④]。徐反驳说，长江三督之“升木”谁教之，段无言以对。因为长江三督主张停战，是冯国璋暗中主使的。段对冯伤感情即从那时开始。[⑤]

这次截械，陆军部次长张士钰怀疑与部中人员（徐树铮过去的僚属）有关。徐树铮获悉后，3 月 22 日致电张士钰说：“此次奉军截械，出于不得已之举，迭次电陈府院，谅邀察及。其事由弟一人从中指挥，与部中员司无干。顷闻友人言及，兄颇致疑于振伯，旧日僚属因弟受累，心实难安。请勿误会，事定以后，弟自诣部请罪，此时无再截领之要，务恳惠以逮下，

---

① 中国科学院近代史研究所近代史资料编辑组编辑:《徐树铮电稿》，中华书局 1963 年版，第 17 页。
② 公孙訇:《冯国璋年谱》，河北人民出版社 1989 年版，第 137 页。
③ 中国科学院近代史研究所近代史资料编辑组编辑:《徐树铮电稿》，中华书局 1963 年版，第 34 页。
④ 教猱（náo）升木：猱猴子的一种。意为教猴子爬树，比喻指使坏人干坏事。
⑤ 曾毓隽:《忆语随笔》,《文史资料选辑》第四十一辑，中华书局 1963 年版，第 28 页。

无任感跂。”[①]

秦皇岛截械，使徐树铮与奉军如虎添翼。

三、引领奉军入关助战

奉军入关是和截获军械紧密联系在一起的。截械的当晚，奉军张景惠旅开进直隶滦州。

徐树铮2月25日晚回到奉天后，即和张作霖谋划奉军大规模入关的问题，3月15日才离开奉天。

首先，他们商定利用截获的军械组建四个混成旅和一个骑兵团。

1918年3月5日，张作霖致电曹锟说："时事多艰，我辈拥护中央、维持大局、始终团体、戡平内乱之苦心，联合同志共救危亡，耿耿此心，天神共见……现已组织六大混成旅，为同志之后援……现在军队前方已抵滦州，不日即可到徐（州）……”曹锟接电后转致大总统、国务院及参陆部总次长等[②]。

其次，徐树铮和张作霖积极筹备军费。一是从北京交通银行经理胡笔江处拨款20万元；二是致函曾毓隽，先备五六万暂做开支；三是通过财政部李思浩电请长春吉黑榷运局，将现存公余50万元提拨垫用；四是通过长春吉黑榷运局局长曾宗鉴借用长春交行所存盐款20万元；曾宗鉴还由中行函汇小洋3万元。[③]

再次，准备军需车辆，使奉军尽快开入关内。这主要是通过交通部次

---

① 中国科学院近代史研究所近代史资料编辑组编辑:《徐树铮电稿》，中华书局1963年版，第59页。

② 中国第二历史档案馆编:《中华民国史档案资料汇编》第三辑·军事（二），江苏古籍出版社1991年版，第629—630页。

③ 中国科学院近代史研究所近代史资料编辑组编辑:《徐树铮电稿》，中华书局1963年版，第20—22、27、31页。

长叶恭绰来实现的。3 月 4 日，徐树铮致电叶恭绰："此间军队出发在即，需用运队运马运械各种车辆，请密告建侯[①]，饬奉天、新民、锦州、滦州各站长先事预备，遇有奉军派员接洽，随时应付为感，表面仍以扣留名义行之也。"5 日又致叶电："昨有段长英人伊利德到奉署，略言军队用车，须先知照军部等语。适京电亦有府托英使阻车之谣。祈转知建侯设法暂调他往，或饬其勿梗。彼段长不能背局长令也。"10 日，徐树铮直接电请天津徐廷爵局长调车，谓"奉军陆续开行。尚须铁篷厂车八十余辆，分四列开行，现在关外各站车辆不敷周转，请迅调前数，星夜出关，以资调用，庶免妨及货车。用毕随时还站，决无稽留。事关大局秘要，切恳饬站速办"[②]。

另外，兵马未动，粮草先行。为做好大批奉军入关的准备工作，3 月 5 日徐树铮即致电北京警察总监吴炳湘，说："骑兵一团鱼（6 日）早开赴廊坊，请转知王志襄兄，密饬地方官吏妥为接洽照拂，预集粮草，以便购用；并告各商民，奉军纪律极严，万勿惊避为要。"[③]

1918 年 3 月 6 日，大量奉军从奉天陆续向关内开拔。第一批，次日即抵独流。骑兵一团则到廊坊暂驻。

奉军开始陆续入关之时，徐树铮仍然置身奉天，除与张作霖继续"商略""筹计"和调动车辆，还要与各省接洽，以谋求声援和支持。徐曾致电倪嗣冲说："不日尚有联合同志电发出。弟意我辈同志，现仅有浙、闽、沪、秦、晋、鲁、川、粤为中坚，直、黑须随时接洽，豫必势成后附和，甘、新及三部统可备声援，鄂中先经密合，而热诚胆略最为同人钦服者，厥惟雨帅及我兄两人。此电到后，由兄转电各同志，公推雨兄（作霖）领袖，似更圆满，兄谓然否？"这时徐树铮已经做着接洽各省的工作。他心

---

① 京奉铁路局长徐廷爵，字建侯。

② 中国科学院近代史研究所近代史资料编辑组编辑：《徐树铮电稿》，中华书局 1963 年版，第 22、25、33 页。

③ 中国科学院近代史研究所近代史资料编辑组编辑：《徐树铮电稿》，中华书局 1963 年版，第 26 页。

目中的“同志”，也说得相当清楚，预推的领衔人是张作霖。他还致电倪嗣冲，详细说明与各省接洽情况：“粤中电往返迟滞，顷已约其代表龙少怡即其（龙济光）胞侄，谒晤雨帅（张作霖）。我辈无论有何办法有何宣言，一切径挈其衔，渠处毫无异议。子志（张怀芝）所谈，即弟等前托少卿所商。聘（王士珍字聘卿）之旧恶为反背共和，新罪为破坏阁制，陷元首以不义之名，李（纯）则以和战主义不同内调，避嫌似不可。指定参部，又紊军系，日内计商妥洽，当先奉闻。豫已派人来奉矣。培之（李厚基）处代表诸人无远识，遇事请示，恐滞机宜。顷经电明：由京由奉发动者雨帅及弟代主，由蚌者吾兄代主，遇事径办，以免迟误。办后速寄稿件，以资接洽，似甚妥畅（这是接洽福建方面）。他省拟亦电知照办。我辈同德一力，利害相共，彼此皆宜默信以心，同趋一轨也。”[①] 徐树铮要做的是，先由奉省抽拨生力军队，以助战为名，分赴京奉、津浦路；联合各省，吁请明令罢免李（纯），罢免王士珍，另选段祺瑞或徐世昌出任总理。他希望热河都统姜桂题、察哈尔都统田中玉、绥远都统蔡成勋、河南督军赵倜、甘肃督军张广建等，届时也能够响应。

这时，日本驻华公使林权助回任。林权助（1860—1939），1898 年任驻大清使馆参赞，一度代理馆务。戊戌变法失败后，救助康有为、梁启超逃亡日本，并与各国公使联名要求清政府不要废除光绪帝。1899—1906 年任驻朝鲜公使。1908 年任驻意大利大使。1916—1918 年任驻华公使（1920 年任驻英国大使，1925 年 9 月辞职）。前不久，他应召回国的时候，有人推测，日本公使将要更换，对华政策也将有所改变。但是，他回来了，他是日本政府支持段派的代表人物。徐树铮认为，林权助公使回任，显然证明“我辈获胜”。并在奉天与林权助会面。徐树铮和张作霖一起同林会谈后，电告曹汝霖说：“日政府虽议论稍不一致，然无意外可虞之事，将来

① 中国科学院近代史研究所近代史资料编辑组编辑:《徐树铮电稿》，中华书局 1963 年版，第 17、21 页。

或不免更易一二阁员，或用改组办法，虚作周旋，均为融和党派意见，于中日亲谊毫无损碍，我辈决不必顾虑。此次回任，自仍暗中力助我辈以便利。”[①]并说这是林公使说的。

徐树铮和张作霖在奉天的行动，使冯国璋极为恐慌。张作霖公开要求罢免李纯、讨伐冯玉祥，这当然也是徐树铮的主意。在无可奈何的情况下，冯国璋请求清朝末年做过东三省总督、亲手“招抚”过张作霖的赵尔巽，到奉天劝张退兵。但张作霖不听。冯国璋即拟就电文，要请各省“筹商善后”，他准备卸职下台。公府秘书长张一麐和公府军事处长师景云等，劝他不要消极，不要发这封电报。冯垂头丧气地说：“你们劝我有什么用处？……督军称雄道霸，目无中央，今天竟然有人自由出兵，威胁政府！你们还是让我走的好。”[②]

张作霖又通电说：“出兵扣械，系坚元首主战之心，兵已入关，无可撤退。长江有事，即可南下声援。”并请中央政府在天坛一带为奉军指定营房，以便进驻。没等回答，他就派人到天坛、南城一带落实驻兵房屋。这时北京盛传奉军入关，将要推倒总统，实行第二次复辟。因为张勋和张作霖是儿女亲家，主战派军阀又有联名电报请求释放张勋，许多人离京逃难，犹如去年辫子军开到北京时的景象[③]。

1918年3月5日，徐树铮致电总统府军事处长师景云，以图安定人心，特别是想稳定总统及其属僚的心，他说：“顷闻都中以奉军入关，致生谣传，甲谓推倒总统，乙谓再行复辟。弟意人人心中皆知乙说本属乌有，而猜为甲说，故姑造之以作陪衬，而资热闹……奉军若有轨外行动，以弟径径自爱，宁肯居此嫌疑之间。千祈委曲婉陈，勿感浮言。”[④]这当然也是一种

① 中国科学院近代史研究所近代史资料编辑组编辑:《徐树铮电稿》，中华书局1963年版，第35、39页。
② 陶菊隐著:《北洋军阀统治时期史话》(中)，生活·读书·新知三联书店1983年版，第745页。
③ 陶菊隐著:《北洋军阀统治时期史话》(中)，生活·读书·新知三联书店1983年版，第745页。
④ 中国科学院近代史研究所近代史资料编辑组编辑:《徐树铮电稿》，中华书局1963年版，第25页。

缓兵之计。

同一天，冯国璋召集全体阁员紧急会议，说明局势严重，本人只有辞职。他拿那份电稿交给与会者传看，大家面面相觑，不知如何是好。半晌才有人说了几句无关紧要的话，望他慎重考虑，也有人建议再请芝老（段祺瑞）疏通张作霖退兵。但是会议没有结果，那份电稿也没发出去。

1918 年 3 月 6 日，冯国璋接到财政总长王克敏从蚌埠发来的电报，报告说倪督军对总统没意见，只请起用芝老，罢免李纯。王克敏是冯国璋派去疏通倪嗣冲的。冯国璋还接到天津报告：张作霖仍然拥护元首，其目的只是排除主和派，组织强有力的内阁。这些迹象表明，皖系在对冯国璋施加重大压力时，也在积极准备选举新国会，以便改选总统，而不是立刻赶冯下台，并且要利用他挡挡门面。这都是徐树铮在幕后策划的。

3 月 7 日，张作霖发表他与曹锟、张怀芝的往来电报。他说天津会议曾议定把奉军编入第一路，后又编入第二路，他都“极表同情”。现在已经编成六个混成旅，“若不开拔，则对同志为不信，对我兄为不义”。这批军队“不日即可到徐（州），会合大军，敬听指挥”。其声势不可谓不大。曹锟复电欢迎奉军入关，除请奉军集中徐州加入第二路外，还请加派一二个混成旅开至汉口加入第一路。张怀芝复电称赞奉军入关“壮我士气，固我后援”，并说已指定韩庄为奉军南下的第一站[①]。这显然是奉天方面（此时徐树铮仍在奉天），利用张作霖与曹锟、张怀芝的往来电报，大造声势，表面是对南方，实际是对北方主和派（特别是对李纯、王士珍和冯国璋）施加压力。

就在这一天，冯国璋发出表示辞职的电报。但这个电报的真意不是辞职，而是乞求皖系与主战派的哀怜，希望他们予以挽留。电报列举国会、内阁、军费、财政以及外交等问题的各种困难，说他无法应付，不得不

① 陶菊隐著：《北洋军阀统治时期史话》（中），生活·读书·新知三联书店 1983 年版，第 746 页。

“向各省区督军省长暨文武官吏详述危殆情形，应请筹商办法”。曹锟、张怀芝、张敬尧回电对冯国璋表示备极推崇，直、鲁、苏、皖、鄂、赣六省督军联名发电，驳斥推倒元首和准备复辟是无稽之言。徐树铮 3 月 7 日也致电吴炳湘说：“以武力推倒元首，毫无其事”；并致电倪嗣冲，请转告京使（王克敏）：“其实为总统计，但选一坚强有力之责任总理，余事一概责成该总理一手妥办，则万种纠纷不难片言而决。”张作霖也说：“挽救时局，只我总统一人。”并劝冯国璋“择定总理一人，组织完全内阁，总理得人，各方同意，政令自行，切勿轻怀退志”。张和徐树铮是一致的。冯国璋假装糊涂地回一个电报说：“组织强有力之内阁，自系正当办法。可速联合各省商定何人应任总理，予当依众议而行。若凭少数推举，恐各方意见不同，中央即无办法。”冯的话里又有骨头，要张“打开窗户说亮话”，不要藏头露尾，并且暗示：主战派所能同意的总理，主和派未必能够同意。①

这时京中人士不断将函电发往奉天，均以勿破面子为要。“械既截留，兵亦派出，面子何从不破？”3 月 8 日，徐树铮致电倪嗣冲说：“窃谓前此芝老（段祺瑞）万事坏于姑息，此时芝老尚在后影，似不可不稍示严厉，以寒君侧宵小之胆，免更牵掣。”②同日，公府紧急戒严，府学胡同段宅也有重兵把守，北京呈现异常紧张状态。3 月 9 日，王士珍化装逃往天津，到天津后写信向两个老朋友声明，决不回京复职。

接着，奉军一部开到韩庄。李纯连发三个电报表示要辞职，并痛斥张作霖“派兵入关，要挟中央免纯职任，并劫夺军械不允交还，种种情节，殊堪诧异。值此外患逼境，吉黑危在旦夕，全力御外尚虞不足，今反以大军入关，其用心奸险，司马昭之心路人皆知”。显然，他不是真心辞职，而是虚张声势，准备在必要时抗拒奉军。

① 陶菊隐著：《北洋军阀统治时期史话》（中），生活·读书·新知三联书店 1983 年版，第 747 页。

② 中国科学院近代史研究所近代史资料编辑组编辑：《徐树铮电稿》，中华书局 1963 年版，第 30 页。

1918年3月12日，徐树铮和张作霖在奉天联名宣布，设立“关内奉军总司令部”，张作霖自兼总司令，徐树铮以副司令名义代行总司令职权（杨宇霆任参谋长），“并令行各师旅，此后总司令一切职权，完全由副司令代行，另有电报告府部，通知各省”。徐树铮随即组织关内奉军司令部，司令部工作人员全由他遴选。“全用现职人员组织，将来政局一定，各有安置”[①]。他任命王永泉为副官长[②]，拟调长春吉黑榷运局局长曾宗鉴[③]担任军事外交，请北京周培艺、吴季箴等先到军粮城帮忙。总司令部先设在天津与塘沽之间的军粮城，等到外交方面（徐树铮电请曹汝霖密与外方商酌）没有阻力时，再移天津。这样，奉军入关的事就确定而且明朗了。同一天，倪嗣冲到达天津，电邀张作霖共同推动段祺瑞组阁及罢免李纯。

这对冯国璋及主和派真是当头一棒。3月14日，冯到府学胡同请段祺瑞再度组阁，但段表示无意于此。冯对段说：“时事多纷，非老弟再出不可。闻外间意思托东海（徐世昌）来说。其实我辈几十年老弟兄，若待东海来说岂不生分。故特自己跑来。”段答：“前因北洋军意见不一致，故我不能不下，现在如何能上。”冯又说罢免李纯不成问题。段接着说：“据香岩（段芝贵）意思，东海不出，便挽焕亭（田文烈），似亦甚妥。”冯即顾左右而言他[④]。冯段各怀异志。

徐树铮引领奉军入关，致使大局震动、各方关注，段祺瑞与冯国璋的斗争发生相当大的变化，冯玉祥准备进攻安徽的计划未能实现。

---

① 中国科学院近代史研究所近代史资料编辑组编辑：《徐树铮电稿》，中华书局1963年版，第36—37页。

② 陈文运：《我所知道的皖系将领（王永泉）》，石玉新、杨小波主编：《文史资料存稿选编（晚清北洋）》（下），中国文史出版社2002年版，第803页。陈文运说，“所有与徐树铮交涉的人物、事件，一般都要通过王永泉”，秦皇岛截械、诱杀陆建章，王永泉是秉承徐意，“代他策划奔走的唯一幕后人物”。

③ 曾宗鉴（1882—1958），字镕圃，曾毓隽堂叔，福建闽县人。英国剑桥大学毕业，曾在清朝外务部工作。后随段祺瑞对垒武汉新军起义，历任驻澳大利亚总领事、吉黑榷运局局长等，1926年任外交部次长，次年任驻瑞典和挪威公使，后任铁道部常务次长、外交部常务次长等。1948年赴美。

④ 中国科学院近代史研究所近代史资料编辑组编辑：《徐树铮电稿》，中华书局1963年版，第40页。

第八章

拥戴段祺瑞组阁

一、联络曹锟及外国使节

徐树铮在奉天逗留 20 多天。3 月 15 日夜，和张作霖会晤日本公使林权助后，即赶赴天津军粮城。

这时，直系齐燮元已到湖北活动，敦促鄂督王占元尽快起来对付段派，“昌言段（祺瑞）如复出，南京即宣布独立，并言南京有十万之众可以为用，白宝山（徐海镇守使）、张文生（海州镇守使）、马玉仁（淮阳镇守使）、张文奎（通海镇守使）、朱熙（苏常镇守使）、杨春普（江苏第十九师师长）等均可恃”。徐树铮得此消息，迅即电告张作霖，称齐燮元所说都是“诡话”，应催曹锟出面领衔推动组阁[①]。这时张作霖已得到曹锟对组阁的意见，曹锟以前与主战派一致，现在已与冯国璋保持默契。直皖两系都在组阁问题上加紧活动。徐树铮的主要目标仍是尽快拥段组阁。张作霖也是拥护段祺瑞的，因而同徐树铮紧密配合。

1918 年 3 月 16 日午后，徐树铮到天津与直隶省长曹锐（曹锟之弟）接洽，想通过曹锐敦促曹锟领衔发电拥段组阁。曹锐立即发电催促曹锟速

① 中国科学院近代史研究所近代史资料编辑组编:《徐树铮电稿》，中华书局 1963 年版，第 40 页。

办。17日晚，曹锐请徐树铮吃饭，提出拨给一千五六百支枪的问题。徐树铮根据此前与张作霖的商议，随即应许，并电告张作霖。

19日下午，徐树铮又去见曹锐。曹锐出示曹锟致其私电。电中“极言组阁不可缓，阁非芝老（段祺瑞）莫属，但虑秀山（李纯）畏芝老复出，惊而致变，则前敌士气动摇，益陷危困，故不得不稍从缓和，以保万全”。徐树铮阅后即对曹锐说，因为李纯以前主和，“故主战各同志对之无不愤愤，刻已一意言战，派兵协力，更复何嫌何疑”①，并极力托请曹锐速催曹锟疏通李纯，忘却嫌疑，电请中央尽快组阁。曹锐满口答应，立即致电敦促曹锟。徐树铮随即拟就《致曹锟皓电》，交曹锐一并拍发。

奉军入关受到各国尤其是日本的关注。1918年3月11日和13日，日本外务大臣本野一郎，两次训令日本驻奉天总领事赤塚正助，就奉军入关事，向徐树铮和张作霖提出劝告，不要采取过分行动引起北京政局混乱。14日，日本驻华公使林权助，归任途经奉天与徐树铮和张作霖会谈时，表示仍支持段派，“认定东海（徐世昌）、合肥（段祺瑞）为政局之中心”，扶持段派的宗旨不变。

但是，日本人对华态度并非完全一致。时为北京总统府军事顾问的青木宣纯，和军事研究员坂西利八郎，则积极扶持冯派。坂西还通过傅良佐向徐树铮提出警告。徐置之不理，暗托曹汝霖向日本使馆疏通。

为避免外国的干预和尽快拥段组阁，徐树铮与驻天津的外国人“约定晤面”。3月18日，徐在天津分别会晤日本驻军石光司令、日本驻津总领事松平和日本公使派遣的河野。晤谈内容，徐树铮在该日致张作霖电报中说得十分清楚：

“午后晤石光司令，辩论移时，弟坚不与谈条约。渠始尚哓哓，以我为藐视条约。弟坚谓吾国向来尊重条约，贵司令当作深知，但本员非外交官，

① 中国科学院近代史研究所近代史资料编辑组编辑：《徐树铮电稿》，中华书局1963年版，第49页。

故不愿论及条约耳。最后彼始实言其酣意。谓去岁复辟之役，段祺瑞尚亲造敝处，今奉军行动，竟无一言道及，殊无面目。弟告以彼时段公住津，造访极便。今我远在奉天，然甫到即约期晤谈，贵司令万勿误会。且我中日以亲善为主旨，纵令各国对于我等有烦言时，贵司令亦应代我疏通，今何反出自贵司令。彼又言此各国司令之意，弟又托其代为解释。而又言贵军此次行动，本官殊不赞成。弟言我辈此举，非冒然而出，实曾确商两国重要人物意旨，吾不意贵政府如寺内相、贵驻使如林公使皆深赞成，而贵司令反有此不赞成之语也。彼言恐此举促北洋派破裂，非中国之福耳。弟言吾辈专为团结北派，预防破裂而出此举，日来北派较前团结，已有明证矣。彼言此中情形，昨到京晤林公使及斋藤少将，均已谈悉，明日当转告各国司令，倘有所说，当再奉达。弟言不关条约之事，无论如何，均可妥商；若讲条约，则请转使馆，鄙人不愿与闻。渠笑言愿君知我，对君绝无恶意。乃散。又拜总领事松平，人极好，语气深不以石光为然。并告弟除附津廿华里内驻兵为约章所不许外，余皆不足顾虑。又言闻靳（云鹏）、曲（同丰）皆不以阁下所办为然，究属何意？弟略言两君皆我好友，但从前以秘密关系，稍致误疑，今已释然矣。晚间林（权助）及斋藤又遣河野来言，石光为青木、坂西一流人物，最好含容之云云。弟告以问答情形，渠言甚好。想彼即再作祟，闹到使馆交涉地步，亦无碍矣。”①

1918 年 3 月 19 日，徐树铮又会晤张作霖的军事顾问日本人菊池武夫。“菊池自京回，转述林公使意，谓我辈不必与石光究诘”。20 日，徐树铮派员往约石光晚饭。石光“已十分亲热和气，并极言中日时局非芝公（段祺瑞）出，确属无从收拾。近日重要省分皆为段派，即一二自外者皆属无力”②。显然，石光的态度有了转变。徐树铮与他的交涉，即告结束。

---

① 中国科学院近代史研究所近代史资料编辑组编辑:《徐树铮电稿》，中华书局 1963 年版，第 46—47 页。
② 中国科学院近代史研究所近代史资料编辑组编辑:《徐树铮电稿》，中华书局 1963 年版，第 49—50 页。

二、力拥段祺瑞上台

徐树铮抵军粮城任职第一天，接到蚌埠来的消息，说曹锟为李纯事，电托倪嗣冲向张作霖疏通。徐树铮深为诧异，立命秦伯秋挈同浙江吕兆熊和上海卢小嘉，前往武昌专谒曹锟，并将此事电告张作霖。次日致电倪嗣冲，进一步筹划对策："若（倪）炳文由蚌速往更见得力，祈赐酌行。再，仲珊（曹锟）如以李纯为言，鄙意兄可告以我辈专以国事无人办理，故力劝组阁，组阁以外，他事毫不过问。彼若再谆托维持，似不妨姑应之，俾李安心，免生他变。阁定后，阁中用人行政，自有其权，在我亦不为失信。"随后，又将此电内容电告张作霖，使张心中有数，并言："兄如以弟语为然，似亦可如此复之，以消组阁之梗也。"①

这时，冯国璋通电北方各省说明自己访段及段不肯组阁的情形，并请各省一致劝驾。3月17日午后，冯又访徐世昌请其劝段出面组阁。徐世昌说："人各有志，不能相强。"

这一时期，观察时局的人们都感到非常迷惑不解。不懂得一个千方百计把自己的政敌推下台的人，为什么又要千方百计地请求这个政敌再上台；而一个急于要恢复职权的人，为什么又推三阻四地不肯再上台。②

现在，问题相当清楚了。冯国璋之所以又要千方百计地请段祺瑞上台，是迫于主战派特别是徐树铮和张作霖的压力；而段祺瑞推三阻四地不肯再上台，是由于他认为还不到时候。他还要观望一下，等奉军入关的事稳定下来和南征军打了胜仗之后再上台。

原来徐树铮和张作霖等主战人物的策略，是首先罢李（纯）去王（士珍），再行组阁。由于内外情势的变化——王士珍逃往天津不愿复职，日

① 中国科学院近代史研究所近代史资料编辑组编辑:《徐树铮电稿》，中华书局1963年版，第41—44页。
② 陶菊隐著:《北洋军阀统治时期史话》（中），生活·读书·新知三联书店1983年版，第749页。

本方面表示仍支持段派；而罢李纯，曹锟也不同意；冯国璋和李纯更是坚决抵制。所以徐树铮和张作霖等就改变策略，先行拥段组阁，再罢李纯。这种策略的改变，段祺瑞没有及时悉知，这也是他不肯上台的原因之一。

徐树铮获悉冯国璋托徐世昌劝段组阁之事，深恐段仍拒绝，即于1918年3月18日致电张作霖，请他拍电，警告靳云鹏、段芝贵、段永彬、曲同丰、丁锦等人，不要在段左右劝其避嫌，“告以国势之危，托其从旁劝出”。这时曾毓隽也在段的左右，但他“一人势孤”。[①]

同一天，徐树铮三次致电张作霖，主旨都是要尽快拥段组阁。这时如再纠缠李纯的问题，那么就会延误拥段组阁的大局，也会贻误对南方用兵。徐树铮、倪嗣冲、张作霖都认识到了这一点。

1918年3月19日下午，徐树铮会晤直隶省长曹锐后，一改前此通过张作霖和倪嗣冲等致电曹锟以期转圜的办法，直接致电曹锟，极言“组阁之事”，“刻不容缓”，请其向李纯疏解，消释嫌怨，并说“组阁速成”，“惟兄是赖”。[②]他认为，李纯“所执为话柄及府所最忌视者”，在他一人。他准备紧要之时，只身赴宁为质，以期大局易就解决。[③]

曹锟终于接受徐树铮的意见，他领衔署名27人（包括直、鲁、奉、皖、鄂、苏、赣、晋、陕、浙、吉、黑、闽、豫、甘、新、热、察、绥19个省区军政首脑），于3月19日发出请段祺瑞再起出任内阁总理的电报。电报说：“锟等互相约定，我公允任揆席，则同人誓当一致，共扶危局，否则亦惟从公高蹈，不问世事。全国安危，同人离合，均系我公一身！”[④]这表明，徐树铮促曹领衔拥段的策略大见成效。

1918年3月23日下午，任段祺瑞为国务总理的命令终于发表。至此，

---

① 中国科学院近代史研究所近代史资料编辑组编辑：《徐树铮电稿》，中华书局1963年版，第45页。
② 中国科学院近代史研究所近代史资料编辑组编辑：《徐树铮电稿》，中华书局1963年版，第48—49页。
③ 中国科学院近代史研究所近代史资料编辑组编辑：《徐树铮电稿》，中华书局1963年版，第48—51页。
④ 陶菊隐著：《北洋军阀统治时期史话》（中），生活·读书·新知三联书店1983年版，第755—756页。

徐树铮与张作霖筹划推动的拥段组阁大局已定。这是徐树铮和张作霖合作的最大成果，其中的关键，是奉军入关。

三、反对段祺瑞的组阁人选

1918 年 3 月 24 日，段祺瑞重任内阁总理，发表的内阁名单，除改国务院秘书长以张志潭代替恽宝惠，其他阁员未变。

徐树铮对此极为不满，特别是对张志潭。

张志潭（1883—1936），字远伯，河北丰润人，曾任内务次长（后任陆军次长、内务总长、交通总长）。张志潭在清末就和傅良佐、吴禄贞等新旧军人往来，和徐世昌关系尤好，徐世昌把张看作直隶后起之秀。徐世昌做东三省总督时，张志潭随他做军事处秘书，潜心与军人联系。袁世凯任总统时，张志潭为总统府参陆办公处秘书，因此与北洋派军人关系更密切。

1916 年，段祺瑞任国务总理，徐树铮为国务院秘书长时，张志潭是国务院秘书。张志潭对徐树铮很好，徐树铮对张志潭也很信任。凡有大事讨论，徐树铮都叫张志潭参加。张志潭不在时，徐树铮就事后告诉他讨论的情况。张国淦问徐树铮为什么要这样做，徐树铮说："远伯（张志潭）才气好，我预备叫他将来接我的位置，所以必须要他明了一切。"张国淦平时对徐树铮不是没有芥蒂的，但他对徐树铮这一点，是深深佩服的。[①]

1917 年 7 月，段祺瑞再任总理时，徐树铮极力推荐张志潭任国务院秘书长。张任秘书长后，徐想用运盐的办法，赚些钱来扩充军队，并准备让王郅隆到永平及直隶各地经销食盐。但当时还存在引地制度，财政部没有批准，就把这件事交给张办。张知道引地制度牵连广，而且问题复杂，自

① 徐道邻编述、徐樱增补:《徐树铮先生文集年谱合刊》，台湾商务印书馆 1989 年版，第 262 页。

己又是直隶人，怕办了以后遭同乡议论，但又不便拒绝。徐多次催他快办，他总是拖延，到段下台时也没办[①]。因此徐认为他“罔顾信义”。适巧这时候，徐又听说他有“财贿不洁之行，言者颇称凿凿，树铮深自引以为憾”[②]。之后，徐派祁某在秘书长室里监督他。凡是他办的事和说的话，祁某每天都向徐报告。徐虽没做秘书长，却等于秘书长，张也没办法[③]。1917 年 11 月段下台时，张即随段辞职。

1918 年 3 月 24 日，段祺瑞第三次任总理，仍以张志潭为秘书长，张即到院就职。当时在国务院任职的张国淦说：“徐树铮在津立电曾毓隽，历数张之劣迹，必不可用，并保方枢继任，嘱即转陈揆座（段祺瑞）。曾毓隽也向段说：‘又铮既很不满他，还是不要他做秘书长。’段说：‘我用秘书长，又铮何能过问？’”[④] 24 日当天，徐树铮在天津要张志潭速去面谈，说“有种种要事，非函电所能悉，急需面商”[⑤]。张志潭接电后，很多人劝他不要去，他考虑了一下，还是去了，准备当面向徐树铮解释。但徐以奉军司令部的威风，见面后历数其大小罪过，当面逼问。张样样都承认。徐并问他：“以后改不改？”张说：“改。”徐说：“以后段老总方面的事，你不许参与。”张说：“以后不参与。”这样俯首听命，徐只得又让他回去了。有人说：“如果张志潭这次稍微硬一点，回上一两句的话，脑袋一定保不住了。”[⑥] 同一天徐还致电倪嗣冲，要倪“痛切迅电”徐世昌和段祺瑞，转述他对组阁的意见，电中说：“秘书长仍任远伯（张志潭），令已交发。阁员均仍旧，芝老毫无成见，此议明由东海（徐世昌）主持，暗系张国淦作祟，祝三（王郅隆）往说恐无大效，仍盼兄痛切迅电菊（徐世昌）、芝（段

① 杜春和编：《张国淦文集》，燕山出版社 2000 年版，第 365 页。
② 中国科学院近代史研究所近代史资料编辑组编辑：《徐树铮电稿》，中华书局 1963 年版，第 67 页。
③ 杜春和编：《张国淦文集》，燕山出版社 2000 年版，第 365 页。
④ 杜春和编：《张国淦文集》，燕山出版社 2000 年版，第 366 页。
⑤ 中国科学院近代史研究所近代史资料编辑组编辑：《徐树铮电稿》，中华书局 1963 年版，第 63 页。
⑥ 杜春和编：《张国淦文集》，燕山出版社 2000 年版，第 366 页。

祺瑞）两老，阁员纵不多动，财陆不换，决无下手之方。远伯旧政，他事勿论，其贪婪财贿各事，弟去岁原荐，实引为憾。现渠尚声张不就，伪荐涂凤书，涂尚平稳，然不出国淦范围，决不相宜。为布置国会筹备选举计，以方枢为最好，云沛（曾毓隽）接任法制局，则政治一方面可无虑矣。务盼速行，无任企待。”[①]设法免掉张志潭，另选方枢。而另选方枢，则是着眼全局，“为布置国会筹备选举计”，并非争一二人名位之得失。这种谋略，在段派人物中，可算是独步一时的。

这时，曹锟致电徐树铮说，滇、黔、桂军队合组三师，由唐继尧率领，已抵重庆，盼奉军速拨两旅到鄂协战。徐树铮已筹集两旅，正准备“躬率南下，趋赴指挥”。但他对阁局还是放心不下。3月25日，他直接致电徐世昌、段祺瑞，痛切陈词，极言更动阁员之必要。电中说：“树铮慷慨驰驱，义无反顾，濒行之顷，所惓惓于心目不能已于言者，惟内阁之用人……阁席中人物臧否，实军气消长之母……内阁为施政中枢，亦饷械统筹之地，战事血脉之泉源也。”“至如财政陆军两席，绩誉蹇退，重为世诟……财部则以饷款已具，勒掯不发，激怒张检阅使（怀芝），就地撤去财政总长之兄九江榷运局长差，派员代理，而饷乃即日拨去。军部则此次所购日械，运抵秦皇（岛）卸船装车，露置廿余日，无人过问，而总次长懵然罔觉，大批军火视之不关痛痒。以此等人物管领兵财重政，披坚执锐之士，安得不为之短气乎？法部现尚悬缺，宜延纳正士，俾人心有所依归，不宜再向党会中采虚声，国无正刑，使民无所措手足也。”关于国务院秘书长，“其位在阁僚之次，而任殆更重于阁僚”，张志潭回任，“实有不宜，闻已具辞，拟即予准行，以现法制局长方枢调任其缺，必能竭长补助，内外翕然”。徐世昌看了这一电报，“极以所论为不谬”[②]。而段祺瑞却保持沉默。

---

① 中国科学院近代史研究所近代史资料编辑组编辑：《徐树铮电稿》，中华书局1963年版，第64页。

② 中国科学院近代史研究所近代史资料编辑组编辑：《徐树铮电稿》，中华书局1963年版，第66—69页。

徐树铮对段祺瑞是否同意改变阁局，更动张志潭而改任方枢，还没有把握，遂将上述致徐世昌、段祺瑞电报的内容，转致张作霖、倪嗣冲、曹锟、张怀芝、鲍贵卿、杨善德、齐耀珊、卢永祥、张树元、李厚基、陈树藩等重要人物，期望获得支持。同时他又想起段祺瑞的内弟——长江上游警备司令兼四川查办使吴光新，3 月 27 日打电报给吴光新，请吴光新促段祺瑞更换阁员。

在戎马倥偬、积极准备对南方用兵之际，徐树铮还对段祺瑞组阁事，如此费尽心机，谅其不为一己之私，而诚如所言“阁席中人物臧否，实军气消长之母”，“内阁为施政中枢，亦饷械统筹之地，战事血脉之泉源也”，实为大局所系。

张志潭自从天津回京后，即辞不到院。段祺瑞考虑再三，终于接受徐树铮的主张，令法制局长方枢兼代国务院秘书长。

从此，张志潭恨徐树铮入骨，非要打倒徐树铮不可。张国淦说：“张志潭是个有野心的人，以阴谋家见称（人都说他是智囊——智多星），受了徐树铮这次委屈以后，就积极想报复，他的做法是倒向徐世昌方面，利用徐世昌的力量来打徐树铮。然以徐世昌直接来打徐树铮，便着痕迹，不如以段派的靳云鹏来打徐树铮。徐、靳二人间本来存在着严重的利害冲突，所以张志潭就向徐世昌献策，利用靳云鹏在不知不觉中来打徐树铮，一点不着痕迹，所谓以子之矛攻子之盾也……结果，徐树铮打倒了，段祺瑞也倒了，段的势力打倒，而靳的依靠段的势力就不能存在了。”[①]这是后话。

原内阁财政部长是王克敏、陆军部长是段芝贵。徐树铮对这两人早有识见，认为段芝贵缺德无识、王克敏诡诈多奸[②]，再加上王克敏亲近直系（冯国璋），曾经受冯国璋派遣去蚌埠请倪嗣冲电劝张作霖撤兵，段芝贵此

① 杜春和编:《张国淦文集》，燕山出版社 2000 年版，第 366—367 页。

② 中国科学院近代史研究所近代史资料编辑组编辑:《徐树铮电稿》，中华书局 1963 年版，第 37 页。

时似乎也倾向于冯国璋，所以徐树铮坚决反对这两人继续担任财政、陆军两部总长。

1918年3月24日，梁士诒因参与复辟被通缉之令取消，从香港经日本到达天津。梁士诒与日本各要人“接洽情形极好”。徐树铮有意挽梁士诒出任财政总长，在奉天会晤张作霖时，就电邀梁士诒来共商大计。然而梁不允就，不愿为财政一方面所束缚，他说无论何人出任财长，他一定会全力相助，财政确有把握，决不致陷于窘穷地位，并说吴鼎昌甚好。

徐树铮与梁士诒、周自齐[①]经过一番商量，认为吴鼎昌适于实办财务，按其才学能力，足以胜任，只是资望稍差，宜由段祺瑞兼任财政总长，任他为财政次长妥当。如段不愿兼，则以交通总长曹汝霖兼署也是一种办法。不过这有两种弊端：（一）段重起组阁而阁员不整，会使人认为国中无人，国际上面目难堪；（二）财政、交通两部的工作都是最繁重的，一人身兼两部，事理上讲不通，实际上做不到。而由（段）总理兼任则较有利：（一）日本寺内首相上任时，兼领财政，数月后改由次长署理，这一成例可以仿照；（二）眼前的财政部最窘困，总理自领，会使中外更加佩服；（三）各省推崇，遇事容易商洽；（四）段的资望高，遇事可强行；（五）段廉洁可风，管理财政，人尤其信仰；（六）总理以军人不兼军部，可令人共知他不专尚武力。三人商定之后，即托王郅隆进京报告。徐怕他语焉不详，27日直接打电报给段祺瑞说明上述意见。[②]

这时，曹锟给徐树铮打电报，极为称赞段祺瑞复出组阁，但又以前方急需饷械却迟迟得不到而归怨于财政、陆军两部，表示极度不满。徐树铮

① 周自齐（1869—1923），字子沂、子廙。山东单县人，生长于广东，因此与梁士诒等接近。曾留学美国哥伦比亚大学。历任驻美公使馆参赞、领事，外交部右丞、左丞，山东都督兼民政长，中国银行总裁，交通总长，陆军总长，财政总长，农商总长。1922年3月署理国务总理，6月2日摄行大总统（10天）等。曾因支持袁世凯复辟帝制被通缉。

② 中国科学院近代史研究所近代史资料编辑组编辑：《徐树铮电稿》，中华书局1963年版，第71—72页。

即于 3 月 28 日将这封电报转致段祺瑞，并附述己见，竭力促段更换陆军总长。[①]

1918 年 3 月 29 日，段祺瑞改组内阁，免去王克敏财政总长职务，任命曹汝霖交通总长兼署财政，免去江庸司法总长，改以朱深继任。同时任命外交陆征祥、内务钱能训、陆军段芝贵、海军刘冠雄、教育傅增湘、农商田文烈等各部总长。30 日又任吴鼎昌为财政次长。这种人事安排，大体上采纳了徐树铮的意见。而段芝贵仍任陆军总长，其间也有一定的缘故。段祺瑞恶恶不能去，徐树铮还能有什么办法呢？

至此，徐树铮拥段组阁，可谓告成。此次段能重出组阁，是段冯斗争的一个重要回合，也是徐树铮引奉军入关、纵横捭阖的结果。

① 中国科学院近代史研究所近代史资料编辑组编辑:《徐树铮电稿》，中华书局 1963 年版，第 75—76 页。

第九章

南北战争初始

一、孙中山“护法”“讨段”

自张勋迫使黎元洪解散国会（1917 年 6 月 13 日）后，孙中山在南方极力主张恢复国会，号召维护《中华民国临时约法》，掀起“护法”运动，并以段祺瑞等为讨伐对象。

此前，1917 年 5 月，孙中山在上海，和章太炎联名，致电黎元洪及参众两院议员，谓“乱党独立，要求元首退位，此但威吓行为，断不可长其骄气。中国素习，首重名器，若褫其官位，彼自无所藉手”，示意解除段祺瑞及倪嗣冲等“乱党”职位，望“两院诸公与宪法共死生，勿惶遽奔散，稍存让步”，并致电云南督军唐继尧，望其“投袂急起，与川和好，联合出师”“勤王”，讨伐“叛党”“乱党”。6 月 6 日，孙又和章联名致电南宁两广巡阅使陆荣廷并转唐继尧及西南各省督军、师长，说“倪逆（嗣冲）叛乱，附者八省，亦有意图规避宣告中立者”，“按中立者，即脱离中央关系之谓”，“与叛逆不殊”，劝告诸位：“不应听其巧诈，回避不攻”。8 日，孙中山单独致电广州督军陈炳焜并转陆巡阅使、云南、贵州、四川、广西、湖南各省督军、省长及议会，谓“倪逆等举兵，谋另组政府……希图解散国会，推翻宪法”，“今日法律已失制裁之力，非以武力声罪致讨，歼灭群逆，不足以清乱源、定大局”，“望公等主持大义，克日誓师，救此危局”[①]。

6月10日，孙中山、章太炎继续联名，致电两广巡阅使陆荣廷，广东督军陈炳焜、省长朱庆澜、李烈钧将军、陈炯明将军，广西督军谭浩明、省长刘承恩，云南督军唐继尧，贵州督军刘显世，湖南督军谭延闿，四川罗佩金将军、刘存厚将军等，望他们坚持武力讨伐段祺瑞等北洋势力。电谓段祺瑞、冯国璋、张勋等，指嗾倪嗣冲等北洋军人叛乱，在天津成立以徐世昌为首的伪政府。“伪政府首领徐世昌及各省倡乱督军、省长、护军使辈，以及去岁帝制罪犯，指嗾叛乱之段祺瑞、冯国璋、张勋，身为谋主之梁启超、汤化龙、熊希龄等，有一不诛，兵必不罢。”并以上述内容，致电大总统黎元洪、总理伍廷芳，望勿为上述“叛徒”所蔽，称“总统若徇彼叛徒强请，赦其既往，或至危及国会，各省恐亦不能信为中央之治命，违法曲从。种种维持统一之迂言，列强干涉之危语，皆不足以感西南真正之舆论”。此外，还致电陈炯明，谓“闻公发起国民大会，岭表一振，则全国望风，叛党当自崩沮……君在今日，宜宣言拥护国会，不应宣言拥护总统”，“当出义师而申讨”“叛徒”。[②]

1917年7月6日，也就是段祺瑞极力讨伐张勋复辟之时，孙中山为“护法”由上海乘军舰赴粤，10日途经汕头发表演说，为讨伐段祺瑞等北方旧派人物作舆论宣传；17日到达广州，号召大家齐心合力，并“请海军全体舰队来粤，然后即在粤召集国会，请黎大总统来粤执行职务”[③]。

段祺瑞主持讨平张勋复辟后，孙中山认为：“复辟虽败，叛者尚存”[④]，号召西南各省合力讨伐段祺瑞等，并迭次动员海军总司令程璧光，带领海

---

① 中国社会科学院近代史研究所中华民国史研究室等合编：《孙中山全集》第四卷，中华书局1985年版，第100—102页。

② 中国社会科学院近代史研究所中华民国史研究室等合编：《孙中山全集》第四卷，中华书局1985年版，第102—104页。

③ 《在广州黄埔欢迎会上的演说》，《孙中山全集》第四卷，中华书局1985年版，第115页。

④ 《致陆荣廷电（1917年7月18日）》，《孙中山全集》第四卷，中华书局1985年版，第116页。

军舰队南下参与护法。

7月19日，孙中山致电段祺瑞，历数其罪过，谓段“本为一人保固权位，以招滔天之灾”，指责段未能事先阻止复辟，未采纳忠言；平息复辟是“因败为胜，功过相偿”；“总理一职，既无同意，亦无副署，实为非法任命……足下当以义师首领自居，岂得以国务总理为号，以免职兴戎，而以复职自贵？狐埋狐搰，皆在一人”；又谓“张勋以愎戾之资，悍然复辟，所统辫兵，素无训练，其势本易与耳。张绍曾等倡谋讨逆，近畿将领，不少靖献之人，器械完利，士马精强，扑灭殷顽，易如反掌，徐州余寇，复何足云？而足下必任段芝贵为东路总司令，倪嗣冲为三省总司令。段本洪宪元凶，倪则叛督首领……乃又抑止诸军，不容兴师致讨，欲以易成之绩，专与倡乱之人，偏私狭隘，毋乃过甚”；要段祺瑞自省补过、任良将、讨群叛，“诛洪宪佐命”“戮伪主溥仪”，否则，“祸败踵至”。①

7月21日，海军第一舰队响应孙中山号召，宣言否认段祺瑞政府。23日，段政府免去海军总司令程璧光职，24日，通电各省征询召集临时参议院意见。

8月11日，云南督军唐继尧也响应孙中山号召，通电拥护《约法》。

8月25日，孙中山、唐继尧、陆荣廷等西南重要人物，和赴粤的国会议员在广州举行非常会议，讨论组织新政府问题。30日，非常国会通过《中华民国军政府组织大纲》。9月1日，非常国会依据该《大纲》，选举孙中山为大元帅，次日选举唐继尧、陆荣廷为副元帅。10日，孙中山就任大元帅，以唐绍仪为财政总长，伍廷芳为外交总长，孙洪伊为内务总长，张开儒为陆军总长，程璧光为海军总长，胡汉民为交通总长。于是，广州出现一个与北京中央政府对峙的政府。

9月29日，中央令内务部筹备国会选举事宜，令各省选派参议员到北

---

①《孙中山全集》第四卷，中华书局1985年版，第116—117页。

京组织参议院，同时通缉孙中山、吴景濂。

10 月 7 日，孙中山以大元帅名义，通电否认冯国璋、段祺瑞政府，下令西南各路进攻。于是发生湘南战争。

11 月 14 日，湖南督军傅良佐、代理省长周肇祥退出省城，长沙被听从孙中山的湘、粤、桂联军攻占。中央委派的四川查办使吴光新，也因西南势力熊克武袭击，放弃重庆而东下。

二、部署奉军南进

依照 1917 年 12 月曹锟、张怀芝等督军的天津会议决定[①]，北军从湖北、江西两路进攻湖南。第一路曹锟部队从鄂北向南进发，1918 年 2 月中旬集结蒲圻嘉鱼一带。3 月 6 日，第七师师长张敬尧移驻汀泗桥。第二路总司令张怀芝 2 月底至汉口，3 月 6 日转赴南昌。从军队调动情况看，张敬尧并不奋勇当先，张怀芝的战斗意志也不够旺盛。

曹锟出兵最多，除吴佩孚第三师外，还有王承斌、阎相文、萧耀南三个混成旅。曹锟几乎把全部“家当”都交于吴佩孚，任他为直军前敌总指挥，自己则准备争取副总统职位。吴佩孚指挥的兵力远比张敬尧多，张敬尧虽是援岳总司令，但虚有其名。第二路所属有山东施从滨师、江苏张宗昌混成旅、安徽李传业等部，数量与质量都不及第一路。

这时候的南军布置是：湘军赵恒惕师在岳州，刘建藩部在平江，桂军马济、韦荣昌、陆裕光等部摆在后面做总预备队。

这样看来，北军两路进攻，长岳腹背受敌，南军作战地位不利。就南军来说，更为不利的是，桂军准备保全实力不战而退，湘军又不愿单独作战。

---

① 见前面“谁主沉浮”最后一节。

从 1918 年 3 月上旬开始，直军进攻岳州，海军第二舰队司令杜锡珪派五艘兵舰助战。3 月 17 日下午，北军未遇抵抗即进入岳州。但怀疑有埋伏又退出，经过海军炮轰一夜，18 日完全占领岳州。吴佩孚接连发出捷报，盛称北军奋勇攻破南军的顽强抵抗。同日北军开进平江。

1918 年 3 月 26 日，直军未遇抵抗进入长沙（三省联帅谭浩明和湘军上级军官都溜走了），很快就开往湘潭。接替直军开到长沙的是以残暴著称的第七师。次日，中央政府任命张敬尧为湖南督军兼署省长。

在北军节节胜利的情况下，曹锟、张敬尧及杜锡珪等联名发出告捷的电报。

对于北军的胜利，徐树铮非常高兴，不断打电报祝贺，励其斗志，鼓其士气，并为其出谋划策。虽然贺电不免有夸大之词，但实在流露出他关注对南军事的心情。北军的进止攻守，胜败得失，都关系到主战派的命运，关系到中央政权握在谁手，关系到段内阁能否稳定，关系到徐树铮对南用兵计划的实施，关系到入关奉军的进退，关系到全国统一的大局。

为了推行武力统一政策，徐树铮马不停蹄到处奔走。

1918 年 3 月 17 日，徐树铮从早到晚检阅已经开到独流和静海县的奉军各队，并召集官长头目训话，就军人职责、官兵关系、军民关系、物俗民情提出告诫，特别是对军队纪律提出严格要求，略谓：“纪律为我军人生死关头，极须时常留心，官长对于目兵能否遵守纪律，须较在家时格外严求，勿谓出差辛苦便加通融，而对于目兵起居服食，则须极意爱惜。官兵等对于商民力求和洽，遇事忍让……对于物价我辈不妨吃亏。总之，兵之天职在保民，能否保民，视其有无纪律……万一兵士中或有不合纪律之事，官长万不可为之隐匿，倘经查出，鄙人万不通融，且督军（张作霖）亦万不与我通融也。”[①] 官兵均能领会，极表服从。他还说：“树铮亦尝从事

① 中国科学院近代史研究所近代史资料编辑组编辑：《徐树铮电稿》，中华书局 1963 年版，第 43 页。

于下士生活，故军中疾苦，实所深知。平日办理军事，向主严格。自持亦素尚谨严。”除各军官兵，在场旁听者，还有县知事及绅商各界人士民众等[①]。当晚，徐树铮致电张作霖，通报巡阅军队情况和演说的主要内容，并谓“我兄训练有素，无俟弟之多言，特弟与官兵等相见伊始，须令其略知弟之行径，故亦不得不有此一番话说耳”。[②]

3 月 18 日早晨，徐树铮赴廊坊视察军队，对官长头目作了内容略同上述演说的告诫，并饬令没有水壶的步兵团和没有军毯的骑兵团，尽快添置，以备行军之需，另外他还打算犒劳军队，送一些肉食，积极部署和推进奉军南下。

3 月 21 日，郭瀛洲旅沿津浦线越过山东。许兰洲旅前站接近滁州。奉军南下，引起江苏督军李纯的不安。李纯担心奉军图占南京，即派一旅兵力过江防卫，驻扎滁州附近。

徐树铮料到李纯会有所不安，曾去电曲意解释，请他放心，并致电浦口王廷桢副使，请向李纯疏通解释。

这时，沪宁线发生停车事件，直接影响奉军南进。3 月 22 日，徐树铮电询上海护军使卢永祥停车事由，并致电倪嗣冲等，要求严加戒备，以免耽误奉军南进。同日，徐树铮接倪嗣冲来电：“闻许旅长芝田（兰洲）前站准廿一日赴滁。本日李秀山（纯）令王子铭到蚌表示，意思不愿奉军过徐州以南，并闻彼处业有预备。昨夜开一旅过江驻扎滁州附近，奉军到滁，恐有冲突。鄙意方今大局未定，揆席尚悬，万一内部冲突，影响于国家前途者甚巨，不如令许旅稍缓南下，以观其变。万一李有意外行动，再行开拔，朝发夕至，亦为不迟。”徐树铮当即复倪：“尊虑甚佩，许旅不过徐，兄处究嫌力单，且已定期开拔，不宜电阻。弟意暂不过蚌，为可两全；倘

① 《晨钟报》1918 年 3 月 20 日。

② 中国科学院近代史研究所近代史资料编辑组编辑：《徐树铮电稿》，中华书局 1963 年版，第 43 页。

有缓急，亦不难于无形中节次进扎。请就蚌北徐南指定地址，迅赐复电，或宿州、固镇一带如何？酌定后，祈派员预为筹备，以免许旅前站转折不及。”紧接着，徐树铮又将倪的来电及自己的复电转致张作霖[①]。

3 月 23 日，徐树铮致电陕西督军陈树藩，告以奉军入关及部署南进情形：“自讨伐令布，奉军组六大混成旅为东西两路后援。雨兄不能离省，属弟代行指挥。仲珊（曹锟）、子志（张怀芝）、勋臣（张敬尧）事前俱有成约，因冯（玉祥）旅突变（武穴停兵），皖省吃紧，长江形势日益险恶，是以亟图挽救。目前大队陆续运往前方，沿京奉、津浦各路线均已部署就绪，最近苏赣两省力为疏通，北系团体或免激争。”[②]

这时援助第二路的两旅奉军（郭旅、许旅），暂住山东的临城、韩庄和安徽的宿州、固镇一带，“相机进止”。准备援助第一路的两旅奉军也即将开拔。由于前方正值紧张，曹锟一再催促南下，徐树铮准备亲率部队前赴武汉。

但是，筹备已齐的两大混成旅奉军还在关外，急待调集车辆运来。在这个节骨眼上，徐树铮忽又得报，“浦口由济南要空车多列，禁止运货”，这真是“不无可疑”，他因此电请倪嗣冲：就近速令蚌埠站，凡到蚌埠车辆，均酌停南驶。有不得已而南驶者，亦勿在蚌南停顿，以免军用商用两不得手。[③]

为了亲率奉军两旅沿京汉路南下武汉，徐树铮派副官张藻宸等通过交通部和京汉路局接洽车辆，并将有关情况及时报知张作霖等，且致电与京汉路局正副局长商洽，“免生窒碍”[④]。但窒碍还是发生了。不过不在京汉路，而在京奉路。京奉路局电告关内奉军司令部并电告交通部及国务院参陆部，

---

① 中国科学院近代史研究所近代史资料编辑组编辑:《徐树铮电稿》，中华书局 1963 年版，第 58—59 页。
② 中国科学院近代史研究所近代史资料编辑组编辑:《徐树铮电稿》，中华书局 1963 年版，第 62 页。
③ 中国科学院近代史研究所近代史资料编辑组编辑:《徐树铮电稿》，中华书局 1963 年版，第 66 页。
④ 中国科学院近代史研究所近代史资料编辑组编辑:《徐树铮电稿》，中华书局 1963 年版，第 81 页。

说是列车行抵秦皇岛站，因候军用空车路签，略停三十分钟，军队中即有一人持手枪威逼副站长开车等等。徐树铮当时以所称情形甚为可疑，立派副官柳昌年前去查实。经过许多周折，车辆基本备齐。4月5日晚上，援助第一路的奉军才由奉天出发。

徐树铮在调集车辆运输军队之前，还抓紧调运军需品。4月1日，派人押运军米200包、马草11000斤、木柴50000斤、军衣2000套，由军粮城运至山东临城。1日和5日，他两次致电陆军部，告以“军需物品待用甚急，拟援第一、二路办法”由该军填发护照，交由运输员持赴税关验照放行，并请备案和电告税务督办即日放行。为调运军需物品，亦可谓费尽脑筋。

部署奉军南进，徐树铮不是一意孤行的。他力图取得张作霖、倪嗣冲、张怀芝、曹锟等各方的同意，及有关各方的支持，也必须有他们的同意和支持。在他们的同意和支持下，奉军才有一些进展。

三、劝谏段祺瑞改变“定湘攻粤”

北军攻占岳阳、长沙后，第一路曹锟所部继续向湘南推进，第二路张怀芝所部由江西进到湘东，占领了浏阳、醴陵等地，战事相当顺利。这时，打着护法旗号的云南、贵州、四川的军队，已经联合起来组成“川滇黔靖国联军”，推唐继尧为“联军总司令”。1918年三四月间，唐继尧以援鄂、援陕为名，连续任命援鄂第一、二、三、四路军和援陕第一、二、三、四路军等各路军总司令，派叶荃、顾品珍、黄毓成、袁祖铭率所部共约14000多人，分别由川、黔进窥湖北宜昌、施南。鄂督王占元连电告急。4月1日段祺瑞电令长江上游总司令吴光新集中部队，坚守巴东、秭归，并拨第八师一部，接防荆州、沙市。另一方面，莫荣新任粤督后，广东军政府已任命陈炯明为征闽粤军总司令。陈率所部20营，移驻潮汕，因龙济光由琼崖扰粤，迟迟未能入闽，这时为了牵制湖南战局，也决定攻闽。闽督李厚基多次请求增拨饷械，而中央政府延宕不发。李又派人并专函请徐树铮予以援手。

1918年4月3日，徐树铮为对南军事计划问题，入京晋见段祺瑞、徐世昌，并为李厚基商拨军械。当天他致电李厚基说明商拨情况："今晨入谒总理（段祺瑞）及菊老（徐世昌），切陈闽之需枪，即可迎击潮、惠之贼，遥为子诚（龙济光）声援，机不可失。菊老主张速拨甚坚，总理稍以各省索械均靳而未与，不便偏闽为疑。弟言无论如何，子诚艰苦，不能不有以济之。今济闽即与济子诚无异，安能与他省平常需械相提并论。已有允意。弟未便立待应允，已托翼卿（靳云鹏）维持，渠亦谓应即拨。祈兄再电托婉陈，必可得请矣。"①

这个时候，段祺瑞的用兵计划，由国务院、陆军部电告湘督张敬尧、赣督陈光远、闽督李厚基和陆军检阅使兼第二路总司令张怀芝，谓"桂逆败于湘，图龙（济光）更急。宜即以定湘之军并图救粤。湘督所部速收宝庆，直趋零陵。张使所部取道攸、衡，进衡南，直趋郴州，俾谭（浩明）逆所部不暇援粤。一面赣屯大庾，闽作声援，待张使抵郴，然后闽攻潮汕；赣下南雄，张使迳出韶州"。又谓："龙（济光）军百战支持，敌急势危，失今不援，东南益费收拾。"②这是寄希望于张怀芝肃清湘南残敌后担当攻粤任务，以定湘之军攻粤援救龙济光。

徐树铮此时还没见到院、部电报原文。时与徐树铮关系密切的张作霖、倪嗣冲也未获院、部电报。可见皖系内部特别是陆军部总长段芝贵对徐树铮及其亲信有所猜忌。4月3日，徐树铮在京听说中央所发作战方针，但

① 中国科学院近代史研究所近代史资料编辑组编辑:《徐树铮电稿》，中华书局1963年版，第86页。

② 中国科学院近代史研究所近代史资料编辑组编辑:《徐树铮电稿》，中华书局1963年版，第93—94页。

未能亲眼看到，与段祺瑞晤谈，也不甚融洽。他当晚即离京返津，次日致电国务院秘书张伯英，大发牢骚，说："老总顾虑若此，恐国事仍败坏于左牵右掣之中，终无一当，如何如何。不准截械之戒，在弟纵能奉行，又安保他人之不效尤。既无可为，恋恋何益。顷已电请丹忱（倪嗣冲）来津，商定奉军如何结束，即从此逝矣。各函已寄回。"[①] 段祺瑞对徐树铮指使奉军在秦皇岛截械一事非常不满，耿耿于怀，对徐所谈进兵计划听不入耳。徐树铮有感于此，故表消极，以去就争。他深知势孤，不敌目前在段周围势力的浸润，但他并未真正消极，而是尽快采取更为积极的步骤，力图挽回颓势。

徐树铮准备赴奉天、蚌埠，与张作霖、倪嗣冲商讨对策。4 月 4 日，他电询张作霖、倪嗣冲（张、倪对段的用兵计划仍无所闻），并派人到京四处诘问。他决定先与倪嗣冲晤谈，商定诸事后再去奉天。因倪曾拟进京，他即电催倪尽快成行。4 月 5 日下午 3 点钟，倪嗣冲由蚌埠起程北上，夜间抵济南。徐树铮当夜迎到济南，即与倪嗣冲及张树元晤谈。次日，徐树铮与倪嗣冲同抵天津。

7 日，徐树铮探知国务院和陆军部电报内容，认为"运筹则是，操术则非"。当即径电段祺瑞，直陈己见，主张"阳以张使（张怀芝）趋郴（州），为援粤正兵，阴济闽械，以奇兵迅攻潮惠"，以援救龙济光，"再资以械，遥与闽军首尾夹击，广州尅日必下"。[②] 这与段重在定湘以攻粤的战略部署大相径庭。9 日，徐树铮致电张怀芝发牢骚说："全局军事，鄂湘方面固属直当其冲，而奉为援应之军，皖亦偏师在事，何以作战方针竟不分告？顷又专员进谒总理探询一切……"[③] 当天，段祺瑞复电徐树铮，告以

---

① 中国科学院近代史研究所近代史资料编辑组编辑:《徐树铮电稿》，中华书局 1963 年版，第 87—88 页。

② 中国科学院近代史研究所近代史资料编辑组编辑:《徐树铮电稿》，中华书局 1963 年版，第 94 页。

③ 中国科学院近代史研究所近代史资料编辑组编辑:《徐树铮电稿》，中华书局 1963 年版，第 96、100 页。

湘、浙、赣、闽各省情形，并将战略计划改为定湘、援龙同时并举，与原定战略相比，有所修正。

段祺瑞的定湘计划，是根据曹锟和张敬尧的来电拟订的。这时张怀芝已因请求拨款未得表示消极，在急需进兵的形势下请假七天。在援龙方面，由浙江省派第一师师长童葆暄率部从温州海运前往福建，江西省派赣南镇守使吴鸿昌率丁效兰、王余庆两旅攻广东。在段祺瑞看来，由浙江和江西两省协助福建并攻广东，龙济光方面必会士气振作，收拾广东局势不难。但徐树铮仍认为不可，然而对段祺瑞的来电不便直接多作批驳，就致电时在段祺瑞身旁参与决策的靳云鹏，请靳云鹏从容转告段祺瑞：

兵有阴阳，势有缓急，地有难易，不可不察。湘自衡宝以南，我进难，敌退易。我难进则顿重兵于险隘之下，至属非计；并力猛攻，则敌乘易退之路，先窜回粤，而龙益不支。此地之在我难而在敌易也。粤为湘敌窟穴，我先取粤，则湘敌无归，势非走桂不可。我不得粤，则湘粤犄角，敌逸我劳，连兵日久，民生益困，观望之辈，待机反复。故湘之定否，专视粤之利钝，此势之在湘缓而在粤急也。难易缓急，较然如此，故虽同时并举，已万万不能期其同时并到。况赣电吴使须待张检阅使抵郴后，方出庾岭；浙电师虽备齐，护舰不知何时方到；闽电虽有兵，而械又奇绌，岂可徒搏。是攻粤尚遥遥无期，攻湘则两兵已接。攻湘无益，徒劳兵力，有利适驱敌入粤。此（在）兵之在湘宜阳作进攻，在粤宜阴图迅取也。至云计画异同，则弟窃所不解。所谓“前”，不过月之三日，所谓“此刻”，亦仅月之九日，当敌之兵未闻交绥，前决之策何因忽变？若军情未悉，决策即不宜如前之轻遽；若成算在胸，举棋即不宜如后之不定；因情考事，二者必居一于此矣。[①]

---

① 中国科学院近代史研究所近代史资料编辑组编辑:《徐树铮电稿》，中华书局 1963 年版，第 99—100 页。

显然，徐树铮对“定湘、援龙并举”还是有所顾虑，而且这种顾虑不是没有道理的，可谓出人一筹。

这个时候，山东境内土匪较多。枣庄附近，尤为猖獗，有劫掠中兴公司煤矿之警讯。当时津浦、陇海各路用煤，均由该矿供给，一旦停顿，势必大大影响奉军南进。因此，徐树铮命令郭瀛洲旅长分派部队前去保护，“并分电济南速筹防队往接”，以免奉军牵延或滞碍南进。[①]

4 月 10 日，山东军务帮办张树元，致电徐树铮说：土匪势焰嚣张，自应亟往剿办，但无多余队伍可拨，“贵军（奉军）现住韩（庄）临（城）之队，前曾允为遇匪协剿，务恳迅电郭旅长请其就近立予剿除。凡距铁路百里内之匪氛，并望合力搜剿”。[②] 次日，徐树铮复电道：“匪乱亟应协剿，昨已电商志帅（张怀芝），容待得复后，筹定妥办，即行奉告。”[③] 这时，徐树铮正为对南军事与段祺瑞的战略计划之争及国会人选问题，忧虑重重，实际无暇多顾剿匪之事。12 日，他将张树元的来电和自己的复电，转致临城郭瀛洲旅长，“希查照留意为盼”。13 日，才致电萍乡探送张怀芝检阅使，商酌剿匪事宜。[④]

15 日，徐树铮到达奉天与张作霖计划军事。次日，他又致电临城郭瀛洲和济南张树元，协调奉军在鲁剿匪之事。

徐树铮的主要精力，仍在积极推进对南方用兵，部署奉军南下。

---

① 中国科学院近代史研究所近代史资料编辑组编辑:《徐树铮电稿》，中华书局 1963 年版，第 81 页。
② 中国科学院近代史研究所近代史资料编辑组编辑:《徐树铮电稿》，中华书局 1963 年版，第 102 页。
③ 中国科学院近代史研究所近代史资料编辑组编辑:《徐树铮电稿》，中华书局 1963 年版，第 101 页。
④ 中国科学院近代史研究所近代史资料编辑组编辑:《徐树铮电稿》，中华书局 1963 年版，第 104 页。

第十章

力阻消极怠战

一、劝慰曹锟、张怀芝

曹锟对南方作战，本来也是相当积极的，但随着北洋内部派别斗争的演变，现在明显地不那么积极了。岳州、长沙等地，主要是他的部队打下来的。他的部下吴佩孚师从长沙刚开走，皖系张敬尧师就开过去，张敬尧被任为湘督兼署省长。曹锟什么也没得到。这不是白白地为皖系扩张地盘吗？曹又想起徐世昌“湘定即可言和”的告诫，同时主和的冯国璋方面也不断有人与曹锟联络，劝他设法言和。所以曹锟逐渐产生了撤兵言和的念头，并暗中派人到北京日本使馆，请求转告南军谋和。

1918 年 4 月 3 日，徐树铮在京会晤日本使馆斋藤少将时，斋藤秘密告诉他：日前曹锟派人来说，岳州、长沙已经攻下，北军欲和而不便于言，请求日方帮助转告南军，再提和议以便调停。当经拒回。为贵国计，广东、四川不定，国事无从下手。惟前敌有此情形，不得不告知阁下，酌达同志，预为准备。徐树铮听后即转告段祺瑞。他次日回到天津，又将上述情况，密电盛京张作霖、蚌埠倪嗣冲、福州李厚基、杭州杨善德等督军和上海护军使卢永祥、济南山东军务帮办张树元，希望“共筹预防之策”，并说：“国会选举，为时已不裕。乘讨贼之时，赶紧著手，尚可有十数省好结果之希望，一言和则万事休矣。”[①]

段祺瑞为防止曹锟言和，立即去电恳切解释，并于4月4日请准特授曹锟一等大绶宝光嘉禾章；授张敬尧一等文虎章、二等大绶宝光嘉禾章；授吴佩孚二等大绶宝禾章；同时犒赏攻下岳州和长沙的部队各30万元，意在羁縻曹锟、吴佩孚等。

为防止曹锟言和，徐树铮派参谋长杨宇霆去武汉当面说明情况，并托曹锟弟曹锐婉言劝解。有人说，这时候“徐树铮的野心极大，想做直隶督军以便控制中央政府。他打了一个如意算盘，要升任曹锟为两湖巡阅使兼湖北督军，调任王占元为江苏督军。他以为曹锟由一省督军上升为兼辖两省的巡阅使是会心满意足的，只要曹锟不反对，不但可以达到自己控制中央政府的目的，而且可以达到逐步消灭长江三督的目的。不料消息传出来后，曹锟认为这是‘调虎离山’，因此忿忿地电辞两湖宣抚使（四月四日），在未获批准以前先请假一个月（四月十一日），口称要到信阳鸡公山‘养疴’”。这个传说是接近实际的。当时，徐树铮的儿子徐道邻正从徐州到北京来，就有不少人对他说：“你父亲要做直隶督军了。”[②]

但徐树铮不以为然。4月7日，他致电曹锟解释说：“近日报吴（佩孚）师长会办湖南军务，三师留湘。又云任兄巡阅两湖，调弟督直，各等语。无中生有，飞短流长，皆系宵小辈挑拨离间之技，中枢决无此说，谅兄决不置议……弟不日趋谒，已托杨邻葛（宇霆）兄先来，详情由渠面达。”[③]徐树铮认为经过多方劝解，可以无事。

在第一路总司令曹锟图谋言和的时候，第二路总司令张怀芝对湖南战事也十分消极。张怀芝突然提出请假七天。这对徐树铮和后方主战者来说

① 中国科学院近代史研究所近代史资料编辑组编辑:《徐树铮电稿》，中华书局1963年版，第89—90页。

② 徐道邻编述、徐樱增补:《徐树铮先生文集年谱合刊》，台湾商务印书馆1989年版，第262—264页。

③ 中国科学院近代史研究所近代史资料编辑组编辑:《徐树铮电稿》，中华书局1963年版，第93页。

真是一瓢冷水。倪嗣冲立即专电询问张怀芝是何原因。徐树铮则致电加以劝慰，希望张能安定下来，“以竟全力”。

徐树铮想以自己的坦诚消除曹锟、张怀芝的疑惑，使他们重新振作起来，继续推行武力统一政策。同时，徐树铮也深知曹、张已萌离心，挟前敌战胜之势要饷索械。段政府任张敬尧为湘督兼署省长的当天，曹锟即致电徐树铮对饷械等问题大发牢骚，言下之意是为新成立的段内阁出难题，并埋下日后言和的伏笔。张怀芝请假，大概也为领款未得。这些，徐树铮心中是有数的。

鉴于以上情况，徐树铮赶紧将奉军两混成旅编为一支队，任张景惠为支队长，于4月9日沿京汉路南下，开往信阳、孝感，宣称增援，听候曹锟酌定进止，实则用以堵直军之后，备缓急之用。

曹锟看到徐树铮部署奉军的这种势头，决心不再为段派卖力。4月13日，他以第一路军队过于疲劳为由，电请将吴佩孚第三师及其余各旅调回岳州。14日、16日，两次从汉口致电冯国璋、段祺瑞，请辞两湖宣抚使职，并请假一个月，声称要到信阳鸡公山“养疴”。

“辞职”是北洋军阀用以威胁中央政府的一贯技法。曹锟请假养病就是“消极怠战”的具体表现。他还指使吴佩孚借口作战疲劳，要求带直军回直隶休息。这是曹锟对“调虎离山”的严重反抗。曹锟是北洋派赖以挽回威信的首员大将，直军是对南军作战的主力。如果他辞职，直军从前线退下来，段政府武力统一的政策即面临失败。曹锟本人清楚地知道这种情况，所以他敢声言辞职和请假养病。徐树铮和段祺瑞，当然也认识到这种利害，并曾预筹防备之策。

4月12日，段祺瑞电召徐树铮入京，面商要事。次日，徐树铮回到天津，收读曹锟来电，电中转来院部的电报，说是奉军将赴宜昌归吴光新指挥。徐树铮当即复电曹锟否认，并将曹的来电及自己的复电转致张作霖。

15日，徐树铮抵达盛京（沈阳），与张作霖计划军事。随即返回天津，又致电曹锟，好言相慰。对于曹的“辞职”和“请病假”，徐认为绝对不能允准，并致电国务院秘书长方枢，说明此意。徐还告诉方枢：得到确报，日前公府派专员到南京，嘱李纯分别派员赴曹锟、张怀芝处，劝勿再战。请方枢转告段总理。又说：“局中须有暗监办法，方免内外通祟。”[①]这时，曹锟辞职和请假的事，总统府已表示慰留。但该日曹锟又致电府院，“仍请开缺，由张检阅使并任，给假养病”。国务院始终不允。

经过徐树铮等多次劝慰，曹锟暂时安定无事。

在此之前，段内阁改组的第二天（3 月 30 日），梁士诒从天津到达北京，欢迎的人很多。旧交通系卷土重来，再度过问政治。梁到京后，很快会晤冯国璋、段祺瑞和在朝在野的朋友，了解到冯、段之间不但对军事意见不一致，而且在政治上斗争很激烈。“盖冯派之见，以冯弃去苏督之膴仕（高官厚禄），来就一年任期之代席，区区之忱，实希望扶正，故远交桂粤，近抚赣鄂，以冀压倒段派。在段派意见，则以段氏三造共和，功高寰宇，极应正位，莅抚中原。急功好事之徐树铮，且以未来之总理自命。然必推倒冯氏，乃可取而代之。”他想进行调解，但感到非常困难，因而回津请徐世昌作调人。徐世昌抚案而叹：“往者府院明争，吾能解，今则暗斗，无从为役，奈何？”梁说：“国事如此，宁忍其日益糜烂？”过了好长一会儿，徐说：“惟改弦易辙耳！”[②]梁沉思了一会儿，认为徐的意见很对。

曹锟试图谋和的时候，梁士诒也主张南北调和。倪嗣冲 4 月 6 日过天津时，梁曾与倪晤谈，流露出调和之意，并想充当调人。这是出乎徐树铮意料的。次日，徐树铮与梁晤谈，劝他放弃自己的主张，但梁似乎不愿放弃自己的主张，而准备到京游说一番。9 日，徐树铮将与梁晤谈情况电告警察总监吴炳湘，请吴转告已到北京促段改变战略的倪嗣冲，并告“渠

① 中国科学院近代史研究所近代史资料编辑组编辑:《徐树铮电稿》，中华书局 1963 年版，第 107—108 页。

② 凤冈及门弟子编:《梁士诒年谱》上，广东人民出版社 2014 年版，第 408 页。

（梁）明日或入京，祈密转菊、芝两老，以期对渠措词不露圭角也。揖唐、立之（方枢）、云沛（曾毓隽）诸兄，并祈镜（吴炳湘）兄转告”。[①] 此电意在梁士诒入京之前先向段祺瑞、徐世昌及接近段的人通报情况，以免被梁说所动。殊不知梁士诒与徐世昌已有默契，而对段和自己有反感。

4 月 13 日，梁士诒与朱启钤、周自济、曹汝霖等，在天津大宴财政顾问日本人阪谷芳郎、日本驻华公使林权助等 100 余人，积极进行外交活动。梁士诒挟其交通系的财经潜力，重新角逐于政坛，并利用南北争持及直皖的暗斗，准备拥徐世昌出山。

但徐世昌老于世故，不愿在南北战争动荡不定的情况下贸然出山，故于 4 月 18 日离京去河南辉县，到他的“水竹村”别墅闲居。好像从此优游林下，不问世事，实则韬光养晦，静待时局变化，以收渔人之利。尽管如此，梁的调和之举，还是值得注意。徐树铮没想到，自己设法劝慰曹锟不要辞职言和，而梁士诒又突然出来调和。

二、辅助段祺瑞南巡

曹锟既已试图与南方言和，就不想再用自己的队伍同南军作战，而想把徐树铮指挥的奉军调往前线。4 月 17 日，曹锟致电徐树铮说，张敬尧因常德不靖向曹借拨军队，曹说所部军队均在前方，实无部队可拨。岳州地处要冲，需重兵驻守，希望已到信阳的奉军，开赴岳州驻扎[②]。曹锟说的是事实，并想拆调徐树铮指挥的奉军。徐树铮认为，奉军初次入关，对于内地情况不够熟悉，宜挨步前进，如果孤军越过湖北拨一旅进驻岳州，那么

① 中国科学院近代史研究所近代史资料编辑组编辑:《徐树铮电稿》，中华书局 1963 年版，第 97 页。
② 中国科学院近代史研究所近代史资料编辑组编辑:《徐树铮电稿》，中华书局 1963 年版，第 109 页。

前后就不能连贯，恐非妙计。然而曹锟出面调拨军队，他若推辞，又易使曹锟产生疑问。因此，徐树铮以两旅不宜拆散的话回复曹锟。18日，徐树铮将曹锟来电及复电，转致时在汉口的杨宇霆参谋长，希望杨宇霆就近与曹锟商酌办理，还向张作霖发出同样的电报。

段总理鉴于前方军事进展非常缓慢，而主战派内部又不和睦，决定自己到汉口召集一次大规模的军事会议，其目的是不仅要消除主战派内部的裂痕，还要消除直皖两系存在的大裂痕，实现北洋派大团结，以便部署对西南五省全面进攻，早日完成武力统一。他认为总统即将改选，今后他将成为北洋派唯一领袖，需要这种大团结。同时，在军事胜利时期，前方将士忽然产生厌战情绪，可能是由于他们对北洋派在全国的重要性认识不足，他也有前去鼓励的必要。段在国务会上提出“南巡”问题时，几乎受到全体阁员一致反对，理由是前些日子总统“南巡”已经引起政局波动，总理“南巡”也将引起政局波动。段不顾及阁员们的反对，仍然发电邀请李纯、陈光远、张敬尧、张怀芝到汉口参加会议。①

4月18日晚，徐树铮入京谒段，商议南行计划，并作具体布置。随后启程前往汉口预作安排。临行前，他电请时在汉口的王揖臣先到郑州等候同行。19日经郑州时，徐树铮会晤第八混成旅旅长徐占凤，告诉他段总理明日启程赴汉口及其用意所在，要他转告河南督军赵倜。赵倜这时在开封，国务院已专电要他到郑州和总理晤谈。徐树铮又致电赵倜，希望赵倜和总理一起赴武汉，会同其他省各员商榷一切，以便无形中相机疏解，或公决事理。20日晚，徐树铮到达汉口，与曹锟、王占元接谈，显得十分融洽。

4月20日午后，段祺瑞以“犒师”为名从北京启程前往武汉。随行人员有国务院秘书张伯英、交通部次长叶恭绰、财政部次长吴鼎昌、参陆办公处主任靳云鹏、段的秘书曾毓隽及曲同丰、魏宗瀚、冯耿光等30多人。

---

① 陶菊隐著：《北洋军阀统治时期史话》（中），生活·读书·新知三联书店1983年版，第759页。

车过郑州时，河南督军赵倜登车随行。21日早，徐树铮率领奉军支队长张景惠及旅长等，从汉口到信阳迎候，并对沿途奉军申明纪律，一一告示注意事项。时天降大雨，士兵们列队直立，毫不屈挠。段祺瑞总理阅其精神面貌与纪律状况，认为出于各军之上，极其嘉许。当晚8点半，段总理一行抵达汉口，便宿车上。已在车站迎候的曹锟和湖北督军王占元、海军舰队司令杜锡珪等，即到车上与段总理座谈。22日，段总理赴曹锟行辕晤谈，王占元和赵倜亦在座。段总理向曹锟讲了定湘、定粤的战略，并言及财政如何艰难，但对于军费一定尽力筹措，决不让有丝毫匮乏。曹锟也说战事力求速决，应该节省的军费一定极力节省，并与段总理及徐树铮等商定奉军一旅入湘驻岳，拟由张景惠率领前往，即刻筹备。晤谈后，曹锟设午宴款待，饭后同看拳技表演，另派随行军官分别前往各医院慰问伤病官兵，分别赏赐。大家似乎十分融洽。可是张怀芝却以岳州、长沙既下，目的已经达到为理由，不愿前来，实则因为他与曹锟关系不和。同日，徐树铮致电张作霖、倪嗣冲、杨善德、李厚基、曹锐、阎锡山、陈树藩、鲍贵卿、张广建、卢永祥、姜桂题、张敬尧、张树元、蔡成勋等各省督军，敦请他们恳劝或鼓励张怀芝到汉口来晤谈。23日，段祺瑞到武昌，会晤王占元，并同往汉阳视察兵工厂。同一天，张怀芝来电报，说明天中午可到。段祺瑞本拟该日晚北返，因此再等一天。这时吴鼎昌、曾毓隽建议段总理归途宜循江而还，途中可以与江西、江苏督军会晤，以进一步达到此行的目的。徐树铮认为这样很好，即致电北京国务院秘书长方枢、警厅总监吴炳湘及上述各省督军，报告段总理在武汉的活动，与张怀芝来电及吴鼎昌、曾毓隽的建议，并希望杨善德、卢永祥也“到苏一晤”。次日，徐树铮又将段之行止电告南昌赣督陈光远、南京苏督李纯，希望他们能诚实地与段总理“共商国是”[①]。徐树铮既为段祺瑞的下一步活动预作安排，也有意使李

① 中国科学院近代史研究所近代史资料编辑组编辑:《徐树铮电稿》，中华书局1963年版，第115页。

纯、陈光远等保持一致。因必须落实奉军去岳州，徐树铮未能随段同行。

张怀芝到汉口，段祺瑞尽力协调曹张两人之间的不和。据《顺天时报》载，曹锟曾在汉口青楼中物色到一个姨太太。张怀芝是曹锟的把兄弟，曾打电报责备曹锟不应“军中行乐”。曹锟大为忿怒，认为张怀芝根据“无稽之言”，有意破坏他的名誉，此后两人不通往来。[①]但最主要的原因可能是他们两人分别任第一、二路总司令之后，在军事进止方面发生抵牾。通过段祺瑞的调解，他们的关系有所缓和。当天，段在汉口接见日、法、英等外国领事，但拒不接见言和者，“略谓彼意言和，惟我国内乱，无所谓和，但听政府命令，自不过为已甚”[②]。

就在这一天，吴佩孚攻克衡阳。这对主战派来说，真是个好消息。段祺瑞未到汉口之前，张怀芝第二路施从滨师在4月15日攻占攸县，前锋抵茶陵。段到汉口后，曹锟第一路如此迅速连克衡山、衡阳；入粤的赣军吴鸿昌部24日深夜又攻下南雄；福建督军李厚基也来电说即将出驻厦门，率同援闽浙军童葆暄部急攻潮梅。从这些情况看，定湘、定粤似可不久实现，武力统一政策可谓迅奏功效。孰料施从滨师忽被湘军赵恒惕、刘建藩部击溃，实在大煞风景。25日，段总理与曹锟、张怀芝商定，尽快增援，曹锟第一路总司令部移驻岳州，奉军第一支队速向长沙进发。当日，徐树铮从武汉急电张作霖，告知这种情况。

段祺瑞在汉口召开了军事会议。参加者有曹锟、张怀芝、王占元、赵倜四个督军，徐树铮当然也在内，此外还有江苏、江西、湖南、安徽、山西、陕西、奉天七省督军的代表。段在会议上说明团结北洋派的重要性，和贯彻对南作战方针的必要性，并提出第四期作战计划，发交有关各省遵照执行。关于总统问题，主战派内部有两种不同意见：一种主张以临时参

① 陶菊隐著:《北洋军阀统治时期史话》(中)，生活·读书·新知三联书店1983年版，第760页。

② 中国科学院近代史研究所近代史资料编辑组编辑:《徐树铮电稿》，中华书局1963年版，第115页。

议院代行选举总统；一种主张迅速召集新国会，如期进行总统选举。徐树铮赞成后一种，段在会上亦说明应当采取后一种。

会上，曹锟、王占元联合提出恢复陈光远原职，撤销对王汝贤、范国璋二人的处分，对冯玉祥既往不咎。这些段都表示接受。曹对直系将领表示善意，是值得注意的一件事情。会后，曹锟、张怀芝和倪嗣冲联名电请迅速召集新国会，国务院否认以临时参议院代行国会的一切职权。

段祺瑞在汉口期间，全国各地反对南北战争、反对中日秘密外交的呼声不断高涨。冯国璋把这些令段不愉快的电报，从北京封送汉口，交段处理。武汉一些团体和商会也派代表直接请愿停止内战，段祺瑞未予接见。①

4月25日晚，段祺瑞结束汉口之行，启程循江而还，赵倜、杜锡珪、叶恭绰等随行，曹锟、张怀芝、王占元等送到江岸。徐树铮致电津浦路局徐局长调车到浦口迎候，并电告倪嗣冲，已让"津浦路局代备卧车二、头等一、二等二、花车三、饭车二、铁棚二"，在浦口站等候段总理一行使用，并希望倪嗣冲分神关照，能到江苏一行。②晚6点钟，段祺瑞乘坐的楚泰号兵舰先开，所有卫队人员等乘楚材号兵舰约迟一小时开。当晚8点半左右，风雨交加，楚材号行驶过速，经黄州时，误把上驶的招商局客轮江宽号撞沉，本身也受伤停驶。落水淹死的乘客约有400人。徐树铮得悉后，立即飞电赣督陈光远和赣北镇守使吴金彪，要他们由九江酌选可靠卫队，随楚泰号保卫前进，并电告倪嗣冲携卫队赴苏迎接。

26日，段祺瑞经九江与陈光远见面。27日晨抵达南京下关，李纯、倪嗣冲、卢永祥及海军总司令蓝建枢等到江岸迎接。随即进城到督署座谈，段祺瑞又在李纯、倪嗣冲、卢永祥三人之间做些调解。中午渡江到浦口。当晚乘津浦专车北行，28日下午5时回到北京。车中曾搜获身怀两枚炸弹

---

① 陶菊隐著:《北洋军阀统治时期史话》(中)，生活·读书·新知三联书店1983年版，第760—761页。

② 中国科学院近代史研究所近代史资料编辑组编辑:《徐树铮电稿》，中华书局1963年版，第118页。

的乘客，但段祺瑞安然无恙。[1]

经过段祺瑞这次南巡，徐树铮与曹锟、张怀芝等人的关系也缓和了一些。段离汉口之后，曹、张数次约他开怀畅谈，“历年内外蒙古锢均已揭开”[2]。

三、长沙之行见危局

根据段祺瑞和曹锟商定的军事计划，徐树铮拟赴长沙部署。临行前，他在汉口筹借10万元，以备第一支队入湘之用，并致电段祺瑞说急需饷款30万元，请转知财政部，迅交奉军驻津办公处具领。同时拟在汉口、蒲圻、岳州等处设立兵站。

4月26日，徐树铮致电已回到盛京的杨宇霆参谋长，对兵员补充和军队续出等做出安排。27日晚，徐树铮乘沅江轮船赴长沙。28日行次岳州，他致电段祺瑞报告奉军赴援情形及所顾虑事件，指陈第二路军及张敬尧所部战败的症结，并想重整纪律，力图挽救败局。可是，29日他到长沙，醴陵28日晚已失守。30日，株州也失守。北军施从滨、张敬尧、张宗昌、李传业等部，分别向长沙、萍乡撤退，首尾不相顾，全部溃不成军。徐树铮急调奉军第一支队迅速进援。5月1日，他结束长沙之行，匆匆返回汉口，另筹补救之策，并将此行所闻，电告段祺瑞：

此次第二路之挫败，自有取败之道，实非意外。以树铮此行所见言之，长沙城外，施师退兵，并无官长，成列率行，仅仅十余，或廿卅成群，陆

---

① 大隐居士:《政闻纪要》，见《一九一九年南北议和资料》，中华书局1962年版，第405页。

② 中国科学院近代史研究所近代史资料编辑组编辑:《徐树铮电稿》，中华书局1963年版，第120页。

续麕集，头无帽，足多赤，袜间虽有履，而缎布草麻不等，身无军衣，所著汗褂蓝白黑各异其色，枪虽未失，而枪子琅琅坠，亦不顾惜，惟背后各背一包裹，大小不等，皆护之若命。树铮曾面询一二人谓："汝亦山东好男子，既不愿当兵，谁迫汝入伍？"答言"自愿当兵"。"既愿当兵，何不敢打仗？"答言"敢打仗"。"既敢打仗，何以退回？"答："官长老爷叫退，只好退回。""背后包裹何物？"则嗫嚅不对。至途中又遇零星窃逃者，准其附车北还，发现其包，则红裙翠袖，妇孺小衣，灿其盈目，为之随车散掷，则皆拼命跳下，重复拾集而去，绝不顾及坠车生死。似此奋勇之兵，其将不能善用，真可为国家痛哭矣。以理测之，攸县挫失或尚出于惊溃，醴陵挫失必系卤掠而逃。此种军队，为之官长者尚敢饰报敌状，希自遮掩，一死宁足蔽其辜乎！

前阵布置系何情状，树铮尚未身临，不敢妄揣，据勋臣催队情形而断，则不问彼此好恶如何，前后左右联络如何，建制次序如何，一概随到随加，毫无进退计划，殆可断言。

由长至岳四百里间，铁路多穿山隘而过，铁桥五六座，工皆艰巨，竟无一兵分布监守，长岳诸将亦无一人谈及，勇将胆大，真堪咋舌。过岳州直至蒲圻，始见岳队零星来往，见有过车则攀附强登，问以何事？非领饷，即送衣，绝未见一官长露面，秩序皆无，尚何纪律之可言。以此攻城，何城不坚；以此拒敌，何敌不壮哉！

总之，湘中战局，幸衡宝一路得吴师长佩孚树一中坚，闻攸、醴警耗，立将阵面调转，迫夺安仁，不愧战将，长沙赖以无忧。

树铮昨遇溃兵，本拟收其卤物，振给贫民，骈肩正法，严儆效尤。因彼间有枪枝，而树铮随行不过八人，恐其警惧抗拒，或有枪声，引起土匪滋闹，则长沙或将不保；故沿途均抚以好语，诱令缴枪，免生后患。

奉军在勘（28）日已闻命立行，开抵刘家庙，以无舟无车，昨午甫运一团过岳。深恐长沙有警，大局动摇，已冒兵法之忌，立命径进株州，协力坚守，但非待该两旅到齐，不许贸贸（然？）寻战，到齐后乃可进复醴陵。以此余暇，树铮归京面请训示，并略布置后路。醴陵复后，即进与萍乡联络，固守北线，非待树铮南还，不许再作进取之计。总之此时第二路战力全失，除奉军外，别无可恃。

未读钧谕以前，树铮已决计自请奋行；况兹更承谕勉，安敢别有顾虑哉！惟行军最忌一乱字，进退必有前定之策，始能有条不紊，循途而前，故不得不面谒一行，计定方略。至第二路目前收拾之策，亦属非难。又前敌用兵之无法，前言不过数分之一，统俟面详，诸恳察鉴。①

电中所述第二路军纪律败坏，长沙张敬尧措施无方，都是事实。原来北军占领长沙后，分作三路向前推进：中路直军进攻衡山、衡阳；右翼第七师进攻湘乡、宝庆；左翼第二路军进攻醴陵、攸县。三路进军的速度开始都很慢。但 4 月下旬，桂系将大部分军队撤回广东，谭浩明于 22 日离开衡阳到永州；湘军也急速后撤，程潜于 23 日离开衡阳。24 日，直军迅即占领衡阳。因而第二路军也加快进军速度，唾手而得醴陵、攸县。湘军来不及撤退到目的地，刘建藩部 26 日回头抵抗尾随而来的北军，已向韶关撤退的桂军马济部也迅速调转来接应湘军。真是莫名其妙，湘军刘建藩部只有 3000 人左右，桂军马济部也只有 10000 人左右。北军第二路的兵力有 35000 人之多，而且有乘胜进军的旺盛势头，但听到枪声一响，就像潮水一般退下来，随即放弃攸县、醴陵，分作两路逃跑：鲁军第一师向长沙逃跑，苏军第六混成旅和安武军向萍乡逃跑，彼此各不相顾。第二路在湘东的大溃败引起长沙的震动。张敬尧派第七师补充第二团的士兵代行警察职务，以该团团长佟国安兼任警察厅长，又成立全省侦探处，雇用大批鹰犬

① 中国科学院近代史研究所近代史资料编辑组编辑:《徐树铮电稿》，中华书局 1963 年版，第 125—126 页。

搜查南军间谍。搜查往往是在夜间进行。他们以搜查“乱党”为名，敲诈勒索，劫走钱物，侮辱妇女。此外，打人骂人，买东西不付钱，乘车不买票，借老百姓东西不还，更是时有发生，害得人民纷纷逃难。但张敬尧却厚颜无耻地吹嘘第七师纪律严明，不许有人控诉其军队的不法行为。接着，第七师田树勋旅也从宝庆退下来，张敬尧便接二连三地告急请援。徐树铮立即派奉军司令邹芳率领一旅一团增援湘东，吴佩孚也从衡阳调兵回援，所以湘军及接应的桂军又急遽撤退。

第二路军大败时，张怀芝仓皇失措地由萍乡退往樟树镇，随后又到汉口，托词“旧病复发”“鲁匪告警”，要求回山东。5月1日，张向中央政府要求辞去湘赣检阅使及第二路军司令职务，请徐树铮领奉军接防湘东，并且力保徐树铮继任第二路司令。徐树铮表示不就，张又力保张敬尧和陈光远，或者由曹锟一人兼任，总之他决不愿意再战了。曹锟则要求中央政府惩办第二路各位将领。然而张怀芝虽是败军之将，但段祺瑞找不到合适的人来接替他，因此以国务院名义向他保证，兵力不够可以继续调兵援助，极力催促他回到江西主持军事。[①] 而他又靦颜迭电中央索款，公然声称“打胜仗者固需款，打败仗者尤需款”，实则绝不想回去。

鉴于上述危局，徐树铮不得不赶紧北归，另筹方略，再作布置。

① 陶菊隐著:《北洋军阀统治时期史话》(中)，生活·读书·新知三联书店 1983 年版，第 763—764 页。

第十一章

筹划对策与措施

一、回京晤段并开军事会议

1918年5月2日，徐树铮由武汉北返，当晚到驻马店与杨宇霆参谋长及奉军孙烈臣、汲金纯、吴俊升等各师长会晤，并发训令一件。4日凌晨2点钟抵京，早上即谒见段祺瑞，商讨目前战况，计划此后的军事方案。同日参陆处会议，讨论并认可徐树铮提出的“平湘攻粤援川计划”，即分电各地遵照执行。又分电吴佩孚、张敬尧，令在衡阳的军队暂取守势，待第二路军队完全收复湘东后，再行会攻零陵。[①]

5月5日，徐树铮与段祺瑞再次晤谈，认为“湘、粤、川事局非用武不能止暴”[②]，并与段确定继续用兵的主旨。段答应只要能筹得饷械，尽可商同张作霖放手去做。下午4点多，徐树铮赶往天津军粮城奉军司令部，收束一切文件，准备移至汉口，并嘱杨宇霆迅速回奉，向张作霖面述详情。张作霖4月中旬曾有电说：“拟在汉口设立总司令部，即由徐副司令驻汉，经略前敌事宜。”[③]7日，国务会议议决，由参陆处核议徐树铮条陈的勘定川

① 大隐居士:《政闻纪要》，见《一九一九年南北议和资料》，中华书局1962年版，第405页。
② 中国科学院近代史研究所近代史资料编辑组编辑:《徐树铮电稿》，中华书局1963年版，第134页。
③ 大隐居士:《政闻纪要》，见《一九一九年南北议和资料》，中华书局1962年版，第405页。

湘乱事案。徐树铮又被催回京，中午 12 点和徐邦杰、曲同丰、王克敏等一起到京。同日他致电张作霖说：段总理认为，第二路现已不支，前途进展专恃我奉军。饷械已确有把握。①

这时第二路军战力全失，调赴湘阴。宝庆吃紧，张敬尧欲将全部兵力应援湘西。攸县方面，则全靠徐树铮所部奉军担当。徐命张景惠等迅速进军接战，同时筹定一大混成旅，准备亲率应援出击。

徐树铮做事，锋芒太露，不免遭人疑忌。他这次进京才几天，就听说院部致电曹锟和张怀芝，谓其“自愿以奉军两旅加入第二路，自充第二路参谋，为第二路恢复名誉等语”。该电虽以院部名义，实由参陆办公处定稿发出。这使他深感诧异。他“本拟痛为究诘，因恐第二路更生误会，或滋疑阻，反致影响军事”，便隐忍未究，而且他对军部长官的“贪鄙无耻”甚为厌恶，“虽无力去之，而誓不与交谈”。他打电报到汉口，向曹锟切实申明，奉军已到两旅，及现筹续运一旅，专听曹锟指挥。即使第二路情形危急，或有分顾之要，亦只听曹锟与张怀芝商定，“决无自愿之请。至自充参谋，为人恢复名誉之说，尤非弟所敢”，以免曹锟疑其“离汉未久，忽反复也”，② 并请曹锟斟酌应否将此电内容略告张怀芝，免生误会。

5 月 12 日，徐树铮在京寓召开军事会议，到会者有奉军第二十七师师长孙烈臣、第二十八师师长汲金纯、第二十九师师长吴俊升，还有奉天督军署顾问英顺、前第十三师师长刘全标等，另外通知许兰洲列席③。孙、汲、吴三人，是因张作霖之召，于武汉方面应命回奉，中途到天津时，被徐树铮电召至京的。徐树铮此举显然是为了推进南方的战局。

这个时候的战况是：湘东的战事，鲁军张宗昌部已于 5 月 7 日收复醴

① 中国科学院近代史研究所近代史资料编辑组编辑：《徐树铮电稿》，中华书局 1963 年版，第 138 页。
② 中国科学院近代史研究所近代史资料编辑组编辑：《徐树铮电稿》，中华书局 1963 年版，第 143 页。
③ 大隐居士：《政闻纪要》，见《一九一九年南北议和资料》，中华书局 1962 年版，第 405 页。

陵，12日，张敬尧部又夺回宝庆，北军声势稍振。但湘西常德，却得而复失，曹锟急命冯玉祥旅赴援，而奉军未入湘者尚迟迟其行，已入湘者持重而不轻战。广东方面，援闽的右路军许崇智部，于10日自蕉岭攻入武平；中路军陈炯明部，正由大埔前进；左路军邓铿部，留驻黄冈、饶平。龙济光遭遇失败后退避广州湾，所部近于解体。川陕方面，靖国军胡景翼在三原起义，刘存厚在绵阳失败连电告急。南北战局，一片混乱。

徐树铮日夜催促许兰洲旅，准备赴观音堂，西进入陕援川。

可是，北军前敌将领对武力统一的信心发生动摇。张敬尧9日密电段祺瑞，建议“由中央明令双方停战，于军事上暂谋收束”[①]。段祺瑞接读此电，径交徐树铮拟稿密复，婉转批评张敬尧建议停战，鼓励其坚持武力统一，继续战斗。张敬尧有些怯战，他一方面致电段祺瑞请求停战，一方面又致电府院参陆部，请求明令以徐树铮任第二路或自成一路并加上将衔。曹锟也表赞成。但徐树铮认为万不可行，并向段祺瑞说明原因。段祺瑞认为徐树铮说得对，并且不愿徐树铮久离，即嘱曾毓隽向曹锟、张敬尧说明情况。12日，徐树铮分别致电张敬尧、曹锟，婉言辞谢，并致电盛京杨宇霆说明情况，为防张敬尧电商张作霖，请杨宇霆以徐树铮不便远离之意回复。

1918年5月20日，曹锟忽然借口所部师旅长要求，致电府院说武力解决非易，请准以宣抚使名义，速谋收束军事。段祺瑞接读后，勃然大怒，拟即复电严斥，经徐树铮、方枢、曾毓隽力劝才平静下来。因此，南北战局更为复杂。

这时，日本为取代帝俄在中国东北的地位，向中央政府催订中日联防条约尚无定议。徐树铮担心外交有变而影响饷械，即暗中促使中方代表靳云鹏尽快签订。靳云鹏终于在1918年5月16日下午，和日方代表斋滕季

---

① 中国科学院近代史研究所近代史资料编辑组编辑:《徐树铮电稿》，中华书局1963年版，第154页。

治郎签订《中日陆军共同防敌军事协定》。然而徐树铮又深生忧虑，担心此为“引虎自卫之媒”。他19日在天津致电总理段祺瑞说：

中日联防条件既经签定，日来审顾前后，为之喜且为之忧。我国外交尚无准的，遇事一例漫为应付，急难则因循迁就，忍辱吞声，毫不能于公平酬接之中，默结一恳确联洽之友。驯致孤立无援，列强涎视。以神州势胜之地，辗转畏人，几不复能自存立。日惟以块然此土，人不能骤相吞咽，苟且侥幸以自豪。凡有血气，谁不痛哭。今与东邦幸缔此约，为嘉为怨，即难断言，而关联较深，则无疑义。盼其嘉，则必极意经营以希惠助；虑其怨，亦必小心翼翼以遏怒锋。是汗漫无涯之外交，忽豁然辟一航路，宁非极可喜幸，而可忧之端即伏于是矣。[①]

签订中日联防条约这件事，很快引起许多人的不满。不少中国留学生罢学回来，联合北京多校学生请愿废约；西南要人伍廷芳、陆荣廷、唐继尧、林葆怿、刘显世、谭浩明、熊克武、程潜、李烈钧、李根源、陈炯明、莫荣新等，5月15日即已联电冯国璋，反对段祺瑞与日本订立军事密约，斥其“因坏法而用兵，因用兵而借款购械，因借款购械而有亡国条约，务求逞于国内，宁屈伏于外人”，主张组织和平会议，停战息争，解决南北争持之法律、政治诸问题，此乃梁士诒暗中策动，[②]而徐树铮与段祺瑞不知。接着，广州非常国会宣布修正军政府组织大纲，取消大元帅制，20日推举唐绍仪、唐继尧、孙中山、伍廷芳、林葆怿、陆荣廷、岑春煊7人为军政府总裁，岑为主席总裁兼内长（后改为任可澄，由次长冷遹代理），伍兼外长，陆兼陆长，林兼海长，孙兼法长（未就，次日即离广州，经汕头前往

① 中国科学院近代史研究所近代史资料编辑组编辑:《徐树铮电稿》，中华书局1963年版，第169页。
② 沈云龙:《徐世昌评传》，台北传记文学出版社1979年版，第368页。

日本，由徐谦、谢持相代理），唐绍仪兼财长（未就，由伍兼代），唐继尧兼交长（由赵藩代理），李烈钧为参谋总长，章士钊为秘书长。此时章在北京，正代表南方与冯国璋密商和议。冯居高位，旁观已久，早就谋和，未便下手，遂派王克敏、张绍曾相继南下，分别与倪嗣冲、李纯接洽，并拟派审计院长庄蕴宽前往桂林直接与陆荣廷联系（庄与陆荣廷有私交）。这样一来，段祺瑞诚恐和平声浪再起而对主战派不利，急嘱徐树铮南下安抚曹锟、张敬尧等。因此，徐树铮再次南下。

二、汉湘之行及联络吴佩孚

1918 年 5 月 21 日晚 6 点，徐树铮由北京启程再次前往武汉及湖南，其用兵战略已与段祺瑞商定，所筹饷款与新招梁朝栋旅已有着落，外交方面与日本政府的关系也有把握，唯选举新国会之事正处在紧要关头。

5 月 23 日早晨，徐树铮抵达汉口，立即与曹锟、张怀芝讨论前敌情形。曹锟一再强调困难，意在第一路不复向前。张怀芝则密告徐树铮，“拟请奉军代为监视，渠将严办第二路，切实整顿以赎面目”。徐树铮对曹锟慰勉有加，对张怀芝则“极口应之”，希望他们能继续作战。随后，徐树铮过江至武昌会晤王占元，“为言大局利害”，王极首肯。徐又嘱王时常设法打动曹锟，消其馁志。王说，曹锟对段芝贵派人联络张敬尧、吴光新组织皖派以抗直派大为不满，所以才不愿再战。①

关于直皖分派之说，徐树铮坚决反对。他去年曾向段祺瑞“详陈数次，以为直人布置直派，是直之自杀直人。若皖人布置皖派，以为抵直之计，是皖之自杀皖人……总理为国家之总理，非皖人之总理。直人果自成派，

① 中国科学院近代史研究所近代史资料编辑组编辑:《徐树铮电稿》，中华书局 1963 年版，第 179 页。

是自外于国家也”。现在，徐又上电段祺瑞，重申此说，劝其“有以正己而正人”，勿让不识大体自植私利之辈操刃自割。[①]

从徐的电报中可以看出，曹锟、张怀芝、王占元集矢于段芝贵，是因段芝贵有意组织皖系以对抗直系而起，所以曹锟率直表示，段芝贵不去，决不再战，决不愿卖死命而为皖人争地位。世人往往怀疑徐树铮是首先制造直皖分裂的人，但观其痛斥分派等于自杀，亦即自外于国家，劝段祺瑞有以正己而正人，似还不是完全不识大体自植私利者流。可惜民国以来，政局扰攘不休，每每地域观念重于民族观念，派系利益高于国家利益，使无派系者无法自存。而居高位者，知利禄可以为诱饵，更鼓荡派系竞争，扶抑制衡，任意操纵。结果派系越分越多，圈子愈画愈小，倾轧越演越烈，折至覆悚，莫不由此，如袁世凯、段祺瑞，均足以引为鉴戒者也。[②]

徐树铮原以为应坚结吴佩孚，并与张敬尧商妥，即不虑曹锟不从；而不知吴佩孚 5 月 20 日已致电曹锟，“拟与湘、贵、粤各军带兵长官约定祁、耒、永、郴之间，划界停战，接洽允妥，再行招抚”。曹锟复以“招抚办法，应就已克复之城邑清理溃匪，并非向接战之敌兵，与之息战招降”。[③]待曹锟拿出原电给徐树铮看时，徐才知道吴佩孚划界停战，比曹锟清理招抚更进一层。

5 月 24 日，徐树铮乘梁朝栋旅第二营兵车赴湘，自岳州途次致电吴佩孚，劝其不要与南军划界停战，认为那是“自断图粤之路”。徐深知吴之重要性。他 25 日到达长沙会晤张敬尧后，就急忙乘船经湘江赶赴衡阳，27 日与吴佩孚披诚晤谈。吴说出师 5 个多月，全师领款不过 30 余万元，欠饷约 18 万余元，但事关上司，吞吐不肯尽言。徐当即传达段总理指示，答应

① 中国科学院近代史研究所近代史资料编辑组编辑：《徐树铮电稿》，中华书局 1963 年版，第 179—180 页。

② 沈云龙：《徐世昌评传》，台北传记文学出版社 1979 年版，第 368 页。覆悚：倾覆鼎中的食物，比喻力不胜任而败事。悚（sù）：鼎中的食物。《易经》：“鼎折足，覆公悚。”

③ 中国科学院近代史研究所近代史资料编辑组编辑：《徐树铮电稿》，中华书局 1963 年版，第 182 页。

由中央拨助军费 20 万元并发表吴为“将军”。同时把《统密辅电本》交吴存用，相约以到湘之奉军，先进抵茶陵、安仁，待湘局稍定，即取道永州、郴州，速向韶关进取；吴军扼守衡阳、耒阳一带，以掩护后路，适与在南雄赣军连成犄角之势。吴佩孚表示完全服从调度，还信誓旦旦地说：“将来成功后，当由香港振旅登舟，越海北还，不能重践京汉铁路。”①

为坚实结交吴佩孚和进一步鼓舞其战斗意志，徐树铮还作了一首《衡州谣》赠吴，其中说：“吴公爱民如爱军，与爱赤子同殷勤。吴公治军如治民，情感信藉由天真。在军整暇不自逸，雍容雅度尤无匹。静坐好读易，天人忧患通消息。起居有常礼，戟门厮卒娴容止。笔千管、墨万锭，看公临池发逸兴。香一缕，酒盈卮，时复弹琴自咏诗……昔祝吴公来，今恐吴公去。愿似寇君借一年，悃悃此情为谁诉？为谁诉？留公住！”②

徐树铮哪里知道，吴佩孚早已与南方暗中往来，早有言和想法，至少一个月前，吴佩孚即致函熊希龄说：民国开幕 7 年多来，政治废弛，外交屈辱，能苟延至今，是因数年欧战未休。“今者欧战既终，若吾公（熊希龄）倡议和平，霹雳一声，全国皆春……佩虽不敏，惟有竭力维持……但盼斯会早日成立，庶免别生枝节，是所翘企……一旦和平解决，即行率队北旋，以达初志。”③有关详情，吴已请施君——熊希龄派来与吴联系的人，代吴向熊希龄转陈。吴虽向徐表示服从调度，又怎能留得住？

5 月 27 日夜，徐树铮冒雨乘船往株州、醴陵，巡视奉军，然后又至长沙，复与张敬尧面结诚约，并作《长沙别张勋臣（敬尧）》诗，勉励张敬尧为“民生惨”而战④。随即回汉口，途中又写《自衡阳归汉上》，直抒胸怀：“湘波一碧太无情，不洗纷纷战血腥。欲过长沙吊贾谊，求贤谁复问苍

① 中国科学院近代史研究所近代史资料组编辑：《徐树铮电稿》，中华书局 1963 年版，第 182、245、255 页。

② 徐道邻编述、徐樱增补：《徐树铮先生文集年谱合刊》，台湾商务印书馆 1989 年版，第 84—85 页。

③ 中国第二历史档案馆编：《吴佩孚档案资料选编》，民国档案杂志社 2009 年版，第 19 页。

④ 徐道邻编述、徐樱增补：《徐树铮先生文集年谱合刊》，台湾商务印书馆 1989 年版，第 83 页。

生？九嶷云物久无灵，帝子苍梧唤不醒。明日岳阳楼上望，君山一发可怜青。”[①] 并将这首诗，用毛笔写在扇面上，题跋：“自衡阳过长沙将返汉口，明侯仁兄出扇索书，仓卒赋此，即希两正。”赠给随行的陈幹将军[②]。陈幹（1881—1927），字明侯，山东昌邑人，1905年至日本参加同盟会，回国后积极从事革命活动。1912年初，任山东民军统领，由江宁率部北伐，3月底，孙中山、黄兴任其为三十九混成旅少将旅长，驻守徐州。1914年任陆军部咨议，晋陆军中将。宣统复辟时，他劝商震杀宣统，商震不听。（直皖战争前夕，他建议拘留张作霖，徐树铮用其计划而段祺瑞不采纳。后为孙中山、段祺瑞、张作霖联盟奔走效劳。）陈幹与徐树铮、段祺瑞关系密切。这次陪徐树铮到衡阳联系吴佩孚，起到了一定积极作用。《徐树铮电稿》中，至少有45件是发给陈幹的。陈幹次年在《自传》中说：“项城薨，予忝受彭城知遇，数聆教益，然非此时之所能言者。”[③]“项城”代指袁世凯。“彭城”即徐州，代指徐树铮。

徐树铮拟到汉口再与曹锟接洽。可是，29日下午6点抵汉口时，曹锟已先于3点钟称病北还。曹锟对徐树铮去联络吴佩孚，显然不高兴。徐树铮当即致电段祺瑞，报告曹锟之变，并向张作霖、倪嗣冲、杨宇霆通报，且嘱杨宇霆：“曹归后有何动静，务时常探察，飞速示下，使筹对付。大局事，谅非渠一人所能为也。”[④] 徐还派遣随行参谋宋邦翰迅速回京，向段祺瑞详述前后接洽情形。

虽说大局非曹锟一人能为，但曹锟离汉口北返，实在非同小可。徐树铮固能明白个中利害，除采取以上对策，30日又打电报给曹锟弟弟曹锐，请曹锐代他向曹锟解释：“汉上人颇有以弟赴衡阳致启疑怒为言者，语不近

① 徐道邻编述、徐樱增补：《徐树铮先生文集年谱合刊》，台湾商务印书馆1989年版，第85页。
② 陈隽、佟立容编：《陈明侯将军》，中国文史出版社1997年版，第29页。
③ 陈隽、佟立容编：《陈明侯将军》，中国文史出版社1997年版，第54页。
④ 中国科学院近代史研究所近代史资料编辑组编辑：《徐树铮电稿》，中华书局1963年版，第189页。

理”，说自己“倘有造作蜚语妄事挑拨，或言行中有何不利于国家，一经究明”，甘受军法处置。徐树铮还致电张敬尧说，“曹公人甚朴直”，为左右小人所误，“竟出此小儿举止，自毁其劳誉，真可惜也”。①

为稳定大局，徐树铮迅速履行对吴佩孚许下的诺言。5月30日，他以奉军军饷作保，由汉口中、交两行分借20万元拨给吴佩孚。30至31日，他又与张怀芝、王占元妥商军事计划，仍一意稳定推进战事，并与孙烈臣商定，派遣参谋秦华回盛京（沈阳）向张作霖报告详情，同时致电张作霖说：“此次仲帅（曹锟）称病突归，固诿罪于弟之赴衡，其实弟不赴衡，彼亦决计停顿。不过弟之赴衡，系专防停顿之险而发，适中其要害，故急急而去。幸先与衡深相结纳，全局得不蒙其影响。然亦险矣，稍缓则大势变矣……此后我辈仍当向仲帅恳婉力劝，悉意弥缝，勿使破裂之象呈于外表，为彼辈所轻视，则大局之定自不在远。”②

31日晚，徐树铮离汉口北返。此次汉湘之行，虽风尘仆仆，然于新国会选举事，亦未忘怀。其间曾先后致电张作霖、阎锡山、王揖唐，屡屡为选举谋划。结果如何，请看下章。

① 中国科学院近代史研究所近代史资料编辑组编辑：《徐树铮电稿》，中华书局1963年版，第189—190页。

② 中国科学院近代史研究所近代史资料编辑组编辑：《徐树铮电稿》，中华书局1963年版，第192页。

第十二章

操控选举

一、国会选举

张勋复辟平息后，段祺瑞采纳梁启超、汤化龙等人的建议，主张成立临时参议院以改造国会，对黎元洪解散的旧国会不予理睬。

1917 年 9 月 29 日，政府发布成立临时参议院命令，要求各省及蒙、藏、青海各长官选派参议员，在一个月内到北京组织临时参议院，以修改《国会组织法》和参众两院《议员选举法》。11 月 10 日，临时参议院在北京开会，选举王揖唐为议长，那彦图为副议长，王印川任秘书长。可是 22 日，段祺瑞即因武力统一受挫而辞职。汪大燮、王士珍相继代理。

12 月 14 日，王士珍咨送临时参议院民国元年《国会组织法》及参众两院《议员选举法》等修正案。

1918 年 2 月 17 日，经逐条讨论修订后的《国会组织法》和参众两院《议员选举法》，由冯国璋代总统明令公布。其修正要点是：（一）减少两院议员名额：参议员由原定 374 名减为 168 名，其中 138 名由各省选出，30 名由中央选出；（二）提高选举人资格，各省参议员原由各省议会选举，改由省区“地方选举会”产生，采用复选制，先以县为单位，必须是专门学校以上毕业，或曾任简、荐任官，或拥有不动产 5 万元以上，或年纳直接税百元以上者，才能当作初选人参加复选；其由“中央选举会”产生者，必须经过学术教育界代表、农工商业界代表、曾任特任官吏、华侨中有巨额财产者、满州及回部王公世爵分别互选；至于众议员初选选举人资格，亦较民元选举法规定为高。①

选举法公布之次日，中央政府就令内务部筹备选举。

1918年3月6日，中央政府发布命令，规定第三届众议院、参议院议员选举日期：5月20日举行众议院议员初选，6月10日举行复选；6月20日选举参议院议员。

皖系对筹备选举十分关注。3月7日晚，王揖唐、王印川、光云锦、刘恩格、田应璜、曾毓隽、郑万瞻、黄云鹏、康士铎、汪立元、吴文翰、江绍杰等，在宣武门内安福胡同梁式堂的住宅开会，决定成立安福俱乐部，次日即正式成立，以便操纵国会选举。所谓“安福系”即自此始。徐树铮因身为现役军人，不便出面，即在幕后操控。在讨论名称时，徐树铮说：“政党二字，为世之诟病，吾侪宜避去之始可。”王揖唐说：“然则称之为俱乐部可乎？此固无政党之名，而有政党之实也。”徐树铮表示赞同。可称什么俱乐部呢？郑万瞻、光云锦提议，可依安福胡同称为安福俱乐部，大家表示赞成。②

安福俱乐部成立后，其人数不断增加，组织逐渐扩大。下设干事部、评议会、政务研究会。干事部由王揖唐任主任，下分文牍、交际、会计、庶务、游艺五课（科），以交际、会计课为主（曾毓隽、王郅隆为常任干事）。课下又设股。评议会会长是田应璜，副会长吴文翰、王印川。政务研究会会长李盛铎，副会长秦望澜、克希克图。安福俱乐部在各省不设支部，

---

① 沈云龙：《徐世昌评传》，台北传记文学出版社1979年版，第372页。

② 李新、李宗一主编：《中华民国史》第二编第二卷，中华书局1987年版，第251页。1924年11月24日，段祺瑞就任临时政府执政，宣称：“誓当巩固共和，导扬民志，内谋更新，外崇国信。”王揖唐宣布，自本日起，安福俱乐部正式取消。略谓：“过去之国会与政团，情势既已推移，自当除旧布新，别筹途辙。”

除议员外，不招收成员。王揖唐曾为旧统一党头目之一，但安福俱乐部亦不招收旧统一党党员。安福俱乐部没有自己的纲领，也没标榜什么主义和政策，主要是由一些官僚、政客及军官组成的一个政治团体。由于人数和组织的扩大，安福俱乐部又在太平湖清醇亲王府旧邸设立分部，有时也叫太平湖俱乐部。

安福俱乐部的首领是王揖唐，但王揖唐和安福俱乐部的主要成员曾毓隽、王郅隆等，往往唯徐树铮之马首是瞻，而王揖唐也听徐树铮的。因此，徐又被公认为安福俱乐部实际上的首领。

徐树铮尽心竭力维护段祺瑞政府。他一面主持对南用兵，积极推进武力统一政策；一面策划并指挥安福俱乐部及有关要人筹备国会选举，还与各省军政长官联系。1918 年 5 月 8 日，徐树铮介绍王揖唐去见直隶省长曹锐，晤谈国会选举事宜。12 日，徐树铮致电张敬尧，希望湖南能选张宣为议员，认为张宣如能得选，会成为议席中一名健将。14 日，致电山西省督军阎锡山，希望寿阳祁绅能够入选。祁是徐树铮二十年旧好。徐认为祁若当选，“则将来议席中又可多一正人”。同日，徐树铮与王揖唐联名致电湖北督军王占元，说湖北襄阳钱葆青、黄逊、萧延平三人，可以选为议员。徐又致电陕西省督军陈树藩，说“顷据确报，刘雪亚与胡汝麟、王敬芳一气，以巨款代彼党在豫运动选举甚力，周人正力为防范。陕省选事，务请吾兄严加注意，否（则）恐必堕彼术也”。[①] 这些电报表明，徐树铮对即将举行的国会选举是颇为用心的，既向各地推荐他认为堪当议员的人选，又排斥“彼党”人选。所谓彼党，即国民党。

在临时参议院议定国会议员选举法时，研究系与听从徐树铮的议员发生很大分歧。研究系的前身进步党曾投靠袁世凯，企图借袁的力量制服国

---

① 中国科学院近代史研究所近代史资料编辑组编辑:《徐树铮电稿》，中华书局 1963 年版，第 159—160 页。

民党，同时发展自己的力量，但不久被袁抛弃，其时徐树铮已与闻机要。研究系主张参议员应按旧选举法规定，由省议会选出；而听从徐树铮的议员，则主张根据新规定由地方各团体选出。研究系在各省省议会还有相当基础，并且议会必定与其他团体不同，不易被政府操纵，因而认为参议员必须由省议会选出才对研究系有利。而徐树铮方面则认为必须改由地方各团体选举才能保证想要的人入选。研究系因在临时参议院席位极少，主张无法通过，就发表一份意见书，以唤起各方注意。后又宣称本来无意竞选，因受排挤不得已而为之，如果主持选政者倒行逆施，就只有诉诸法律。于是，两方面的矛盾和利害冲突更大。为避免研究系在即将选出的新国会中作对，徐树铮等力图阻止研究系参选国会。

1918 年 5 月 20 日，各地按照中央政府 3 月 6 日发布的命令，开始选举。在选举过程中，安福系和研究系都采用不良手段，千方百计进行竞选。如湖南众议员选举时，安福系人员和研究系杨度竞争激烈，杨度以每张票 500 元的高价，收买选票四五十张，但打开票匣子后，废票约占 30 张，“杨度”被改成“杨皮”“杨之度”“洋豆”“羊豆”等，以致有效票才 19 张，杨度未能当选。选举被安福系吴剑丰包办。湖南参议员应选 5 人，也全被安福系收买①。王揖唐还派他的侄子王丙坤为湘江道尹，到湖南包办新国会的选举，指定周渤、罗正纬、王毅等 10 余人应该当选，由于投票结果没有全部当选，张敬尧就用伪票投入票匣子，使原来圈定的人得选。②

王揖唐作为议长筹备国会选举时，遇到问题及时向徐树铮报告。徐即提出指导意见，积极予以支持。同时操控各省选举。

1918 年 6 月 1 日，徐树铮自汉湘北返路过郑州时，致电倪嗣冲、张作霖、张敬尧、杨善德、阎锡山、陈树藩、鲍贵卿、赵倜、王占元、李厚基、

---

① 李新、李宗一主编:《中华民国史》第二编第二卷，中华书局 1987 年版，第 262—263 页。

② 陶菊隐著:《北洋军阀统治时期史话》（中），生活·读书·新知三联书店 1983 年版，第 791 页。

张树元等督军说：

顷接一堂（王揖唐）沁电："接王仲芗由闽来电：'两院选举，闽、漳、建三道均有把握。昨忽有人来京称，中央不甚赞成。闻之惊讶。除仍照旧进行外，祈速确示遵办。'敝处复电文曰：'奸人企图破坏，幸赖高明洞烛，祈始终坚持，无论何人造此浮言，严予拒绝'云云。邦本安危，在此一举。选期迅迫，少纵即逝，拟请迅电同志各省，杜遏奸谋"等语。此次选政，所系甚大，若辈诡谲多端，造谣煽惑，自无所不用其极。闽中既发现此事，难保不分途秘进，极盼坚持促办，俾奸人无所施其伎俩，庶选政可早日告成。除电复一堂外，特以密闻，祈赐鉴察。①

6月2日中午，徐树铮回到北京，直接操控选举。他不断地致电各省军政首要人物，策划选举进程，提出选举名单和注意事项，特别要排挤国民党（国民党已因护法与中央政府决裂），不准原国会参议员国民党人赵世钰、李述膺等入选，而要按他电报中的名单进行选举。

这个时期，以梁启超为首的研究系也积极活动，拟在即将选举的新国会中占据一些席位，以扩大其势力和影响。对此，徐树铮要"相机防制"。7月17日，他致电湖北督军署参谋长何佩瑢说："顷闻研究（系）拟加入数人，该党野心不死，万不能引虎入室，致坏全局。祈严加注意，勿为所惑是要。"②

江苏是冯国璋及其直系的地盘，督军李纯和省长齐耀琳都属直系，而且研究系在省议会中占有相当势力，因此安福系与研究系的斗争最为激烈。结果，众议员选举，安福系得优胜；参议员选举，研究系为扭转败局，特派其健将蓝公武亲临指挥，安福系则特派段书云携带巨款南下收买，两派

① 中国科学院近代史研究所近代史资料编辑组编辑:《徐树铮电稿》，中华书局1963年版，第195页。
② 中国科学院近代史研究所近代史资料编辑组编辑:《徐树铮电稿》，中华书局1963年版，第277页。

互争高低，一时票价涨至每张300元，以致激起江南江北之意见，且酿成票匣子被捣毁之闹剧。[①]

安福系在同研究系的激烈竞争中占有优势，几乎在全国范围内的整个竞选过程中同样占有优势。如湖北众议员选举之前，王揖唐即拨巨款交王印川南下，专驻汉口主持贿选。如前所述，徐树铮还密电湖北督军王占元等指示宜选人名单。陕西督军陈树藩按照徐树铮密电中的意见，亲自指挥陕西选举，不许旁人过问，选举时派军人监场，结果得到预期的人选。8月1日陈树藩将结果电告徐树铮。徐树铮当日复电说“选员得人，为国称庆”，并加赞赏。安福系在政治上有段祺瑞和地方官长支持，经济上有交通系梁士诒支持。梁士诒素有“财神”之名，曾为袁世凯称帝筹措经费，袁死后被列为帝制祸首通缉。此时梁正靠近段祺瑞、徐树铮以便重登政治舞台，慨然允诺资助安福俱乐部300万元。徐将这笔钱连同从奉军军饷中拨出的200余万元交给王揖唐，作为包办选举之费用。[②]另外，段内阁为这届国会选举支出1000万元选举费。[③]

通过权势干预，安福系在全国参众两院选举中取得很大胜利。徐树铮对此非常快慰。6月29日曾致电各省督军说：“各省区参、众选举已揭晓者，其成绩以奉、皖、黑、晋、热、察、中央各部及蒙、藏为全胜，吉、豫十之九，京、绥五分四，鲁、苏四分三，直、赣、浙三分二，以上选员得人，为国称庆，吾兄闻之当亦为之快慰也。其延期省分，俟得续报，再行奉闻。”[④]7月底，选举全部揭晓，除护法的广东、广西、云南、贵州、四川五省及川边一个特区抵制选举，共选出参议员147名（总额应为168名，上述五省一特区21名没选出），众议员325名（总额应为406名，上述五省一特

① 荣孟源、章伯锋、李宗一主编：《近代稗海》第四辑，四川人民出版社1985年版，第347页。
② 李新、李宗一主编：《中华民国史》第二编第二卷，中华书局1987年版，第256页。
③ 陶菊隐著：《北洋军阀统治时期史话》（中），生活·读书·新知三联书店1983年版，第791页。
④ 中国科学院近代史研究所近代史资料编辑组编辑：《徐树铮电稿》，中华书局1963年版，第253页。

区 81 名没选出）。两院合计 472 名，其中安福系方面 384 名（包括梁士诒为首的旧交通系议员 50 余名，梁等不久即与安福系分裂，另组侨园俱乐部，纯粹安福系议员为 330 余名，约占议员总数 70%），研究系只有 20 余名。①

安福系和旧交通系，曾议定从交通部和财政部提取 140 万元分别使用，但梁士诒却先在交通部提用 40 万元，引起徐树铮和王揖唐的不满。梁即以料理长女出阁事为名回香港，实际上却暗中斡旋南北和议②。徐树铮早已察及蛛丝马迹，7 月 5 日密电驻港代表韩宾礼，嘱其婉转劝梁，勿与岑春煊、陈炯明辈联系。安福系与旧交通系之不和于此已见端倪。

7 月 12 日，中央政府发布命令，限定新选出的参、众议员 8 月 1 日前齐集北京，以便成立新国会。随又指派曾毓隽为参议院筹备处处长，王印川为众议院筹备处处长。8 月 12 日上午，新国会在北京正式开幕，到会参议员 106 人，众议员 358 人（合计超过两院议员的半数——开议的法定人数）。新国会既然成立，临时参议院改选国会的政治使命即已结束，同日下午开会宣告解散。

8 月 18 日，安福俱乐部在太平湖中华大学旧址召开欢迎安福系议员大会，由王揖唐在会上宣布，政府对安福系议员实行永远津贴，每人每月现洋支票 300 元，票面上印有“任重致远”四个字。20 日，众议院开会，出席议员 278 人，王揖唐以 262③ 票当选议长，刘恩格以 176 票当选副议长④。刘和王都是安福系，所以当选，事前均经布置。王揖唐早已人所共知，自不待言。关于刘恩格，徐树铮 21 日致电奉天督署秘书长袁金铠说：“鲤门（刘恩格）副席熬费经营，揖唐八面奔走，至昨日始有定局。”⑤ 刘是奉籍议

① 李新、李宗一主编:《中华民国史》第二编第二卷，中华书局 1987 年版，第 264 页。

② 沈云龙:《徐世昌评传》，台北传记文学出版社 1979 年版，第 378 页。

③ 此采周天度说，见李新、李宗一主编:《中华民国史》第二编第二卷，中华书局 1987 年版，第 266 页。一说 263 人，见《徐世昌评传》，第 379 页。

④ 刘恩格当选日期，见沈云龙:《徐世昌评传》，台北传记文学出版社 1979 年版，第 379 页。徐树铮 1918 年 8 月 21 日致袁金铠电中“定局”之言可以佐证。

⑤ 中国科学院近代史研究所近代史资料编辑组编辑:《徐树铮电稿》，中华书局 1963 年版，第 316 页。

员，背后有张作霖撑腰。22 日参议院开会，出席议员 123 人。梁士诒以 119 票当选议长。朱启钤以 114 票当选副议长，梁、朱都是旧交通系，所以当选，事前也都经过布置。安福俱乐部因曾得到梁士诒大力资助，早在 6 月间一次秘密会议上，即已拟定由梁士诒担任参议院议长，借此笼络敷衍交通系，并使梁不至于成为将来国务总理一席的竞争者。但梁有自己的打算，他表示不愿出任参议院议长，甚至"议员亦不就"[①]。梁不赞成段派的武力统一政策，而以调和西南，办理全国统一为职志，暗中和冯国璋及西南方面联系。在推举下届总统、副总统问题上，梁与安福系也意见相左，加以财政和选举过程中出现的问题，两派矛盾越来越深，梁遂返回香港。徐树铮虽对梁已感不快，但仍认为应由梁担任参议院议长。8 月初，徐还和段祺瑞托徐世昌电劝梁士诒担任参议院议长，但梁坚持拒绝。至此，徐树铮乃拟让朱启钤（旧交通系头目之一）代替梁。14 日，徐树铮致电国务院秘书长方枢说："燕（梁士诒）既如此，参长何如举桂（朱启钤），祈转商揖（王揖唐）兄。"[②] 不过，朱与梁已密约在政治上采取一致行动，亦不肯就。当时朱在北戴河"避暑"，梁还没回到北京。安福系决定，不管他们是否同意，举出再说。20 日夜，徐树铮与王揖唐、王郅隆、曾毓隽、吴炳湘联名打电报催促朱启钤回京。由于"联洽布置均已周妥"，所以梁士诒、朱启钤就在22 日当选为参议院正副议长。梁士诒"恐不行将增疑"，[③] 亦于当天赶到北京，并赶赴会场参加会议。

这届国会，人们称为新国会，是相对第一届国会（亦称旧国会）而言的。由于新国会主要是徐树铮及其安福系策划包办产生，安福系议员占约 70% 席位，所以也被称为安福国会。

---

① 《晨报》1918 年 8 月 4 日。

② 中国科学院近代史研究所近代史资料编辑组编辑:《徐树铮电稿》，中华书局 1963 年版，第 310 页。

③ 沈云龙:《徐世昌评传》，台北传记文学出版社 1979 年版，第 379 页。

二、总统选举

新国会成立并选出参众两院正副议长后，亟待解决的就是总统选举问题。按照1913年10月4日宪法会议公布的《大总统选举法》规定：“大总统任期五年……任满前三个月，国会议员自行集会，组织总统选举会，行次任大总统选举。”袁世凯1913年10月10日就任大总统。1916年6月6日死后第二天，黎元洪以副总统继任大总统。同年9月30日，冯国璋当选副总统。次年7月7日，因张勋复辟，冯国璋在南京宣布代行大总统职，14日，黎元洪通电辞去总统职，8月1日，冯国璋到北京代理总统职务。按规定，到1918年10月9日冯国璋代理期满。10月10日应由下届总统开始任职。选举谁为下届总统呢？这是新国会亟待解决的问题，也是众所关心的问题，更是政治上各派系激烈斗争的中心问题。

冯国璋身为代理总统，想任大总统。部分议员（主要是江苏和直隶两省的议员）支持他。他暗中和西南军阀声息相通，得到西南军阀对他的支持和同情。西南方面曾经表示，如果北方不选他为总统，南方非常国会可以举他为总统。但是，实权在握的段祺瑞总理，不表示支持。安福系包办国会的主要政治目的之一，就是赶冯下台，选举符合本系主张的人当总统。8月12日新国会开幕后，冯国璋看到大势已去，并且身体状况欠佳，就通电各省军民长官，表示不愿再当总统，而希望“国会议员各本良心上之主张，公举一德望兼备，足以复统一而造和平者，以副约法精神之所在，则国本以固，隐患以消”①。实则话里有话，煽动反段情绪。

段祺瑞是否想当下届总统呢？1918年二三月间，徐树铮奉命首次出关，联系张作霖以制冯国璋，即有未来总统推段，副总统推张之默契。还有一些拥护段的人，四处奔走，要举段为总统。但是，西南方面誓死反对，

---

① 《冯总统宣明态度》,《晨钟报》1918年8月14日。

直系也不赞成。以梁士诒为首的旧交通系，和以梁启超为首的研究系，亦不赞成段当总统。另有一部分人认为，“北洋派已经分为直皖两系，现在直系首领冯国璋以副总统代理大总统职务，假如举段而不举冯，势必迫使直皖两系之分裂愈形恶化”，[①] 也不同意举段为总统。最后，段决定不竞选总统。

徐世昌是北洋元老，袁世凯的亲信，清末官阶远在冯国璋、段祺瑞之上，具有丰富的官场政治经验。在段、冯对立和南北斗争中，徐世昌对段不即不离，对冯暗示亲近，对西南表示和平愿望。另外，对交通系和研究系保持渊源关系，对张作霖的奉系，极尽拉拢之能事。这样各派都不反对他，甚至觉得他可亲可敬。段派以为，徐世昌接近段派，并且是文人，必能为段派所用，既然段不能当选总统，就拟提名徐世昌为总统候选人。段祺瑞亦同意，并最终决定推徐世昌为总统。

1918 年 6 月 12 日，徐树铮和杨宇霆联名致电徐世昌的亲信王怀庆说：“时局多艰，非东海（徐世昌）莫克负荷，尤非我辈共矢公忠，莫为捍卫。”[②]7 月底，各督军在天津开会时，一致决定推举徐世昌为总统候选人。徐世昌即表示以挽回残局自期，他手下的人也为他日后当选大力活动。同时，徐世昌很注意笼络徐树铮，时常招徐树铮到晚晴簃讨论诗文。

8 月间，前线将领吴佩孚，突然表示强烈反对国会选举总统。8 月 7 日吴佩孚密电江苏督军李纯说：“民国精神，全在法律，立法不善，必召大乱。国会者，立法之最高机关也。此次新国会选举，政府以金钱大施运动，排除异己，援引同类，因之被选议员，半皆恶劣。此等国会，不但难望良好结果，且必以立法机关受行政之指挥而成赘瘤。极其流弊，卒以政府不受法律约束，伪造民意，实行专制，酿成全国叛离、外人瓜分之祸。

① 刘振生：《安福系的形成及其内幕》，《文史资料选辑》第二十辑，第 110 页。

② 中国科学院近代史研究所近代史资料编辑组编辑：《徐树铮电稿》，中华书局 1963 年版，第 213 页。

缘此推之，亡国之兆已萌，若再以武力平内乱，是惟恐亡之不速也。”此电既指责选举之弊，又以罢战相要挟，且公开发表在8月21日《申报》和8月23日《晨钟报》上。8月21日，吴还发出通电，随后登在8月25日《申报》和《晨钟报》上。吴电提出：“溯自我国因法律问题引起内争，全国纷纭，已逾一载，长此以往，分崩之祸，即在目前。国利安在，民福奚存……选举问题，虽非师长等所敢问，然新旧国会分立，南北既无统一精神，焉有真正民意？若当此兵戈未息之时，骤行选举曲礼，不但于法理不合，且恐促民国分裂，此尤为我经略使（曹锟）与长江三督帅及各省军民长官所急应注意者也。”接着，长江三督李纯、王占元、陈光远发出先决时局后选总统之通电。显然，他们已经暗中串通，并且背后有曹锟和冯国璋的同情和支持。这实际上是直系向段派发动的巨大挑战，意在推倒段内阁和挽救冯国璋的失败。段派认为这是冯国璋的阴谋，随即表示反对。8月24日，由张作霖领衔河南赵倜、陕西陈树藩、黑龙江鲍贵卿、吉林孟恩远等省督军，通电要求速选总统以定大局，并将大体内容分别电告参众两院①。25日，安徽督军倪嗣冲响应张作霖等人的通电，表示要“竭尽绵力，为公后盾”②。28日，张作霖又致电中央政府，请求查明吴佩孚背后的主谋之人，从严惩治。显然这是段派组织的对直系的反攻，其矛头主要是对着冯国璋的。

段派为抵制直系阻挠总统选举的言行，决定尽快组织总统选举会。6月27日，以安福系议员为主体的众议院开会，由议员王伊文等提出《两院从速会合定期组织总统选举会行次任大总统选举案》，主张由众议院会同参议院尽快定期组织总统选举会，选举次任大总统，获得通过。会议决定咨行参议院，限7天内开两院会合会议以决定总统选举日期。29日参议院

① 《选举总统之形势》，《晨钟报》1918年8月27日。另见《申报》1918年8月29日。
② 《主战主和之宁讯》，《申报》1918年8月29日。

会议通过众议院移付的《速选总统案》和参议员吕调元、张玉庚等提出的《迅速组织总统选举会案》。30日安福俱乐部开会，拟订9月4日为总统选举日，并决定在两院联合会上提出主张速选的理由。31日参众两院联合会议，议决9月4日、5日分别选举正副总统。为使选举能够顺利实现，段祺瑞31日发出通电，正式公开表示愿和冯国璋同时下台："良以统一不成，和平直成虚愿，而国纲所在，断不容弃统一以就和平，理既甚明，事非得已。惜祺瑞襄赞无方，未能早纾国难，上负大总统知人之哲。今幸国会告成，已决组织大总统选举会，实为我国第一次改选大典。元首（此指冯国璋）改任之时，即政局重新之会。祺瑞自应及时引退，遂我初服。"[①] 这是一种政治姿态，并非真要下台。徐树铮9月4日致电蚌埠倪嗣冲说："芝揆（段）卅一电系循例文字，并非因困难而作拂衣之想，且亦无去职语气，千祈勿致误会。"次日又致电香港韩宾礼说："揆座以元首将次更迭，循例声明，并非即卸仔肩，祈勿误会。"[②]

9月3日，安福俱乐部还在太平湖分部举行一次总统预选会，384人到会。除一人弃权外，全部以记名投票方式选徐世昌为总统。

9月4日上午10点钟，总统选举会在北京象坊桥众议院[③] 正式举行。参议员131人，众议员305人，共436人出席，超过两院总人数的三分之二，合乎《大总统选举法》的规定。投票结果：徐世昌得425票，段祺瑞得5票，王揖唐、王士珍、张謇各1票，废票3张。徐世昌当选中华民国第二任大总统。全场一致鼓掌欢呼。徐树铮在参观席上，面露喜色，说不出是多么欣慰和高兴。安福系苦心经营半年多的国会和总统选举，终于如期获得大胜。

会后，徐树铮立即将到会人数和徐世昌当选第二任大总统之结果电告

---

① 《合肥表示辞职之通电原文》，《晨钟报》1918年9月2日。

② 中国科学院近代史研究所近代史资料编辑组编辑：《徐树铮电稿》，中华书局1963年版，第334页。

③ 民国国会旧址在今新华通讯社院内。

各省军民长官，接着又将会场情景和准备劝驾徐世昌等情况，电告各省军民长官："本日选举，天气清和，人心静穆。议场秩序雍容，投票整肃，不崇朝而国本以定。院外警备，比之常会，不过于照例警察外，多悬彩旗以昭盛典。外人参观者，院内外均同声赞美，且谓既无武力作用，又无金钱关系，在历史中殊不多见云云。闻东海（徐世昌）尚拟具电辞让，以表谦德。议员已当场决议，责成两议长代表全员恳切劝驾，勿容推让。"[①]

9月5日，徐世昌通电各省军民长官、西南要人岑春煊、伍廷芳，及在野的赵尔巽、张謇等，依照官场惯例，表示辞让，以彰谦德。当然并非真正辞让。张作霖、曹锟、倪嗣冲等各省长官纷纷致电祝贺并恳切劝驾。只有吴佩孚和西南方面表示不承认徐世昌的当选地位，反对他就任总统，其矛头实质上不是指向徐世昌，而是指向段内阁和安福国会，唯恐段内阁延续。原来段祺瑞并无下野之心，他在拟发愿意辞职通电（8月31日）时，曾对一个亲信说："不能无此语，亦并不重此语。"[②] 所谓"自应及时引退"，不过敷衍舆论和应付时局而已。徐树铮也力图维持段的地位。

9月14日，曹锟突然致电京沪各报馆，一反其过去主战的态度，正式表示主和的立场。这无疑是在拆段祺瑞的台。同一天，曹锟还致电徐世昌，并分电国务院、参众两院各当道，声称"地方之于中央，腹心所托，干城所寄。既担拥护之诚，为大局策万全，非为一方徇私意；为亿兆谋幸福，非为一人谋禄位"[③]。显然，更是对段本人及其派系的挑战。

9月15日夜，段祺瑞在府学胡同私邸召集各要人开紧急会议，讨论进退问题。靳云鹏认为"非速退无以自全"，并和徐树铮在会上展开激烈争论[④]。段祺瑞默衡局势，看实在无法再坚持下去，即决定下野。10月9日，

① 中国科学院近代史研究所近代史资料编辑组编辑:《徐树铮电稿》，中华书局1963年版，第333页。
② 《徐东海今后之两大问题》,《申报》1918年9月14日。
③ 《申报》1918年9月20日。
④ 《专电》,《申报》1918年9月17日。

段向徐世昌提出辞呈，并发表退职通电，表示今后专任对外参战督办，对于国内战争不再过问。冯国璋则声称要返回河间老家休养，绝无东山再起之想。

1918 年 10 月 10 日，徐世昌在怀仁堂正式就任中华民国第二任大总统，他在就职宣言中表示："愿以诚心谋统一之进行，以毅力达和平之主旨。果使阋墙知悟，休养可期，民国前途，庶几有豸。"① 当天，徐世昌发表上任后第一号命令，免去段祺瑞国务总理职务，以钱能训代理。这样，就形成徐世昌上台，段祺瑞和冯国璋同时下台的局面。这是徐树铮和段祺瑞、冯国璋等始料未及的。

三、徒劳的副总统选举

根据 1918 年 8 月 31 日参众两院联合会的决定，9 月 5 日照例召开副总统选举会。可是到会的参议员只有 29 人，众议员只有 59 人，合计才 88 人，距离法定人数太远，选举无法进行。

原来在副总统选举问题上，冯、段两派以及其他各派之间，一直有激烈的斗争。

法律上，副总统虽然不十分重要，但可依法继承总统之缺。自袁世凯任总统以来，黎元洪、冯国璋先后都是以副总统身份登上总统职位的。特别重要的是，目前选举副总统，与南北战局及新当选总统密切相关，也与张作霖、曹锟等紧密关联。

如前所述，早在 2、3 月间，徐树铮奉命首次出关联结张作霖时，即有未来副总统举张之默契。

---

① 《申报》1918 年 10 月 11 日。

可是，5月底，曹锟突然离开汉口北返，明显倾向主和，对于主战的段祺瑞、徐树铮来说，实在是一种要挟。段、徐不得不改变策略。为使曹锟尽快回到汉口主持战事，徐树铮又有意将副总统职位许给曹锟，段表示完全同意[①]。于是，徐即速至天津游说曹锟。6月12、13日，徐与曹锟、张怀芝、倪嗣冲、龙济光等在天津会谈，就南征和国会选举问题交换意见。16日，徐从天津派参谋长杨宇霆当夜赴盛京（今沈阳市）向张作霖说明情况并做解释。17日晨，徐树铮回到北京，当天致电天津曹锐省长说："三哥（曹锟）事，芝揆（段总理）极所赞助，即属弟转知同人分头进行。奉省本有接洽，弟暂无须前往，已托邻葛（杨宇霆）兄夜车遄返。知念特闻。三哥勋誉在人耳目，谅易得当也。"[②] 同一天，张怀芝在北京刑部街陈宅开会时，也提出推曹锟当副总统最为适宜。但后来的报纸披露说，曹、张"二人北返动机起于曹欲副总统，张欲得总理，在汉口时已经决定"[③]。拟推曹锟为副总统的消息，很快就传了出去。主和派的旧交通系梁士诒、张绍曾、周自齐等人，纷纷到天津向曹锟进言，劝他不要上当。南方派人士也频繁出入曹邸，竭力拉拢。徐树铮则往返京津两地积极活动，除亲自游说外，还托一些要人从旁敦劝，促曹锟尽快回汉口主持军事。

1918年6月20日，中央政府委任曹锟为四川、广东、湖南、江西四省经略使，希望他坚持主战，以便将来选他为副总统。这显然也是徐树铮的主意。倪嗣冲、李厚基、杨善德等相继致电曹锟，甚至一日数电，措词紧迫，催他起节南下。中央政府还派员到天津恳劝。但是曹锟"不但不南下，反与长江督军秘密运动，调停南北"。他打定主意，在副总统确有把握

① 李新、李宗一主编:《中华民国史》第二编第二卷，中华书局1987年版，第285页。另有一说：副总统选举，"在徐树铮等早已许之张作霖，王揖堂等又与曹锟有成议，苏督李纯、皖督倪嗣冲均欲染指。如果正副总统都选自北方，或为有力军人，则更为西南所反对"。见凤冈及门弟子编:《梁士诒年谱》上，广东人民出版社2014年版，第425页。

② 中国科学院近代史研究所近代史资料编辑组编辑:《徐树铮电稿》，中华书局1963年版，第224页。

③ 《曹张互相表里》,《民国日报》1918年7月12日。

并拿到手之前，绝不南下[①]。广西陆荣廷亦早就“意在得副总统”[②]。

7月18日晚八点半，徐树铮乘夜车前往盛京，一为奉军运送炮件，一为请张作霖出面敦促曹锟南下。返回天津后又随即赴京谒段，汇报与张作霖晤谈情况。27日又赶回天津，接到张作霖来电：“旬月以来，军事迟不进行，耗费赀财，贻误光阴，殊为焦灼。阅兄来电，曹使于两星期后可以南行，弟特拟于本日晚车赴津，会晤曹使，促其从速启程，且于时局问题有所接洽。”徐树铮读后，且喜且忧，喜的是张亲自来劝曹或许能够起作用，忧的是副总统问题如何再作解释。因此，他立即将张电转致段祺瑞，“并请抄告润田（曹汝霖）总长、达铨（吴鼎昌）次长心知此意，暂勿声张”。[③]同时转致各省督军，借助主战声威。

7月28日晨，徐树铮偕曾毓隽到唐山迎候张作霖。午后两点钟，同车到达天津。张作霖下车后即往晤曹锟。徐树铮则致电盛京孙烈臣、张景惠，请他们二人及杨宇霆赶快来，“以便将前后一切情形明白说开，庶免疑似风传，误及大局”。[④]显然，徐树铮在车上与张作霖谈得不够愉快。张作霖得知确已在酝酿曹锟为副总统时，自然很不高兴。对此，徐树铮亦很尴尬。他电召王郅隆从北戴河“即日归津”，并派王去请倪嗣冲来斡旋。

倪嗣冲此时在蚌埠。徐树铮一方面派王郅隆去请，一方面致电促驾。27、28、29日三天，徐树铮连发数电，还是不见倪嗣冲来。倪回电说有病，徐树铮复电说到津亦可乘机就医。30日，徐树铮又致电催促倪说，张作霖到天津，“军事计划，须有变易之处。选事布置必须面相商榷，弟自审不宜多开口……非兄来不可”。[⑤]

---

① 李新、李宗一主编:《中华民国史》第二编第二卷，中华书局1987年版，第286页。

② 梁士诒:《致叶恭绰转呈段祺瑞（感）电（1917年）》，陈奋主编:《梁士诒史料集》，中国文史出版社1991年版，第213页。

③ 中国科学院近代史研究所近代史资料编辑组编辑:《徐树铮电稿》，中华书局1963年版，第294页。

④ 中国科学院近代史研究所近代史资料编辑组编辑:《徐树铮电稿》，中华书局1963年版，第297页。

⑤ 中国科学院近代史研究所近代史资料编辑组编辑:《徐树铮电稿》，中华书局1963年版，第299页。

1918年7月31日，倪嗣冲抱病赶到天津，当天和徐树铮与曹锟、张作霖、张怀芝在天津曹家花园开会。张怀芝是30日由武昌到达天津的。参加会议的还有王揖唐、鲍贵卿、田中玉、龙济光和各省军政代表，长江三督没派代表参加。会议主要讨论总统选举问题和南征问题。选徐世昌为总统，大家都赞成。但在副总统问题上，意见不一致。曹锟、张作霖都想当副总统，但为了避嫌，却互相推让，其实是在钩心斗角。倪嗣冲则按徐树铮授意从中斡旋，建议对副总统一席暂不作决定，留待对南方作战有功者。张作霖没有表示反对，大家劝曹锟迅速南下，曹锟说："至南下与否，并不以此席之得失为衡。"[①]他心里很苦闷，既舍不得当副总统的希望，又不愿再次南下。如果不南下，就得把副总统让给张作霖或其他可能对南方作战有功的人。进退两难之际，他想出一个办法，满口答应南下，同时提出三个条件：（一）中央预筹军费；（二）规定四省经略使的职权；（三）军火暂由奉天借拨，并须取得德州、上海、汉阳三个兵工厂的管理权。这三个条件好像都是很难接受的，如果中央和张作霖不给以满意答复，他就可以借口缺少军费和军火，并且职权不明，从而推迟南下日期[②]。后来有人建议请段总理届时出任副总统，大家都表示赞成，唯独徐树铮不表示意见。结果，这次会议对副总统问题没能取得一致意见，却暴露并加深了徐树铮与曹锟、张作霖的分歧。

对于副总统选举问题，以梁启超为首的研究系和以梁士诒为首的旧交通系，主张仍选冯国璋为副总统，反对选张作霖或以南征作条件选曹锟，也不赞成"留待南征有功者"。有人推举段祺瑞，由于段不愿当选，安福系和段派中的其他人物（如倪嗣冲）仍主张选曹锟，同时以曹锟南下督战，作为交换条件，而反对让冯国璋当选。冯表示不愿再得副座，最好选西南

① 《天津会议之过去谈》，《晨钟报》1918年8月2日。

② 陶菊隐著：《北洋军阀统治时期史话》（中），生活·读书·新知三联书店1983年版，第789页。

人士，以求和平。徐世昌也想“虚此席以待南方领袖”，并且特别属意于军政府主席岑春煊，想借此获得西南的支持。梁士诒又建议选岑春煊，直系的长江三督亦表示赞成。但段派怎能同意让敌人蹲到自己头上来呢？奉天方面则仍想举张作霖为副总统。这样，就使选举副总统问题无法统一。徐树铮左右为难，陷入困境。

1918年9月6日，参众两院联合召开茶话会，出席议员300余人，讨论副总统选举问题，决定缓选，大体上以10月10日新总统就任之前为期限。

这时又产生了新的障碍。徐世昌从当选总统第一天起，就非常机密地指使旧交通系首领梁士诒、周自齐等联合新国会中的非安福系者，暗中另组一个不公开的政治小团体，以抵制在国会中占多数的安福系。他打算继续推行冯国璋的“和平混一”政策，并想继承冯的势力，联结直系作为政治资本，而不愿做一个有名无实的总统。他决心摆脱段派的阻挠和控制，使段和徐树铮等不能为所欲为。

张作霖看到当副总统没希望，就要求设东三省巡阅使，由他担任。9月初，段方人士向张的左右探询他对副总统职位的意向时，答复是：“雨帅无一定要此之意，惟前日所谈之事，政府若能从速发表，雨帅亦颇满意。”[①]9月7日，中央政府发表特派张作霖为东三省巡阅使的命令。这是段派疏通张作霖的一种做法。

曹锟对于段派越来越生嫌怨。9月中旬，他通电表示厌战而倾向主和。段派唯恐局势进一步恶化，即一致决定，从速选举曹锟为副总统，借以稳定大局。因为这时曹的第一战将吴佩孚已在湘南前线公开通电要罢战讲和，向段派挑战，西南方面也在加紧向段政府施加压力。

1918年9月30日，参众两院开会讨论副总统选举日期问题，仍未取

---

① 《选举副总统之时期》，《晨钟报》1918年9月7日。

得一致。这时，梁士诒耍了一个花招，他改变主意，运动段祺瑞竞选副总统，企图打乱段派的部署，并借此在段和曹锟之间制造新的矛盾，使段内阁早日垮台。[①]

10月初，梁士诒和王揖唐去向段祺瑞汇报副总统选举问题，段对他们表示："予闻两院诸君颇欲举予为副总统者，在议员诸君此种意思实属厚爱，但予最初对于副总统一席，已迭次表示绝无希冀意思。总统之选举为国会之大权，他人毫无干涉余地。惟予个人意思亦无妨向议长声明，冀得转达议员，以备讨论此问题之一助。予对于大局，始终主战，贯彻到底。本年亲统大兵南行，平荆襄，下长岳，使既失之湘南得恢复者，实曹使一人之力，厥功甚伟，不可磨灭。议员诸君倘能注重国家奖励有功之意，推曹经略使以此席，则实为至当。希将此意代为转达，则厚爱于予者，或不至有以此席相强也。"[②]随后段又致函梁士诒、王揖唐，正式向国会推荐曹锟为副总统。

1918年10月3日，安福系议员开茶话会，讨论选举副总统问题。王揖唐宣读了段的这一函件。讨论决定10月9日进行副总统选举。10月6日，安福俱乐部召开干事会议，徐树铮奉段指示出席说明推荐曹锟为副总统的原因，以保证曹锟被顺利地选为副总统，从而继续推进武力统一政策。

但是，梁士诒及其旧交通系议员执意反对选举曹锟。他们组织了一个侨园俱乐部，与安福俱乐部彻底决裂，并进行对抗。他们决定，如果段和安福系一定要选曹锟为副总统，他们就以不出席选举会为抵制。曹锟如果当选，就会南下督战，使段派的主张得以实现，从而堵塞他们与西南携手言和的通道。研究系也不赞成选曹锟，他们也将以不出席为抵制。一些主张选冯国璋的议员，亦准备抵制安福系的选举。这时，安福系已不像选举

---

① 李新、李宗一主编:《中华民国史》第二编第二卷，中华书局1987年版，第292页。

② 《曹锟将为新国会副座》,《申报》1918年10月6日。

徐世昌为总统时那样一致。

1918年10月9日上午，两院议员在象坊桥众议院举行副总统选举会。梁士诒胸有定数地坐在主席台上，做出一副等候到齐法定人数即进行投票的样子。实际上正如他所预期的，出席选举会的议员，始终不到法定人数。下午续会，仍不足法定人数。缺席者大半是旧交通系和研究系议员。安福系议员在会上责斥梁士诒故令议员缺席，借以阻挠选举，并痛骂缺席者"丧心病狂，别具肺腑"①。梁建议缓选。经讨论，延缓至16日再选。

副总统选举会流产，使徐树铮大为恼怒。9日晚，他致电倪嗣冲说："今日副选，缺到二十八人，当经议定展期至十六再选。昨日预选极妥，一夜之间，燕子（梁士诒）拼命作梗，敝宗（指徐世昌）左右又与以暗助，遂致垂成而败，当俟另筹疏解也。"②次日，徐世昌与冯国璋在怀仁堂举行交替典礼。徐树铮则从速与王揖唐、王郅隆、曾毓隽和京师警察厅总监吴炳湘等，筹商副总统选举的补救办法。11日晚，徐树铮直接与梁士诒会谈。次日，徐树铮致电倪嗣冲说："昨晚燕约同人会谈，意在留缺与南，弟等已推言听命于东海（徐世昌）矣。"③

徐树铮和王揖唐都知道，旧交通系议员不出席副总统选举会与徐世昌的态度有关，希望徐总统在这个时候能说些有助于副总统选举的话。徐总统是他们花大力气选举出来的，想必这时会帮他们说些话。于是，由王揖唐邀同梁士诒去见徐世昌，请徐世昌表示对副总统选举的意见。徐世昌十分老练地回答说："以我今天所处的地位，对于副总统应当速选、迟选以及选举何人，都不便表示意见。"④实际上，他想把副总统职位，留给南方，以谋求统一，达成和平。

---

① 《新国会选举副座不成》，《申报》1918年10月13日。

② 中国科学院近代史研究所近代史资料编辑组编辑：《徐树铮电稿》，中华书局1963年版，第367页。

③ 中国科学院近代史研究所近代史资料编辑组编辑：《徐树铮电稿》，中华书局1963年版，第368页。

④ 陶菊隐著：《北洋军阀统治时期史话》（中），生活·读书·新知三联书店1983年版，第813页。

徐总统既然不表明意见，安福系与梁系就各持已见，继续斗争。王揖唐派人威胁利诱议员选举曹锟，宣称："不然，国会将遭解散。"安福系所办的报纸指名攻击梁士诒"昧良负义"，盖亦影射徐世昌。梁士诒则以辞去议长相威胁，说"勉强必无良果，否则惟有辞议长"，要求安福系中止选举副总统。梁系的《民福报》，反攻安福系《新民报》丑恶，两派势成水火。梁士诒还公然致电各省督军，猛烈抨击段祺瑞和徐树铮的速选曹锟之主张，以和平统一相标榜，列举三条理由宣扬其缓举的主张①。

这样攻击段派，无疑背后有徐世昌、冯国璋及西南方面的支持。否则，梁士诒绝无如此胆量。梁事先和曹锟通融，力图使曹锟不致因此而怨恨自己，说他反对速选，并不是反对曹锟本人，而是为了促成南北和议。

周自齐则带一批议员前往天津。他在天津私宅设立议员接待站，在四家旅馆订下房间，殷勤地邀请在京议员到天津。他们在天津组织"和平促进会"，准备联名提出促进南北和平、推迟副总统选举两项建议，以与安福系抗衡。10 月 16 日到津议员达 134 人。

周自齐和梁士诒都是徐世昌的私党，旧交通系的领袖。他们反对选举曹锟为副总统，正和徐世昌的"虚副总统一席以待南方领袖"的话完全合拍。这样一来，问题终于明白了，造成副总统选举会一再流产的不是别人，正是安福系费尽九牛二虎之力选出的总统徐世昌。②

但是安福系仍要作最后的努力。研究系众议员刘以芬后来说，安福系派 8 名代表到天津斡旋，邀请议员返京，许诺只要参加选举，每人给 500 元，均遭拒绝。③"在旧中国新闻界待过三十多年"的陶菊隐记述说：

十月十五日，他（王揖唐）派安福系"大将"克希克图携带八名孔武

---

① 李新、李宗一主编：《中华民国史》第二编第二卷，中华书局 1987 年版，第 291、293 页。
② 陶菊隐著：《北洋军阀统治时期史话》（中），生活·读书·新知三联书店 1983 年版，第 814 页。
③ 刘以芬：《民国政史拾遗》，上海书店出版社 1998 年版，第 22 页。

有力的议员，乘坐专车到天津来绑议员的票。王揖唐在天津的私宅派出一批家丁，分乘八辆汽车，开到天津新车站停下来，只等“肉票”一到就立刻押上开往北京的专车。

克希克图一行分作四批，每批两人，分乘四部汽车到四家旅馆进行“绑票”。十分奇怪，当他们到达目的地时，就连一个目的物也没有找到。于是他们集中人马，飞快地赶到周自齐的住宅去找，也没有发现一个应当被绑的人。不久终于弄清楚，原来这天下午周自齐在南市妓院里摆下了“花酒”，那些议员老爷们都“倚红偎翠”去了。于是这批打手又一窝蜂似地冲到妓院来，居然一口气捉到四十多名议员。

这件事发生在十五日深夜三点半钟。这些被绑议员在汽车中乱嚷乱叫引起了站岗警察的注意，喝令停车检查，直待押车者拿出议员证件来，才得放行。被绑议员要求回旅馆取行李，也不被允许。当他们被挟登火车的时候，机车早已升火等候，所以一上车车子就开动了。但在夜色迷漫中逃脱了几名，也有人到了北京后又逃回天津来。

10月16日，王揖唐又在北京派出汽车多辆，分头抓议员到会投票，京师警察总监吴炳湘也派出全副武装的警察在西城放哨，禁止议员离开会场。①

选举会在10月16日上午10时开始，梁士诒仍坐在主席台上，出席议员仍不足法定人数。到11点20分，共有参议员82人，众议员189人，合计271人，与法定人数相差110余人，比10月9日到会人数还少60余人。副总统选举会不得不宣布再次延期，实际上是无限期推延，终于未能选出。②

---

① 陶菊隐著:《北洋军阀统治时期史话》(中)，生活·读书·新知三联书店1983年版，第814页。

② 李新、李宗一主编:《中华民国史》第二编第二卷，中华书局1987年版，第294页。

第二天，梁士诒再次表示，如果安福系仍然强迫选举副总统，他就辞去参议院议长职务。这是以国会的倒台威胁段祺瑞和安福系。段和安福系也认识到对曹锟已经尽了最大努力，既然无济于事，也就不再进行这种徒劳无功的选举，但王揖唐和曹锟都觉得在这种选举中丢了面子，因此一个托病到汤山休养，一个在保定称病请假。[①] 在这种情况下，徐树铮也无能为力了。选举副总统之事，即不了了之。

1919 年春（3 月底至 4 月初），徐世昌总统组织晚晴簃诗社，聘请一帮老人樊增祥、王树枏、柯劭忞、周树谟等选编诗，把徐树铮也延聘入内[②]。大概是用以羁縻徐树铮的一种方式吧？

---

① 陶菊隐著:《北洋军阀统治时期史话》（中），生活·读书·新知三联书店 1983 年版，第 815 页。

② 《晨报》中华民国八年四月二日。

第十三章

陆建章案

一、陆建章的活动

陆建章，1862 年生，字朗斋，安徽蒙城县人。早年毕业于天津北洋武备学堂，后随袁世凯训练新建陆军，历任练兵处军学司副使、协统、山东曹州镇总兵等职。民国初年，任袁总统府警卫军统领，并任中央政府军政执法处处长，杀人如麻，有“屠夫”之称。[①]1914 年春参加镇压白朗军。同年 6 月，被袁世凯任命为陕西省都督，镇压陕西革命党人，不久改为咸武将军督理陕西军务。拥护袁世凯称帝，被封为一等侯爵。徐树铮与段祺瑞则竭力反袁称帝，暗中促使陕南镇守使陈树藩将陆驱逐出陕。有人告诉陆：陈树藩之叛实为段氏使然。陆因此恨段入骨，后被冯国璋任命为总统府高等顾问、将军府将军，秉承冯意，奔走南北，务求倒段。

1917 年冬，段祺瑞和徐树铮派冯玉祥率部援闽。冯玉祥率部开至浦口即停止前进，背后就有陆建章为其策划[②]。不久，段祺瑞改派冯玉祥率部援

---

① 袁世凯次子袁克文说：“陆建章残忍嗜杀，素号屠夫。”袁克文著：《辛丙秘辛》，上海书店出版社 2000 年版，第 18 页。

② 冯玉祥夫人刘德贞（？—1923），河北盐山人，是陆建章的内侄女，1905 年与冯结婚，直至去世，夫妇生育 5 个孩子。吴元康：《冯玉祥家族成员史实订补》，《安徽史学》2019 年第 5 期。

湘。冯率部开至湖北武穴即停止前进，并发表主和通电。这时，陆建章正在冯幕，冯之停兵与通电主和就是由陆促成的。

1917年底至1918年春，陆建章还与冯玉祥讨伐主战派干将倪嗣冲。陆到上海与安徽革命党人柏文蔚联系，并与在天津的孙毓筠联络。孙到上海后，陆等即与他讨论组织安徽讨倪军，准备从安徽打开一个倒段的缺口，以推翻段祺瑞政府。孙毓筠负责筹备资金，陆建章负责全面事宜。他们通过安徽革命党人与安徽各地潜伏武装取得联系。冯玉祥则带第十六混成旅，自1918年1月底陆续开到安徽宿松、太湖、望江等县境，准备讨倪。冯玉祥2月中旬通电主和后，《申报》登出消息说，讨倪军已组织完备，已推定炳威将军陆建章为讨倪军总司令，第十六混成旅旅长冯玉祥为副司令，其联合兵力约2万人以上。[①] 主战派迅速作出反应，集军数万包围冯旅，迫使总统冯国璋下令免去冯玉祥的旅长职务，交第一路南征军总司令曹锟查办（1918年4月改为革职留任，派赴湘西"戴罪立功"）。同时，曹锟悬赏2万元购捕陆建章。

陆建章还曾和直系干将、江苏督军李纯接洽。李纯表示支持，并同意调集军队布置在苏皖毗连地带，以便支持讨倪军。

1918年3月上旬，陆建章与柏文蔚、孙毓筠、王庆云、常恒芳、管鹏、陈紫枫、王建芳、李雨村、岳相如、袁家声等34人，联名发出安徽讨倪军通电，宣布：陆建章为总司令，袁家声为中路司令，岳相如为西路司令，王建芳为东路司令，程华亭、薛宜民、毕靖波、廖传铭、李厚生、姚铁民、陈亚东分别为团长，唐麻根、程在洛、常保盈为分队长。[②] 讨倪的枪声正式打响了。他们在安徽寿县、凤台、霍丘、怀远、定远、和县、含山、来安等8县组织许多武装，纷纷打着"安徽讨倪军"的旗号，声势颇为浩

---

① 邹义开编:《安徽大事记资料》上册，安徽省地方志编纂委员会1986年版，第134页。

② 程华亭、张景周:《倪嗣冲攫权祸皖片断》,《安徽文史资料选辑》第三辑，第44页。

大地进行讨倪。

倪嗣冲早已得知一些对他不利的消息，紧急作了准备。他在蚌埠召开军事会议，决定派部队集于宿松，并令皖南镇守使马联甲在石牌、太湖等地设立兵站，直达宿松，以防冯玉祥的谋皖举动。徐树铮也赶到蚌埠，与倪嗣冲讨论如何防备冯玉祥图皖之举。[①]接着，徐树铮又赶赴秦皇岛，截获冯国璋和陆军部从日本订购的军械，押送到奉天，以联络张作霖出兵关内。2 月 27 日，徐树铮从奉天致电倪嗣冲说：奉军续出部队，约四五日内直入津浦路；张作霖极为关心倪嗣冲处。张文生（徐海镇守使）、白宝山（海州镇守使）等处已切告妥守秩序，一意服从倪嗣冲令，均誓不稍背。[②]张作霖亦声称一定赴皖助倪讨冯[③]，3 月 4 日，张以援皖援湘为名派兵入关，其许兰洲旅进驻皖境宿州，并准备调集大批军队随时开赴滁州，以防南京李纯方面发生意外。

陆建章和冯玉祥曾与李纯约定，冯玉祥部在由浦口溯江而上前往湖南途中，在安庆登陆捣皖，李纯随即响应。可是，冯经安庆时并未登岸。陆又至武穴与冯磋商。冯同意回皖支持，后因“坠马伤腿”未能回皖。盖已获知倪方有所准备及张作霖之声援，未敢贸然从事。再者，冯因通电主和已被主战派包围，也难能回师捣皖。李纯看冯军未动，也就没有响应。讨倪军孤立无援，并且力量分散，很快即告失败。

陆建章组织讨倪，除上述种种活动，还派孙毓筠设法向日本人借款，亲笔签字聘任日本人宫崎滔天处理借款交涉事宜。这期间，陆还积极经营山东、苏北等处，频频与西南军阀唐继尧、陆荣廷、谭浩明等接洽，主使陕军管金聚旅及杜廷秀等宣布与西南军阀一致行动，进攻陕西督军陈树藩，

① 《晨钟报》1918 年 2 月 24 日。

② 中国科学院近代史研究所近代史资料编辑组编辑:《徐树铮电稿》，中华书局 1963 年版，第 16—17 页。

③ 《晨钟报》1918 年 3 月 3 日。

作根本倒段之活动。下面摘引孙毓筠致日人宫崎滔天的几封函件[①]，从中可进一步看出陆是怎样组织讨倪的。

1918年3月10日函："芜湖、安庆亟待发动，事机万急，杜幼泉赴武穴，即为此事，约冯玉祥君同时动作，并允两星期内准可发表。今若此（指日本允诺之借款突然不能兑现——章伯锋），不独弟失信于同志，抑且失信于冯君。"

4月2日函："皖省民军，自前月收复含山后，现正联合各部会攻合肥县城，闻县知事李诚业已潜逃，不日即可攻下……敝处现正集合皖南北各部民军，图攻芜湖，惟经济仍苦缺乏，不敷应用。陆朗斋将军于前两星期来沪，会商皖中军事进行方法，已有头绪。朗公夙仰明公热心中国革命事宜，始终尽力援助民党，极深钦佩。现与公缮一聘任书（朗斋亲笔签字），恳请兄担任对日借款交涉事宜。"

4月12日函："昨阅唐继尧致其驻沪代表之电，知滇川已有一混成旅由汉中入陕西，原驻汉中之管金聚一旅，已宣言与护法军同一行动。该旅自管旅长以下，皆陆建章旧部。陆君早有专使赴汉中，与该旅军官接洽，嘱其联合滇川军进攻西安陕西督军陈树藩。""再，去冬以来，陆荣廷、唐继尧、谭浩明等皆派代表与陆建章接洽，密电往还，咨商军事，几无虚日。近日唐继尧复电邀陆建章赴川，请其任攻陕总司令，率领川滇军及管旅入陕讨伐陈树藩，事定后即以陕西督军一席相属。陆建章因方经营山东、安徽及江苏之江北等处，正在积极进行，且输（疏）通三省之北军，日有进步。若遽然舍此入川，则前此所经营者，必将中途停辍，未免可惜。故向唐继尧力辞攻陕之任。盖就全局而论，山东、安徽、江北为全国最重要之地，若为民军所有，则北军根据地动摇势必全归失败，其重要百倍于陕西也。弟得在此相助，一切较前为顺手，所难者惟在经济方面不甚活动，弟

---

① 章伯锋：《陆建章之死与直皖矛盾》，《民国春秋》1989年第4期。

与朗斋同罹此厄，甚盼我公速为设法介绍借款，俾得早日行动，不至因此而生障碍。无论大款小款，只要能成便可放手经营。数十万之大款，一时未必能借妥，此时能先借得三五万、七八万之款，亦可济急也。乞公速图之。幸甚！幸甚！再，弟之产业早已售尽，陆君虽窘，尚有八十万以上之产业，即令革命无成，将来亦有产业可以抵债，不至落空也。”“陆建章素具野心，北方军人十九皆系同学或系旧部。去岁王金镜、范国璋、王汝贤等之不战而退，及李纯、王占元、陈光远、李奎元、阎相文、冯玉祥等之反对主战，皆陆建章一人暗中疏通之功。近日管金聚、杜廷秀等之宣布与西南一致行动，为陆所主使，尤其昭著也。”

孙函还透露，当时即有近20余部民军活动于山东西部及江苏、安徽北部一带，少则一二千人，多则四五千人，声势很大，且多与当地驻军暗通声气。

这时报刊也有以“安徽大起讨逆军”为标题，载有“讨逆军通电”，署名者为皖省西路司令、中路司令、南路司令名义，并有“山东靖国军”于1918年2月27日和29日两次占领东平县城的消息。[①]《晨钟报》的报道最引人注目。1918年3月1日报道：“陆建章目下在九江频与冯玉祥、陈光远等联络，极力运动安徽督军”；3月15日报道：“闻李纯拟通电宣布张作霖、倪嗣冲、徐树铮三人罪状，并派人赴各省大规模招募新兵准备与张倪对抗”；次日又报道：“李纯自文日（12日）通电销假后，对于军事进行异常注意。即于该日召集苏省各级军官及绅商，以茶话会名义，在军署讨论各种问题……李纯曾提及冯玉祥与倪嗣冲若有冲突，苏省应取何种态度……”“与冯玉祥最有关系之陆建章，日前由鄂赴南昌与张怀芝有所接洽，近已回武穴，即于寒（14）日在武穴自称为征皖总司令，发出通电，宣布倪嗣冲罪状，并闻将即日亲率冯旅渡江向皖省进攻。又南京武穴间近

① 章伯锋:《陆建章之死与直皖矛盾》,《民国春秋》1989年第4期。

日专使往来相望于道，极惹世人注目……”这些报道，自然引起主战派特别是徐树铮和倪嗣冲的警觉，并采取相应的行动。3月16日《晨钟报》说：“徐树铮（13日）在军粮城就其自称之（关内奉军）副司令后，忽得陆建章自任征皖总司令消息，知倪嗣冲孤军驻皖其势颇危，乃急于前日在军粮城总司令部召集全体军官行誓师礼式，决定即日开拔南下，并闻昨日下午奉军已有两旅开赴滁州驻扎……”

显然，陆建章的活动已严重威胁皖系势力在安徽、山东及陕西等地的处境，威胁北军对南军作战的大局势，威胁主战派的整体地位。这是倪嗣冲及段祺瑞和徐树铮所不能容忍的。

二、诱杀陆建章

1918年4月下旬，段祺瑞到武汉巡视军队时，曹锟设宴招待，徐树铮和湖北督军王占元、河南督军赵倜、山东督军兼对南作战第二路总司令张怀芝、长江上游总司令吴光新、交通次长叶恭绰、财政次长吴鼎昌在座。某督军报告陆建章扰乱山东状，请示处分。段祺瑞大为震怒地问：“有电报（国务）院吗？”回答说：“有！”于是，段口传军令，命各军协拿，就地正法，且申言说：“朗斋老同袍，不如是，将法曲于情。”在座者连称遵命，唯独徐树铮默然无声[①]，盖徐此前已有所闻，或已有所打算了。

段祺瑞回京后，进一步指示徐树铮等，密切注意陆建章的活动，设法将其缉捕究办。5月17日，徐树铮与曾毓隽联名密电上海会办卢永祥说：“奉揆座（段总理）交示元电，并谕密致台端。陆建章、孙洪伊等前次勾结土匪，扰害地方，今复在沪密谋。希图煽惑，望速密悬重赏，设法缉捕，

① 吴鼎昌：《哀徐又铮》，林绪武、邱少君编：《吴鼎昌文集》，南开大学出版社2012年版，第54页。

务获究办。”[①] 不过卢永祥未遵照执行。卢永祥不但不执行，反而设法为陆解脱，打电报到天津，为陆之行动开绿灯。卢永祥和陆建章是“把兄弟”，“小站练兵”时同属段祺瑞的部下。

6月11日，倪嗣冲、曹锟、张怀芝和各省军事长官代表到达天津，准备13日开军事会议，讨论继续对南方作战及总统选举问题。由于长江三督撤回了他们的代表，会议改在19日召开。代理总统冯国璋暗中授意陆承武，把其父陆建章叫到天津，目的是要说服曹锟与李纯合作，使这次会议有利于冯而不利于段。[②] 陆建章即由上海到达天津[③]。倪嗣冲对陆早已恨之入骨，一直想把他除掉而未能实现，于是就找徐树铮下手。[④]

6月14日，徐树铮与倪嗣冲及奉军参谋长杨宇霆密商之后，即经副官王永泉请陆到驻津奉军司令部晤谈。当陆建章来到时，徐树铮去倪嗣冲处还没回来，即要参谋长杨宇霆陪陆。[⑤] 杨宇霆听到陆来请见，就说：“此人十分可恶，把他杀掉算了。”[⑥] 随后，杨宇霆即陪陆说话，并陪其午餐。正在吃饭间，徐树铮回来了。陆问：“从何处回？”徐答：“自丹忱（倪嗣冲）处回来。”陆即面有不悦之色。午饭后，陆下楼即被捆绑押往后花园。陆呻吟般地对左右人员说：“丹忱屡欲杀我，丹忱欲杀我，诚情理中应有之事，亦不足怪。”[⑦]“又铮为何要杀我？又铮要杀我，就让他杀我好了。”[⑧] 临决仅言：“不意如此而死。”[⑨]

---

① 中国科学院近代史研究所近代史资料编辑组编辑:《徐树铮电稿》，中华书局1963年版，第168页。

② 公孙訇:《冯国璋年谱》说，“近日督军团集议天津，(冯)密示陆建章赴天津说服曹锟与李纯合作，不料被段祺瑞心腹徐树铮枪杀”，河北人民出版社1989年版，第147页。

③ 陆到天津，还有卢永祥的电报介绍。徐树铮事后才知道。见《徐树铮电稿》，第235—236页。

④《安徽文史集萃丛书》之二《军阀祸皖》，安徽人民出版社1987年版，第53页。

⑤ 刘序东:《陆建章被徐树铮诱杀经过》，见石玉新、杨小波主编:《文史资料存稿选编（晚清北洋）》（下），中国文史出版社2002年版，第678页。

⑥《李思浩谈他的一生》，见徐铸成:《旧闻杂忆补篇》，四川人民出版社1984年版，第64页。

⑦ 中国科学院近代史研究所近代史资料编辑组编辑:《徐树铮电稿》，中华书局1963年版，第223页。

⑧《李思浩谈他的一生》，见徐铸成:《旧闻杂忆补篇》，四川人民出版社1984年版，第64页。

⑨ 中国科学院近代史研究所近代史资料编辑组编辑:《徐树铮电稿》，中华书局1963年版，第223页。

徐树铮令人将陆建章枪毙后，当即向国务院及陆军部报案。历数陆建章该死之罪，并请追褫其军职。原电如下："迭据本军各将领先后面陈，屡有自称陆将军名建章者，诡秘勾结，出言煽惑等情。历经树铮剀切晓示，勿为所动去后，昨、前两日，该员又复面访本军驻津司令部各处人员，肆意簧鼓，摇惑军心。经各员即向树铮陈明一切，树铮犹以为或系不逞党徒假名行动蓄意勾串之所为，陆将军未必妄谬至此。讵该员又函致树铮，谓树铮曾有电话约到彼寓握谈。查其函中所指时限，树铮尚未出京，深堪诧异。今午姑复函请其来晤。坐甫定，满口谩骂，皆破坏大局之言。尤复痛詈曹宣抚使，深以前在武穴悬赏两万元购捕为恨；并顿足大骂冯玉祥忘恩负义，不复听其指挥。树铮婉转劝告，并晓以国家危难，务敦同袍气谊，不可自操同室之戈。彼则云：'我已抱定宗旨，国家存亡，在所不顾。非联合军队推倒现在内阁，不足消胸中之气'。树铮即又厉色正告，以彼在军资格，正应为国家出力，何故倒行逆施如此，纵不为国家计，宁不为自身子孙计乎！彼见树铮变颜相戒，则又言：'若然即请台端听信鄙计，联合军队，拥段推冯，鄙人当为力效奔走，鄙人不敏，现在鲁、皖、豫、陕境内，尚有部众两万余人，即令受公节制何如？'云云。树铮窃念该员勾煽军队，连结土匪，扰害鲁、皖、陕、豫诸省秩序，久有所闻。今竟公然大言，颠倒播弄，宁倾覆国家而不惜，殊属军中蟊贼，不早清除，必贻后戚。当令就地枪决，冀为国家去一害群之马，免滋隐患。除将该员尸身验明棺殓，妥予掩埋，听候该家属领葬外，谨此陈报，请予追褫该员军职，用昭法典，伏候鉴核施行。"紧接着，徐树铮又分别致电盛京张作霖，浙江杨善德、齐耀珊，福州李厚基，长沙张敬尧，武昌王占元，太原阎锡山，渭南陈树藩，开封赵倜，卜奎鲍贵卿，张家口田中玉，热河姜桂题等各省军政长官及上海会办卢永祥，对于在天津的安徽督军倪嗣冲、直隶督军兼南征军第一路总司令曹锟、山东督军兼南征军第二路总司令张怀芝等，则分别抄送电文，通报杀陆情况，除附上报国务院及陆军部电外，又谓"该陆某罪恶昭著，久为同人所切齿。今兹自行送死，亦是恶贯已盈之证”①。同时徐树铮考虑到正在援湘途中的冯玉祥是陆的亲戚，并且是陆一手提拔起来的亲信，因此，又立即致电津市临澧探投第十六混成旅旅长冯玉祥，向冯通报杀陆情况。但对吴佩孚等重要战将及其他各旅旅长则无通报。6月17日，冯玉祥向中央电告湘西得胜详情，对于陆建章案只是略微提及。②

杀陆后，徐树铮的副官李大为从天津打电话到北京，向段的另一亲信曾毓隽报告杀陆情况。曾毓隽又向段祺瑞总理报告，段对曾说："你先到总统面前，探听他的口气如何。"曾毓隽去见总统冯国璋，冯说："又铮（徐树铮）在芝泉（段祺瑞）左右，一向是为所欲为，今天这事未免太荒唐了。所好是责任内阁，你回去告诉芝泉，他怎么办，我就怎么用印好了。"③

6月15日，段祺瑞召开国务会议，报告杀陆一案，并谓须宣布陆之罪状。有人提出质问，段回答说，"是我令树铮杀之"。未经多少讨论，即通过宣布陆建章罪状之决定。④段总理便指示国务院秘书长方枢拟就一道命令，请冯总统盖印发表。冯当时吓得心惊胆战，欲拒盖印，但又觉得自身也处于危险境地，遂盖印发表。⑤令文如下："前据张怀芝、倪嗣冲、陈树藩、卢永祥等先后报称：陆建章迭在山东、安徽、陕西等处勾结土匪，煽惑军队，希图倡乱，近复在沪勾结乱党，当由国务院电饬拿办。兹据国务总理转呈，据奉军副司令徐树铮电称'陆建章由沪到津，复来营煽惑，当经拿获枪决'等语。陆建章身为军官，竟敢到处煽惑军队，勾结土匪，按照惩治盗匪条例、陆军刑事条例，均应立即正法。现既拿获枪决，著褫夺军官、

---

① 中国科学院近代史研究所近代史资料编辑组编辑:《徐树铮电稿》，中华书局1963年版，第218—219页。

② 大隐居士:《政闻纪要》，见《一九一九年南北议和资料》，中华书局1962年版。

③ 曾毓隽:《忆悟随笔》,《文史资料选编》第四十一辑，第31页。

④ 大隐居士:《政闻纪要》，见《一九一九年南北议和资料》，中华书局1962年版。

⑤《东方杂志》第十五卷第七号，第199页。公孙訇:《冯国璋年谱》，河北人民出版社1987年版，第147页。

军职、勋位、勋章，以昭法典。此令。”①

这样，徐树铮杀陆建章就似为合法了，段祺瑞为杀陆承担了责任，冯国璋也有予以承认的责任。

三、陆案的影响

1918 年 6 月 15 日晚，徐树铮到京为奉军领械。次日晚回到天津。这时，杭州陈乐山旅长等致电徐树铮，对陆案表示关注。徐树铮当即复电说明情况。当此极需主战派大团结之时，尤其不宜授人以报复之柄。

16 日，《大公报》主笔兼经理胡政之在《大公报》发表文章说：“陆建章，素以策略家自命者也。袁氏当国时，陆长军政执法处，杀人多矣。督陕被逐以后，因求为督军不得，竟与某当道为仇。仆仆南北，煽军队，勾土匪，其意要不外乎泄个人之不平，置大局治安于不顾，诚小人之尤者也，今乃以运动奉军伏法。生平自负，纵横奇计，曾经掀起政海狂澜者，此次顾于利害，趋避昧昧若是，殆所谓天网恢恢者欤？呜呼！世之醉心权利、罔顾大局者，其亦可以陆氏为鉴矣。”

17 日晨，徐树铮复返北京，为奉军向陆军部催索军械，并筹划对南战争事宜。考虑到枪毙陆建章可能招致不测，徐树铮有所不安，因而采取了一些防范措施。同一天，他致电所部奉军各长官，通报杀陆情况及大总统令，并附其上报国务院及陆军部原电，命令分布在长沙、静海、临城、观音堂、醴陵、株州、郑州、石家庄、军粮城、廊坊、长辛店、奉天、绥中、汉口、信阳、刘家庙、鲇鱼套、岳州、易家湾、洛阳、济南、徐州等地的奉军孙烈臣、张景惠等 30 名长官：“转饬所部严加查察，遇有谬妄之徒，

① 中国科学院近代史研究所近代史资料编辑组编辑:《徐树铮电稿》，中华书局 1963 年版，第 225 页。

胆敢向本军各部属意存尝试妄行肆惑者，立行拘留报明，听候核办。”“以上令文、电文，均应与官长目兵等详为讲解，俾共遵知。”[①] 另一方面，曹锟、曹锐等在天津也采取防范措施，对徐树铮加以保护。

但是张作霖对徐树铮杀陆不满意。徐树铮派杨宇霆 16 日晚回奉向张作霖陈述一切。张认为：徐树铮是以关内奉军副司令身份将陆杀害的，这关系到奉军的名誉问题；徐树铮太胆大妄为。张于 17 日致电徐树铮，责以审慎。18 日，徐树铮复电张作霖解释，并表态说：“台教至感，遇事向不敢不慎。陆某事亦经再四斟酌，熟权利害，不得已而刑之，法律事实，均确有根据。此后益当格外加审，以副厚爱。”[②]

卢永祥对徐杀陆极为反感。徐树铮事后知道卢永祥曾以电报介绍陆到天津，即于 6 月 20 日致电卢说：“顷闻陆之到津，系台端电送，但渠面晤时一字未经道及；其手函中亦只言南行之事，成败参半……弟如早知有兄介绍，则无论如何事前必以商及也。陆死当其罪，固无他议。恐兄以伯仁由我而死，或不免为之邑邑，敢以详陈如此。尚祈鉴原。”[③] 但卢绝无谅解之意。

与陆建章大约同时出头的老北洋系军人，陆建章的亲家——陆承武的岳父——吉林督军孟恩远，就有关陆案问题，托人转告徐树铮及段祺瑞“勿信谣言”，似乎恐受牵连并有微词。徐树铮 7 月 5 日致电孟恩远说，杀陆“实非得已……国事多艰，正资匡济，挑拨之言，决无所动，台端亦可鉴及也”[④]。

直系将领李纯、陈光远等则明确表示不满，他们打电报质问中央政府，陆建章未经审判而被杀，死后又夺去官职勋位，此后军官人人自危，从何

---

① 中国科学院近代史研究所近代史资料编辑组编辑:《徐树铮电稿》，中华书局 1963 年版，第 225—226 页。

② 中国科学院近代史研究所近代史资料编辑组编辑:《徐树铮电稿》，中华书局 1963 年版，第 228 页。

③ 中国科学院近代史研究所近代史资料编辑组编辑:《徐树铮电稿》，中华书局 1963 年版，第 235—236 页。

④ 中国科学院近代史研究所近代史资料编辑组编辑:《徐树铮电稿》，中华书局 1963 年版，第 263 页。

取得保障？[①]

李纯还在南京接连召开秘密会议，准备以陆案为借口对主战派进行报复，组织暗杀党，分赴京津奉湘。徐树铮7月3日致电盛京张作霖及长沙张敬尧、汉口王占元，希望他们密加防范。电中说，“据探报：‘苏督署连次召集各镇使密议，以陆某为词，筹计著手办法，所议无非破坏北洋大局，惟白宝山未亲到，议时当场虽无反对，而既出则多不赞成。现已派人赴湘运动扰乱。又自沪召暗杀党六十余人，改名行杀党；分两股，一赴津京奉，一赴湘省，已于廿五号出发’……祈密加防范”[②]。同一天，徐树铮还致电张敬尧及倪嗣冲，转告上海方面的情况：“在沪党首孙少侯、李征五、孙洪伊等于六月十七日秘密会议，设法鼓动陆建章旧部附和西南，反对中央，已派人潜赴湘、皖等处，从事运动。”[③]这说明上海方面图谋倒段的人，也在利用陆案积极活动，正与李纯相呼应。

6月24日，冯玉祥从湖南常德回电徐树铮，对陆案表示关注，亦不过韬晦而已。28日，徐树铮又致电冯玉祥说：“弟于陆君本属旧交，毫无私忿，谅为兄所素知。自其近岁以来，行止不正，迭尽忠告之谊，苦口劝戒。去岁亦尝再三托由执事往劝，乃竟执迷不悟，以至于此。明为国法所不许，幽亦鬼神所难容，非个人有嫌怨也。身后之事，自当悉力筹维，期无艰苦，借全私交……祈纾远注。”[④]电中所说“弟于陆君本属旧交，毫无私忿”，盖指早在袁政府时期徐树铮即与陆建章有交往，或许更早些时候，因为陆建章的长子陆承武是徐树铮在日本陆军士官学校的同学，陆承武的妻子和徐树铮的妻子也是同学，并且两家走得很近。[⑤]所谓陆“自近岁以来，行止不

① 陶菊隐著：《北洋军阀统治时期史话》(中)，生活·读书·新知三联书店1983年版，第783页。

② 中国科学院近代史研究所近代史资料编辑组编辑：《徐树铮电稿》，中华书局1963年版，第261—262页。

③ 中国科学院近代史研究所近代史资料编辑组编辑：《徐树铮电稿》，中华书局1963年版，第260页。

④ 中国科学院近代史研究所近代史资料编辑组编辑：《徐树铮电稿》，中华书局1963年版，第251页。

⑤ 徐道邻编述、徐樱增补：《徐树铮先生文集年谱合刊》，台湾商务印书馆1989年版，第271页。

正”，谅亦为冯玉祥所深知，并指出“迭尽忠告之谊，苦口劝戒”和“去岁亦尝再三托由执事往劝，乃竟执迷不悟”的事实，说明杀陆是合乎情理的。至于冯玉祥所关注的陆之“身后之事”，则表示“悉力筹维”。

为继续对南用兵和使冯玉祥安心，徐树铮又说服段祺瑞，撤销冯玉祥因在武穴停兵主和而被革职留任的处分，恢复其第十六混成旅旅长职务，并派他兼任湘西镇守使，授以勋四位。段还赠给陆建章家属 5000 元，以表示北洋袍泽之谊。此后，冯玉祥绝口不提陆案之事，而且自告奋勇，愿意调往福建去打广东。[①] 这时徐树铮所部奉军早已开至湖南，且离冯旅不远，冯亦有危及自身之忧乎？徐树铮也缄口不提陆案之事，而集中精力于面临的国会选举、总统和副总统选举及南北战争问题。

从以上情况看，徐树铮所以杀陆建章，主要原因有：（一）陆建章与主和派将领及西南军阀频相联络，极力抵制主战派的方针政策。（二）组织讨伐倪嗣冲，同时在陕西、山东、河南和苏北等地组织力量，从根本上打击段系势力，严重威胁主战派的地位。（三）幕后操纵冯玉祥停兵主和。（四）段祺瑞到武汉劳军时即要求各军协拿陆建章，回京后又指示徐树铮等设法将陆缉捕究办。（五）倪嗣冲、杨宇霆等亦要求将陆杀掉。（六）徐树铮时为奉军副司令，有武力为后盾，并有倪嗣冲、曹锟等的支持和包容。此时，徐树铮年方三十七八岁，秉性耿直，自负爱国，一直受段祺瑞信任，过分勇于作为，也是不可忽视的因素。

识者谓，军阀争雄时，暗杀复仇者颇多，且多为私仇。徐与陆实无多少个人怨忿，徐是在维护段祺瑞武力统一政策和主战派立场上谋陆的，不为一己之私。依彼时的背景而言，私下谋陆亦未必不能如愿，且是军阀中常用的手段，徐独不为是，可见其敢作敢为，举止磊落。陆密谋倒段，亦是为其利益集团服务，与段、徐恐也无大私仇。然其活动对皖系颇有威胁。陆被执后，徐忌审判恐不能如愿，断然除之，恐也是不得已而为之，怕坐失良机。

① 陶菊隐著：《北洋军阀统治时期史话》（中），生活·读书·新知三联书店 1983 年版，第 783 页。

第十四章

继续用兵矛盾生

一、吴佩孚露真相

1918年5月29日曹锟称病北返后，整个战局为之动摇。第一路主要战将吴佩孚更有不战之心。在湖南前线的王承斌、阎相文、萧耀南、张学颜、张福来等五位直系旅长联名请假。随后又有以直军全体将士名义的通电，力言“湘省水患滔天，瘟疫流行，兵疲将惫，不堪再战”①。李纯则于6月初在南京召开各省议会联合会议，讨论南北和平问题，并发表主张停战的联合宣言。第二路总司令张怀芝亦步曹锟后尘，声言“请示”而北返。粤军陈炯明部，乘机在粤闽边境大力反攻北军李厚基部，占领汀州等地。

面对如此局势，徐树铮心急如焚，竭力筹划补救措施。6月2日中午，他自汉口回到北京，下车后直接去见段祺瑞，商订第五期作战计划。计划对湘南采取守势，改攻为抚，并派赵春霆为湘南镇守使兼湘南招抚清理局局长，派员分途“招抚”南军，凡愿受“抚”者一律改编为“国军”，官兵仍供原职，不愿受“抚”者给资遣散回籍。这是分化南军的策略，主要对象是湘军。对广东则采取攻势。此时广东内讧，也使北军有可乘之机。6

① 陶菊隐著:《北洋军阀统治时期史话》(中)，生活·读书·新知三联书店1983年版，第779页。

月5日，徐树铮致电张怀芝说："日内粤局已变，内讧正烈，粤军袁司令带反戈内应，与龙（济光）军联合，占领香山，进攻英德。余若张开儒所部，亦有携手归来之议。时机正利，万不可失。"[①]此时，徐树铮心中的南征计划是：赣军扼守南雄，闽浙军队由沿海一带进攻潮、汕，皖、奉两军，不日分由湘、赣各路协力进攻韶关，同时鼓励直、鲁军队继续保持斗志，向南压击，使粤军腹背受敌，"以期早定粤局。粤定，川局自易收拾"[②]。

为稳住吴佩孚，徐树铮向段祺瑞建议授吴以"孚威将军"。6月初，徐树铮先后两次打电报向吴祝贺。他不断与吴联系，执行与吴商定的南征计划，命所部奉军径赴永兴、郴州以取直入韶关之势。

对于张怀芝，徐树铮与段祺瑞商定，尽量予以安抚。张怀芝不但不想再作战，并担心鲁督换人。因此，徐段向张表示鲁督决不换人，并筹设援粤总司令，拟议以张担任。

对于称病北归的曹锟，徐树铮和段祺瑞也竭力采取安抚措施，以副总统职位相许，特派其为四川、广东、湖南、江西四省经略使。

因此，曹锟、张怀芝在继续对南用兵问题上，才由消极变得积极起来。在6月19日至20日召开的天津会议上，曹锟明白宣言："无论如何，非将川、粤收入政府统治下不止。"[③]于是，督军团一致通过对南继续用兵的决定。6月20日，段政府正式发表曹锟为四省经略使，张怀芝为援粤总司令，并应张的请求，发表吴佩孚为副司令。6月22日政府又加派李厚基为闽浙援粤军总司令，童葆暄为闽浙援粤军副司令。

7月1日，张怀芝到汉口成立援粤总司令部，而吴佩孚不表态。为使张怀芝能如期履行"援粤"职责，徐树铮尽心为其筹划进军方策。[④]

---

① 中国科学院近代史研究所近代史资料编辑组编辑:《徐树铮电稿》，中华书局1963年版，第200页。
② 中国科学院近代史研究所近代史资料编辑组编辑:《徐树铮电稿》，中华书局1963年版，第198页。
③ 中国科学院近代史研究所近代史资料编辑组编辑:《徐树铮电稿》，中华书局1963年版，第234页。
④ 中国科学院近代史研究所近代史资料编辑组编辑:《徐树铮电稿》，中华书局1963年版，第246—247页。

这时北南双方的对抗力量大体如下：北军已布置在湖南的主力有直军吴佩孚第三师、鲁军施从滨第一师、皖军马联甲旅、张敬尧第七师、冯玉祥第十六混成旅、奉军六个旅（湘东三旅、湘西三旅）、部分江苏军队，总数约 10 万人以上。在前方正面和南军对垒的是直军。

南军（滇、桂、粤各军）共约 1 万七八千人。其中滇军李天保所部约 1700 人，戴永莘约 1000 人，杨其礼约 800 人，李根源约 1000 人，李烈钧约 1200 人。粤军除袁带 1000 余人已与龙济光军联合反攻顺德外，有胡汉卿约 1200 人，魏邦平约 1300 人，刘志陆约 2400 人，欧阳荣之约 1000 人。桂军林虎约 1800 人，另有 2000 余人其首领不详。[①] 湘军数目不详。

南北军力量对比，显然是北军强。不过南军熟悉地形，适于南方气候，较北军为优。

北军虽强，但内部不团结，加以长期远征在外，多已不愿再战。尤其是前线主将吴佩孚，暗派代表与敌对湘军代表进行谈判，6 月 15 日签订停战协定，并与桂军取得联系，“有计划开湘西停战议和之事”[②]。6 月19 日，徐树铮火急电责吴佩孚说：“闻仲帅（曹锟）左近人言，兄有划界停战与逆军议和之电，殊觉诧异…… 岂传言有误耶？抑逆军诡诈百出，既不受抚，更以此绐（欺哄）兄以为缓兵之计耶？内容究属何如？统祈密示。万一误堕奸谋，深恐危在目前，悔不可及。”[③] 曹锟也飞电责吴。6 月 21 日，吴复电徐说：“上月感日（27 日）在衡面议，以到湘之奉军先进，抵茶陵、安仁，俟湘局稍定，即取道永、郴，速向韶关。敝军扼守衡、耒一带，以掩护后路，适与在南雄赣军连成犄角之势。此项计划亦奉到揆座（段祺瑞）电令。嗣以奉军在株、醴迄未南下，赣军亦于本月冬日（2 日）由南雄退至大庚，敝军防御前线，直成孤注。且屡接有南军增兵添械之报告，又加

① 中国科学院近代史研究所近代史资料编辑组编辑:《徐树铮电稿》，中华书局 1963 年版，第 210 页。
② 中国科学院近代史研究所近代史资料编辑组编辑:《徐树铮电稿》，中华书局 1963 年版，第 235 页。
③ 中国科学院近代史研究所近代史资料编辑组编辑:《徐树铮电稿》，中华书局 1963 年版，第 233 页。

以宣抚使（曹锟）因病回津，故佩（孚）为维持湘南现状起见，不得不暂取和平主意。”徐树铮读电，认为“所言皆属实情”，与“诡谋言和者不同”[①]，并向张作霖、倪嗣冲、张敬尧、孙烈臣、张景惠和国务院等各方面解释，一意维护继续作战的局面。

吴佩孚所言虽“皆属实情”，但不全如徐树铮所认为的一样。不久，吴之主和就进一步露相，对于政府发表他为援粤副司令，始终抱消极态度，不愿做张怀芝副手，更不愿再往广东方面前进一步，而拟专做防衡司令，以保存实力，预留日后进退余地。6 月 25 日吴又致电徐说，南方有意屈服言和。实则借以表达自己停战议和的思想。

6 月 30 日，徐树铮致电吴佩孚，婉尽其辞，详析“战”与“和”之利弊，深望吴能回心转意。但吴并未如其所望。7 月初，吴派代表参加衡阳召开的罢兵息争大会，公然表示积极支持。这意味着南北战争的重大变化。谭延闿于 7 月间回到永州，重任西南方面的湖南督军。南北战争继续向不利于北方的局面演变。

川、陕形势亦较紧张。川督刘存厚受到西南军阀的压力，陕督陈树藩则被民军搞得焦头烂额，因此他们不断致电徐树铮要求援助。徐树铮商得张作霖同意，派王锡品旅进援陕川，驻观音堂附近；并拟续派新编练的几旅前往增援。但由于王锡品旅为许兰洲旧部（王接替许为旅长），徐树铮深恐易被别人利用，故暂时抑制不令前进。因而，刘存厚又遭失败，危及陕西。6 月 28 日，徐树铮两次致电刘存厚，解释奉军入湘和援川问题，并说：“计自二月以迄今，兹不过四阅月有奇，已陆续筹出八旅半之众。其中制装服、设兵站、备粮秣，无一不平空起办，在弟固已委身命于不顾，一以国家急难为务，而在浅见之夫，即难免飞短流长。”[②]望刘体谅，

① 中国科学院近代史研究所近代史资料编辑组编辑:《徐树铮电稿》，中华书局 1963 年版，第 245 页。
② 中国科学院近代史研究所近代史资料编辑组编辑:《徐树铮电稿》，中华书局 1963 年版，第 252 页。

坚持到底。

自天津会议以来，曹锟虽然被任命为四省经略使，但一直没南下就职，而在天津“休养”。张怀芝至汉口成立援粤总司令部，但因吴佩孚不予理睬，而未免形单影孤，因又思归。张作霖则为奉军长期远征在外得不到期望的结果而心焦。

7 月 31 日，徐树铮又和曹锟、张怀芝、张作霖、倪嗣冲等在天津举行会议。徐树铮催促曹锟南下，曹却提出三个难以满足的条件，实为不愿南下作战。各省军阀转而要求奉军作前方主力，徐树铮也希望张作霖增派奉军南下作战。但是，张作霖只同意以奉军为各路战线的总预备队，承担应援任务。徐树铮又力争以曹、张、张、倪四督军名义发一全力对南作战的通电，但一连数日未能取得一致意见。

8 月 7 日，吴佩孚忽然发表致江苏督军李纯电，痛斥中央政府“误听宵小奸谋，坚持武力，得陇望蜀，援粤攻川，直视西南为敌国，竟以和议为逆谋”，指责中央政府用人不当，直指“徐树铮违法杀陆，赏罚倒置，而犹以叛逆责人”。吴还猛烈抨击安福国会和段祺瑞的“亲日卖国”政策，请李纯会同湖北江西两省督军通电主和，相信“曹经略使夙主和平，必当赞成斯议”。[①]21 日，吴又发表致冯国璋电，请冯总统“颁布全国一体停战之明令，俾南北军队留有余力一致对外”。次日，吴佩孚照录电报原文给全国各报发表。这对段政府和主战派来说，真是当头棒喝。

吴佩孚是曹锟的直接下属和主将。曹锟恐怕酿成风波难担责任，22 日电责吴佩孚“殊属不明事理”，目的是向皖系和主战派表示，吴的行动与曹某无关，曹某并非“夙主和平”。曹锟还补发一个通电，说明已经“电令吴师长勿得轻信谣言，并饬遵照中央计划一致进行”[②]。

① 陶菊隐著:《北洋军阀统治时期史话》(中)，生活·读书·新知三联书店 1983 年版，第 792 页。

② 陶菊隐著:《北洋军阀统治时期史话》(中)，生活·读书·新知三联书店 1983 年版，第 793—794 页。

8月24日，段祺瑞电责吴佩孚不应受人煽惑不服从中央政府命令：“该师长军人也，军人应尽服从之天职，不然，尔将何以驭下？责任内阁关系巩固国家之中枢，政令所由出，图私利者不能反对。不敢反对，阴使人反对之，是破坏国家，使人干犯纲纪，计非不巧，然而端人绝不为之。况春秋诛心，岂能逃千秋斧钺？尔何以受其欺？”“师长职位卑小，不应对时局妄发议论，必须有大勋望之人，方能对时局有所主张。”[①]言下亦有责斥曹锟之意。

同日，张作霖发表敬电；隔一天，倪嗣冲发表宥电。两电都主张对南作战到底，表示拥护段祺瑞政府而责斥吴佩孚，并且不满于曹锟。

吴佩孚完全不理睬来自各方的压力。他发表宥电回答段说，他通电主和乃是“仿照我师（段祺瑞）在孝感时通电主张宣布共和”，至于军人以服从为天职问题，“学生直接服从者曹使，间接服从者陆海军大元帅（冯国璋）。大元帅希望和平，通国皆知。曹经略使在汉表示和平，学生即根据实行。谨守服从，无以过之”。这表示他没有服从段的必要。同时他还大肆攻击张作霖。

对于吴佩孚的这种行为，徐树铮甚为气愤。8月28日，他电责吴佩孚为“反复之辈，自毁前劳”[②]。次日，又致电张作霖，意欲制裁吴佩孚。

曹锟看势头不对，8月30日致电吴佩孚说：“宥电悉。引经据典，大放厥词，施于同辈尚且不可，顾可于尊长之前妄发议论？宁不知芝揆（段祺瑞）再造共和，淡于权利，只以大局所关，同人邀请，不得已再出东山。其所以不能遽事和平者，实因南人复反也……来电谓宣战媾和为大总统特权，不知媾和者乃对外，国内疆吏跋扈，武人肆虐，惟有出于讨伐之一途。又谓津议种种，尤为无稽之谈，该师长信以为真，何愚暗至此……芝揆素

① 陶菊隐著:《北洋军阀统治时期史话》（中），生活·读书·新知三联书店1983年版，第794—795页。
② 中国科学院近代史研究所近代史资料编辑组编辑:《徐树铮电稿》，中华书局1963年版，第325页。

有含容，兼与该师长有师生之谊，应即具电婉言谢过，幸勿再逞意气，致贻他人以口实。”[①]这对于吴可谓谴责其表，爱护其里，同时也是希望吴不要走得太远，不要给曹锟造成过多的麻烦，所谓“芝揆素有含容”，也包括希望段祺瑞总理能宽容曹吴的意思。

为了赢得段祺瑞的宽容和主战派的谅解，曹锟在保定检阅军队，补充实力，做出要南下的姿态。但他又请中央政府迅速拨500万元南下军费，要求军部给他大批械弹，实为设法拖延。对此，徐树铮8月28日《致倪嗣冲勘电》中甚表愤慨，说：“仲珊（曹锟）电院谓简阅军队，约三四日简毕，即日南下。而电军部，则请发各种枪弹三千万，机枪弹五百万，又各种炮弹，明知无有，而故巨其数以难之，迫香岩（段芝贵陆军总长）乎？抑欲借口不行乎？殊难解也。”[②]当然，曹锟领不到这批械弹，也就不能南下。次日，徐树铮又托曾毓隽专程到保定向曹锟探明有关情况，并转告陆军部对于请拨枪弹的意见。

曹锟毕竟手握重兵，而前线主将吴佩孚又是他的直接部下。曹吴不愿打，对南战争也就难以进行，加以大选在即，徐树铮和段祺瑞不得不决定将作战计划推迟，命令前敌各军暂取守势。这个决定是8月31日在国务会议上宣布的。同一天，徐树铮致电张作霖说：“前方作战计划，应俟仲珊（曹锟）大纲决定后，我辈方能助之于旁。此时亦只向前速运队伍为要。”[③]暂取守势并不等于停战议和，徐树铮除忙于近在眼前的大选之事，仍积极准备继续推行作战计划。

---

① 陶菊隐著：《北洋军阀统治时期史话》（中），生活·读书·新知三联书店1983年版，第797页。

② 中国科学院近代史研究所近代史资料编辑组编辑：《徐树铮电稿》，中华书局1963年版，第324页。

③ 中国科学院近代史研究所近代史资料编辑组编辑：《徐树铮电稿》，中华书局1963年版，第327页。

二、与张作霖失和

张作霖当初之所以同意派奉军入关，有他的政治、军事和经济目的。政治上，他想支持他认为比较可靠的段祺瑞，有朝一日取而代之；军事上，他想扩大奉军的影响，利用奉军入关逐鹿中原；经济上，他想多要一些军费械饷，眼前就可得到从秦皇岛截获的一大批军械。因此，他才同意出兵关内。至于派奉军到湖南等地实际作战，他是不情愿的。他始终只同意让奉军做张怀芝、曹锟的后援卫队。他对徐树铮和吴佩孚在衡阳商定由奉军承担主攻广东韶关之事不高兴。况且又有人向他密报徐树铮挪用军费，编练新军等。

徐树铮自任奉军副司令代行总司令职权以来，对入关奉军行止饷械等诸方面有一定的权力，但在重大问题上必须与张作霖协商后决定，重要行动及时向张作霖报告。不过，他并非每一重大问题都与张协商，也并非每一重要行动都向张报告。挪用军费编练新军就是最突出的事例。有时他独断专行，包揽一切，集军国大事于一身，旁若无人，大有经纬天下、舍我其谁之势。身为奉军副司令代行总司令职权，控驭千军万马，并左右曹锟、张怀芝等，不顾一切阻碍，坚持推行武力统一政策。因此，他受到主和派及西南方面的反对，尤其是直军将领的反对，也受到奉军将领的反对。

徐树铮初任奉军副司令时，奉军将领中便有许多人不满。孙烈臣、张景惠、汲金纯、张作相、吴俊陞等，都是长期跟随张作霖有实际经验的将领，而徐树铮年仅 37 岁，缺乏实际领兵经验，他们怎么会服气呢？因张作霖当时非常信赖徐树铮，他们有所顾忌才默然服从，但实际上还是有所抵触。张景惠在湘西就很少与徐树铮联系。孙烈臣担任湘东司令，动辄向张作霖千里请命。当徐树铮催其加快进军时，孙还要请示张作霖。入关南进的奉军将领，仍唯张作霖之命是从。孙烈臣、张景惠是张作霖的心腹干将，长期患难与共的兄弟，怎么会甘受徐树铮指挥？他们不断地与张作霖直接电讯往来，信使不绝于途，将徐树铮孤立于旁。当时，有人向张作霖建议："奉军应由奉省军官统率，何必聘请外人？"张作霖的智囊秘书长袁金铠在张面前攻击徐树铮说，他"只不过藉公（指张）之力，伸个人之权，固私而已"，劝张作霖疏远徐树铮。[①]渐渐地，张作霖便对徐树铮有所不满。徐树铮也有所觉察，6月28日致刘存厚电中慨叹："浅见之夫，即难免飞短流长，妄猜为张大威势……内而京部，外而各省，志趣未尽相同，意见难循一轨，即不容不委曲含忍，以避谗慝之口，杜猜忌之渐。是今日之事，不难于励行，而难于去障，不难于克敌，而难于和已。"[②]

徐树铮在奉军司令部所依靠的是奉军参谋长杨宇霆、参谋处长宋邦翰等，杨和宋是徐在日本陆军士官学校的同学。奉天军械厂厂长丁超——兵站司令，也是徐在日本的同学。另外还有宋子扬和何千里等。这种情况自然也会引起奉军老将的不满。

在孙烈臣、张景惠分别带领奉军南下入湘应援过程中，徐树铮为取得南征彻底胜利，计划在直鲁等军消极怠战的时候，以奉军承担主攻任务，因恐孙张六旅不敷应用，即与杨宇霆、丁超等谋划挪用饷械，另外编练五旅后备军，即驻河南信阳的奉军补充第一旅（旅长王永泉）、驻洛阳的奉军补充第二旅（旅长于珍）、第三旅（旅长李如璋）、第四旅（旅长宋邦翰）和驻廊坊的奉军补充炮兵旅（旅长宋子扬）。当宋邦翰由参谋处长升任第四补充旅长时，奉军总司令部的中校参谋秦华以为自己可以接替参谋处长，但事出秦华之愿，秦即对徐树铮不满，与杨宇霆不和，向张作霖密告徐杨之状。[③]张景惠亦向张作霖密告徐的不是。于是张作霖即想制裁徐树铮等。

1918年7月21日，徐树铮为吉黑借款事，衔段祺瑞之命到奉天向张作霖解说时，丁超刚被张作霖撤职，杨宇霆同时受到责斥。杨"顶撞抗辩"

① ［日］园田一龟著：《怪杰张作霖》，胡毓峥译，辽宁大学历史系印，1981年6月，第105页。

② 中国科学院近代史研究所近代史资料编辑组编辑：《徐树铮电稿》，中华书局1963年版，第252页。

③ 何千里：《张作霖与徐树铮》，《吉林文史资料选辑》第四辑，第229页。

无效。徐以杨和丁为奉署人员兼办驻津司令部事而圆转其间，“婉劝雨帅，谓各员相从有素，志虑忠实，办事有误，责之以儆其后可矣，不必自寻郁怒。又正告邻葛（杨宇霆），谓长官警训，只宜默受，即有枉屈，应待怒平后再自详陈”[①]。张作霖、杨宇霆以为徐树铮之言不无道理，即不再顶撞。但张作霖并未因此罢休。

7月23日晚，徐树铮回到北京，次日即谒段总理汇报赴奉情况，将杨宇霆、丁超被斥之事，引为自咎。遂又致电张作霖说：“邻葛、届臣（丁超）情事，弟已向揆座（段祺瑞）陈明，自咎引率无状，既贻兄以不快，又复累及同人，揆（段）深责弟小心从事，并切属转告吾兄，勿久郁邑。”[②]他希望得到张作霖的谅解。张作霖却要深究到底。

7月27日，张作霖自奉天前往天津。临行前，召集孙烈臣、张景惠、杨宇霆等汇报情况。说是要去天津“会晤曹使”，实则另有隐衷。次日到天津后，张作霖即要清查司令部账目，追问有关补充旅等事。外间就传说徐树铮私挪军费招收自己的军队，张作霖和徐树铮闹翻了，徐树铮要辞职等。28日当天，徐树铮致电时在盛京（沈阳）的孙烈臣、张景惠，要他们“速日同来，以便将前后一切情形明白说开，庶免疑似风传，误及大局。邻葛（杨宇霆）兄能同来尤盼”[③]。徐树铮认为张作霖“轻听多疑”，自己实不足与言，才电召孙、张、杨等前来“明白说开”。同时还电邀倪嗣冲来以防意外。张作霖的举动实在非同寻常，奉军驻津司令部一阵恐慌。

8月4日，徐树铮致电国务院秘书张伯英说：“雨（张作霖）有向司令部寻隙之意，弟在此表面尚可镇静，离开恐各员有不自安者，或生意外波澜。”[④]据说后来“张作霖查出从三月二十五日段内阁复活的时期起，徐树铮

---

① 中国科学院近代史研究所近代史资料编辑组编辑:《徐树铮电稿》，中华书局1963年版，第286页。
② 中国科学院近代史研究所近代史资料编辑组编辑:《徐树铮电稿》，中华书局1963年版，第288页。
③ 中国科学院近代史研究所近代史资料编辑组编辑:《徐树铮电稿》，中华书局1963年版，第297页。
④ 中国科学院近代史研究所近代史资料编辑组编辑:《徐树铮电稿》，中华书局1963年版，第304页。

一共代领到奉军军费五百十五万元，奉军实收只有一百八十余万元，绝大部分都用在编练参战军和新国会的选举上了”[①]。

对于挪用款项，徐树铮自不讳言，同意尽快筹措补上，后经段总理批准由政府拨还，张作霖即不再深究。对于新建的五个补充旅，徐树铮与张作霖等商定：“除以一步旅移驻岳州训练预备加入战线外，余均划入参战处，半以防边，半以援川。”[②]张作霖对徐树铮的愤怒暂时平息下来。8月22日，徐树铮致电张敬尧说：“弟与沈阳（指张作霖）意见全消，毫无辞说。外间所传不足凭信，现仍协商一致进行，加队促战，务祈坚持初衷，勿稍疑虑。”[③]次日，徐树铮根据与张作霖商妥的办法，致电新建五旅的五位旅长，布置分别改编归并的实施步骤。均自9月1日起执行。

表面上徐树铮和张作霖仍相安和好，实际上两人已难再合作共事。段祺瑞看得清楚，便任命徐树铮为参战处参谋长。徐树铮当然也心中有数，即于无形中逐渐收束，以至于彻底摆脱奉军事务。9月初，他会同张作霖致电曹锟，将湘中奉军六旅编为两支队，拨归曹锟节制。后方虽然名义上仍由徐树铮办理，实际上徐已令张景惠、许兰洲两支队长自行筹设兵站，徐只供给款项。至于军粮城奉军总司令部事，即无形中逐渐收束。9月6日起，徐树铮所派入湘奉军六旅即编为两个支队拨归曹锟直辖。

半年多来，徐树铮南奔北跑，寄希望于奉军者甚多，可是这时亦只好付之无可奈何而已，从此不欲再问奉军之事。9月10日，他明确地电告张作霖：“近以参战处事日渐繁忙，司令部事碍难兼顾，且我军分拨以后，后方事简，亦无须专设于外……以前用款，财部虽尚欠二百余万，弟可截至八（九？）月底赶为清理，决不以相累也。”[④]此前，他已托曾毓隽代向张

① 陶菊隐著：《北洋军阀统治时期史话》（中），生活·读书·新知三联书店1983年版，第790—791页。
② 中国科学院近代史研究所近代史资料编辑组编辑：《徐树铮电稿》，中华书局1963年版，第317页。
③ 中国科学院近代史研究所近代史资料编辑组编辑：《徐树铮电稿》，中华书局1963年版，第318页。
④ 中国科学院近代史研究所近代史资料编辑组编辑：《徐树铮电稿》，中华书局1963年版，第338页。

作霖说明：奉军后方的事，请张作霖在奉天就近酌量组织，或由天津调移，孙烈臣可接任副司令名义，前后往来以资联洽，此后徐树铮即不参与其事，但仍当尽力协助，以免隔阂。

徐树铮虽然不愿再与闻奉军之事，但事犹未了，特别是兵站给养之事，仍不断接到各方的催索电报。9月24日，徐树铮致电奉军第一支队长张景惠、第二支队长许兰洲，并转各旅长及第一至第五输送大队长说："本军总司令部所设兵站，前定于本月二十一日截止，供给由各支队自行备办，业经分别电知，并面达在案。嗣以各支队尚未设备，不得不暂仍接济。现定截至九月卅日为止，各兵站再不供给，以后由各支队自行筹设，倘再不设齐，由各支队自承其咎。"①

10月1日，徐树铮辞去奉军副司令职务而专任参战处参谋长。同日，他致电张作霖，明确表示"本日卸事"，对于所欠款项统由自己进行清理，并略申所怀，说"共事数月，明知诸多无状，然自问心事肫诚，谅邀共鉴。今虽形迹暂隔，而精神意念仍当息息与我军盼合。虽驰驱辛苦，愧未能随我袍泽之后共奋于功名。此后在京之日，仍当悉力为我军助办一切"②。并致电天津奉军总司令部孙总参议、原所属奉军各支队长、各旅长、各输送队、各团长等，内容与致张作霖电略同。从此，徐树铮正式卸掉奉军副司令职。

徐树铮卸职后，奉军副司令由孙烈臣继任。杨宇霆因与徐树铮的关系而不受张作霖信任，随即辞去参谋长职（秦华接任）。奉军司令部职员，凡由徐树铮引进者，皆辞职而去。于珍等则被张作霖撤职。

随后，徐树铮在《汉魏六朝百三名家集选序》中，回顾半年来的征尘足迹，不无深情地写道："寻为兵机所驱，匹马度关……往来辽塞，蹀躞京洛间；又数越武汉，涉衡湘，历诸将帅戎幕，预钤略；或犯炎风烈日，

① 中国科学院近代史研究所近代史资料编辑组编辑:《徐树铮电稿》，中华书局1963年版，第352页。
② 中国科学院近代史研究所近代史资料编辑组编辑:《徐树铮电稿》，中华书局1963年版，第361页。

步出崎岖，挥汗与士卒相诏语；时入坐其行帐，呼与共饭，以分尝甘苦。俯仰之间，遂以半载。”①

徐树铮与张作霖失和，使南北战争又发生深刻变化。整个局面朝着难于预测的方向发展。

三、与靳云鹏矛盾

靳云鹏，字翼青，山东邹县人。生于1877年，比徐树铮大3岁，是段祺瑞兼任炮队随营学堂监督并任教时最得意的学生，毕业于天津北洋武备学堂。后经段祺瑞提拔或推荐，不断晋职。1902年任北洋常备军军政司参谋处提调。后随李经羲到云南任“新军督练公所”总参议。民国成立后，回山东任北洋陆军第五师师长，1913年升山东都督。1917年，奉派到日本观操，回国后任参战督办公署训练处督练，代表政府与日本签订中日军事协定。《中日陆军共同防敌协定实施细则》（七条），则由徐树铮代表政府与日本政府代表斋藤季治郎在北京签订（1918年9月6日）。

靳云鹏的政治关系相当复杂。他和曹锟是把兄弟，和张作霖是儿女亲家，与各方交往密切。徐树铮在政治上的唯一靠山是段祺瑞。徐树铮、靳云鹏两人，遇事互争雄长，由暗斗而公开对立。在对德参战问题上，两人的态度截然相反。靳云鹏赞成与德国绝交宣战，徐树铮则极力反对。段祺瑞曾授意吴光新、曲同丰等进行调解，但徐靳二人均非一般调解能够奏效。段即改变办法，常派靳云鹏代表他出外与各方面联络，以利用靳和各方面的关系，同时减少他和徐树铮的摩擦。但靳认为段祺瑞有意疏远他，因而

① 徐道邻编述、徐樱增补：《徐树铮先生文集年谱合刊》，台湾商务印书馆1989年版，第22页。

更加恨徐。①

徐树铮对靳云鹏则表示谅解，认为靳背后有人指使。1918年8月21日，徐树铮致电倪嗣冲说："翼青（靳云鹏）前托云沛（曾毓隽）转陈芝揆（段总理），谓：'用又铮即勿用我，用我即勿用又铮'云云，芝揆斥其妄谬。翼青办事虽无长才大力，然心术确非坏人。此不过小人唆使，弟决不置之心坎，近与往还商事，颇称融洽。渠请芝揆委以督办参战军训练事宜，名目亦系坂西及曲某等指使，意谓可垄断一切。然弟敢断言，无论彼等如何谋议，欲以缚弟手足，颇不易易……翼青现定参战军充师长者，一曲同丰，一马良，一自兼云。"②

徐树铮任参战处参谋长后，实际成为参战军的主要负责人，靳云鹏不免失落。徐世昌任总统期间，靳云鹏担任钱能训内阁的陆军总长，抵制徐树铮关于武力统一的策划，试图将参战军纳入陆军部管辖。这是徐树铮所不能接受的，因而两人隔阂日深。

不久，靳云鹏为军饷事，与皖系龚心湛闹翻，负气请假。徐树铮乘机进行倒阁运动。钱能训内阁倒台后，徐树铮向段祺瑞建议推举龚心湛为总理，段虽已与冯国璋同时下野，但段又任参战督办，仍握有军权，实际上类似"太上皇"。龚代总理后，又请徐树铮到国务院参与处理公务。这无异于进一步逼靳云鹏辞职。靳云鹏与龚心湛、徐树铮势不两立，即暗中联合徐世昌及直奉军阀，打击龚心湛和徐树铮。徐世昌亦对龚心湛和徐树铮不满。1919年9月，徐世昌与曹锟、张作霖取得一致意见后，以总统名义提出要靳云鹏组阁代替龚内阁。徐树铮见势不妙，连忙引出倪嗣冲等通电反对。曹锟、张作霖和吴佩孚等则通电拥护。这就形成皖系与直奉两系正面对抗，导致发生战争的可能性。为避免局势进一步恶化，徐树铮不得不让

---

① 谭志清:《我所知道的靳云鹏和靳云鄂》,《文史资料选辑》第三十五辑，第229—230页。

② 中国科学院近代史研究所近代史资料编辑组编辑:《徐树铮电稿》，中华书局1963年版，第317页。

步，阻止靳云鹏上台的运动未能完成。11 月，靳云鹏内阁成立。[①]

靳云鹏疏远段系而想独树一帜，但实际上摆脱不掉段系的挟制。段祺瑞握有军权，对靳云鹏依然以老上司自居，把靳内阁看成一个办事机构，经常批文“交靳核办”。靳内阁主要各部人选也是取得段祺瑞同意后确定的，而段又主要听信徐树铮的。因此，段系曾毓隽掌交通，朱深掌司法，外交陆征祥，财政李思浩，也是徐树铮极力推荐的。另外，内务总长田文烈也接近段系。靳云鹏虽为总理，但很难行使总理职权。他想和外国人拉拢关系及借外债来巩固自己的地位，段祺瑞警告他“不要挟外援以自重”。这背后都有徐树铮的身影。同时，徐树铮大力编练参战军，不断积蓄实力。靳云鹏看在眼里恨在心里，可是拿不出办法。靳不断受到段系攻击，甚至被骂为叛徒，行动也受到暗中监视，因而不得不提出辞职，[②] 后来倒向直、奉两系。

四、王永泉旅援闽问题

1918 年 6、7 月间，闽浙军队曾在闽粤边境猛烈反攻进入闽南的粤军。浙军暂编第一师童葆暄部占领饶平后，即受命与闽军李厚基部组成闽浙联军，担任援粤任务。李厚基为闽浙联军援粤总司令，童葆暄为副司令。这是徐树铮和段祺瑞攻粤计划的一部分。闽浙联军援粤与直鲁联军援粤势同犄角。6 月 25 日，闽浙联军克复永定，徐树铮致电祝贺。随后接连攻占芦下坝、石上坝、峰市各要隘和大埔县城。粤军败退三河坝，死伤甚多。[③] 潮汕方面大为震动。

---

① 谭志清:《我所知道的靳云鹏和靳云鄂》,《文史资料选辑》第三十五辑，第 230—231 页。

② 谭志清:《我所知道的靳云鹏和靳云鄂》,《文史资料选辑》第三十五辑，第 233 页。

③ 中国科学院近代史研究所近代史资料编辑组编辑:《徐树铮电稿》，中华书局 1963 年版，第 290 页。

这时，已有内讧迹象的粤军又将注意力移于反攻。假装有内附之意的陈炯明，令部下赵光进占福建汀属。8 月下旬，前浙江督军吕公望暗中倒向广东军政府，冒险潜至诏安，说服浙军第一支队长（团长）陈肇英也倒戈投南，带走“兵五百，炮四，机枪二”①。吕公望还和广东方面试图策动童葆暄倒戈，准备大举反攻。徐树铮接到香港确报，急忙转告李厚基和浙江督军杨善德：“岑逆（春煊）编卫戍三千，蓝天蔚为长。又令李烈钧新编廿营，刻日寇赣。陆逆（荣廷）派卅营赴粤，已陆续开出。”②

闽浙联军急忙撤退，粤军乘胜追击，8 月 30 日占领延平。9 月 12 日，李厚基乘舰自厦门逃回福州，并向中央政府电辞援粤总司令。福州局势严峻。由于臧致平旅在同安打了一仗，才暂时遏住粤军的攻势。

徐树铮已接手参战处工作，但仍密切关注闽浙联军的进止。9 月 15 日，李厚基等向他告急，请他赴闽帮助。他因参战处经手交涉，不能暂离，而“恨身无翼，不能奋飞”③。17 日，国务院亦接到福州危急的报告，遂派海军加强福州之防，任命萨镇冰为福建清乡督办。段祺瑞还让龙济光招募的新军前往应援，但未开出山东，队伍就哗变，被张树元派兵包围解散。18 日，徐树铮又致电李厚基、童葆暄说：“闽关浙沪全局，芝揆（段祺瑞）即去职，亦决无忽视之理。且树堂（杨善德）、丹忱（倪嗣冲）、子嘉（卢永祥）诸兄，及弟辈尤当彼此相顾，万不听兄独困难境。”除对所需子弹和借款尽力筹拨外，即决定派王永泉率混成一全旅赴援④。王永泉旅，原是徐树铮所编奉军五个补充旅之一，驻扎河南信阳。8 月 23 日已拨交督办参战事务处，现仍归徐树铮管辖，为了援闽，又称援闽陆军第一混成旅。

王永泉，字百川，直隶省天津府青县（河北省沧州市青县）人，与徐

---

① 中国科学院近代史研究所近代史资料编辑组编辑:《徐树铮电稿》，中华书局 1963 年版，第 328 页。

② 中国科学院近代史研究所近代史资料编辑组编辑:《徐树铮电稿》，中华书局 1963 年版，第 326 页。

③ 中国科学院近代史研究所近代史资料编辑组编辑:《徐树铮电稿》，中华书局 1963 年版，第 345 页。

④ 中国科学院近代史研究所近代史资料编辑组编辑:《徐树铮电稿》，中华书局 1963 年版，第 347—348 页。

树铮同龄，日本陆军士官学校工兵科第4期毕业。清末曾任第八镇工兵营管带。民国成立后，历任陆军部技正、湖南督军公署参谋长等职。其任奉军补充旅旅长，是由杨宇霆竭力推荐的，徐对他并不十分信任。“该旅原定赴黑，而援闽系二十八师之一旅，嗣经商改二十八师就近赴黑，故换调此旅，改道援闽。”[①]同时徐树铮也另有打算，他在致倪嗣冲电中说得十分清楚：“王（永泉）本非旅长之才，其待部下好以威怒为严，而不当于事，弟深知之，因麟葛（杨宇霆）拼命代求，彼时万难坚拒。此次援闽，到境即改编，久与培之（李厚基）兄商定，大约半隶省垣，半与臧致平编师。该旅长即另调别差，不令带队。刻下但盼安稳到闽，弟即可稍释悬念也。”[②]王永泉旅此时有六营，分为两团。有机枪12挺，山炮6尊，分由郑州、信阳各开一团，拟至浦口转乘轮船赴闽。徐树铮除派员前往上海雇船外，还电请李厚基派轮船预候。

可是，第一列车高维岳团开至浦口北五十里的东葛站，就不能朝前开了，因为前面铁道已被拆毁。9月24日，徐州镇守使张文生报告李纯，有一支不知从何方开来的军队，分乘两列车南下，疑是在晏城被击溃的匪军。李纯随即打电报给倪嗣冲，说这支军队开过蚌埠时，请即查明究系何军，开往何处。倪嗣冲回答，这支军队是开往福建的奉军。李纯听说是奉军，怀疑张作霖派来袭击南京，同时又接到北京方面的另一报告，说这支奉军是参战处新任参谋长徐树铮调动南下的，李纯更加疑心，急命第六师开过长江，拆毁花旗营一段铁路，准备迎击。高维岳急令开回滁州，随后又开回蚌埠。

李纯打电报给国务院，说铁道是被土匪拆毁，并提出质问：奉军南开，为何中央和奉督事前不通知江苏，既称南下援闽，又为什么由主持对外的

---

① 中国科学院近代史研究所近代史资料编辑组编辑:《徐树铮电稿》，中华书局1963年版，第363页。
② 中国科学院近代史研究所近代史资料编辑组编辑:《徐树铮电稿》，中华书局1963年版，第371—372页。

参战处下令调遣？他非常愤激地说："有人凭借弄权，罔恤国体，擅作威福，政府不及知，督办（段）不及察。大江南北，人心惶惶，军情愤激，窃恐酿成祸变，已派重兵过江弹压……江苏一省关系全国，若任无意识之小人不顾大局，不恤国体，一隅糜烂，全局破坏，谁尸其咎？想之痛心。"电中所谓"无意识之小人"是指徐树铮。[①]

9 月 25 日，国务院复电李纯，解释误会，加以安抚，声明王永泉旅是参战处的直辖军队，由陆军部借以援闽，不是奉军。同日，徐树铮也致电南京李纯及浦口王廷桢副使说："陆军部借用参战处第一旅援闽，高团长维岳率列车行抵东葛站，铁路为土匪拆毁，不能开行，现正停车待进。该队因子弹尚未领到，全系空枪，闽局至急，仓卒先发，途次遇此波折，恐不无张皇之处。该队未入闽以前，尚归弟指挥，祈赐照拂，无任心感。"徐树铮亦知是李纯派军拆毁铁道以阻止王永泉旅前进的，"其言匪毁者伪也"[②]。至于电中声言"该旅未入闽以前，尚归弟指挥"，则被认为有示威之意。李纯更欲开罪徐树铮，并对徐树铮之来电拖延不复。

李纯决心阻止王永泉旅南下，使张作霖感到非常恼火。张作霖似乎还把王旅看作奉军，借机发泄对李纯的不满，气势汹汹地质问李纯："奉军南下，系奉总理密令驰往援闽。兵贵神速，本可出以秘密。贵督明知为奉军，竟尔出阻，贻误戎机，不知是何用意。请克日明白答复，以释疑团。"[③] 大有问罪之势。李纯误疑奉军而加以阻止，是张作霖不能容忍的。

李纯阻止王永泉旅南下，是主和派与主战派、皖系与直系长期矛盾的反应。此举不但直接引起徐树铮、张作霖及闽督等极大注意，并且引起曹锟（四省经略使）、张怀芝（援粤总司令）和各省军民长官的注意，大有风云突起，发生新的战争之势。为避免事态扩大以遏止不测风云，徐树铮

① 陶菊隐著：《北洋军阀统治时期史话》（中），生活·读书·新知三联书店 1983 年版，第 803 页。
② 中国科学院近代史研究所近代史资料编辑组编辑：《徐树铮电稿》，中华书局 1963 年版，第 356 页。
③ 陶菊隐著：《北洋军阀统治时期史话》（中），生活·读书·新知三联书店 1983 年版，第 804 页。

10月2日致电张作霖、曹锟、张怀芝和各省督军、省长等，通报王永泉旅被阻情况和自己与江苏李纯等之间的往来电报，并先解释说："前以闽省危急，中央派队赴援，道出浦口，因发队时漏未知照苏省，以致稍有误会，寻经再三电解，现已毫无芥蒂，诚恐传闻失实，用将往来电文录转，以释悬系。"①

王永泉旅自浦口乘船赴粤，又因所租船只爽约，不能成行。尤其是所租日本轮船毁约，徐树铮非常愤慨。他10月20日致电李纯和王廷桢说："王旅赴闽，本定建新、福州两轮及日本日运丸一轮载行。查日轮在京立约，订明装兵，既经付款，乃始则不出，电由章（宗祥）公使交涉，始开浦；乃至浦又以不装兵为词，徒旷时日。福州（轮）在沪修理未完，而建新（轮到浦后）又不知何故他去。国力敝败至此，以堂堂大国受人侮视，而莫敢与校，稍有血气，能不发指。无论如何，闽急不可不救，顷仍电浙商由陆行。电到再当奉达，饬知开拔。未开之前，祈视同贵部一律管束，倘有参差，弟甘坐其罪。"②

王永泉并不以闽急为意，他关心的是自己的旅长地位。因为：第一，该旅新成立不久，部卒缺乏训练，并且缺乏械弹；第二，徐树铮对他不够信任；第三，呼吁南北和平的声浪在增长。自高维岳团返至蚌埠后，王永泉更以长江有变，队有被截断之虑为由，迟迟不前。因此，徐树铮多次致电催促，还托倪嗣冲从旁恳告王永泉，"闽局至急，援军万不宜缓"。在这种情况下，王永泉才勉强从蚌埠起行开到浦口、下关。徐树铮因又嘱王："到浦军队不便久住，应速尽建新（轮）赶期装运。"③可是建新号轮到浦口后却莫名其妙地不知去向，其中定有人暗中设阻。

无奈，徐树铮才与浙督杨善德、闽督李厚基、苏督李纯及上海会办卢

① 中国科学院近代史研究所近代史资料编辑组编辑:《徐树铮电稿》，中华书局1963年版，第363页。
② 中国科学院近代史研究所近代史资料编辑组编辑:《徐树铮电稿》，中华书局1963年版，第374页。
③ 中国科学院近代史研究所近代史资料编辑组编辑:《徐树铮电稿》，中华书局1963年版，第371页。

永祥等电商，令王永泉旅改由陆路经上海至宁波，再乘船赴闽。而王永泉又以和平之说及新兵未经战斗为由，在浦口和下关滞留不前。10 月 26 日，徐树铮又催王永泉“速筹进行”，并分别向总统府、国务院及段祺瑞陈述有关情况，力言“闽急不得不救”[①]，还与交通部联系备车。李纯等终于不得不让王永泉旅通过。王永泉旅即开往福建。

12 月上旬，王永泉旅被改归陆军部管辖，编为第二十四混成旅。1919 年 1 月 29 日，大总统任命王永泉为第二十四混成旅旅长。

五、军费、财政与借款

徐树铮任奉军副司令期间，所部不断要求饷械军费。曹锟、张怀芝、张敬尧、倪嗣冲、张作霖、李厚基、刘存厚、张广建、张宗昌、陈树藩、吴佩孚等，也经常就饷械困难，求助于他。1918 年 5 月 27 日，徐树铮至衡阳前线联络吴佩孚，吴即提出欠缺军费问题。徐树铮回到汉口即从银行为吴挪借，到北京又尽力代向陆军部及财政部商拨。陕西督军陈树藩要求械弹，徐树铮亦视之为“分内之事”，“悉力恳请”。[②]旅长张宗昌在汉口也托他代为请领枪炮子弹[③]。曹锟、张怀芝等要求饷械军费，已见前述。

陆军部对于军械控制得很紧。徐树铮往往亲自到陆军部催索也难于如愿。1918 年 6 月 17 日，他就奉军领械一事致电杨宇霆说：“昨为香岩（段芝贵陆军部长）勒掯，今晨弟到京催索，仍多方推宕，只好再请总理（段祺瑞）严告。总（理）电话请香（岩）面谈两次，均不往，总（理）怒，

① 中国科学院近代史研究所近代史资料编辑组编辑:《徐树铮电稿》，中华书局 1963 年版，第 379 页。
② 中国科学院近代史研究所近代史资料编辑组编辑:《徐树铮电稿》，中华书局 1963 年版，第 197 页。
③ 中国科学院近代史研究所近代史资料编辑组编辑:《徐树铮电稿》，中华书局 1963 年版，第 208 页。

亲赴（陆军）部严词训之，始发给。”[①] 为奉军领械尚且如此，况代别军领械？

为推行武力统一政策，徐树铮经常受托为别军筹措饷械，其《电稿》中有许多电报反映这一情况，从中可以看出他为各方筹措饷械之难，也可以看出，他为各方筹措饷械的主要办法：一是从自己这里分拨借用；二是代为订购军械；三是到财政部、陆军部代为催拨；四是牵线搭桥从他方借用。更重要的是，因国家经济困难，通过中央政府向国外特别是向日本谋求借款，包括以军械折合的借款。

段祺瑞政府在军费方面不能满足各军的要求，同时新招募的参战军和新国会选举也要用不少钱。因此，段祺瑞采用曹汝霖的建议，计划改革币制，采行金本位，发行金币券 2.4 亿元。金币券代表的货币为二分之一美金，拟向朝鲜银行借 8000 万元作为三分之一的备用金，成立币制局以监督金币券的发行，另设贸易公司经营发行和国际汇兑业务。冯国璋开始不同意，1918 年 8 月 9 日才被迫召集各部总长和中、交两行负责人讨论通过。次日冯以总统命令颁布发行金币券的条例。这样，就可以一次取得一笔数目很大的款项。但这引起西方三国的抗议，他们认为这事应当同他们商量，目的是抵制日本对华借款的垄断权。[②]

这时，段政府已取得日本借款数千万日元（包括有线电信借款 2000 万、吉黑铁道借款 1000 万、吉黑林矿借款 3000 万等）。9 月 24 日，驻日公使章宗祥奉命与日本外相后藤签订满蒙四路 2000 万日元的垫款合同和顺徐二路 2000 万日元的借款协定。28 日，段内阁又以国库券做抵押，与日本政府签订参战借款 2000 万日元的协定。

关于参战借款，1919 年 2 月 27 日，财政部李思浩致函徐树铮说：“本

---

① 中国科学院近代史研究所近代史资料编辑组编辑:《徐树铮电稿》，中华书局 1963 年版，第 226 页。

② 陶菊隐著:《北洋军阀统治时期史话》（中），生活 · 读书 · 新知三联书店 1983 年版，第 790 页。

部现准国务院咨……查参战借款一事，其约并未存在本部。现在该项借款已交若干、未交若干，本部无案可稽……即乞迅代查明示知，并将原订合同照录一份密送本部。”[①] 徐树铮接函后，即查明情况回复李思浩，派人将参战借款合同及附约，抄送财政部。合同及附约，由中华民国特命全权公使章宗祥与日本帝国朝鲜银行总裁美浓部俊吉签署。

关于向日本借款，徐树铮和段祺瑞并非不知中国是吃亏的，但在当时情况下，他们为推行武力统一不得不如此。1918 年 8 月 16 日夜，徐树铮曾就发行债券以向日本借款问题，致电财政部次长吴鼎昌说：“高木言：债券中银行名，用正金或汇业均可。至利息算法，日政府要求，本亦自知无理，惟大藏持之甚坚，且统计全数不满华银十万元，拟请委曲与之，庶他事易商就绪，云云。所言不为无理，日人好占小便宜，我正仰彼鼻息，即忍而与之何如？祈酌。”[②] 明知“日人好占小便宜”，却不得不“仰彼鼻息”“忍而与之”，这是段政府在对日借款问题上的困境，亦为中国贫穷落后的悲剧。这个时期，张作霖为发展自己的势力，在东北筹备殖边，需款甚巨，也托徐树铮设法筹措。徐树铮向财政部及各银行周旋，才为张作霖借款 100 万元。

不过，段政府向日本借款，特别是吉黑林矿借款，张作霖有所不满。不仅张作霖不满，其他多方人士也有不满，并加以攻击。徐树铮则竭力为段政府辩护，维持向日借款。1918 年 7 月 14 日，他向张作霖及鲍贵卿辩解说：“此次吉黑林矿借款，委以中央财政困难，罗掘俱穷，前敌军费又不容稍缓，各省解款毫无，势不得不仰给外债。所谓林矿者，不过以名义为担保，并非即作抵押，永让外人，且合同内明白担保并无由日人经营之事，且声明已办之官、商办各林矿均应尊重，即此后将次设立中央直辖之林务

---

① 中国第二历史档案馆编:《中华民国史档案资料汇编》第三辑·财政（二），江苏古籍出版社 1991 年版，第 1104 页。

② 中国科学院近代史研究所近代史资料编辑组编辑:《徐树铮电稿》，中华书局 1963 年版，第 312 页。

局、采金局，亦仍照从前办法办理，确与地方行政人民权利毫无损害。外间不察，颇以此责难当局在吉省或者别有存心？其实财政诸公，何至以利权假人。润田（曹汝霖）兄与我辈艰苦共命，同抱整理国政之志，谅为兄所素知。果有不顾国权之事，虽在极窘，芝揆（段祺瑞）安能误用其言？总之中央此时艰困万状，弱者随波而靡，黠者走去不顾，非有一二痴诚强项之人，但谋国是利害，不理眼前毁誉者，谁复肯轻以性命妄与时势搏战，以为幸保国脉之计哉？使皆以事无可为灰心而去，我辈虽抱救国之诚牺牲一切，又谁与我相维相系共济漏舟哉？友人谈及我兄闻此借款，亦有不满之意，想未悉其内容，故特询明奉布，希有以维护其间也。”[①]随后，徐树铮又奉段祺瑞之命，到奉天当面向张作霖详细解说借款原委，结果才得到张的“慷慨维持”。

这时，日本朝野对于中国内战缺乏了解，对于中国政局和借款也不无疑问和揣测。因此，徐树铮又致电驻日公使章宗祥，请其向日方详加解释，以取得日本支持。

在做通张作霖、鲍贵卿及日本人等各方面的工作后，吉黑林矿借款协定才于1918年8月2日签字。

此外，各省督军还有直接向外国订购军械者，如陕西陈树藩、山西阎锡山等——对这种人，徐树铮尚能含容，但对潜在的反对势力，却不能容忍。如吉林督军孟恩远暗中向德国军械厂和日本三井洋行订购军械，徐树铮得知后立即查明阻止。[②]

军费、财政与借款是联系在一起的。对南方战争需要大量军费，给国家造成了财政困难，导致不得不借款，因而又产生了许多不满。

---

① 中国科学院近代史研究所近代史资料编辑组编辑:《徐树铮电稿》，中华书局1963年版，第275页。

② 中国科学院近代史研究所近代史资料编辑组编辑:《徐树铮电稿》，中华书局1963年版，第270页。

第十五章

反对南北议和

一、议和背景

1919 年南北议和，是南北双方钩心斗角、争权夺势的重要手段。此举始终牵掣于南北各派系之争。就北方来说，更牵掣于直皖两系之争。直系力借议和排斥皖系，皖系则力图抵制。总统徐世昌，为保持总统地位，“即使牺牲北方国会，而统一成功，亦在所不惜”[①]。最后，由于南北双方缺少诚意，议和破裂。徐树铮是当时纵横捭阖的人物，与南北议和尤有重要关系。

自 1917 年南北战争以来，徐树铮一直主张武力统一中国，尽力推行武力统一政策。1918 年春天，他引奉军入关，以奉军副司令代行总司令张作霖职权，指挥数万奉军南下应援作战。他反复激励曹锟、张怀芝分别率领第一、二路南征军，赴湖南、江西等地与南方军队作战。同时遥控浙闽联军进攻广东，指使川督刘存厚、陕督陈树藩，坚持抵抗南方军队。当时中央政府内部矛盾重重，直系首领冯国璋主张“和平混一”，曹锟、吴佩孚也随之倡导和平。冯玉祥亦通电主和。直接遭受战争苦楚的平民百姓，则希望并要求安定的生活。社会上许多知名人士如张謇等，也在呼吁停战言和。

① 凤冈及门弟子编:《梁士诒年谱》下，广东人民出版社 2014 年版，第 43 页。

时值第一次世界大战行将结束，国际上也呼吁和平。1918年10月10日，徐世昌就任总统时，美国总统威尔逊给他的贺电中，就希望中国早息争端、停止内乱、速谋南北统一。驻华外交使团致徐世昌的贺辞中，也希望中国早日和平统一。日本方面，原来一直支持段政权的寺内内阁已于9月21日倒台，随后成立的原敬内阁召回与段祺瑞、徐树铮往来较多的原驻华公使林权助，在对华政策上做出较大调整，放弃从前援助段政权的方针，表示要对南北双方不偏不倚，暂行停止对华借款。这些情况，对徐树铮同段祺瑞推行武力统一政策构成很大的威胁和打击。

新任总统徐世昌，早已心中有数。他的就职宣言说："今我国民心目中之所注意，佥曰南北统一，求统一之方法，宜尊重和平……窃愿以诚心谋统一之进行，以毅力达和平之主旨。"[1]就任总统后，他拉拢各方势力，决心推行其和平统一政策。不过，他开始时有所顾忌和掩饰，因为若无徐树铮、段祺瑞的大力支持，他是不能当选总统的，段祺瑞和徐树铮还是有些势力的。徐树铮和段祺瑞原以为他是文人，年纪又长，缺乏实力，与自己关系也不错，选他当总统既可以抵去冯国璋，又可为主战派或皖系利用。但实际上，徐世昌远非别人可以随意利用之人。他一上台就委任亲信钱能训，代替段祺瑞为国务总理。钱能训也是主和反战的。10月23日，钱能训致电西南方面，提出具体实现和平问题。次日，徐世昌即下一道和平命令，直接向西南方面公开展示和平姿态，并主动走出第一步。

徐树铮一直主战，但在国内外和平情势压力下，不得不有所收敛而另作打算。9月22日，他曾致电杭州陈乐山旅长说："今日之局，和为必不可能，明眼人皆知之；而不许人言和，又为情理所不宜。惟我辈主战之人，只好姑从默尔，切整军实，专蓄战力，预作扶危定倾之备。"[2]这时他已因

---

① 《申报》1918年10月11日。

② 中国科学院近代史研究所近代史资料组编辑:《徐树铮电稿》，中华书局1963年版，第351页。

与张作霖的分歧而失去对奉军的控制，准备卸掉奉军副司令职务，并已被参战督办段祺瑞任命为参战处参谋长，受段的委托去编练参战军，但未想到徐世昌会公然倡和。当听到徐世昌就职宣言的和平声调时，他深感莫名其妙，意欲问个究竟。由于徐世昌连日宴集外宾，无暇接见，徐树铮未及请示。

和平令下之后，10 月 25 日，徐树铮才得见徐世昌。关于南北议和问题，徐世昌对他说："彼来我不拒，不来我亦不招。为转移国内舆论起见，姑言平和，以觇趋向，而我之战备实不能一息稍松。待我言平和，而彼仍进迫，则曲直自分，公理愈明，我之士气益壮，而政府之公诚益昭。"徐世昌的这番话，说得无可无不可，令人摸不到头脚。徐树铮又去问段祺瑞，段不是暂被徐世昌疏通了，就是在默察时局姑作应付，他表示"见亦相同"。徐树铮只得姑以此旨行事，但他的想法并不与徐世昌一致。他认为"我辈一开口言和，则将来气难再振，必陷逆党之计，他日即及转舵，亦不免反复之迹，非我辈所应出"[①]。显然，他是另有打算的。

徐树铮去日本观操后，徐世昌即召集各省督军到京，分别灌输和平思想，讨论议和等问题。曹锟、张作霖、倪嗣冲、孟恩远、赵倜、王占元、陈光远、阎锡山、卢永祥、蔡成勋等及全体国务员参加会议。参战督办段祺瑞亦出席，表示"和战均总统之命令是听"，但不同意牺牲新国会和召开南北对等会议。张作霖等表示附和。

11 月 16 日，徐世昌发表停战令。停战令标志着此次南北战争向和平的转折。这是徐世昌谋求南北议和的又一重大步骤，也是制裁主战派的有力措施。以前几次督军会议，都在天津召开，徐树铮在幕后操纵，重点议决对南用兵以推进武力统一计划，唯独这次不然。这时徐树铮在日本观操，不知该有何感。唯其《游日光山步次口占》中言："真从海上访神仙，莫被

① 中国科学院近代史研究所近代史资料组编辑：《徐树铮电稿》，中华书局 1963 年版，第 380 页。

秋风不遣还。须乘斜阳早归去，晚来霜露湿征衫”；“安得偷闲作畅游，眼前风物正宜秋。可能一掬华严水，倾泻填胸万斛愁”。[1] 诗句中，隐含对徐世昌的不满。

12 月 11 日，钱能训内阁会议通过参加南北和平会议名单，以徐世昌的亲信朱启钤为总代表，代表有吴鼎昌、方枢、汪有龄、施愚、刘恩格、王克敏、李国珍、江绍杰、徐佛苏，一共 10 人。另有两名秘书：周诒春和贾士毅。不久，南方决定派西南七总裁之一唐绍仪为南方总代表，代表有章士钊、胡汉民、缪嘉寿、曾彦、郭春森、刘光烈、王伯群、李述膺、饶鸣銮、彭彝允，一共 11 人。也另有两名秘书。[2]

徐世昌总统“派遣朱启钤南下日，密约除总统不再易人外，余事俱有磋商余地，即使牺牲北方国会，而统一成功，亦在所不惜”。由此“可知东海（徐世昌）就任（总统），固为安福系所拥，然东海鉴于安福之骄横，亦欲借南方之势力以折之也”[3]。

二、赴日观操

日本定期进行军事大操演，并邀请一些国家派代表参观。徐世昌 1918 年 10 月 10 日就任总统后不久，决定派徐树铮去参观日本将于 11 月举办的军事大操演。这也是徐世昌为准备议和，减少阻力的一种安排。中日双方政党中，有人试图阻止徐树铮赴日参观，但未得如愿。

徐树铮既然奉命赴日观操，即做各种准备。11 月 1 日，徐树铮晋谒徐世昌总统，面呈随员名单，有几人勋章不合，申请核给，均蒙批准。

① 徐道邻编述、徐樱增补：《徐树铮先生文集年谱合刊》，台湾商务印书馆 1989 年版，第 87—88 页。
② 叶恭绰：《一九一九年南北议和之经过及其内幕》，《文史资料选辑》第 26 辑，第 38—39 页。
③ 凤冈及门弟子编：《梁士诒年谱》下，广东人民出版社 2014 年版，第 43 页。

总统面示：到日本后，“观操自是专务，操后倘有余暇，即彼政局中人，或教育实业各事，亦应详为留心。其民党人物，便中允宜接纳，且其新更内阁诸臣，闻不似从前之公然助我。执事往，当详察其实情若何，及其党派之分门，以何人为最要，应如何与之控纵，归而详报。我之国是，将依以酌定焉”[①]。当天下午，徐树铮会见日本人高木洁，得知日本大仓洋行总经理河野久太郎，可在操后余暇，代约一些重要人物，进行静秘会谈。

徐树铮还请示国务院总理，走访外交部、陆军部、海军部、农商部、教育部及日本公使馆，向各部门负责人及相关人物，征求有关赴日意见，并和安福社参众两院议员座谈。梁式堂、吴闿生与其深谈时事，劝其观操后速归。

徐树铮担心段祺瑞和徐世昌之间发生矛盾，为预防起见，就托田文烈、曾毓隽等，从中协调，并对曾毓隽、王逸塘、吴闿生等人说：“菊（徐世昌）芝（段祺瑞）两老间，宜有善于将命之人，免以措词稍有不当，渐致参商，诚以两老性习不同，陈词宜各有斟酌耳。”[②]

11 月 4 日，徐树铮率随员文武 11 人，晋谒总统徐世昌。退后，徐树铮会晤日本众议员松永，松永对徐树铮说，到日本后，固然要倾听老辈重臣的绪论，也必须留心延接新辈有见解者，为此后两国共事之交，此后国事主要靠年轻人。徐树铮表示赞同，并认为：“以世界大势而论，智识学术事业，日新月异，将来国家要政，虽重赖老成先辈，以其经验阅历，导我先路，而执行奔走之劳，诚我辈所应有事也。”[③]松永是日本使馆参赞船津介绍来的日本新政会要员，新政会是附于寺内内阁的政党，约有五六十人。船津还为徐树铮介绍赴日如何接触日本政党及新闻记者。

---

① 徐树铮遗稿：《民七日本观操日记》，《中央时事周报》1935 年第 18 期，第 58 页。

② 徐树铮遗稿：《民七日本观操日记》，《中央时事周报》1935 年第 20 期，第 63 页。

③ 徐树铮遗稿：《民七日本观操日记》，《中央时事周报》1935 年第 19 期，第 58 页。

4日深夜，徐树铮到段祺瑞督办住处，请示赴日有何要言，并述总统及各部所谈主要内容。当时张作霖、孟恩远、倪嗣冲、吴光新、傅良佐等亦在段处。张孟倪傅走后，徐树铮与吴光新又和段祺瑞“详话日后政局，不能久防无变，此时但以沉机为要”。徐树铮与吴光新还共商整军，备为国用。[①]

5日上午，奉军派人向徐树铮急索欠饷，徐树铮即嘱李露生往商罗仲芳，代拨万余元。随后，徐树铮到国务院谒见总理钱能训及各部总长，请示到日后，何事须格外留意。

徐树铮还向正志学校的老先生们请教，林琴南、王树枏、姚永概，均谓其使命在身，应格外慎重。马其昶嘱其“尽礼后速归，勿在外久滞”[②]。

5日下午5点，徐树铮自北京东站乘车启行，中日双方送行者很多，他自觉此非个人之荣，而是使命之光。曾宗鉴等11人随行。方枢、曾毓隽、臧碉秋及几位旅长，随车送至廊坊才返回。8点半到天津，徐树铮下车看望直隶省长曹锳、日本驻津司令金谷和沼野领事，看望病中的王郅隆。12点半蹬车东发，经锦州、皇姑屯（转日本南满铁道公司列车）、本溪、草河口、安东，过朝鲜新义州、定州、平壤、黄州、开城，车至高丽京城停半小时，得知有中国侨商2000余人，多营丝绸夏布等业。11月8日晨7：40到达釜山，8：10登船东发。

7日经过平壤时，同人谈到甲午战争，各表愤慨。徐树铮不怪甲午之败，独怪败后又有八国联军来，又“何以朝野上下，文武酣嬉，致辛亥之变，以至今日，仍无人奋薪胆之志，亟起图强，勉保自存也”[③]。同日，车过朝鲜境地，徐树铮开窗远望，山区与平原俱佳，留连不得，作诗三首，题为《高句丽道中》：“遥遥箕子国，遗胄至今传。秋意野犹绿，客愁云与翩。

---

① 徐树铮遗稿：《民七日本观操日记》，《中央时事周报》1935年第20期，第63页。
② 徐树铮遗稿：《民七日本观操日记》，《中央时事周报》1935年第19期，第57页。
③ 徐树铮遗稿：《民七日本观操日记》，《中央时事周报》1935年第21期，第51页。

山河新姓氏，文字旧因缘。欲访前朝事，相逢倘遗贤。”“谅风怀上代，求野礼无违。村妇新麻履，耆髯丈布衣。暝云随地合，暮鸟带烟飞。莫使苍茫意，低徊感独欷。”“自昔弃平壤，我军不再东。封疏论朝佞，渡海仗和戎。绂绶来持节，麒麟说画功。临渊徒有意，借网与谁同。”①

自釜山登船，徐树铮凭栏远眺，顿觉胸襟廓然，见三五海鸥捕鱼高飞，更有所感，又作《海鸥》一篇：“人羡海鸥闲，吾笑海鸥忙。泛波才点点，飞空亦成行。泥行蹦踵类鹅骛，汹啄鱼鲵充饥肠。天既赋尔以全技，用劳尔形理有常。自食已力人犹愧，尘嚣远避骞高翔。达官窃位糜厚禄，蚀国若蠹民焉康。貌为矜宠诧世俗，自疑阿阁巢鸾皇。鸥尔胡不集其前，俾知群生各有臧。况以人为万物灵，粥粥七尺惭昂藏。徒令对尔三叹息，神妙矫首浮云骧。”②

8日晚，抵达日本下关，日方安排在此住一天。有六七家新闻记者来采访，问对中国南北意见，徐树铮答：“我辈无南北之分。”又问：“现闻议和盛行，能否致效？”答：“我辈为国家计，但能保持混一之局，全国不至崩裂，则无论何项办法，皆不惜屈己行之。”又问：“观操后，闻有考察教育之愿，确否？”答：“确有此意，但不审公务毕后有无暇日耳。”问：“何以如此热心于教育？”答：“我国军政吏治，无一不坏。欲求整理，非从教育入手，则诸事皆无根基，等之空论。盖今日之败坏，皆数十年前不讲教育之结局也。”③中国驻长崎领事吴冕等来谒，徐树铮询知长崎现有侨商一千三四百人，主要经营接运，没有正业足言商务。

9日，徐树铮应斋藤邀约，冒雨参观乃木大将故里，又作诗三首，认为乃木立功于国，以身殉君，足资军武楷模。24日，又书写乃木大将故里诗屏，托陆军省转交，以为纪念。乃木希典（1849—1912），是日本原陆

① 徐树铮遗稿：《民七日本观操日记》，《中央时事周报》1935年第22期，第54页。
② 徐树铮遗稿：《民七日本观操日记》，《中央时事周报》1935年第22期，第55页。
③ 徐树铮遗稿：《民七日本观操日记》，《中央时事周报》1935年第23期，第65页。

军大将。1871 年毕业于日本陆军士官学校，又留学德国，主张按德国方式整顿陆军，并深受中国儒家文化影响，忠君爱国，爱写汉体诗。1912 年明治天皇去世葬礼后，乃木与妻自杀殉死，成为日本武士道精神的典型代表，被日本人奉为“军神”。9 日晚，徐树铮等乘车前往东京。

10 日，车过神户、京都、名古屋、爱知县、静冈、横滨，晚上 8：15 到达东京。至横滨时，中国驻日公使章宗祥等迎接随行。抵东京新桥车站时，日军参谋次长福田中将等率 20 多名将佐，在站迎接。

自北京到东京，沿途停靠各站，中日双方皆有相关人士到站迎送，并有新闻记者采访。

11 日，徐树铮由日本国司佐藤少将等陪同，率少将以上随员，访谒日本各王公大臣，包括日本海军大臣、日本参谋本部次长、教育总监、前内阁总理大臣寺内元帅等，及高级文武官邸 40 余处。寺内元帅“虽初见，谈次语意颇深，词气间微含不平意，又深询段督办起居，再四致意”，“决非久安闲散者”。寺内内阁末期，已知中国南北问题，非北方武力统一政策能解决，望速谋南北妥协。继寺内组阁者是政友会原敬（1918 年 9 月 29 日原敬内阁成立），外长是内田。内田亦望中国南北问题及早解决。晚饭后，徐树铮独与章宗祥公使，“痛谈京部败坏之状，言下各相欷歔”[①]。

12 日上午，河野代表日本各大商家，与徐树铮商约宴会日期。徐树铮托以“容操毕归与公使斟酌”，即往访日本新任驻华公使小幡酉吉，未遇而返。该日徐树铮和随员聚谈时说：“中国亲族服饰，为以仁爱相结，由家而国，立意之美，立法之良，实非东西各国以功利相尚者所可同日而语。”又说：“我中华文明之消长，与国势盛衰，相为表里。”他列举历史名人加以解释说：“非武功文治，兼擅胜境者，不能为国家兴大业。其文而不武者，虽及身枯后，犹能垂教四方，信今传后；其武而不文者，虽名振一时，而

---

① 徐树铮遗稿:《民七日本观操日记》,《中央时事周报》1935 年第 25 期，第 45 页。

随身泯灭，忽焉无闻。迹其极盛之时，皆听凭于文吏。或有麾而部伍，自立功名，又莫不赖文事为用，藉以自泽。我国旧所谓重文轻武，盖仅以战阵为武功，韬略不与焉。殆误之又误矣。”随员们听了，皆津津有味，徐树铮又鼓励他们，回国后“各于公余之暇，互以文化相勉”[①]。

观操。按日方安排，12 日下午，徐树铮一行到宇都宫暂住等候观操。当晚，佐藤等拿地图及演战方略，来向徐树铮等说明大操主要内容。13 日上午，佐藤又送来大操各章程。下午到板木车站，和各国观操武官一起，迎谒日本天皇，并谒大操参谋总理闲院宫亲王。闲院宫亲王听福田中将说徐树铮上将“常办两国要事，多所成就”，即含笑对徐树铮说：“此次既与大操，即请任意研考，有不便处，尽向各将佐探询可也。”[②]14 日，徐树铮上午研考大操东西两军所定方略，下午乘马到野殿村旁高坡上（大操总监部设于附近），及辻村、大村、村田村等处，观看两军大操前阵布置，了解其进击状况。15 日，徐树铮早起研考两军进据各地情形，上下午去实地观察东西两军阵地与指挥进击状况。晚上，他约集随行人员，深切告以“诸事慎重”，“此行不比寻常游览，一切举止，人皆以国宾相视，稍贻讥笑，其耻不在己躬，而在国家。万不可以彼人待我甚好，便可不自检束也”。[③]随行人员与日方人员渐相熟悉，有相狎戏谑者。16 日，徐树铮早起考阅地图。仍到实地观察，乘马周视两军战况。日方又将各军每天所发命令及战况图，送交给徐树铮。17 日，大操结束。徐树铮等凌晨3 点半即起床整装，参加结束仪式。

观操期间，候乘车辆，多次延误，每次坐候数十分钟，有时长达 50 分钟左右，甚至更多。

观操结束后，徐树铮率随员参观一些商业工厂。22 日，至本所、深川

---

① 徐树铮遗稿:《民七日本观操日记》,《中央时事周报》1935 年第 26 期，第 47—48 页。
② 徐树铮遗稿:《民七日本观操日记》,《中央时事周报》1935 年第 27 期，第 46 页。
③ 徐树铮遗稿:《民七日本观操日记》,《中央时事周报》1935 年第 28 期，第 45 页。

等地，参观军用被服、粮秣各厂。得知制皮衣皮帽，疑为对我东三省存心。当晚在公使馆，徐树铮单独与章宗祥公使妥商各事。章公使认为，日本政治实权掌握在日本元老手里。①

访问日本元老。11月23日，徐树铮往访日本元老原第17任首相（内阁总理）大隈重信（1838年生）、元老重臣犬养毅（1855年生）、原大藏大臣阪谷芳郎（1863年生）等。12月1日，访问第18任首相寺内正毅（1852年生）伯爵，座谈此前两国内阁相交情形。寺内曾任朝鲜总督6年，1916年10月至1918年9月，任日本内阁总理，积极支持段祺瑞为总理的中国政府。12月8日，徐树铮又谒见元老山县有朋（1838年生）公爵，“寒暄数语，即及时政。渠所注重者，为（中国）既有国会，且选出中外信仰之东海（徐世昌总统），殊为贵国可喜之事。此后，宜亟明定政纲，整理军政，清釐财政，善用政党，速制宪法”。皆与徐树铮“所报之旨相合”。山县有朋又对徐树铮说：“余与君虽初见，然于足下事历，知之甚详。余自目君为任重道远之政治家，绝不徒以军人相待也。为政在力行，不在多言，谅君体之甚悉，不待老朽赘言。贵国之事，但好自努力为之，不必求解于今之世也。”“又及项城旧事，极致欷歔。”还问徐树铮：中国南方“现有何人可用”？徐树铮答：“余心目中无一可取之材，但为国计，取长舍短，亦有不容不曲为采纳者。只能以弥乱为第一要义，不能按格而索也。”② 山县有朋不赞成大隈内阁提出的对华“二十一条”，而支持寺内内阁的对华政策。他曾对章宗祥说：“一国政治，非有强有力之政府不足以图治。袁总统骤逝，实为可惜。深冀中国政局早定，建立有力之政府，切实进行。”近年来，两国间疑惑迭起，皆政府不善图维之咎，两国政府皆有责任，不能仅责一方。他希望日中两国互相提携，共商大局③。山县有朋公爵是日本陆军

① 章宗祥:《东京之三年》,《近代史资料》总38号，中华书局1979年版，第95页。
② 徐树铮遗稿:《民七日本观操日记》,《中央时事周报》1935年第34期，第47页。
③ 章宗祥:《东京之三年》,《近代史资料》总38号，中华书局1979年版，第96页。

元帅，曾任陆军参谋本部总长，内务大臣，农商大臣，日本第3、第9任首相等职，是1909年伊藤博文死后日本最有权势的元老，对内阁的交替和内政外交政策的制定均有重要影响。

访问现任大臣。11月24日，徐树铮访山本农商大臣、床次内务大臣。徐树铮与山本畅谈南北之事，告以“吾辈素日见解，专以国家利害为准，向无党派省界之分”，并列举政府用人行政事实，作为考证。山本切望徐树铮“为国努力，俾我两国日益交亲，共防危害”，并说中国“无论如何，总以先求一统为急务”。徐树铮深谢其言。徐树铮与山本曾有“一日之雅”，认为“山本貌甚和蔼，中实沉毅，不可浅视之”。与床次午餐，相谈近政，意极融洽，认为“床次人甚沉稳，无近日政客习气”①。晚上，大仓男爵设宴招待徐树铮，内外大臣、陆军上将和中将数人，及实业、银行、邮船各大资本家30余人在座，均向徐殷勤致意。

参观军校及兵工厂。11月25日，徐树铮参观麴町军医学校，并召集该校5名中国学生，告以须知为学次第，立定自己的旨趣，勉励他们不断取得进步。参观日本士官学校，徐树铮与校长等座谈，感谢代教中国学生，述其当年在校学习情况。学生队长某少将，引导徐树铮参观中国学生讲堂，正在讲战术课，共计20人。“居处教诲，仍自成一队”，略图笔记温课室寝室，皆其昔日辛苦之地。“转瞬十余载，回忆颇如昨日”。中国学生队队长带领学生列队，请徐树铮上将训话，徐树铮说：“诸生在此时为学于日本，实较吾辈先来者为幸。吾辈来时，日俄之战方终……余所愿为诸生告者，则惟有余当日在此为学时，所有误用心思之数事，今日言之，计可有益于诸生也。一、为学须先立根柢。但就教程熟读深思，即能确有心得。万不可贪于涉猎，务博而不专，反滋迷误。二、为学须知本分。但就今日所应知应行者，得其实际，他日自能多多进诣。万不可预期，将来归

① 徐树铮遗稿：《民七日本观操日记》，《中央时事周报》1935年第31期，第50页。

国必膺何等重职，今日学此细事何为，便弃置而不顾，则终恐一无所得。三、为学须遵常规。万不可妄骛深远，反扞格而难通，或妄费心力，探求所谓机密之事，则更迂而不当于事也。四、为学须养之为素。不可专于考试前二三日，拼命多记，一到课堂，未见题文，已自慌乱，毫无记忆。五、为学须提纲要。凡事默识其纲领，俾能举其大者要者，则其细者，自连类旁通，可以推而及之，不可无分巨细，一意力求背诵，徒费脑力。”①他说这是他自身阅历，当日不及知，事后反省才知，现在告诉各位，以尽海外相逢之谊，望各勉励。同日下午，徐树铮到小石川，参观兵工厂。晚赴海军大臣加藤大将宴请，席后谈及，两国学问，本自同源。加藤及前海军东乡大将，皆酷嗜阳明学，又略论朱子学与陆学之异同。加藤还好读《韩非子》，问徐树铮有何看法，徐树铮说：“用之善，则立效至宏；用之不善，则伤恩亦酷。”②

与中国留日陆军学生共聚。12月1日，徐树铮到日本铁道协会，与在此集中的中国留日陆军学生们见面共聚。他勉励学生们，要共同为国家尽力，不要有彼此疆界之分，不要受党派中人愚弄；留学期间要一心向学；军学以外，勿忘中文。他对大家说：“余此次奉大总统钧令，来观大操，此不过国家礼仪，未能真得问学，若真际求学，仍非诸生不可。诸生中有已在国中曾任重职者，弃之不惜，远出求学，用心深可佩爱……故余今日，愿在学事以外，为诸君敬留数言，以为临别之赠：一、诸生中有由黄陂（黎元洪）总统时派出者，有由河间（冯国璋）总统时派出者，今大总统又见改选，政府亦经改动，或不免有将来无人用我为叹者，此余敢切为诸生言之，万万不必多虑者也。我辈军人，为国家之人，非一党一派之人。同为国家尽力，万无彼疆此界之分，即有军人已具谬解，或受党派中

① 徐树铮遗稿：《民七日本观操日记》，《中央时事周报》1935年第32期，第45—46页。

② 徐树铮遗稿：《民七日本观操日记》，《中央时事周报》1935年第33期，第46页。

人愚弄者，余辈尚当立阻其奸也。二、在此为学之时，万不可疚心国事，因而废学，反致两失。须知奉命远学，但能尽心研练，即是致身报国最近之途，非忘国也。数月前，文事各校学生，以中日协防，鼓噪回国，一时鼎沸，请问曾有何益？不过徒废己学，徒贻国羞，徒耗旅赀而已。我军学生中，无一附和者，深堪佩尚也。三、军学以外，勿忘中文。纵不能加意深研，亦当就同人中，自相资辅，长短互救。但求应用文字，能如己意以出，固不必以义法词藻见长耳。武夫无文，遇事假手幕客，往往代人受过。我国军官，果有半数稍通文墨，何至有今日之芜杂！……四、为学时见人有美备之章、新奇之法，勿徒惊诧，须返念我国能否合用。”[①]并和学生们合影留念。

准备回国。12月8日，徐树铮准备当晚赴大阪，由大阪回国。章宗祥公使一早即来相送，并托徐树铮转告徐世昌总统：一、外交政策，须确实计定；二、拟明春回国晋谒总统。中午，徐树铮设宴招待东京各报社主笔编辑及社长等三四十人，表示尊重新闻界，并说自到日本以来，承蒙朝野款待，又承天皇授予勋章，感谢之情，难以尽言。“两国睦谊，须两国国民，切相结合。而国民如何结合，端赖新闻之诱掖”[②]。来宾中有人提出，还要两国男女通婚。当晚，徐树铮离开东京，日本陆军大臣及海军司令大将等到车站送行。9日上午到大阪，参观炮兵工厂，“规模甚大”，“扩张猛进，不可忽视”。[③]下午至桃山，礼谒明治陵寝，又谒乃木大将祠。徐树铮留学日本期间，曾是青山近卫第四纵队的步兵，是距离明治天皇最近的兵，因而对明治天皇怀有致敬之心。下午致电曾毓隽，嘱派车14日正午以前至奉天候乘。当晚住宿大阪旅馆，然后即从大阪回国。

在日本期间，有人对徐树铮行刺未遂。日方因此加强防卫，到处都有

---

① 徐树铮遗稿:《民七日本观操日记》,《中央时事周报》1935年第33期，第47页;第34期，第46页。

② 徐树铮遗稿:《民七日本观操日记》,《中央时事周报》1935年第34期，第47页;第35期，第48页。

③ 徐树铮遗稿:《民七日本观操日记》,《中央时事周报》1935年第35期，第49页。

警备。其子徐道邻说："在这以前，他遇到的刺客，已不知道有多少次，只是没有在报纸上透露过而已。他以前是很喜欢听戏的（他喜欢谭鑫培、杨小楼、梅兰芳；不喜欢王凤卿、姜妙香、吴彩霞），民国三、四年，吴炳湘（警察总监）就不许他到戏园听戏了，并且派有十个护院，住在我家里。"据说"他民国十年冬天到广西时，有人在宴会给他介绍一个人，说这就是以前要害他的刺客，被关在警察厅由他写保条释放出来的。两个人曾经握手言欢"。①

有人说，派徐树铮去日本观操，是徐世昌在召集督军会议（11 月 15 日）之前，怕他兴风作浪的一种安全措施。但是，徐道邻认为，"他一定另有重要的使命"②。是什么重要的使命？不得而知。徐树铮日记中有些空白未记。

12 月 16 日，徐树铮一行回到北京。在向段祺瑞及徐世昌汇报后，徐树铮未被派以其他急务。这时督军会议已经开过，徐世昌发表了南北停战的命令，主战派及武力统一政策受到空前挫折。准备议和的局面已不能改变。

12 月 25 日，徐树铮请假回徐州省亲。这次回乡看望母亲，是他们母子最后一次相见。

三、阻挠议和

1919 年 1 月 2 日，北方代表抵达南京。1 月下旬，南方代表也先后到南京。属于直系的江苏督军李纯，极力想要议和会在南京举行，以便插手

① 徐道邻编述、徐樱增补：《徐树铮先生文集年谱合刊》，台湾商务印书馆 1989 年版，第 272 页。
② 徐道邻编述、徐樱增补：《徐树铮先生文集年谱合刊》，台湾商务印书馆 1989 年版，第 272 页。

操纵。他对南北双方发生争执的陕西、福建等问题，提出五条办法：（一）闽、陕、鄂西双方一律实行停战；（二）援闽援陕军队即停前进，担任后方剿匪任务，嗣后不再增援；（三）闽、鄂西、陕南由双方将领直接商定停战区域办法，签字后各呈报备案；（四）陕西内部由双方公推德望夙著者前往监视，以杜纠纷；（五）划定区域，各担任剿匪卫民，毋相侵越，反是者国人共弃之。[①]这五条实质上是针对徐树铮及段祺瑞的，因为福建、陕西两省，属于皖系军阀李厚基和陈树藩的实力范围，援闽、援陕是徐树铮和段祺瑞一手策划的。如果这五条得以落实，对于皖系无疑是个打击。徐树铮和段祺瑞不愿让李纯插手，因而反对在南京召开议和会。南方代表也反对在南京开而主张在上海开。会议终于改在上海租界举行。

1919 年 2 月 20 日，南北议和会开幕。首先讨论陕西停战问题，接着讨论军事外交问题，实即撤销国防军（原参战军）与停止参战借款问题。这两个问题，是整个议和期间的基本问题，直接关系到徐树铮和段祺瑞。因为，国防军是段祺瑞、徐树铮建立和控制的武装力量；参战借款，是 1918 年 9 月 28 日向日本借来用于编练参战军的 2000 万日元，合同签订后日方已付给中国 300 万元，还有 1700 万元待付。徐树铮本来就不愿开这次议和会，现在即想暗中阻挠这次议和会，千方百计使议和会开不好，得不到结果。这在当时几乎已是公开的秘密。北方代表中的吴鼎昌和方枢，帮助徐树铮做了许多工作。[②]

3 月 2 日，南北双方，因陕西问题和国防军问题横生梗阻，议和停顿。次日，中央政府发表徐世昌签署的陕西前线停战令。3 月 5 日，陈树藩复电国务院，说他和前敌将领一体遵照执行。但南方代表不相信陈树藩等会真正执行，议和仍不能继续进行。

---

① 《专电》,《申报》1919 年 2 月 8 日。

② 《李思浩谈他的一生》，见徐铸成：《旧闻杂忆补篇》，四川人民出版社 1983 年版，第 49 页。

4月初，北方议和总代表朱启钤，派吴鼎昌自上海回京请示方略。徐世昌原要徐树铮接待吴鼎昌，可是，徐树铮因为母亲突然去世，不得不回徐州奔丧。不过，他走之前，已有所交代。

吴鼎昌到京，虽未及见徐树铮，却很快见到徐世昌、钱能训、段祺瑞及接近徐树铮的吴炳湘、曾毓隽等，接连讨论议和的问题。4月8日，吴鼎昌致电朱启钤说："上海会议为中外观瞻所系，府院面告，亦非万不得已时，不出此途（指以代表决裂）。又铮丁忧回徐（州）。镜潭（吴炳湘）、云沛（曾毓隽）方面则以会议不可决裂，迁延以观其变为是。外间议论，对于会议亦抱悲观……国会问题，日昨讨论最久，府院甚以根本解决之法为然，纵有牺牲，亦属值得，现在既不扃门（开秘密会议），恐无讨论之机会矣。参战军事，府院面告，外交方面已表决，决不再提。英使为此事颇窘，有回国之传说。美使亦不以英使之态度为然。府中希望会议，不必再提此事。"①电中所谓镜潭、云沛"以会议不可决裂，迁延以观其变为是"，即是徐树铮的态度。至国会问题、"参战军事"，徐树铮先已在幕后有所活动，"国会"不容议和代表讨论，"军队"他要继续编练。

4月8日，吴鼎昌又致电朱启钤。此电至为重要，全文如下：

朱总代表鉴：鋘密。此电勿示人。国会事，过南京时，秀山（李纯）已为王（克敏）、谷（钟秀）等专议宪法之说所动，经昌（吴鼎昌）力陈利害，似已了然。因追询昌之主张，不得已，以积极、消极两说密告。秀（山）赞成积极说，谓如府院同意，渠可与西南当局暗中接洽。陆（荣廷）派钮、蔡、王三人适抵宁，席中匆谈，钮留，蔡、王来京。过蚌埠，丹忱（倪嗣冲）病，匆晤炳文（倪嗣冲之侄）、幼丹（倪嗣冲之子），告以情形。渠云，决裂后亦须另想和平办法。主座属又铮留京待昌，不意其母先一日

① 《一九一九年南北议和资料》，中华书局1962年版，第229—230页。

死，勿回徐州。晤镜潭，详述情形。主座并告又铮，与西南军界有接洽者，均随时将原电呈阅，与（唐）伯文之说不同。主座告，陆要一百五十万元，先给五十万，中央已允汇往，陆并未来催。唐（继尧）亦派人来。惟虑陆先内向，力量对于广东能否达到，陆不无踌躇，故陆刻正在粤布置，非有把握，不敢催款。干老（钱能训）以为非至时机，不可轻举。且对外交上必须视上海会议最后情形，否则，中央有联络武人破坏会议之嫌疑。此种接洽，亦非尽由秀山。国会问题与外人接洽者，另函告。府、院均以整理二读会条文宣布，为根本解决之法，极表赞同。主座谓，即牺牲金钱，亦无不可。第二案，府、院均难决定。款事，主座甚以为必要，已属端甫[1]进京会商。陕事查办之说，干老云难办到，此事恐有纠缠，分不必与闻。扃门之事，不能办到，以后枝节之事甚多。昌意同人态度似应强硬，力往决裂一方做去，再以金钱为饵，或可使少川（唐绍仪）就国会问题之范围，此事或有万一之结果。如何，盼告，以便进行。正译电间，往晤合肥（段祺瑞），谈甚久。合肥交以国会办法照第一案，代表为国家负责任极是，并举与西南接洽内容见告。其说甚长，另详。昌。庚。[2]

朱启钤原来自以为“荷徐东海（世昌）多年知遇”，既“畀以北方总代表之重任”，固当力图议和成功。接读吴电，“始恍然大悟”，知直皖两派都不肯与东海合作，“安福系固不欲和议成功，而直系亦别有企图”，南方也是阴阳不合，议和根本难成，“因此深感对东海无法交代，遂决计辞职”[3]。

从上引吴电可以看出，吴回京途经南京时曾与李纯会谈，知李纯态度及其与西南接洽情况；过蚌埠与倪嗣冲子侄交谈，知倪之态度，倪当时在病中，亦有决裂之思想准备，但谓决裂后亦须另想和平办法，值得注意。至于

① 端甫，即徐世章，徐世昌之弟，曾奉徐世昌之命赴沪慰问议和代表。
② 《一九一九年南北议和资料》，中华书局 1962 年版，第 230 页。
③ 朱启钤:《关于南北议和事复叶遐庵》,《文史资料选辑》第二十六辑，第 61—62 页。

陆荣廷所派北来的钮、王、蔡三人，电中略去其名，疑为钮永建（前西南军务院驻沪军事代表）、王乃昌（桂籍国会议员）、蔡增其（广东省议员，前两广都司令部外交委员），三人与陆荣廷夙具渊源，但不知确否，电中谓，“主座属又铮留京待昌”，“并告又铮与西南军界有接洽者，均随时将原电呈阅”。由此可知，当南北代表集于上海期间，徐树铮已与西南实力派人物接洽，这是幕后左右议和的一种行为。陆荣廷派来北京的王、蔡等人，即是徐树铮从中牵线的①。而镜潭所“详述情形”，主要是徐树铮奔丧回籍前所交代者。至于徐世昌嘱徐树铮留京接待吴鼎昌，盖是利用徐树铮与西南的联络，然而谓其“均随时将原电呈阅”，恐非尽属事实，“与（唐）伯文之说不同”即是明证。

再者，徐世昌自任总统以来，一直设法打击徐树铮，排挤段祺瑞。政治上利用钱能训组阁，军事上紧紧拉拢张作霖和曹锟等，还利用已与徐树铮势不两立的靳云鹏为陆军总长、张志潭为陆军次长。同时，他暗中也和南方要人电信往还，力图借助议和打倒徐树铮和段祺瑞。但徐树铮决非等闲之辈，他竭诚尽力地为段筹划对策，招募与训练新军四旅，继续培植推行武力统一计划的实力。对此，徐世昌“亦深知底蕴”，认为此乃“通国之障碍物，不仅关乎和议也”；靳云鹏则说，徐树铮所成之新军四旅，“均未报（陆军）部立案，似无存在之资格”。此说正与南方代表提出的“裁撤国防军”主张相吻合。奉系政客徐鼐霖往来于京奉之间，为张作霖同徐世昌、曹锟等要人的结合而游说，同时提醒张作霖，对徐树铮“不能不加以审慎”②。徐树铮已成为上述诸要人的眼中钉。在这种情况下，其“与西南军界有接洽者”，必然自有目的，又怎能“均随时将原电呈阅”于徐世昌？退一步说，果如其说，那也是出于一时的相互利用，而双方的目的并非一致。

4 月 7 日，停顿了一个多月的议和会得以恢复。当讨论到国会问题时，有解散新旧国会之主张，安福国会面临被解散的危险。段派和安福系得知

① 沈云龙：《徐世昌评传》，台湾传记文学出版社 1979 年版，第 451 页。

② 徐鼐霖：《致张（作霖）巡帅》1919 年 3 月，《近代史资料》总 40 号，第 123—129 页。

消息，坚决反对，4月12日晚召开紧急会议，讨论对策，但意见不一，最后决定飞电正在徐州服丧的徐树铮速示决策，同时密电陆征祥在巴黎和会上争取日本的支持。①

安福系为了维护国会，拼命进行各种活动，历访当局各位要人，对于敌对者施加强大压力并猛烈攻击。4月17日，他们又在太平湖俱乐部开会，决定由安福系议员、徐树铮的得力干将王郅隆等330余人联名致电朱启钤，并通电全国，严厉指责议和代表无权议及国会问题。“国会系国家立法机关，断非行政委任人员所能议及，倘若越权擅议，则紊乱国宪，摇动国本，必有尸其责者”②。电中内容正与徐树铮的观点相同（详见下引徐电），盖因徐树铮已复示王郅隆等。

朱启钤获悉王郅隆等联名来电及其通电，更知议和难成，进一步坚定了辞职的决心。21日，他电询中央政府：“安福派假参众两院名义阻止和议席上提议国会问题一事，总统是否赞成，请即刻详复，否则贻误和局，不能负责。”③钱能训迫于安福派的压力，只是含糊其辞地复电朱启钤说：安福系议员“联名筱（17日）电，由政团名义拍出，不足以代表政府，故政府对该电不负何等责任”④。

4月底，段祺瑞派李思浩和张志潭前往上海，主要任务是：（一）和会如讨论裁兵问题，由李向北方代表说明有关裁兵的经费预算问题，以便他们在会上折冲；（二）南方代表如果追问西原借款问题，由李当场做详细报告，加以解释。⑤当李思浩临行之际，徐树铮已奔丧归来，得知有关上海和会的近况，并听说吴鼎昌和方枢献策朱启钤，谓徐世昌可由南北双方代表签字承认为总统，北南新旧国会可以通过签字同时取消等等，非常气愤，

① 李新、李宗一主编：《中华民国史》第二编第二卷，中华书局1987年版，第355页。
② 《一九一九年南北议和资料》，中华书局1962年版，第311—312页。
③ 《京华短简》，《申报》1919年4月24日。
④ 李新、李宗一主编：《中华民国史》第二编第二卷，中华书局1987年版，第359页。
⑤ 《李思浩谈他的一生》，见徐铸成：《旧闻杂忆补篇》，四川人民出版社1983年版，第48页。

认为这是“无病呻吟，儿戏从事”，总统无须承认之理，国会只应有北方之新国会（即安福国会）。遂托李思浩向议和代表转达他的意见。

5月12日，徐树铮又致电吴鼎昌和方枢，直接阐明自己的观点，并对吴等痛加指责。电文如下：

上海朱总代表，呗密。转达诠（吴鼎昌）、立之（方枢）两兄鉴：闻两兄建议于桂老（朱启钤），谓东海（徐世昌）可由两方代表签字承认为总统，而国会则签字两消云云，不胜骇异。总统之承认与否，只是国体改革之际外国有其说，岂有国内而需承认之理。东海就职以来，舆论欣然，各国一体款洽，何待公等二十一人之承认。二十一人承认以后，二十一人以外之人是否照旧承认，恐非公等所敢断言。然则目下之不统一，尚仅五省。一经公等无病呻吟，儿戏从事，必致天下骚然，使东海不安于位而后止。如东海何？如国家何？天无二日，国无二会。国会为东海唯一保障，国中有力之人肯为东海出力者，赖有此耳。必由公等代撤藩篱，使愿出力者亦无所依傍，则凡有奢欲皆可乘间抵隙，投袂而起。公等爱国家、爱东海，定不出此。桂老老成谋国，谅不至为尊策所误。树铮忧戚之中，更复何心预闻国事，徒以治乱之几，危于一发，恐将国忧之不暇，欲居家忧而不可得，故不敢不以宜闻，统祈酌察，幸赐垂教。李赞侯（思浩）兄到沪，代述鄙见，谅亦入听矣。在苫树铮。文。①

电中维护徐世昌之处，虽可自圆其说，并且冠冕堂皇，但实质是利用总统这面旗帜，阻碍与破坏议和。

同一天，徐树铮还致电朱启钤，希望他不为吴、方之说所惑，并要求设法让王克敏回京，以便当面剖析大局症结。王克敏是直系冯国璋的代表。冯

---

①《一九一九年南北议和资料》，中华书局1962年版，第266页。

虽下台，但仍有一定势力，王被选为此次南北议和的北方代表，就是这种势力的体现。徐树铮对王克敏早已没有好感，但电文中却说他是北方代表中最“明利害、具魄力而有肝胆者”，盖因一时对吴、方失去信心，而转寄希望于王。此外，王克敏纳王揖唐妾顾红珠的养女阿凤为妾[①]，也是值得注意的一个因素。此时王克敏是接近王揖唐的，而王揖唐又是依附徐树铮的。

四、议和破裂

王克敏未及回京，议和即于5月13日破裂。原来南北双方都有不能议成的问题，并都缺乏议成的诚意。南方和北方一样，内部派系林立，面临军政府分裂的危险，他们派代表参加议和会，目的是维持其暂时稳定的局面，争取时间，巩固和发展自己的实力。他们本来就缺少抗衡北方的实力。如果议和成功，大体有利于北方，特别是有利于徐世昌，而不利于南方。南方军阀有被宰割的危险。至于人民利益，他们和所有军阀政客一样，是不大顾及的。他们根本未期望议和成功，主要想以联直倒皖为职责，所派代表提出的议案，几乎无一不是对段派和安福国会痛下针砭，使已纠缠不清应须解决的问题一个也解决不了。北方派系之多，早已众所周知。直系以为利者，皖系即以为害，反之亦然。奉系等往往看风使舵。就徐世昌来说，除利用议和使其职守合法外，而同时获得实益，即在行使法权，制裁徐树铮及所属安福系，同时排挤段祺瑞。徐树铮等不欲徐世昌铅刀可割，也就不愿议和告成。北方代表中，总代表朱启钤虽衔徐世昌之命，而代表吴鼎昌、方枢等却依段及徐树铮之意图加以牵制。吴鼎昌4月8日致朱启钤电中，所谓“同人态度，似应强硬，力往决裂一方做去”，就是一例[②]。

① 刘冰天:《关于徐树铮和安福俱乐部》,《文史资料选辑》第二十六辑，第115页。

② 章士钊:《我之上海会议观为叶遐庵作》,《文史资料选辑》第二十六辑，第63—71页。

5月13日，南方总代表唐绍仪又在会上宣告8项强硬条件[①]，北方代表不接受，议和遂告破裂。

吴鼎昌和方枢，原是徐树铮信得过的人物，及接徐树铮5月12日来电，和议已届破裂，因而产生蒙受委屈之感。5月14日，在北方全体代表向中央政府提出辞职之后，吴鼎昌代表朱启钤及方枢复电徐树铮：

北京北池子徐司令鉴[②]：呗密。文、侵两电俱悉。国会问题，彼方持绝端主张，昨日已因此决裂，并未议及让步办法。兄竟以政客谣传据为典要，何彼此不相谅信一至于此！现在桂老（朱启钤）及弟等因西南主和如此，会议无从进行，业经辞职。大局如何转移，实不可知，幸诸公有以善其后也。桂老暨立兄恕不另复。昌。寒。[③]

5月15日，徐树铮在京得知上海会议已经破裂，感到正中下怀，非常得意，当即致电吴鼎昌和方枢说："迭电谅均入览。沪议已无可为，黄粱将熟，梦可醒矣！闻伊老氏十一人已全辞，请恳劝桂老（朱启钤）速早回京，另谋救国之方。歇浦莺花不足久恋也。夫以交通、北洋、安福三派实力，戴东海（徐世昌）之德望，据二十四省区之天地，得桂老之明翰，左右扶掖，导我辈后进以先路，稍从根本整理，何患不气吞欧亚，若五省之就范，直瞬息间事耳！何至低首下心，专向流氓胯下讨生活哉！迷途未迩，无事徘徊。析肝布诚，伏恳鉴纳。叔鲁（王克敏）、子健（汪有龄）均性情中人，又皆一时健者，尚祈以鄙言相示，联袂归来，言寻旧景，不胜企盼之至。"[④]

---

① 详见《一九一九年南北议和资料》，中华书局1962年版，第260—262页。

② 徐树铮当时住在北池子，为参战处参谋长。"司令"是沿用奉军副司令代行总司令称。西北边防总司令职，是1919年6月24日才任的。

③ 《一九一九年南北议和资料》，中华书局1962年版，第269—270页。

④ 《一九一九年南北议和资料》，中华书局1962年版，第272页。

电中所谓“黄粱将熟，梦可醒矣”，充分显露出徐树铮对议和的真实态度，他根本没抱议成之想。同时值得注意的是所谓“三派实力”，由此可见，徐树铮对于北方派系是怎样看的，他不提直、皖、奉等系，而说“交通、北洋、安福三派”，这是就财力、武力、权力而言的。“交通”据有财力，“北洋”拥有武力，“安福”占有权力。徐树铮本人则是公认的“安福”后台老板。安福系之阻碍与破坏议和，当然也唯其马首是瞻。

发此电时，徐树铮尚未接到吴鼎昌 5 月 14 日来电，待接读来电，又复电吴鼎昌，申以辩言：“政客谣诼，何足动硁硁之听。惟前承教及所谓停顿云者，皆串合一气，籍促各方之视听。更考之诸公素日口吻，以为非外人不能统治中国等愤激之论，故此次决裂，不能不疑其别有隐情，似将故启外人干涉，以为制内之计。恐徒陷于丧权辱国，而无从救挽，遂不觉大声而疾呼也……外人干涉，虽不足喝人，惟虑法律破坠，无以维系国家耳。以弟素性而论，守法至于极点。法之所许，无论何等危苦，均不难掀天揭地而行；至法所不许者，分寸不敢挪移。使此时撤去法律……天地之大，材勇百倍于我者，何能数计？将皆自行其是，而无复顾忌，其时如我辈者何以自存，即能竞而幸存，更复成何团体！是耿耿不能释也。”① 显然，这是强词争辩。由此亦可看出，徐树铮是坚决反对议和代表讨论法律问题的。法律问题，是引起南北对立纷争的主要问题，也是议和期间提出的主要问题之一。不准讨论这个问题，南北又怎能和平统一？但平心而论，法律问题，实在不是南北和谈代表能够定的。

5 月 13 日议和破裂后，8 月间北方又做一次形式上的议和努力，在徐树铮操纵下，推举王揖唐为总代表，南方不愿接受，北方也有人反对，最终亦没成功。

---

① 《一九一九年南北议和资料》，中华书局 1962 年版，第 272 页。

第十六章

收复外蒙古

一、外蒙古问题的由来

清代把蒙古分为内蒙古、外蒙古、青海蒙古三大主要部分和若干较小的部分。1911 年辛亥革命后，沙俄嗾使外蒙古独立。

1912 年 2 月 15 日，在俄国支持下，八世哲布尊丹巴[①]呼图克图，在库伦（今乌兰巴托）宣布外蒙古正式独立，建立“大蒙古国”，自任“日光皇帝”，年号“共戴”。11 月 3 日，俄国又与外蒙古签订《俄蒙协约（俄库条约）》及《俄蒙协约专条》，俄方支持外蒙古名义上“自治”，实际上独立。外蒙古许俄以独特的商业地位。

徐树铮一直关心国家大事，对外蒙古问题自有看法。1912 年 11 月至 12 月间，他写给靳云鹏的一封信中，就外蒙古问题分析当时的形势，提出“妥保内蒙（古），速筹边备，外蒙（古）交涉可以藉作缓兵之计，将来能办到西藏同等地位便是最佳结果”的计策，并派数人赴库伦以图解决外蒙古问题。信中说：“今当喘息未定，在我为危急存亡之秋，在人则时不再来

① 哲布尊丹巴是藏传佛教在蒙古的最大活佛世系称号。呼图克图 1924 年去世后，该世系在蒙古结束。

之会，今不取后世必为子孙忧，谋国者不能不作此远大计划”；“弟对于俄蒙之约极属淡漠，以为事固应尔，民国第一交涉便是棘手问题，操刀而割者伤乎与否未可知也”；“今日我国情形不能不战，又不能战。何谓不能不战？外蒙（古）一去，内蒙（古）震动；蒙不安，奉必危；奉危，滇藏必牵动。藩厅一撤，瞬即豆剖瓜分矣，安得不背城借以作孤注之想乎！何谓不能战？无饷无械，虽众何用；徒手而掷头颅，诩然曰吾民气壮也。何所救乎危亡邪？窃谓为今之计，妥保内蒙（古），速筹边备，外蒙（古）交涉可以藉作缓兵之计，将来能办到西藏同等地位便是最佳结果，不能不知足而退。近日交涉，闻条件甚厉，未审终归如何也。弟曾经手派数人赴库，不知能否得手，万里龙沙，半尺匕首，得志功在万世，不得志亦无虞他祸，此与别项措施固不妨并行无忤也”。①

1912年11月12日，外交总长梁如浩因蒙事棘手而走天津。15日，蒙古王公联合会通告，不承认库伦伪政府与外国所订条约。16日，孙中山致电袁世凯，认为《俄蒙协约》万不可承认。随后，各党派、留日学生等，也就外蒙古问题纷纷活动。12月袁世凯特派章太炎任筹边使，前往库伦。章太炎非常熟悉西北地理，欣然就道。可是抵达库伦，却大受有关方面奚落，怏怏而归。

1913年11月22日，中国在《中俄声明》文件中不得不承认外蒙古的自治权（第二条），并答应“不将兵队派驻外蒙古及安置文武官员，且不办殖民之举”（第三条）。1915年6月7日，中俄蒙三方共同签订《中俄蒙协约（恰克图协定）》，重申《中俄声明》文件中的所有条款。协约说中国政府可以向外蒙古派遣都护使和副使等进行监督，俄国承认中国对外蒙古拥有宗主权，外蒙古应将“独立”改为“自治”。所谓“宗主权”，似为我完

① 杜春和、耿来金整理：《徐树铮与段祺瑞等人书》，见《近代史资料》总76期，中国社会科学出版社1989年版，第170—171页。另见：《中俄关系史料——外蒙古（1917—1919）》，台湾“中央研究院”近代史研究所编，1959年，第593页。

全领土，实际只是一个虚名，中国国力虚弱，俄国又不承认。

虽然几经外交谈判，签订《中俄声明》《中俄蒙协约》，外蒙古问题在很大程度上仍是个悬而未决的问题。

1917 年，俄国十月革命爆发，以谢米诺夫为首的白卫军残余，逃到西伯利亚中俄边境活动，经常扰乱外蒙古。俄国革命政府，于 1917 年和 1919 年，两次发表对华宣言，说要废除沙俄同中国订立的不平等条约，而事实上仍支持外蒙古独立，并于 1919 年 7 月 25 日发表对蒙古声明，称蒙古是一个独立国家，要和蒙古建立外交关系。与此同时，日本帝国主义者则妄图建立一个他们控制下的“大蒙古国”。日本驻库伦武官松井中佐明目张胆地进行控制外蒙古的活动。面对这种形势，外蒙古官民有所不安，其内部宗教势力活佛喇嘛与世俗势力王公贵族等争权夺利，不少人想重新归依中国。

段祺瑞自外蒙古要求自治以来，一直坚决反对。他说：“民国二年，余兼代总理，库伦久为俄人嗾使，要求自治，彼得从而干涉之。几经折冲，始得为我完全领土，曾莅国会十三次，请求通过。格于党见，留难久之。预告迟恐有变，充耳不闻，而俄人借口，顿翻前约。国势不振，无以角力，耿耿在心，未尝去怀。”及至驻库伦大员陈毅“与外蒙（古）商订六十三条件，即向日（往日）俄人所主持之领土一部分，中枢已有允意”。而段祺瑞仍认为不可：“以外蒙（古）横亘俄疆五六千里，傥入俄人手中，国事将不堪言。”因嘱徐树铮“条陈边务，冀谋挽救”[①]。他本人 1918 年 10 月辞去总理兼陆军总长后，则“仍留领边防督办一职”。徐树铮后来说“借国钺，秉督办神猷”，才得以完成外蒙古撤治，盖即指此。

① 中国科学院近代史研究所近代史资料编辑组编辑:《徐树铮电稿》，中华书局 1963 年版，第 382 页。

二、任西北筹边使兼西北边防总司令

1918年10月20日，徐树铮“奉令[①]设西北边防筹备处，筹备新队”，并任筹备处处长，准备派员到河南“淮阳、商水、西华、上蔡、新郑、舞阳、襄城、禹县、沈邱等处”及安徽“涡阳、蒙城、太和、凤台、寿、亳等县”招募新兵。[②]接着即成立四个混成旅，以宋邦翰为第一混成旅旅长、宋子扬为第二混成旅旅长、褚其祥为第三混成旅旅长、张鼎勋为第四混成旅旅长。第一、第四混成旅驻扎洛阳，第二混成旅驻廊坊，第三混成旅驻宣化。

1919年4月17日，徐树铮针对外蒙古问题提出《西北筹边办法大纲》。6月10日经国务会议议决照办。徐此后在外蒙古的措施，就是本着这个《大纲》进行的。《大纲》主要内容如下：为解决外蒙古问题，政府必须选择能人，“委以专责，假以便宜”；须颁布名义，“明令特派西北筹边使”；须制定权限；急修铁路；先通汽车；布置垦牧；采掘矿产；发展商业贸易；布置兵备；施行教化；移风易俗。为举办以上事项，须先筹巨款。为筹巨款，须发行公债，并在外蒙古开设银行，发行钞票。[③]

6月13日，中央政府特任徐树铮为西北筹边使。6月24日，大总统徐世昌又命徐树铮兼任西北边防总司令[④]，次日徐树铮即就职任事。徐树铮任

---

① 中国第二历史档案馆编:《中华民国史档案资料汇编》第三辑·军事（一）(上)，江苏古籍出版社1991年版，第738页。令文日期是1918年10月22日，实际上在此之前徐已经履行职责，他10月20日致河南督军赵倜、致安徽督军倪嗣冲的电报即有说明。中国科学院近代史研究所近代史资料编辑组编辑:《徐树铮电稿》，中华书局1963年版，第373、374页。

② 中国科学院近代史研究所近代史资料编辑组编辑:《徐树铮电稿》，中华书局1963年版，第373、374页。

③ 《西北筹边办法大纲》全文，值得进一步研究，详见徐道邻编述、徐樱增补:《徐树铮先生文集年谱合刊》，台湾商务印书馆1989年版，第277—281页。

④ 《大总统特派徐树铮兼西北边防总司令》，中国第二历史档案馆编:《中华民国史档案资料汇编》第三辑·军事（一）(上)，江苏古籍出版社1991年版，第742页。

西北筹边使后，原参战军改为边防军，归徐树铮统辖。徐树铮认为西北边陲辽阔，四个混成旅不够分配，还拟扩编几个混成旅。不久即宣布成立一个补充混成旅，以李如璋为旅长，李原是徐总部的参谋长[①]。

西北边防军的装备，都是新式的，如步枪、机关枪、山炮及交通通信装备，都是日本制造的。

西北边防军军官，由参谋部、陆军部、陆军大学、保定军官学校及各部队选调，均受过正式陆军学校教育，如宋邦翰、宋子扬、张鼎勋，是日本陆军士官学校毕业生，褚其祥曾在德国留学炮科。参谋长、参谋、中校团职等军官也是。“99% 的营长和少校团附等军官，及 90% 以上的尉官是保定军官学校的学生，其余的有模范团训练出来的军官，都年富力强，学术兼优。准尉官有各部队的军事学校训练出来的学生，亦有行伍出身的，但为数很少。”[②]

西北边防军的训练，也比较先进而严格。其军官教育、士兵训练、列兵组织、炮兵连装备、部队称谓、军官称谓、军需军医称谓，皆与一般军队有所不同。同时，对军纪和公文形式，做出更有效果的改革。

徐树铮训练军队，还特别重视文化教育。要求所有军官，必须读《孙子兵法》《管子》《孟子》《战国策》等。经常出题目要部下作文，不但自己批改，还请姚永概等老先生批改。文章体裁不限、字数不限，白话、文言均可。重视对士兵野外演习、实弹射击、体力耐力训练，同时进行识字教育，一年之内，能读白话报、写信的不少。

有观察者说，徐树铮编练的军队，成军时间虽短，“而进步实速，将来必为中国得力之军队。余辈参观其炮车、演操、营房、马圈种种建筑，而

---

① 周遵时：《徐树铮一旅定漠北》，《徐树铮传记资料》（二），台北天一出版社 1979 年版，第 87 页。但是翁之憙说，以李如璋为旅长的混成旅没有实现。见《入蒙与旅欧》，中西书局 2013 年版，第 10 页。

② 张振汉：《西北边防军始末》，见石玉新、杨小波主编：《文史资料存稿选编（晚清北洋）》（下），中国文史出版社 2002 年版，第 445 页。

知军事之进步也”[①]。

西北边防，包括热河、察哈尔、绥远等地（后为内蒙古自治区）。对此，张作霖有所不满，打电报给中央政府，请求在他部下吴俊升和孙烈臣两人中，选择一人任为东北筹边使。张是想打击徐树铮的。

徐树铮对张作霖的做法不予理睬，即刻责成王荫泰拟具《西北筹边使官制》，送呈总统徐世昌和国务院总理审阅。7 月 18 日，中央政府以总统命令公布这个官制。其职权如下：

（一）政府因规划西北边务，并振兴各地方事业，特设西北筹边使。

（二）西北筹边使由大总统特任，筹划西北各地方交通、垦牧、林矿、硝盐、商业、教育、兵卫事宜，所有派驻该地各军队，统归节制指挥。关于前项事宜，都护使应商承筹边使筹助一切，其边事长官佐理员，应并受节制。

（三）筹边使办理前条事宜，其有境地毗连，关涉奉天、黑龙江、甘肃、新疆各省，及其在热河、察哈尔、绥远各特别行政区域内者，应与各该省军政最高长官及各都统妥商办理。

（四）西北筹边使施行第二条各项事宜时，应与各盟旗盟长扎萨克妥商办理。

（五）西北筹边使设置公署，其地址由西北筹边使选定呈报。

（六）西北筹边使公署之编制，由西北筹边使拟定呈报。[②]

根据这个官制，西北筹边使的职权显然很大，有人认为“比东三省巡阅使（张作霖）还要大”。这个官制案一经提出，便遭到直奉等派系的反对。直系唆使接近他们的议员不要赞成通过这个官制案，并挑拨张作霖说，徐树铮经营西北，是为吞并东北制造条件。张作霖愤怒地授意东三省 60 余

① 贺葆真著：《贺葆真日记》，徐雁平整理，凤凰出版社 2014 年版，第 509 页。

② 刘安邦：《徐树铮办理外蒙古撤治经过》，《徐树铮传记资料》（二），台北天一出版社 1979 年版，第 77 页。

名议员投票反对。但结果这个官制案仍获通过。不过，皖系与直奉系的矛盾从此更深。

依据《西北筹边使官制》第六条，徐树铮于1920年4月拟定《西北筹边使公署编制》，呈报大总统徐世昌并获得指令“准如所拟办理”。编制如下：

第一条 本署分设左列各厅：总务厅 财计厅 商运厅 邮传厅 垦牧厅 林矿厅 礼教厅 兵卫厅

第二条 每厅置监理一人为之长，所长事务分科承办，科置司理一人。其下置詹事至多二人，佥事至多四人，主事至多六人，额以内视事务繁简定之。

第三条 本署各员司，秉西北筹边使之命，由各该监督指挥监理公务。其职掌如左：一、总务厅分设机要、交涉、司法、考绩、庶务等科，典守印信、综理文电、交涉司法、赏罚、译校、收发及不属他厅各事宜；二、财计厅分设赋税、财务、统计、盐运等科，综理财用统计会计、公债、库藏及盐硝各事宜；三、商运厅分设商务、市财、制运等科，综理商务、银行及制造、采运各事宜；四、邮传厅分设邮政、电政、路政、航空等科，综理邮电、道路、航空一切交通各事宜；五、垦牧厅分设垦植、牧畜、渔猎等科，综理开垦地亩、牧畜、渔猎各事宜；六、林矿厅分设林务、矿务等科，综理林木、矿山各事宜；七、礼教厅分设礼俗、教养、市政、盟务等科，综理礼俗、教养、卫生、市政、封袭、会盟、典礼各事宜；八、兵卫厅分设军屯、警务、驿站、测绘等科，综理屯兵、设防、置警、驿台、差马、卡伦、测绘各事宜；九、秘书及文牍、翻译各委员、书记等，总隶于总务厅，由总务厅监理商同各长官酌量事务繁简，随时分派承办文牍、译校、缮录各项事件。

第四条 西北筹边使因咨询审议各种情事，得延聘京外衙署职员兼任参赞，但不得逾四员。又选委兼任参议，不得逾六员。均按财政部定章酌给夫马费。

第五条　本署因缮写文件及办理杂项，得酌用雇佣。

第六条　本制遇有应行修改时，由西北筹边使订定呈报。

第七条　本制自呈报日执行。①

据翁之憙记载，西北筹边使公署，在北京西城锦什坊街旧顺承王府办公，主要机构和人员如下：

参议室：王荫泰（孟群）、曾宗鉴（镕甫）、郑大为（立廷，郑汝成之子）、祁彦儒（公慔）、赵崇恺（乐亭）、翁之麟（振伯）、吴保珹（仲珹）等。

参谋处：李如璋（惜珍，参谋长）、李鼐（友嵩）、杨志澄（穆生）、冷秉炎（聘渔）、段志超（景班）、王聿兹（卓忱）、尹凤歧（晓冈）、郑璘（树坚）等。

参事处：张藻宸（参事长）、何家驹（千里）、李增尧（笠岑）。

军需处：军需官为李春膏（露生）。

军医处：军医官由首善医院院长方擎（石珊）兼任，医生有王懋义（仁甫）、余树棻、郭昌锦。

秘书处：谢桓武（靖远）为秘书长。谢病死后，王式通（书衡，王荫泰之父）继任。上秘书有张谦让（千子），秘书有周培艺（素园）、左念恒（南生）、朱是（去非）、胡朝梁（诗庐）、孙宣（公达）、吴瓛（砚山）和翁之憙，文书有王孟戌、光震、姚伯纲、周叔良。

电务处：电监桂森（茂林），电务员赵多仁。

司令部还在上海设通讯处，主其事者马芹甫。②

① 中国第二历史档案馆编：《中华民国史档案资料汇编》第三辑·军事（一）（上），江苏古籍出版社 1991 年版，第 739—740 页。

② 翁之憙：《入蒙与旅欧》，中西书局 2013 年版，第 10—11 页。另参徐树铮《忆旧游》，徐道邻编述、徐樱增补：《徐树铮先生文集年谱合刊》，台湾商务印书馆 1989 年版，第 122—123 页。

三、认为陈毅的“撤治”交涉有名无实

陈毅，字士可，湘南湘乡人，1873年生于湖北，是清代中兴名将陈湜的孙子。1915年6月22日，被袁世凯任为库伦都护副使（陈箓为都护使）兼乌里雅苏台佐理员。1917年8月7日任都护使，充当驻扎库伦办事大员。陈毅“是个老官僚，还有点书呆子气”①，他曾研究元史，对蒙古事很熟悉，到过外蒙古的许多地方。当外蒙古迫于内外压力，出现撤治动向的时候，他正处于都护使的位置上。在徐树铮办理外蒙古撤治交涉之前，他已与外蒙古交涉了一段时间。

外蒙古撤治问题，是由外蒙古王公为夺取外蒙古内部政权挑起的。外蒙古的政治者，原分为两派：一是王公派，一是喇嘛派。清朝旧制以王公管政治，喇嘛管宗教，界限本极分明。自治以来，举活佛为首领，喇嘛遂兼政府官吏，参与政治，甚至独揽大权。王公遭受排挤，至为怨恨，因而图谋撤销自治，其目的不是归附中央，而是恢复清代旧制，以夺取喇嘛掌握的重权。站在王公立场上与陈毅接头的，是外蒙古自治政府中的外务总长车林多尔济。

陈毅和车林商谈撤治，是从1919年元月开始的。但半年多里，一直没有具体的进展。而以谢米诺夫为首的俄国旧党，又暗中联络喇嘛，鼓动外蒙古独立。8月4日，外蒙古王公在库伦举行大会，反对外蒙古独立，陈毅是站在王公背后的。于是，王公和喇嘛之间的斗争，日益趋于表面化。王公们决心摆脱喇嘛的控制，办法就是要撤销外蒙古自治政府。他们推举车林等为代表，与陈毅秘密商定撤治的几项原则。主要的两项是：（一）恢复清代旧制，五部直属驻库大员（以代替活佛）；（二）设地方自治议会，由王公进行组织（以排挤喇嘛）。②

① 翁之憙：《入蒙与旅欧》，中西书局2013年版，第13页。

② 徐道邻编述、徐樱增补：《徐树铮先生文集年谱合刊》，台湾商务印书馆1989年版，第287页。

1919年8月14日，陈毅把秘密商谈的情况电告中央政府，主张顺势收回外蒙古，并请速派军队赴蒙。这时谢米诺夫正进兵攻击外蒙古。8月20日，外交部拟具关于外蒙古之事的意见，由靳云鹏送交段祺瑞，段表示同意。21日国务院召开内阁会议通过，即电令陈毅遵照执行：赞成外蒙古撤销自治及陈毅之见，但在办理程序方面“须先由外蒙（古）王公用全体名义呈请（中央）政府恢复原制，然后政府根据此项请求，再与磋商条件”[①]。

陈毅接电后，无法实现对办理程序的要求，但继续与王公往复磋商撤治条件。10月1日，他派秘书长黄成埒将磋商的结果，即后来称为《外蒙古善后条例》的草案，送往北京。这个草案共有63条。其中要点有：（一）“中央政府无论何时何事，不能更改外蒙（古）原有之分盟分旗制度。各盟旗沙毕，盟长，将军，扎萨克，高卓特巴等原有之管辖治理权，永远照旧。中央政府并不得施行殖民事项，将蒙旗土地改归他人所有”（第二条）。（二）设驻扎库伦办事大员一员，帮办大员一员，乌、科、唐、恰，各设参赞一员，帮办参赞一员。正副人员，必须一蒙一汉，并且轮流更换（如第一任汉正蒙副，第二任则为蒙正汉副），汉员必须以文职为限（第六条，第八条）。即在北京之蒙藏院，其正副总裁之一，亦必须以外蒙古王公任之（第十二条）。（三）中央在外蒙古驻军，其计划布置及额数，由驻库大员及帮办大员会同商定。遇有紧急事项，增派军队，事定仍须撤回（第三十三条）。[②]

外交部批评这个草案说：“名义上政府虽属收回统治之权，而实际上，此项权限，仍属受有限制。外蒙（古）虽有取消自治之呈请，而按之条件，自治之精神与基础，仍属照旧存在。”[③]显然这个草案不合中央政府的口味，虚有撤治之名，缺少撤治之实。同时，这个草案也未得到外蒙古实权派活

① 徐道邻编述、徐樱增补:《徐树铮先生文集年谱合刊》，台湾商务印书馆1989年版，第287页。

② 徐道邻编述、徐樱增补:《徐树铮先生文集年谱合刊》，台湾商务印书馆1989年版，第288页。

③ 徐道邻编述、徐樱增补:《徐树铮先生文集年谱合刊》，台湾商务印书馆1989年版，第289页。

佛和喇嘛的认可。

10月1日，活佛写一封致大总统（徐世昌）的信，叫墨尔根堪布等五个喇嘛，10月19日带往北京，信中表示对陈毅不满，否认取消自治。10月24日，活佛又写一封致大总统的信，并特派地位仅次于他的嘉亨尊活佛，专程送往北京。信中进一步表明活佛与喇嘛们及所称“外蒙（古）各官民等”的态度，要“仍旧保存旧制，保持自治”；并要求“人地不宜之陈都护使立予调任，自治官府仍旧存留有效”。[①]显然，陈毅与王公们的交涉没有成功。他们又作了一些努力，由王公们单方面署名呈文，由陈毅10月29日、30日电达北京，请求撤治，也未奏效。

陈毅的交涉，在外蒙古方面避着活佛与喇嘛，在北京方面则对筹边使徐树铮保密。陈毅的秘书长黄成垿将63条送到北京后，多日不与徐树铮相见，为的就是对徐保密。但事实上怎能保得住呢？黄成垿刚到京，徐树铮就知道了。黄不告诉他，他亦不过问。

六七天后，徐树铮忽然接到陈毅的电报，谓黄有秘要赴京，到时希望会晤。但徐与黄会晤时，黄“踌躇其状，闪烁其神，吞吐其词”。徐树铮“询其有何秘要”，黄说没有别事，只因请假赴奉，陈都护使嘱其便道催促一下赴蒙的队伍。徐树铮“笑而遣之”。

10月22日，徐树铮赴蒙前一天向徐世昌总统辞行，总统询及撤治条例事，并命徐树铮取阅研考陈拟的条例。徐树铮向院秘书厅借得外交部签注原件，即携之北行。途次日夕审核，颇悉利弊所在。

11月1日，徐树铮自外蒙古打电报向政府详细陈述自己的意见和主张。他说他“为料理军事而来，本不愿妄有渎议。惟边防所寄，亦不应懈职责，专志一意，惟以国家疆域蒙民利乐为念”。他认为：“治蒙要义，非令日臻富庶渐启文化，决不足荣久远”，因此“不得不渐有兴革。纵不强拂

① 徐道邻编述、徐樱增补：《徐树铮先生文集年谱合刊》，台湾商务印书馆1989年版，第293—294页。

旧习，要必预留相机因应地步”，“撤销自治之后，关税如何改定？财政如何整理？农商矿业如何振兴？”这些，陈毅所提63条都未计及，并认为其中有“七不可”：昧于启化之义，乖于轻重之宜，所谓“撤治”有名无实，所言《中俄蒙协约》问题，有背“国约之纲”且自相矛盾，对于外蒙古的宗教及活佛喇嘛与王公势力的平衡问题，有失“远大之计”等。因此，徐树铮略陈所怀，“以为财政大权，由政府斟酌情形选员督理，遇事与王公扎萨克商酌妥洽，然后施行；宗教荣典，政府一意优崇，有加无已；王公喇嘛岁俸以及地方经费，由政府从优核给；所有封册荣典，一概照旧；地方安危，一律由政府保护；外交一律由政府交涉”，如此统括言之，“蒙心尚可获安，而无阻于启化之计也”。[①]

国务院总理靳云鹏，对徐树铮的主张和意见不以为然。靳云鹏在内阁会议上宣称，蒙事“既经迭次阁议决定，断无反汗，损失威信。徐电自相矛盾。至徐调集各副使会议，只可在防边范围以内。至取消自治案，政府交陈都护专办，不必他人越俎。纵使办理后有何不便，再行取消，亦无损失”。在此之前，10月20日，国务院曾打电报给陈毅说，“徐筹边使日内赴库，抚视所有军队，对蒙方面并无直接任务，蒙事仍由都护使完全负责，以明权限”。难怪陈毅将关于撤治交涉的事对徐树铮保密。10月27日，靳云鹏召集各部派人开会讨论63条，却没有让依法应该是主管部门的筹边使署派人参加。这时徐树铮虽已在赴库伦途中，但在京的筹边使署还是有人办公的。11月6日，陈毅还打电报问外交部：“条件是否交徐使阅看？”次日又打电报，认为“不如将条件交阅”[②]。种种迹象表明，靳云鹏在背后掣肘，陈毅未免过于天真，而徐树铮对陈毅也持保留态度。

---

① 徐道邻编述、徐樱增补:《徐树铮先生文集年谱合刊》，台湾商务印书馆1989年版，第289—292页。
② 徐道邻编述、徐樱增补:《徐树铮先生文集年谱合刊》，台湾商务印书馆1989年版，第296页。

四、三赴外蒙古：撤治、册封与治蒙措施

徐树铮共赴外蒙古三次。第一次往返33天：1919年10月23日[①]由北京启程，29日抵库伦，在库伦逗留22天，11月24日回到北京。第二次约40天：同年12月22日离京，27日到库伦，1920年1月底回到北京。第三次39天：1920年5月10日离京，6月15日从库伦折返，17日回到北京。每次赴蒙都是由北京乘火车，至张家口换乘汽车。回来从库伦坐汽车，至张家口换火车。

徐树铮为赴蒙作的准备，除拟呈《西北筹边办法大纲》、组建筹边使署和西北边防军总司令部外，还迭召各级军官、参议等会议，讨论有关政治、军事、外蒙古撤治与开发等问题。1919年7月初，派李如璋参谋长带一连人先往库伦，随后又派褚其祥驻扎宣化、张家口一带的第三旅的第七团（团长翟绍祖）陆续前往。同时向美商美丰洋行订购50辆汽车[②]。出发前还到宣化、洛阳、廊坊等地巡视军队，召集全体入蒙部属作“精神训话”，要求“处事以静，处己以诚”，“克己求学，勿多生事”。[③]其随行人员有王荫泰、祁彦儒、尹凤歧、何家驹、赵多仁、翁之憙、杨志澄等。

初次赴蒙，段祺瑞作序送之，勉以“忠恕接物，坚忍图功”[④]。抵张家口后，他和随员、文职人员分乘15辆汽车，并随车携带准备馈赠蒙古活佛喇嘛和王公的大批贵重礼品，所带武装部队则分乘驼马随后陆续开拔。由于汽车质量好坏不一，驾驶技术不很熟练，人员超载，又在沙漠中行进，容易抛锚，行5日始抵库伦。

徐树铮下榻于蒙方为他安排的钦差馆。该馆位于库伦东部的图拉河畔，

---

① 一说24日。翁之憙著：《入蒙与旅欧》，中西书局2013年版，第12页。

② 一说80辆。见周遵时：《徐树铮一旅定漠北》，《徐树铮传记资料》（二），台北天一出版社1979年版，第88页。

③ 翁之憙：《徐树铮入蒙纪实》，《天津文史资料选辑》第四十辑，第148页。

④ 段祺瑞撰：《徐树铮神道碑》，《徐树铮电稿·附录》，中华书局1963年版，第382页。

很有气派。先期到达的褚其祥旅军官及中国银行行长陆梦芸、都护副使李垣等曾前往迎接。安定下来后，徐树铮会晤了东西库伦两商会的会长。11月1日，是活佛哲布尊丹巴呼图克图的生日，徐树铮准备前去祝贺，活佛以女佛生病为由辞谢，但赠徐以生日供佛的糖食果品，表示和平诚敬之意。外蒙古王公、喇嘛陆续来见徐树铮，彼此呈献哈达，表示相见以诚。谒见活佛日期也予商定。

1919年11月6日，徐树铮率旅长褚其祥及参议、参谋数人，随蒙方外交部向导官，前往河套会见活佛。活佛的斋宫背山面水，环境极为幽静秀丽。会见时宾主互献哈达，彬彬有礼，仪式庄重、简明。当天下午，徐树铮邀请喇嘛、王公到东营盘观看军操，“示以军规之严，军容之肃”[①]。晚间徐又设宴招待王公、喇嘛等。徐树铮举止间，力图树立对王公、喇嘛不偏不倚的形象。次日，王公们在西库伦华茂楼设宴招待徐树铮及全体随员，觥筹交错，酬酢甚欢。后来徐又在北园宴请王公和他们的福晋。一连数日，白天应酬，夜晚开会商讨撤治问题。

徐树铮与陈毅的分歧，经多次协商，始终未取得一致意见。徐树铮初到库伦，“即取治蒙条例秘案”与陈“倾诚相示”，但陈“始终意殊不属”。徐“略与谈及撤治事”，陈便闪烁其神，吞吐其词，踌躇其状。徐“来时本望以筹边事业，问诸陈都护及各副使，公共计筹，明年开春，即可兴办”。事实上他不能不感到失望。但为大局计，当面未作激烈争执。“拟俟李、恩两副使到后，公共商酌”。[②]

11月10日，徐树铮与陈毅谈到撤治条件时，陈仍吞吞吐吐，但相约“明晚到署商酌蒙事条文”。当天，徐树铮致电大总统、国务院、段督办及各部说明情况，并表明自己的态度和立场：“……东电陈请核示之原议七不

① 徐树铮：《致大总统、国务院、段督办、各部电》，1919年11月14日，见徐道邻编述、徐樱增补：《徐树铮先生文集年谱合刊》，台湾商务印书馆1989年版，第302页。

② 徐道邻编述、徐樱增补：《徐树铮先生文集年谱合刊》，台湾商务印书馆1989年版，第297—298页。

可，及条文大意，既奉钧院公电，大总统谕许为卓识远谋，明晨公议时，自当抱定此旨，和衷商洽。又条文中有与筹边使官制职权搀越者，概予削去，然后责成陈使妥办。如不能办，即请责成树铮妥办，办妥后，仍移交陈使坐承其功。树铮亦本边使职权，力自图之。树铮只重国事，决不以荣辱毁誉介意。总之，西北筹边使为外蒙（古）已定之官，官制及其职权，为国家已定之法律，命令不得有所变更，速发亦属无效。树铮承命守职，一日不离职，一日即暂死守更职之义，无论外交，无论蒙情，无论土地，均应负其全责。”慷慨激昂，似不单为陈毅，亦不单为蒙事，同时亦为靳云鹏暗中掣肘而发也。从电文中也可看出，这时徐对蒙事已抱有怎样的决心。次日，徐树铮约集李垣、恩咏春两位都护副使，并率旅长褚其祥、参议杨志澄等，一同去与陈毅商酌蒙事条文。这天，他在电报里谈了他对陈的印象：“陈使言过其实，急切近名，而心思不能沉细。自觉明于万里，其实蔽于目前。其人真价如何，树铮不敢断言。惟心目中见为如此，故实不敢尽情信任。”既然不敢信任陈毅，只有另行努力，接着他说：“条文拟交斟酌后，伊（陈）向蒙员商办，树铮亦仍另行尽力，期于速定，以免旷日持久，或生枝节。事成仍归陈使，决不与竞。”[①] 徐虽身在外蒙古，心实忘不了中原。他想尽快解决蒙古撤治问题，以便解决将在中原与直系对峙的问题。这时直系已酝酿从湖南前线撤军，徐树铮心里是有数的。

徐树铮断定陈毅的一套不行，决心实行自己策划的办法。11 月 13 日，他在一份电报里断言：蒙事“经年累月，亦非渠（陈）所能了。盖渠判事不切，物欲蔽之。初步已蹈荆棘，纠缠不清。此时若树铮撒手不管，则立即中止耳。如此中止，听国家损威失重，非树铮所忍出……钧电志在撤治，请坐待撤治可也。前电言，定否只在三五日内。现布置已定，不烦一

① 徐道邻编述、徐樱增补：《徐树铮先生文集年谱合刊》，台湾商务印书馆 1989 年版，第 297—299 页。

兵一矢，一发而中，幸之幸也。发而不中，树铮钳口结舌，息影南归，静俟陈使办结之日，敬领溺职之罪耳”①。

徐树铮策划的是什么办法呢？扼要说来，就是恩威并用，借鉴孔明擒纵之法，稍加变通，重点向蒙方总理兼内务总长巴特玛多尔济下功夫。巴特玛时年 73 岁，须白头秃，目光炯炯，外表像个极精明的人。徐树铮察知：“活佛前最重要有四人，总理兼内务长巴特玛多尔济，一大沙毕商卓特巴，一绷楚克，一棍布，均最高之喇嘛，活佛惟其左右，王公皆侧目而视”；“四人中，巴年最长，位最高，活佛信任较薄”，“巴特玛因前充商卓特巴为活佛所夺，又年轻者皆封亲王，而伊只有王衔，心中亦多不平”。②同时，蒙方破坏 63 条的主要就是他。徐树铮认为，巴特玛“颇具丘壑，亦颇谙外邦情势，撤治事，多向此人身上加工，定可得手”③。因此，徐决心对巴特玛施加压力，旋即向巴氏展开猛烈攻势。

11 月 12 日晚，活佛派人请徐树铮赴宴，徐认为“伊柬不如礼”，当即拒绝出席。活佛另派巴特玛来请，徐即利用巴特玛与活佛的矛盾，向巴“严词面数活佛之非，婉词深慰巴王之老而多劳，并告以活佛多病，死期不远，嘱其为黄教自爱”④。巴特玛表示深深领感而去。然其实际所思并不一定与其所表示的一致。

徐对巴氏“专意结之以信，感之以情，每于大议场中，当众极与谦下，尊以老辈，誉以清操，讽以活佛多病，可接其任。看操之日，示以军规之严，军容之肃。兵士放假观剧，苦乐与共，俾知军心之固”，并谕以利害，“连携与谈，皆谓现公与喇嘛相持不下，非黄教之福，宜劝活佛立功自固，勿久执迷”，又嘱巴“尽力以自托于中央”，且许以“全力相辅”。⑤巴甚感

① 徐道邻编述、徐樱增补：《徐树铮先生文集年谱合刊》，台湾商务印书馆 1989 年版，第 299 页。
② 徐道邻编述、徐樱增补：《徐树铮先生文集年谱合刊》，台湾商务印书馆 1989 年版，第 301—302 页。
③ 徐道邻编述、徐樱增补：《徐树铮先生文集年谱合刊》，台湾商务印书馆 1989 年版，第 300 页。
④ 徐道邻编述、徐樱增补：《徐树铮先生文集年谱合刊》，台湾商务印书馆 1989 年版，第 300 页。
⑤ 徐道邻编述、徐樱增补：《徐树铮先生文集年谱合刊》，台湾商务印书馆 1989 年版，第 302 页。

戴，数往谒佛，可是活佛仍推延不应，不是托词等待会议，就是声言外交有关。

徐树铮不能容忍这样推延。11 月 13 日晚会晤巴特玛时，即以严厉态度加以期限，“谓外交有中央政府在，会议无可待，活佛向来办事不待会议，今不能独待。我只责求活佛与执事（巴）两人意见。他有异言，我自当之。执事如此高年，不惮奔走，以谋黄教之安，而活佛罪恶已极，尚不肯发一言，徒令喇嘛假威福以祸王公，王公不平既久，必思报复，争乱相寻，则黄教已矣。黄教去，蒙古必如散沙，则外蒙（古）已矣。是执事有爱外蒙（古）爱黄教之心，而活佛持之以酿乱也。外蒙（古）为国家领土，我为外蒙（古）长官，有弹压地面之责，不能坐视。请往告活佛，明日速应则已，不应当即拿解入京，听政府发落”。巴又稍以俄人及蒙兵为言，意在表白如果这样就会惊恐地方。徐树铮又说：“即有惊恐，是昏佛使然，非我之咎。然执事至此，尚为此言，愈令敬佩，真黄教之主也。”巴许再去力劝活佛，并又略谈其不平之事。徐树铮许以事定后，立即册封其王衔，并连及其弟。巴似感戴不已，更约明晚再见。①

11 月 14 日早晨，徐树铮独坐默想：“万一活佛再不应，安能迳行拿解？当即坐罪彼四人，责以不能善辅活佛，姑作拘禁之状以恐之，再图别策，庶刚柔相济，而不损国家之威。”徐正自筹划对策，巴特玛忽驱车赶来，握手告徐说，“昨晚别后，连夜面佛，痛陈利害，继之以泣，佛感悟，遂允撤治。惟言陈使偏袒王公，所拟条件，决不愿用。又前三音诺颜之死，佛之野子袭封，出自陈使指使，而彼今辄举之以为佛罪。加汗增入京，佛曾专函令谒大总统，请撤换陈使。故今日之事，佛不愿其与闻，亦不愿他喇嘛王公预其事，但由树铮与彼换交商定条件，具呈政府可矣”，等等。巴特玛还列举活佛恳代维持往事数件。徐树铮以机不可失，遂许以当晚偕其

① 徐道邻编述、徐樱增补：《徐树铮先生文集年谱合刊》，台湾商务印书馆 1989 年版，第 302 页。

谒佛面商，决不令佛有失体面，或喇嘛王公有何不均。巴称谢而去，临行又与徐树铮相约严守秘密，深盼定后再告他人。直到这一天，陈毅才向徐树铮当面透露王公曾经单独请愿的事。徐认为，“政府可据此迳以明令先行撤销自治，其余办法另行商定……似较先商条例……直捷痛快”，并电告政府“树铮暂留库伦镇摄一切，敢保毫无意外”。[①] 可是第二天情况就急转直下，陈毅“明令先行”之提议就过时了。

11 月 14 日晚，徐树铮由褚其祥、何千里、翁之憙陪同，随带一名蒙语翻译和几名警卫，到巴特玛住宅协商撤治条件。巴把徐等请入蒙古包内，双方团团围坐在很厚的毡子上，气氛似乎亲切友好，但实质性的会谈并不顺利。为削去喇嘛权力，徐树铮“坚持欲定条例非简略不可，详细办法可另订办事章程。或不定条例，但由佛率众具请撤治，一切办法统待另商，或派人随树铮入京详定”。但是巴特玛不同意，狡辩拖延良久而不能决。许多问题，反复磋商，亦不能定。徐树铮即逼巴特玛去谒见活佛，并严词正告巴氏：“祸蒙之罪，不在佛而在喇嘛。宽限一日，夜晚须解决，否则拿解者不止一佛，执事虽老，亦当随行。”巴氏听了，极为畏惧。[②] 此次会谈，实在艰难。徐等走出毡包，已是凌晨 3 点多钟，高原寒气，砭人肌骨，深蓝色的高空，闪烁着颗颗星斗，远远传来犬吠声和疏疏落落的鼓声，塞外高原的寒夜，他们还在行动……[③]

11 月 15 日，陈毅派人告诉徐树铮，谓蒙员托其转达本日蒙方开会情况，并求徐树铮“今晚不必再逼”，保证“日内定即办妥”。徐树铮允以“不逼，但仍须从速办结，由活佛派大员随树铮入京，觐谒大总统致贺”等等。徐树铮恐其夜长梦多，故严厉促其速定。当日，巴特玛召集全体喇嘛、王公会议，议定“由官府各部长签名盖印，声叙会议公决，活佛允准，请

① 徐道邻编述、徐樱增补:《徐树铮先生文集年谱合刊》，台湾商务印书馆 1989 年版，第 302—303 页。
② 徐道邻编述、徐樱增补:《徐树铮先生文集年谱合刊》，台湾商务印书馆 1989 年版，第 304 页。
③ 翁之憙:《入蒙与旅欧》，中西书局 2013 年版，第 15 页。

为代陈政府”。会议未散，巴即匆匆先归，有人问他为何这样急，答说：“昨徐公限定晚六时晤面，故早归待之。”[①]徐树铮即仍往晤，得悉所定办法，认为可以，遂慨然允之，并致昨晚鲁莽歉意。至此，徐树铮专意对巴施加压力的策略取得了特殊的功效。陈毅与车林交涉半年多没有解决的撤治问题，终告解决了。

11 月 17 日，外蒙古自治官府将请愿取消自治的呈文，一式两份，分别送交筹边使及都护使。徐树铮与陈毅收到呈文后，分别转达中央。

蒙方送交呈文的当天下午，徐树铮率全体随员迁至旧车王府[②]，宣告西北筹边使公署在库伦正式成立。事定之后，徐树铮如释重负，心情极为平静。11 月 18 日，他给北京拍的一份电报中，力图客观扼要地分析撤治交涉的先奏，外蒙古王公、喇嘛及活佛之间的矛盾冲突与趋向离合，自己采取的威逼利诱策略，陈使及高团的功劳等，并总结说：“树铮借国钺，秉督办神猷，手握重兵，恐喝无智无力之蒙人，譬扬刃以吓家儿，丈夫所羞出。徒以案久不决，国家将有损威失重之虞，遂不惜出此下策……不图侥幸一发而中也。然非陈使操纵巧妙，即有策亦属无隙可乘；非高团军队坐镇在先，即有威亦难仓卒使成。是事功之立，全出陈使高团之力。树铮经营擘划，尽在日后……”[③]

11 月 22 日，中央颁布“俯如所请”的《大总统令》，令文引述蒙方的呈文后称：“核阅来呈，情词恳挚。具见博克多哲布尊丹巴呼图克图汗及王公喇嘛等，深明五族一家之义，同心爱国，出自至诚。应即俯如所请，以顺蒙情。所有外蒙古博克多哲布尊丹巴呼图克图汗应受之尊崇，与四盟沙毕等应享之利益，一如旧制。中央并当优为待遇，俾共享共和之福，垂于

---

① 徐道邻编述、徐樱增补:《徐树铮先生文集年谱合刊》，台湾商务印书馆 1989 年版，第 304—305 页。

② 旧车王府房屋很宽敞，有五六进深，徐氏住最后一进，随员分住第二进。见翁之憙:《入蒙与旅欧》，中西书局 2013 年版，第 15 页。

③ 徐道邻编述、徐樱增补:《徐树铮先生文集年谱合刊》，台湾商务印书馆 1989 年版，第 307—308 页。

无穷，本大总统有厚望焉。”[1]

11 月 24 日，外交部照会俄使，取消《中俄蒙协约》。俄使复照声明：中国不能单独取消中俄间有关外蒙古条约。12 月 10 日，外交部又复俄使，谓外蒙古制度之变更及恢复，完全以新形势及外蒙古意愿为根据。

在撤治交涉过程中，国务院曾予徐树铮以奖誉，希望他能尽力完成撤治。至此，徐树铮与靳云鹏之间的长期嫌怨也缓和了。对于外蒙古撤治，双方终归一致，陈毅等，也无不归于一致。

撤治即告完成，徐树铮即准备回京。临行前一天（11 月 20 日），外蒙古官府多人到筹边使署为他送行。当晚，徐树铮设宴招待蒙官与各使，及连长以上军官，继而又在库伦南园演剧，并在各街通告，无论汉蒙商民，贵贱贫富，都准许进入观剧。一时人群拥挤，观者甚众。徐树铮见此情景，当即登台致辞：“本晚之聚，所以庆祝蒙疆撤治。久闻活佛官府及各路蒙旗，抱定此意，今竟不待商酌，决然行之，具见爱国之殷，爱蒙之切。而以此送呈之责，责之鄙人，是鄙人之于此事，关系极切，故庆祝尤虔。为国家及蒙疆庆，为惠临诸君庆，且为己身庆也。”随后他又向各方来宾殷殷致谢，并说南行不久即将再来，暗含震慑之意，并希望“别后当函电相讯不能寂寞”[2]。徐树铮这样做的意图，主要是当面向蒙人公众赞扬蒙人自请撤治，使其安心。就在这时，一直策划夺取外蒙古的日本驻库伦武官松井中佐，也走到徐树铮身边表示祝贺。

11 月 21 日早晨，徐树铮偕随员何千里、翁之熹和恩咏春、李垣两位都护副使，以及汽车转运局的卢意诚等，离库伦回京。

11 月 24 日，徐树铮回到北京即向段祺瑞陈述撤治情况，并提出善后建议。段祺瑞要求靳云鹏等，按徐树铮建议行事。

---

① 徐道邻编述、徐樱增补:《徐树铮先生文集年谱合刊》，台湾商务印书馆 1989 年版，第 307 页。

② 徐道邻编述、徐樱增补:《徐树铮先生文集年谱合刊》，台湾商务印书馆 1989 年版，第 309 页。

11月30日，国务院内阁会议决定，裁撤库伦都护使署和驻库伦办事大员，调陈毅为豫威将军；外蒙古问题由筹边使全权办理。徐树铮兼任督办外蒙古事宜。

12月2日，政府特派徐树铮为外蒙古活佛册封专使。恩华（咏春）、李垣为副使。

12月15日，边防督办段祺瑞亲率军政官员百余人，在故宫保和殿举行“欢送徐筹边使大会”。16日，总统徐世昌在怀仁堂召见徐树铮，赠以金表和大礼服，命他携带七狮金印转授活佛。这颗大印是专为册封活佛，由印铸局现铸的，浑金品质，镌刻着汉蒙藏三开合壁的“外蒙古翊善辅化博克多哲布尊丹巴呼图克图汗”等字。纽上刻着七个狮子，款式非常精美。徐树铮身着全新大礼服佩带勋章，极为庄重敬谨地接过大印，退出公府即拟具转授礼节，派专员先往库伦准备。册封的令文是：“外蒙古博克多哲布尊丹巴呼图克图汗，赞助取消自治，为外蒙（古）谋永久治安，仁心哲术，殊堪嘉尚，著加封为外蒙古翊善辅化博克多哲布尊丹巴呼图克图汗，以昭殊勋。此令。”①

12月22日，徐树铮由北京出发，27日再度到库伦。“外蒙（古）官府王公喇嘛，以及军商绅庶等，郊迎十里，仪文甚盛，男妇老幼观者，络绎于途，布肆一律悬旗欢迎。”②

册封典礼，1920年元旦举行。典礼之前，所有参加人员，“自（十二月）廿九日起，先期斋戒三日，藉昭虔敬，以重礼而尊佛”③。典礼庄严而隆重。同日，中央政府宣布授徐树铮勋二位。

册封之后，徐树铮即在库伦接收蒙署，并派李垣等到恰克图等地接收地方蒙署。2月16日，中央政府派徐树铮兼任张恰铁路督办。

---

① 徐道邻编述、徐樱增补：《徐树铮先生文集年谱合刊》，台湾商务印书馆1989年版，第311页。
② 徐道邻编述、徐樱增补：《徐树铮先生文集年谱合刊》，台湾商务印书馆1989年版，第311页。
③ 徐道邻编述、徐樱增补：《徐树铮先生文集年谱合刊》，台湾商务印书馆1989年版，第311页。

徐树铮接收蒙署之际，俄蒙边境后营子地方发生战争，“为了维护边局，固我藩篱”，徐树铮做出一个越境出兵的惊人举动。1 月 16 日，督办边防事务处打电报告诫他说：“出兵后营子既已实行，侵（12 日）电所论‘以和平稳静抱定不与战局主义，不得不暂作壁上观’等语，深中肯綮，极称扼要。良以后营子地方，现为俄国新旧两党竞争最激烈之点，我若有所左右袒，均虑牵入漩涡，难于收拾。此时尤以先向两党接洽声明，使知我之越境出兵，专以维持边局，陨我藩篱，并不加入战争，更不有所偏倚，庶免涉于误会，别滋衅端。希即切诫各营照此办理。”① 徐树铮接电后未再出兵，不久即回北京。

在册封活佛期间，蒙方曾提出为女佛颁发印信等问题。

1920 年 5 月 10 日，徐树铮第三次赴外蒙古，处理遗留问题。到库伦后，女佛派人问他何日可授印信，并要求除银印外再颁发嘉禾章。徐树铮当即拒绝说：“颁章不及妇人。”对方随后以女佛病喘为借口要求推迟授印仪式，徐答以“仪式可在女佛康复后举行”②。

5 月下旬，女佛康复，仪式即定在 6 月 1 日。5 月 31 日上午，徐树铮派副使李垣、詹事何千里、参谋吴荫午、秘书徐禄远、吴瑚等，先将印信文书及“昭敏净觉额尔德尼车臣”封号之女佛银印等，送往活佛所居离宫。旗锣开道，鼓乐相随，颇形喜庆。

6 月 1 日，徐树铮率李垣、何千里、王懋义、翁之憙及一翻译，分着戎装或礼服，前往离宫举行授印仪式。时大雨如注，道路泥泞，汽车屡陷泥淖中，徐树铮等不得不下车徒步而行。离宫门前有碑，刻记此宫建于清光绪二十五年（1899）。正看碑文时，喇嘛多人出迎，将徐树铮一行接入离宫。授印如仪，徐树铮致贺词后说，“此次来库，专为商议撤治后的善后

① 《督办边防（参战）事务处档案》，中国第二历史档案馆藏。

② 翁之憙:《入蒙与旅欧》，中西书局 2013 年版，第 16 页。

工作，盼佛汗、女佛随时见教”，佛汗连声说了几个“喳”“喳”。徐又转向女佛问安，女佛回答“已见安好”。徐还向女佛馈赠黄金首饰及珠宝等礼物。[①]

6月6日，徐树铮在库伦召开全蒙大会（会前派上参谋王聿兹去车臣汉盟等地宣慰）。参加大会的王公三四十人，衣冠佩剑，五彩缤纷。杜尔博特盟盟长桑宝在会上发言说：“该盟地方小，耕地少，人口不繁，希望得到改良。”此后，又召开两次会议。徐树铮提出一些施政方案。有人提出前都护使陈毅63条中的优待条件，徐不赞成而且非常严厉地说：“今后谁再提此，我就办谁！”会议期间，除以演剧招待外，仍安排阅操，虽然武装不多，却有炫耀武力之意。[②]

徐树铮治蒙，依照《西北筹边办法大纲》进行。《大纲》包括交通、垦牧、采矿、教化、兵备等方面的措施。

交通。外蒙古交通运输极不方便，尤缺现代化的交通运输工具。除张家口至库伦和库伦至恰克图公路，其余地区基本没有公路，全靠骆驼队和架杆车运输。徐树铮在《大纲》中提出要修张家口至满洲里、归绥至恰克图、赛尔乌苏至绥定、乌里雅苏台至唐努乌梁海等四条铁路线，总长共约3000多公里。为此，他再三呈报中央政府，屡与外蒙古官员磋商，主张先修张家口至恰克图铁路，并着手铁路借款，搜集国内外铁路建设的参考资料，积极进行准备。1920年2月14日，中央政府特派他兼任张恰铁路督办。因经费奇缺，他在外蒙古王公会议上提出股份办法，并请各王公认股以为支持和提倡。可是响应者很少。他又发起成立全国经界局（直皖战后该局被裁撤，张恰铁路停办）。库伦城内，街道全是土路，雨雪之时，泥泞不堪。徐即向美商美丰洋行购得道济牌压路车，进行整修。库伦电讯设备

① 翁之憙：《入蒙与旅欧》，中西书局2013年版，第16—17页。
② 翁之憙：《入蒙与旅欧》，中西书局2013年版，第17页。

落后，徐即从国家交通部电政司请无线电工程师杨剑声，还请英国技师道克雷，在库伦、恰克图、乌里雅苏台、科布多、乌梁海等地勘测，拟在库伦东营子地方首先施工，以开辟先进的无线电通信。此前，外蒙古已有俄国人在库伦、恰克图、乌里雅苏台等地经营电讯。但由于设备陈旧，电讯经常发不出去。

垦牧。徐树铮要“力振垦牧各业，沿铁路两旁，渐次垦辟，繁殖牛羊诸畜，马匹尤属重要”[①]。他到库伦时，市场上没有一点蔬菜，即借当年淮军在天津引种家乡稻子的做法，叫驻库伦士兵引种天津大白菜，结果十分成功。后来大白菜就渐渐成为库伦的大众菜。另外，1920 年 2 月王郅隆等在天津宁河、河北大兴县投资办开源农场，徐树铮亦参与投资，或许也与此有关。

采矿。为开发外蒙古地下资源，徐树铮聘请德籍专家巴尔台博士和梅约翰随同入蒙。巴尔台（王荫泰的好友）是一位化学教授（曾在正志中学教过课），对无机化学、有机化学、植物、矿物均有研究，到库伦后，他去汗山采集标本，而后又被派到乌里雅苏台、赛尔乌苏等地考察，提出开发方案。梅约翰作为政法顾问，跟徐到库伦后，亦到乌里雅苏台、赛尔乌苏等许多地方作调查，并就法治问题提出一些建议。直皖战后，梅约翰到同济大学任教。

教化。徐树铮治蒙，特别重视文化教育。他认为“有清以来，蒙部内属，迄今约三百年，率以愚蒙为策，实大背人情天理之正。此后欲蒙边日见亲洽，即非力整教化，劝谕兴学，不易为功”[②]。西北筹边使署成立后，徐指派专人在署中筹办《朔方日报》。1920 年 6 月 1 日出版创刊号，头版头条刊登册封女佛消息以及徐的贺词，该报用蒙文编印，徐曾亲为审稿[③]。他

---

① 徐道邻编述、徐樱增补:《徐树铮先生文集年谱合刊》，台湾商务印书馆 1989 年版，第 278 页。

② 徐道邻编述、徐樱增补:《徐树铮先生文集年谱合刊》，台湾商务印书馆 1989 年版，第 279 页。

③ 翁之憙:《入蒙与旅欧》，中西书局 2013 年版，第 19 页。

还以演戏等文化活动与库伦官兵和老百姓联欢。寓教育于娱乐之中，也是施行教化的一种方式。徐树铮提倡教化，是从自己开始的。他每日坚持读书，随身带去《孟子》《汉书》《古文辞类纂》《孙子》及姚永朴编的《旧闻随笔》等书，不断向他的僚属讲学，尤对《孟子》讲得比较多，“日前为僚属讲孟子专拒杨墨，杨氏为我，易动愚人耳目；墨氏兼爱，有似乎仁，而其弊皆足以害天下，较他说为更烈。因更针对蒙俗，痛说为我兼爱所以为害之实。蒙员中竟有点头太息，私相告语：谓曩知孟氏与杨墨争辩不已，不知杨墨之罪何在，今始恍然知孟氏用心之远。亦可喜之一事也。又孔子言仁，孟子始兼言义。先儒多谓仁以辟墨，义以辟杨。是日在讲堂中，忽悟一解：孟子言仁，以辟为我；又恐为兼爱所袭，故以义定仁之限。是义所以辟兼爱也！汉员中亦有点首者”[①]。他指定《孟子》《左传》《孙子》《资治通鉴》等书为部属必修科目，并在西北边防总司令部设立编辑处，敦请林纾、王树枏、马其昶、姚永概等整理旧籍，以辅助官兵学习。部属提出疑难，他随即进行解答。

兵备。徐树铮前后三次入蒙，所带兵力，总计不超过1万，主要是褚其祥第三混成旅（约6000人）。为避免“蒙人多猜”，“与其突增多兵，俾相惊惧……不如早日兴办工商垦矿各业，俾知亲附”。[②]他在《西北筹边办法大纲》里是这样说的，实际上也是这样做的。他想等各业稍具规模，再行陆续增兵，以资保护，认为边民心安，边防才能赖以永固。

开办边业银行。当时中央政府财政支绌，已到罗掘俱穷的境地。西北边防司令部筹建之初，属员就难以领到全薪。徐树铮招用翁之憙为秘书时，首次见面就对翁说：“经费不足，同仁不免清苦。”[③]军队也普遍欠饷。解决

---

① 徐树铮：《致姚仲实兄弟书》，见徐道邻编述、徐樱增补：《徐树铮先生文集年谱合刊》，台湾商务印书馆1989年版，第36—37页。

② 徐道邻编述、徐樱增补：《徐树铮先生文集年谱合刊》，台湾商务印书馆1989年版，第279页。

③ 翁之憙：《入蒙与旅欧》，中西书局2013年版，第20页。

经费困难的办法之一就是开办银行，发行钞票。他以开发边疆、巩固国防为由，呈准中央政府立案筹设边业银行①。该行享有代理国库、发行钞票的特权。总行设在北京（总裁由财政总长李思浩兼任），并在张家口、库伦、天津等地设立分行。1920 年 4 月，张家口分行成立。6 月 6 日库伦分行成立。库伦边业银行行长是曲荔斋。库行开业后，发行的钞票以骆驼队做图案，币值有一元、五元、十元的，很受外蒙民众的喜爱。有一天徐在边业银行，看见门口有位蒙古人在晒太阳，一连几次从满身油腻的羊皮袍里，掏出几块银圆，到银行里换取一元、五元、十元的钞票，翻来覆去，尽情欣赏。徐也感到很得意。随后又议开办铜圆局、厘定外蒙古币制，听说湖南省有铸铜圆机器，即拟购入，让外蒙古地方政府自办。

创办医院。徐在库伦首创一家医院，由西北边防军军医处医官王懋义主事，还请一位名叫李大岩的朝鲜籍医生任主治医师。

徐树铮一心想把外蒙古治理好。他在赴蒙途中挥毫写道：“冲寒自觉铁衣轻，莫负荒沙万里行。似月似霜唯马啸，疑云疑雨问鸡鸣！中原揽辔雠孤愤，大海回澜作夜声。且促毡车趁遥曙，沉沉阊阖渐清明。”②随行的翁之憙认为：“这首诗写出了他自负为当代唯一能够‘澄清宇内’的人，恃才傲物，自命不凡。当然，在他终军请缨，建节出关的时候，也确乎想有一番作为，想为当地理生计，兴地利，设银行，办学校，以及兴建铁路等。”③

在当时的情况下，徐树铮在外蒙古所采取的一系列治理措施，是有进步意义的。但是由于派系之间争权夺利的斗争，徐树铮在外蒙古的所作所为，使曹锟、吴佩孚及张作霖等对他更为不满，甚至恐惧和忌恨。因而徐树铮极为关心的是北京的政局。北京政局不稳，政权从皖系手中逐渐旁落。

---

① 主要投资人有吴鼎昌、潘复、徐世章、曹士藻、倪道杰、朱宝仁、李光启等。直皖战后，曹锟控制该行。1925 年该行改由张作霖控制。

② 徐道邻编述、徐樱增补：《徐树铮先生文集年谱合刊》，台湾商务印书馆 1989 年版，第 100 页。

③ 翁之憙：《入蒙与旅欧》，中西书局 2013 年版，第 19 页。

段祺瑞将其召回北京后，形势变得更为复杂。7月4日，在直系重大压力下，早已对徐树铮不满的徐世昌下令免去其西北筹边使职，以李垣护理，并裁撤边防总司令，宣布其所辖军队由陆军部接管。

这时，直皖战争即将爆发。徐树铮不能继续进行外蒙古的事业。政府又派陈毅入蒙主持。

直皖战争之后，徐树铮倒台并被通缉，1921年2月9日，库伦活佛又宣布外蒙古独立。徐树铮得知，深以自责。他在《致柯凤孙王晋卿书》中说："树铮在库，设防未周，致不坚牢。近闻噩耗，只有向国家默自引咎而已。人之是非不足论，亦不必论也。"①

世事变化，往往有出人意外者如此！

五、孙中山等对收复外蒙古的态度

1919年11月24日，徐树铮从库伦回到北京向中央报告后，当天就向在上海的孙中山先生发了一个电报，告知外蒙古撤治及取消俄蒙诸条约等。26日，孙中山复电如下：

北京徐又铮先生鉴：比得来电，谂知外蒙（古）回，四内响应。吾国久无陈汤、班超、傅介子其人②，执事于旬日间建此奇功，以方古人，未知孰愈。自前清季世，四裔携贰，几于日蹙国百里。外蒙（古）纠纷，亦既七年，一旦复归，重见五族共和之盛。此宜举国欢欣鼓舞之不已。然还视闾阎，颂声寂然不作。此无他，内部之关系，过于边陲；心腹之忧患，重

① 徐道邻编述、徐樱增补：《徐树铮先生文集年谱合刊》，台湾商务印书馆1989年版，第37—38页。

② 陈汤（？—前6），西汉名将，曾灭匈奴单于。傅介子（前115—前65），西汉名将，曾斩杀楼兰王。班超（32—102），东汉著名军事家、外交家，曾收复西域。

于枝末故也。国于天地，恃法律而存在。自国会被非法解散，而民国基础动摇。连年战争，以重累我四亿（万）万人民者，至今未艾。北方恃权者，徒以为使三五武人、政客，得遂其利益之要求，天下遽可无事？此不惟蔑视民意，其不通乎法制之本原，抑已甚矣。故文以为今日转危为安，拨乱反治，无过于依照约法使国会恢复其自由之职权，即外交之失败其遗害于国家之生存者，亦可由是而矫正消灭。夫治国而反以乱之，爱国而反以害之，此不智者之所为也。睹其失败，因循覆辙而不能改，非才勇之士所宜出也。今我国民莫不集矢于卖国之行动，而曩之与接为构者，岂果抱此不仁之心，抑岂更无自拔之路？惟不知诉之于法律、国会为根本解决，则祸终不息，而责无所逃。文与执事夙昔未尝通一介之信使，今乃电及，其或予我以尽言之机。而执事或亦观察国中之政象，而愍然有不安于心者，文因敢白其所见。执事能立功于国境，何必不能解罪于国民？大局转圜，事在俄顷耳。不然内忧未宁，外患方亟，卧榻之侧，可以寒心。执事虽劳，能保不为他人作嫁衣者，而谁敢为执事贺？专复，即企鉴察。孙文。宥。[①]

孙中山与徐树铮，一直处在南北对立的立场上，“未尝通一介之信使”，而今对外蒙古撤治，却电信往来，非常一致。孙中山高度赞扬外蒙古撤治，称赞徐树铮“旬日间建此奇功”，“功实过于傅介子、陈汤”。孙中山胸怀坦荡，畅所欲言，更寄徐树铮以厚望。

孙中山早就关注蒙古问题。1913 年 1 月 30 日，他曾致电中央政府，条陈解决蒙藏办法，认为“库伦逆佛自宣告独立后，迭受俄国怂恿，其反抗民国之心甚坚，须一面选派声望素著人员多名，携兵分赴外蒙（古）四盟四十六旗，极力开导；一面致电绥远城将军等，极力联络内蒙（古）六盟四十九旗，使逆佛失所依据，自易收效”；“须由运动着手，施行种种政

① 《孙中山全集》第五卷，中华书局 1985 年版，第 169—170 页。

策，如诱以高爵、饵以重币等，未有不动其心。若只以声讨为前提，非特劳民伤财，恐益坚其向外之心”。[①] 这个电报次日在《天铎报》发表。徐树铮也会看到这个电报。待收回外蒙古，当然应该告诉孙中山。孙中山自然也很高兴。

但是，孙中山回复徐树铮的电报，引起国民党内凌钺等人的抗议。1919年12月9日，凌钺致函孙中山，称徐树铮率部进驻库伦，迫使外蒙古取消自治，是“犯卖国大罪”，并责备孙中山与徐树铮电文往还“失当”。还有人认为孙中山被徐树铮利用了。12月23日，孙中山复函凌钺提出：“徐之收回蒙古，拟之傅介子、班超等辈，其功何如？公论自不可没。奖其功而督其罪，责其前愆而启以自新之路，亦事理之当然耳。彼果能悔改，文当无所不容；彼如怙其恶而终不悛，则大义俱存，自无所谓曲宥之也。彼又何得而利用之乎？同志有相问者，请均以此旨告之，俾得其真相。”同日孙中山还在凌钺函上批道：“徐收回蒙古，功实过于傅介子、陈汤，公论自不可没。近闻徐颇有觉悟，如真能悔过自新，文当无所不容也。”[②]

这时孙中山被桂系军阀排挤已久，正为“扑灭桂贼”准备“一切进行办法”[③]。而北方直皖两系正逐渐壁垒分明。直系已与桂系携手，皖系和孙中山也就容易联结。实际上，自1919年7、8月起，孙中山与皖系就逐渐接近了。孙谓“闻徐颇有觉悟”，期其“悔过自新”，与此情况相关。

梁士诒（燕孙）也有信称颂徐树铮，说他“冒雪北征，保国安边，苦心远识，令人倾倒”，“梦寐筹划”，“自有准绳”，“兄收复外蒙（古），厥功伟矣”，并为徐树铮献计，主张暗联苏俄新党以安边。信中说：“我国受俄害深矣，《尼布楚条约》《瑷珲条约》《伊犁条约》，由旅（顺）大（连）租借地而夺东清、南满之路，由佔驻东三省二酿日俄之役。比岁迫蒙自主，

① 陈锡祺主编:《孙中山年谱长编》(上)，中华书局1991年版，第763—764页。

② 《孙中山全集》第五卷，中华书局1985年版，第176、177页。

③ 中华民国史资料丛稿:《孙中山年谱》，中华书局1980年版，第250—251页。

幸得我兄湔雪前耻，藩服归诚。前此之耻，谁实致之？皆俄旧党也。旧党……对于我国，尚分毫不肯退让，炮击庙街兵舰，抢夺戊通商轮，攘商货而不赔，杀华侨而不恤，国亡帝死，对于改征关税一事，犹日有异词；是旧党一日存留，我国一日不安枕也。我兄选率精锐子弟，暴露于冰天雪窖中，我辈大厦围炉，抚心何忍！……诒两年来习闻新党常欲交欢我国也，且声言可改除旧约矣……谚曰：'宝剑赠与烈士。'明达人当深喻之也……美之撤兵，是既示欢迎新党也。英三角同盟……亦既示欢迎新党也。西欧、中欧粮食不继，均暗联新党以冀接济。是列强方与彼接触，我宁独后于人！即以地理利害言之，东起满洲里，西迄恰克图、唐努乌梁海、阿尔泰、塔城、伊犁，何一不与新党毗连，目前即欲安边，舍暗联亦无他法。此皆在兄梦寐筹划之中，然诒亦非主积极树帜进行之谓也。国境介于两虎，外交措置，必示甲方以不觉，然后可致力于乙方，则表面上必有两全办法。持节者自有准绳，诒不必赘。兄收复外蒙（古），厥功伟矣！今更以久远之计进，愿相时图之！"[①] 梁士诒曾因参与袁世凯复辟帝制而被通缉。通缉解除后，段祺瑞想起用他，他表示愿意"勉效驰驱"，并提出"中国必须结交日本"之建议[②]，且前往日本作有关活动。1919 年，梁士诒 51 岁，身虽在野，却非常关注国家发展，不断对国家大事发表意见，并想有所作为。

1920 年 3 月，江亢虎在美国得知徐树铮收回外蒙古，非常高兴地写信给徐，称赞徐的开拓外蒙古计划"顾视清高，规模宏远"，并自我推荐，请求在外蒙古给他一个职位，以便报效国家。他希望能在外蒙古进行"调剂孔孟之圣学王道与最新社会主义、民主主义"的试验，请徐给他"事权"和时间。信中写道："顷阅西报，见公（徐树铮）开拓外蒙（古）

---

① 凤冈及门弟子编：《梁士诒年谱》下，广东人民出版社 2014 年版，第 58—59 页。

② 梁士诒：《致叶恭绰转呈段总理钧鉴（1917 年）》，陈奋主编：《梁士诒史料集》，中国文史出版社 1991 年版，第 213 页。

联络路线之计划，私心叹服，以为真当世才也。顾视清高，规模宏远。彼悠悠之口，真所谓燕雀安知鸿鹄之志者哉。”接着概述自己的经历，“二十年前留学日本，十五年前服官京曹”，“十年前环游全球，返国发起社会党，反对袁氏帝制”，“到美以来，滥膺学位，忝任讲师，兼主国会图书馆汉籍部事”。进而慨然自荐，“回首神洲，壮心未已。羁身海国，归志浩然……自问十年读书，十年行脚，学识才望，可以有为”。“今公非常人也，而不佞亦不敢以常人自居。倘于新辟之邦，畀以方面之任，则士为知己者用，自当竭忠尽虑，既以报国，即以报公。生平研究中西政治学说，尝欲调剂孔孟之圣学王道与最新社会主义、民主主义，而实验之施行，假以事权，宽以时日，不出十年，草昧榛狉之域，可一变为声名文物之区，使人知经生可以致用，哲学非仅空谈，于愿足矣”。[①] 不知徐树铮是否收到此信，也未见徐树铮给他职位。

另外，有诗记徐树铮收复外蒙古者，认为徐生平措置最大者，莫过于收复外蒙古。其离开政坛不久，俄国人入陷库伦，而边事即不可问。徐虽誉谤满天下，但是朔漠之绩，即质之忌者亦无异词。邓镕[②] 有《喜闻徐筹边使绥服库伦赋寄四首》，其中称徐：“中权谋略动如神，淮海维扬一俊人。校注十家胸有甲[③]，立功万里胆包身。……不数天山三箭定，远追张傅与甘陈[④]。”徐树铮去世后，杨熊祥[⑤] 有哭徐树铮诗，称徐：“世乱谋能定，心雄

---

① 《江亢虎文存初编》，中华书局 1932 年版，第 170 页。后来，江亢虎游历苏俄，向列宁和苏俄政府提出类似建议，也未能实现。汪佩伟：《江亢虎研究》，武汉出版社 1998 年版，第 163 页。

② 邓镕（1872—1934），四川成都人，号忍堪、忍堪居士，民国时期，历任众议院议员、政治会议议员、约法会议议员、参政院参政。自编《忍堪居士年谱》，诗文散见《新纪元星期报》《娱闲录》等。

③ 徐树铮曾刊印明代赵虚舟注《孙子》（其中采十家之言，参合己意，分条释义，并引史籍事例作证，以相发明），分赠素识数百部。江鄂间流行本，皆沿袭其排印本。见徐《重印赵注孙子序》，徐道邻编述、徐樱增补：《徐树铮先生文集年谱合刊》，台湾商务印书馆 1989 年版，第 8—9 页。

④ 张傅与甘陈：即张骞、傅介子、甘延寿（西汉名将）、陈汤。都对安定西北边疆有重要贡献。

⑤ 杨熊祥（1883—1928），湖北武昌人，字袛安，又子安，号伯麐，1917 年 1 月任中央政府内务部民治司司长，1922 年 9 月署理农商部次长。1926 年至 1928 年，任国务院参议。

怨岂辞。此才天夺速，终古史传疑。断腕嗟留螯，歼良痛善骑。不随秋露尽，英气照当时。”“太息其戎痛，何曾在莒忘。久将身作荐，空感鬓成霜。熙妙留文藻，凄凉吊国殇。前踪虚结愿，不为惜垂堂。”王式通[①]亦有长诗哀悼徐树铮，其首二句云：“绝代中兴将，生迟五十年。”不言哀，哀可知矣。[②]以上诗中，均肯定徐树铮收复外蒙古。

① 王式通（1864—1931），字志盦，号书衡，山西汾阳人，祖籍浙江绍兴。1912年任司法部次长，代总长；1914年任总统府内使，1915年10月任政事堂机要局长，1916年5月任国务院秘书长，6月转任国务院参议，1917年任全国水利局代总裁，1920年8月退职。精于法律、历史、地理，著作等身。有《志盦诗文集》等。民国初年的小学地理课程由其编纂。1925年，任故宫博物院管理委员会副委员长。

② 张金耀校点:《今传是楼诗话》，辽宁教育出版社2003年版，第84—85页。

第十七章

致命的直皖战争

一、八省反皖及吴佩孚撤防：首反徐树铮

1919年下半年，西北边防军发展到三个师和四个混成旅，徐树铮有成为“西北王”之势。对此，“东北王”张作霖和鼎立中原的曹锟，如坐针毡。曹与张曾互争雄长，但为反对徐树铮，又合而逞强。长江三督唯曹锟马首是瞻，东三省唯张作霖之命是从。直隶、江苏、湖北、江西、辽宁、吉林、黑龙江等七省为对付皖系，特别是对付徐树铮，逐渐形成一种联盟关系。徐世昌不愿做皖系及安福国会的傀儡，早就认为徐树铮是其中的关键人物，因而幕后支持七省联盟。同年9月，曹锟、张作霖极力推举靳云鹏为总理，徐世昌当然赞成，因为靳云鹏已与徐树铮势不两立。利用靳云鹏抵制徐树铮，徐世昌与曹锟、张作霖是一致的。于是七省联盟采取“清君侧”的做法，要求段祺瑞“亲君子而远小人”，试图清除徐树铮。

但是，段祺瑞坚信徐树铮忠诚可靠，不愿屈从外部压力自断膀臂。七省联盟即准备“兵谏”，充当先锋的是吴佩孚。吴在衡阳多次电请撤防北归，段祺瑞等一直没有同意。

皖系认为，吴佩孚撤防，武统势将失败，必须加以阻止。1920年2月，段祺瑞要求内阁总理靳云鹏，改派吴光新代替赵倜为河南督军，目的

在于扼守京汉路交通，以断吴佩孚军归路。赵倜不愿接受，即加入七省联盟反对皖系，七省联盟便发展为八省联盟。同时，吴佩孚有电报坚决反对以吴光新取代赵倜为河南督军。靳云鹏对以吴光新取代赵倜态度消极。徐世昌亦不同意。河南换督遂成泡影。段祺瑞当面斥责靳云鹏“无用”。2月29日，靳以“病迫才拙”提出辞呈。徐世昌加意挽留，靳于3月3日又复视事。

这时，安福系把靳云鹏看成直系在中央政府的代理人，因而又发起倒阁运动。3月4日，靳云鹏要召开国务会议，李思浩、曾毓隽、朱深等安福系阁员拒不出席，会议未能开成。3月9日，李、曾、朱三人提出辞职，并说“靳总理为人过于执拗，共事实难，不如另找合手替代”[①]，想以此迫靳下台，其幕后主持人是徐树铮。但靳又忽然强硬起来，表示“阁员如必辞职，则先以各该部次长暂代部务，再作计议”[②]，并且寸步不让。3月下旬，段祺瑞退避团河。徐树铮以北洋系同人联合署名名义，致信靳云鹏，直接逼靳下台，信中说：“自公莅席总揆以来，吾党谓公必有一番振作，以为北洋系光荣。乃近来举止颠倒，长外藩嚣张之气，生宵小觊觎之心，中央威信，丧失殆尽。以合肥（段）提携，我公方有今日，而我公反令合肥出走。公清夜自思，何以对合肥？何以对吾党？仆等亦无他言，请公作良心上之裁判。”[③]靳将此信交徐世昌阅，并再次提出辞职。经徐世昌劝挽，靳云鹏再次留任。

靳自上台以来，一直得到曹锟、张作霖支持。他所执行的政策，也符合直奉两系主张，而与安福系主张背离。因此，徐树铮和安福系同靳云鹏的斗争，即变为皖直两系的斗争。

曹锟、张作霖都曾致电靳云鹏，表示支持。曹锟还通电各省表明拥护

---

① 《安福倒靳风潮面面观》，《民国日报》1920年3月13日。

② 《靳阁风潮又紧迫》，《晨报》1920年3月10日。

③ 《最近阁潮之黑幕》，《民国日报》1920年4月6日。

靳内阁，张作霖则于3月15日致信段祺瑞，劝段“勿纳宵小之言”[①]。3月27日，张作霖在沈阳以做寿为名，邀集联盟各省军阀代表举行秘密会议，决议：（一）拥靳不反段；（二）解散安福系；（三）由张作霖推荐张勋为安徽督军以代久病不能视事的倪嗣冲。[②]

4月8日，曹锟在保定以追悼直军阵亡将士为名，邀集同盟各省代表参加。9日，同盟八省代表，还有吴佩孚的代表，共计9人，秘密举行会议，议定制皖方策，与沈阳会议基本一致：（一）拥护靳内阁而不反对段祺瑞；（二）各省防线军队，一律撤回原防地，但须保证南军不进取；（三）宣布安福系罪状，通电政府，请求解散安福系。[③]

八省同盟以反对皖系为宗旨，首要目标与采取的策略是打倒徐树铮、解散安福系。在此情况下，皖系日益孤立，直系更加强大，直皖两系的矛盾愈趋尖锐。徐树铮和安福系，与直系越发不能相容。

吴佩孚自1918年4月攻占衡阳，即按兵不动，且与南军划界相守，订立停战协定，又通电“罢战主和”，公然反对武力统一政策。他屡电曹锟，要求转请中央准许撤防，并加紧联系西南军阀，与其建立军事同盟，迫使中央让步。8月下旬，吴佩孚起草并提出《救国同盟军条约》（军事密约），通过湘军总司令谭延闿转达西南军阀。谭转达时说：“吴愤于段氏专横，欲结西南，以期促进和平，协谋国是，情意恳切。”西南军阀唐继尧、陆荣廷等基本赞同，随后各方互派代表往来磋商，共同签订《草约》。《草约》分“总纲”“宗旨”“条目”“结论”四个部分，共一千余字，主要矛头是对着段祺瑞、徐树铮及其内外政策的。如其中“无论何时，国内政争不得牵动武力”，“扫除内奸，废弃密约，选举良善国会，组织不党内阁”，“对于非法机关巧立名目，凡未经正式国会通过，而私图扩张军阀势力，为将来和

① 《安福系倒靳风潮始末记》，《民国日报》1920年3月24日。

② 陶菊隐著：《北洋军阀统治时期史话》（中），生活·读书·新知三联书店1983年版，第959页。

③ 《吴佩孚正传》，《近代稗海》第5辑，四川人民出版社1985年版，第657页。

平障碍者，均取一致之反对，必达取消之目的”，[①] 等等。吴佩孚还与代表们在衡州举行秘密军事会议，作撤防的准备。

西南军阀乘机利用直皖两系的矛盾，迅速采取“联直制皖”策略，以保存和发展自己的实力，进而窥视中原。1920 年 1 月 24 日，广东军政总裁、桂系元老岑春煊密电云南唐继尧说，“北方当局滥借大宗外债，烟酒借款，航空借款均经靳（云鹏）复电承认。意国军械借款早已成立。库张铁路借款，现复继续进行，用意不测。小徐（树铮）以外蒙（古）取消自治，承为己功，气焰日炽。俄过激党骤胜，欧洲方面鼓吹日本出兵。将来满蒙一带，必为小徐与日本人狼狈盘踞之所。安福据阁，靳已软化。河间（冯国璋）新逝（1919 年 12 月 28 日），直系骤失中心，段派乘时一面吸收，一面排退。直系恐被压迫，若不自振奋斗，势难自保，现仍有此觉悟。直系失势，西南更危。双方处境相同，非彼此彻底联络，无以自存。子玉（吴佩孚）撤防办法，□誓□先□方加意联络，促其实现。此外，拟再更进一步托吴（佩孚）联络曹（锟）、李（纯）及张（作霖），拟共同谋一解决方法。否则，切实订拟攻守同盟。此着落成，无论和战均有办法。现已派人赴衡接洽，复电章行严（士钊）等速向长江方面设法。此即秉成规联直制皖政策，务乞迅速协谋进行”[②]，并应吴佩孚的请求，由军政府拨款 60 万毫洋，给吴作为撤防费[③]；军事上，准备以滇、川、黔联军规取鄂西，桂军进驻湘南，与吴师成犄角之势，积极赞助和推进吴之撤防计划。

直系除同西南联结外，又北联奉军张作霖，并争取总统徐世昌和总理靳云鹏的同意，建立与扩大反皖的“三角同盟”。此时南北议和虽已破裂半年多，但双方仍在试图做出努力。徐树铮也改变策略，“对督（叔）鲁（王

① 李新、李宗一主编:《中华民国史》第二编、第二卷，中华书局 1987 年版，第 503—506 页。

② 中国第二历史档案馆编:《直皖战争》，江苏人民出版社 1980 年版，第 3—4 页。

③ 中国第二历史档案馆编:《直皖战争》，江苏人民出版社 1980 年版，第 7 页。

克敏）表示愿意速和，以便对付张胡”。似乎张胡（即张作霖）已成为解决时局的中心人物。李纯见南北皆有转机，“欲借张胡倾安福”。他对南方驻上海议和代表章士钊说：“苟和非计，徒使安福假借统一名义大借外债，又借政权排斥异己。非有切实之保障，和后仍无益于国。”[①] 于是，李纯提出，通过南方驻上海议和代表章士钊，请岑春煊与唐继尧、陆荣廷联结西南诸帅为一团体，他则联结张作霖、曹锟、王占元、陈光远、吴佩孚为一团体，由两团体互商解决时局办法。同时，李纯又与徐世昌、靳云鹏通气，并转告南方，解决时局，必须三角同盟，缺一不可。所谓“三角同盟”，即北洋同志团体（此指直奉两系）、西南军阀、中央之徐世昌靳云鹏三方面的联合。靳云鹏对此表示乐观。李纯提出的办法，在随后的倒皖过程中，一一付诸实行。这为吴佩孚撤兵北归创造了有利条件。

吴佩孚接连不断地请求撤防。1920 年 1 月他又致电曹锟，恳求“俯念兵艰，准予撤防北归”，“转请中央迅赐救济，明令撤防”。曹锟表示支持，立即向中央政府转呈吴佩孚的撤防要求，并说：“该师长及各官兵等，自湘事发生，苦战千余里，担任防务，已经两载。战死者既作泉下之游魂，而生存者尤为异乡之饿殍。”[②] 说明吴之要求值得同情，中央应予批准。

徐树铮和段祺瑞坚决反对吴佩孚撤防，因为如果他撤防，北军中无人担当得起湖南前线防务。首先直军将领不愿担当；其次皖系倪嗣冲病重，张敬尧缺乏能耐，边防军成立不久并且主要布置在北方，其他军队也难能移师湖南前线。徐和段还担心，吴师北返，顺道可能占取长沙，到北方又会构成对自己的威胁，所以坚决反对吴撤防，并要张敬尧设法拦截。徐和段还示意中央政府，不能批准吴之撤防要求。由于南北议和仍未获得结果，中央政府似还不愿让吴撤防，一直未予批准。

① 《岑春煊策划联直制皖以分化北洋派内部与唐继尧密电》（1920 年 1 月 19 日），中国第二历史档案馆编：《直皖战争》，江苏人民出版社 1980 年版，第 4—5 页。

② 李新、李宗一主编：《中华民国史》第二编第二卷，中华书局 1987 年版，第 507 页。

但是，吴佩孚撤防决心已定。1920 年 2 月底起，他派人将自己的眷属和直军官佐及其家属约 3000 人护送北归，并发布撤防布告，禁止士兵随意请假，以示撤防决心。3 月 17 日，他致电张敬尧，强硬表示："此次敝军回防，志决议定，断无变更，请即准备接防，万勿疑虑。中央谅知直军薪饷苦衷，决不能不准撤防。"① 曹锟的态度也强硬起来，接连六次致电中央，坚持要求准许直军撤防。中央迫于皖系的压力，3 月 21 日再次致电曹锟，要他赶快制止吴佩孚回撤。曹锟复电说："现该军军官眷属等业已北上，归志已决，无法挽回。"②5 月 9 日，吴佩孚又致电张敬尧斩钉截铁地说："敝军经全体议决，于本月二十日撤出祁、耒、安各处之防地，二十五日撤出衡阳，全军一律北旋。"③ 撤防之箭已在弦上。

段祺瑞不得不同意撤防。

1920 年 5 月 18 日，吴佩孚接到曹锟转来的准许撤防的命令，即通电撤防北归。21 日，张敬尧派暂编第二师师长吴新田为接防总司令，到衡州办理防务交接事宜。吴佩孚与吴新田和谭延闿的代表萧光礼（弼臣）、湘南镇守使赵春霆、衡阳道尹胡睿在衡州签订六条协定，规定各防守区，互不侵犯。随后，吴佩孚率第三师及王承斌、阎相文、萧耀南三混成旅撤出湘南防地，水陆兼程，迅速北返，31 日到达汉口。鄂督王占元接济军费 60 万元，吴佩孚即向全体官兵发饷三个月以振士气，并声称"顺国人之公意，本正义之主张，撤防湘南，集中武汉，以清除奸慝，促进和平，力争外交，以维国体，一俟军队运输告终，即日挥戈北指"④。这几乎已成为对段祺瑞、徐树铮的宣战书。

吴佩孚在汉口稍事休整，即准备回师北上，并作《回防途次》诗，以

① 中国第二历史档案馆编：《直皖战争》，江苏人民出版社 1980 年版，第 15 页。

② 《吴佩孚撤防消息种种》，《晨报》1920 年 3 月 22 日。

③ 中国第二历史档案馆编：《直皖战争》，江苏人民出版社 1980 年版，第 25 页。

④ 《吴佩孚战史》，（出版社不详），1922 年版，第 39 页。

明撤兵之志："行行重行行，曰归复曰归；江南草木长，众鸟亦飞飞。忆昔赴戎机，长途雨雪霏；整旅来湘浦，万里振天威。孰意辇毂下，奸孽乱京畿；虺蛇思吞象，投鞭欲断淝。我今定期归，天下一戎衣；舳舻连千里，旌旗蔽四围。……军中名将老，江上昔人非。……何日摧狂虏，发扬见国威。……止戈以为武，烽烟思郊圻，同仇复同仇，归愿莫相违。"[①]所谓"孰意辇毂下，奸孽乱京畿；虺蛇思吞象，投鞭欲断淝"，显然是指斥徐树铮与段祺瑞。

6月5日，吴佩孚离开汉口北上。9日到达郑州，通电盛京张（作霖）巡阅使、南京李纯、武昌王占元、南昌陈光远、开封赵倜等督军和各省督军、省长，及各师旅长等，说："佩孚佳日（9日）早刻率队安抵郑州，敝军各部队即在直豫之交分布驻扎，藉资休整。"[②]13日，再次通电张作霖、李纯、王占元、赵倜，痛骂安福系包办上海议和会议，主张召开国民大会解决时局。15日，吴佩孚偕第一、二、三混成旅旅长王承斌、阎相文、萧耀南到保定拜见曹锟。次日，曹锟电辞川、粤、湘、赣四省经略使。至此，吴佩孚撤防完成，并将其军队布置到保定至高碑店的平汉铁路沿线，为与皖系作战摆开了架势。

二、张作霖的调停及徐树铮被免职

鉴于直皖关系日趋紧张，徐世昌总统于1920年6月7日、14日、18日连发三电，要求张作霖、曹锟、李纯三人来京磋商解决危局办法。

张作霖依仗东三省的雄厚实力，早想问鼎中原，觊觎中央政坛。收到

① 《吴佩孚先生集》上编，台湾文海出版社1971年版，第178页。

② 中国第二历史档案馆编:《直皖战争》，江苏人民出版社1980年版，第50页。

徐世昌的电报，他喜出望外，赶紧束装就道。他的心腹徐鼐霖出谋划策，极力促使他实现愿望。徐鼐霖上书坚辞总理而尚未获准的靳云鹏说：“现在元首电召张巡阅使、曹经略使及李督军，想能如命抵京，秘定大计。于此三帅中择其一人，明令速组内阁。”[①]言下之意，是想推出张作霖组阁，又致函靳云鹏说：“为雨帅（张作霖）今日计……千载之名，在此一举……我辈对于雨帅，希望为历史空前绝后之人物。”[②]

6月19日，张作霖以“调人”姿态应召到京。京城的达官要人，均至东车站迎接。徐树铮特意迎到廊坊车站，以示热诚，希望张作霖不要倒向直系一边。同时，他让曾毓隽负责将奉天会馆装饰一新，以备张作霖下榻。但张对徐、曾既无好感，又怀戒备，坚持住在北京化石桥奉军司令部。李纯称病，派参谋长何恩溥为代表晋京。曹锟则借口直军回防须加安置，派代表王某至京，告诉张作霖：“此次某方面（指安福系）把持政权，未可理喻，即锟来京，亦无办法。况三军忿激，急需绥抚，故暂留保定，以促某方面之省悟。”[③]表明曹锟、吴佩孚要与皖系一决雌雄，希望奉张作霖合作。

张作霖抵京的当天，徐树铮与安福系主要人物在曾毓隽家举行会议，认为张肯来京，证明时局之前途大有可为，只要张能严守中立，他们就有把握战胜直系，并决定以副总统席位换取张的中立。但张对安福系的态度相当冷淡。次日，徐树铮去拜会他，他托故不见。

6月20日、21日，张作霖两次谒见徐世昌，对内阁问题，提出“留靳（云鹏）”，撤换安福系李思浩、曾毓隽、朱深三总长，同时，补提外交、农商、教育三总长，以为调停方案[④]。徐世昌表示同意，要张劝挽靳云鹏，张随即到他的亲家靳云鹏住处，劝靳不要再坚持辞职，以免“渔人得利”[⑤]，

---

① 徐鼐霖：《上靳翼公总理书》（1920年），《近代史资料》总第40号，第140页。

② 徐鼐霖：《致靳总理函》（1920年），《近代史资料》总第40号，第142页。

③ 《政潮激荡中之张作霖》，《民国日报》1920年6月27日。

④ 《抵京第二、三日之张作霖》，《晨报》1920年6月22日；《申报》1920年6月24日。

⑤ 《张胡之政潮调和法》，《民国日报》1920年6月23日。

但靳似乎不为所动，仍以病辞。

张作霖从靳云鹏家出来，即到团河拜会段祺瑞，提出让靳云鹏复职，并劝段不必庇护徐树铮等人，以免发生“意外之事变”，损害其“半世之名望”。段祺瑞表示，无意反对徐世昌，既不想组阁，也不想当副总统，但暗示张作霖可做副总统。对靳云鹏内阁问题，段说“当再派人切实请其销假”[①]。

张作霖积极进行留靳活动的同时，安福系又在太平湖开会，决定无论如何不承认靳阁；坚持提周树谟[②]组阁以抵制各方面留靳。

22日下午，张作霖携部属王乃斌、张景惠，和江苏督署参谋长何思溥、江西督署参谋长李竟成，及湖北、河南、绥远、察哈尔、新疆等省督军代表到保定，当晚与曹锟、吴佩孚开会讨论时局问题，决定解决紧张时局的五条办法：（一）靳云鹏复职；（二）内阁局部改组，撤换安福系三总长，补提外交、农商、教育三总长；（三）撤换王揖唐议和总代表，取消上海和议，由中央与西南直接谈判；（四）解散安福系；（五）解除徐树铮之兵权，撤销筹边使官制，边防军改编后归陆军部直辖。[③]张作霖对前三条表示赞同，对后两条则不赞成，谓“如果实行此策，非兵临都门不可。倘一方面不受解散，出以相当之抵抗，则京城必为战场。斯时非但各国出面干涉，市面受其影响，一时亦难恢复，岂爱国之士所宜出。苟有一线和平解决之道，吾人何苦趋于激烈，以重民困”[④]。这番话着实说到关键之处。

6月23日晚，张作霖回到北京。各省代表则留保定继续商讨解决时局办法。第二天，张作霖向徐世昌汇报与曹锟、吴佩孚等商讨的结果。徐表示不可操之过急，但也可以考虑采用保定会议议决的办法。随后几天，张

---

① 李新、李宗一主编：《中华民国史》第二编第二卷，中华书局1987年版，第535页。

② 周树谟（1860？—1925），字少朴，号沉观，湖北天门人，曾任黑龙江巡抚，是徐世昌的好友。工诗。

③ 《张作霖由京回保之政局》，《晨报》1920年6月25日。

④ 《吴佩孚正传》，荣孟源、章伯锋主编：《近代稗海》第5辑，四川人民出版社1985年版，第658页。

作霖多方活动，再次去团河与段晤谈，劝段动员李思浩、曾毓隽、朱深三总长辞职，以便使靳云鹏复职。段表示不反对靳云鹏复职，但反对要三总长辞职，至少李思浩、曾毓隽必须保留。张作霖又去劝靳云鹏复职。靳也不赞成三总长去职，但仍不肯复职，而且推荐周树谟出任总理，自己愿意仍任陆军总长，尽力协助周树谟。

6月25日至27日，保定接连致电张作霖及徐世昌，要求从速解决内阁与时局问题，重申靳云鹏复职，撤换安福系三总长，撤销徐树铮之筹边使，解其兵权等主张。这当然主要是吴佩孚和曹锟的意见。同时，他们发表《直军全体将士为驱除徐树铮解散安福系致边防军西北军书》，大声疾呼："安福系跳梁跋扈，殆甚于阉宦貂珰，而指挥安福祸国者，惟徐树铮一人。我昂藏七尺男儿，讵甘心供其驱使耶？""此次直军撤防，原为扫除殃民祸国之安福系及倡乱卖国之徐树铮，对于先进泰斗（段祺瑞），同气友军，毫无挟带恶感，及并峙对敌行为。"[①]矛头集于徐树铮一人。

6月25日，张作霖在与徐世昌商量之后，又去团河见段祺瑞，正式提出免除徐树铮职务。段祺瑞含糊其辞地说："安福之坏，我已知之。我非安福，君亦知之。偌大政党，难保无不良分子"，"徐树铮得罪人，我亦知之。我对于国家，始终以直道，断无权利之私，现在惟望徐总统收拾时局"[②]。之后，段又对人说："徐（树铮）有功蒙古，为取消（蒙古）独立之经手者，不应遽夺其职。"[③]

28日，张作霖与段祺瑞达成协议：靳云鹏不再复职，旧阁解散，由周树谟组织新阁，除李、曾、朱三总长下野外，其余阁席不动，补提外交、农商、教育三总长，靳云鹏仍任陆军总长[④]。至于撤销筹边使官制、解除徐

① 中国第二历史档案馆编：《直皖战争》，江苏人民出版社1980年版，第86—88页。

② 《内阁问题解决之别投》，《申报》1920年7月1日。

③ 《北京通信》，《申报》1920年7月3日。

④ 《内阁变复任为改组之倾向》，《晨报》1920年6月29日。

树铮兵权、解散安福俱乐部等直系所坚持的主张，非段所能接受。但段和安福系同意保留徐树铮筹边使职，边防西北军可以归段统率。当天，张作霖将调停情况电告保定。保定复电张作霖、徐世昌，除阁揆问题“悉凭元首主张”外，仍坚持其主张，并威胁说要“向（段）合肥兵谏”[①]。

29日，安福系100余人在太平湖俱乐部开会讨论周树谟组阁问题，认为无论如何要保住财、交两部，决定如不保留财、交两部，就不通过周之组阁。

30日，张作霖到团河向段祺瑞报告保定之复电，段异常坚决地拒绝保定所提条件，极为严肃地说：“调停政局，乃极好之事，惟吴佩孚以一师长干预政事，要挟条件，此风一开，则中央威信扫地。”“你们如果一定要罢免徐树铮，必须同时罢免吴佩孚！”[②]张看无法继续调解，即当面向段表明调停失败，不愿再做调人。当晚张向徐世昌辞行，徐世昌执意挽留，段和安福系亦托人劝挽，表示“诸事尚有磋商之余地”[③]。于是，张答应再留几天，试图再作努力。但是，局势不仅仍未好转，反而更加恶化。

此时，皖系面临着空前的压力，为了减少舆论的指责，兼向南方表示和好，已于1920年6月14日由边防督办处宣布废止《中日军事协定》。23日又致电孙中山先生，表示赞同孙中山、唐绍仪、伍廷芳、唐继尧本月3日《移设军政府宣言》[④]，积极采取联孙制直之策略。但为时已晚，况且孙中山困于西南内部分歧，也无能为力。

1920年7月1日，曹锟、吴佩孚在保定发表《直军将士告边防军将士书》，声明决心打倒徐树铮并扫除安福系。同一天，安福系又开会研究对策，决定请段祺瑞再起组阁并惩办吴佩孚。他们认为如能实现这两条，那

---

① 《内阁已实行改组》，《申报》1920年7月5日。

② 《中央政府之最近曲折》，《申报》1920年7月4日。

③ 《张作霖去留与时间》，《晨报》1920年7月2日。

④ 《孙中山全集》第五卷，中华书局1985年版，第267—268页。

么徐树铮可以辞职，安福系可以解散，李思浩、曾毓隽、朱深三总长也可以下野。会后他们即大力活动。

7月2日，徐世昌总统突然下令准靳云鹏辞去总理职，拟以周树谟组阁，咨请安福国会同意，咨文仅提周树谟一人，没有阁员名单。徐世昌这样做是与张作霖商量过的，一是为阻止安福系拥段组阁，二是为罢免徐树铮作准备。对此，安福系以不开国会为抵制。3日，徐树铮去见徐世昌，质问：为何不疏通各方即提周树谟组阁？这是谁的主张？徐世昌回答："主提周，合肥（段）也。汝若有疑，可询合肥。"徐树铮无言而退[①]。曾毓隽则去找周树谟，要求他宣布施政方针，并提出："新阁成立，须本党阁员有（财、交）两部蝉联，国会方面方能担任通过。"[②]显然这是对周施加压力。但周不买账，似乎比靳云鹏更难对付。而吴佩孚也不赞同周树谟组阁，认为周缺少能力对付徐树铮等。

吴佩孚最关心的是怎样除掉徐树铮。徐世昌下令免靳后，吴和曹锟当即致电北京，坚持要求剥夺徐树铮的兵权，认为西北边防军不交陆军部管，祸根还在，"归段统率，与归徐（树铮）统率一也"[③]。

7月3日，保定方面由曹锟致电张作霖转呈徐世昌，促请尽快罢免徐树铮各职，作为解决危局的入手办法。张作霖惯于看风使舵，这时即与曹吴趋向一致，由调人一变而站到直系一边，催促罢免徐树铮。同一天，他和曹锟、李纯联名通电宣布徐树铮六大罪状，联合声讨徐树铮。这封电报，早在6月份已经拟定，原电署"直军全体将士谨檄"，发表时改为"曹锟、张作霖、李纯同叩"[④]。之所以改动，是曹锟、吴佩孚为扩大讨徐声势，在征得张作霖、李纯同意后，才这样列名的。这样显得更加严肃有力，表示直

---

① 李新、李宗一主编：《中华民国史》第二编第二卷，中华书局1987年版，第540页。

② 《周内阁复有周折》，《晨报》1920年7月1日。

③ 《北京通信》，《申报》1920年7月9日。

④ 《直军全体将士宣布徐树铮六大罪状檄》（1920年6月），中国第二历史档案馆编：《直皖战争》，江苏人民出版社1980年版，第84—86页。

奉首长直接负责，比“直军全体将士”名义分量重些，对外界的影响和对皖系的压力也更大。

曹据中原，张据东北，李扼长江，三方势力聚合一起，何患除不掉徐树铮？而徐树铮态度尤甚强硬，安福系诸要人亦无动于衷。

同一天，在上海继续周旋于南北议和以牵制直系的王揖唐，致电国务院转呈徐世昌，对牺牲新国会、解散安福俱乐部、惩办徐树铮三事进行辩解，电中说：徐树铮“旧本文人，嗣投身军界，参戎幕于北洋，复赴东瀛，留毕归国后，历在北洋任事，向佐部务，荷前大总统暨元首迭次拔擢，洊升今职。顾以任事过勇，转成府谤之由；怀才过高，易启同侪之忌。迳情孤往，或有所偏。至其将来之成就，一方固在本人之树立，一方仍视在上之陶镕，论定盖棺，诚难预揣。然就其备命筹边以来，感衔知遇，奋建事功，虽以师旅无多，饷糈不裕，而驰驱沙漠，罔惮辛劳，幸能收复蒙盟，宣扬威德，求之载籍，则博望定远[①]，无此宏规；例以列邦，则国民崇拜英雄，当亦同声爱惜。成劳具在，讵有阿私？况该使寝馈典坟，习闻经训，敬事元首，本极纯诚，即元首亦奖掖有加，恩谊表渥，不独戎机赞画，曾邀前席之询；即晚晴评诗，亦厕吟坛之末。分异卑疏，感深气类，知遇之雅，实迈寻常。就令疑成市虎，或负深期，亦祈能曲示裁成，更何至加之惩罚？值此人才难得，养成靡易，摧陷何堪”，希望徐世昌“本至诚之心，为救国之举，以人才为标准，不以感情为从违；以公道为是非，不以爱憎为好恶。尊崇道德，振导祥和”。[②]

但徐世昌早就忌恨徐树铮，直欲去之而未能，及得直奉联合通电，即决心罢免徐树铮，而置王揖唐来电于不顾。7月4日，徐世昌在公府召开

---

① 博望定远：张骞（？—前114）因开通西域，汉武帝封其为“博望侯”，世称“张博望”。班超（32—102），因收复西域，官至西域都护，封“定远侯”，世称“班定远”。洊（jiàn）：再。

② 中华民国史料丛编：《革命文献》第50辑；沈云龙：《徐世昌评传》，台北传记文学出版社1979年版，第57—58页。

特别会议，参陆处主要成员均出席，决定先免徐树铮本兼各职，以打通解决僵局之关节：西北军由陆军部下令归部管辖，撤销西北边防司令部；开去徐树铮筹边使，改任将军，遗缺令李垣护理。会后即颁发三道命令：（一）特任徐树铮为远威将军；（二）徐树铮现经任为远威将军，应即开去西北筹边使，留京供职。西北筹边使着李垣暂行护理；（三）西北边防总司令一缺，着即裁撤，其所辖军队，由陆军部接收办理。[①]这样三道命令，虽可满足直奉的要求，但激起皖系更大的愤怒和反抗。

三、直皖加紧备战，张作霖助直反皖

在直奉联合声讨局势急剧变化的情况下，徐树铮避免公开发言，而积极准备反抗。他认为："吴佩孚干预内政，得寸进尺，大有非战不能之势，然则出师无名，不战则势必瓦解。"他"迭召所属旅、团长会议，讨论对待办法"，决定："一、持镇静态度，以避其锋；二、暂取守势，以待其动；三、密令驻洛阳西北军两混成旅，牵制吴军；四、密电吴光新调队信阳，遥为声势；五、密令吴光新坚辞湘督，任南军扰鄂、侵赣，以分其势；六、遇事请示段督办，以资服从而免遗恨。"[②]

徐树铮认为，徐世昌命令免去他的职务，并不是针对他一人，而是助直排皖，借以削夺段祺瑞兵权，以巩固徐世昌的总统地位。7月2日徐世昌下令裁撤段系卢永祥松沪护军使职，改设松沪镇守使，调何丰林担任，也是削段祺瑞实力之证明（卢与何7月4日通电反对）[③]。段祺瑞认为，徐世昌依靠曹锟、吴佩孚等地方势力，免除徐树铮职务，对自己也是一种威胁。

① 中国第二历史档案馆编:《直皖战争》，江苏人民出版社1980年版，第89—90页。
② 中国第二历史档案馆编:《直皖战争》，江苏人民出版社1980年版，第91—92页。
③ 中国第二历史档案馆编:《直皖战争》，江苏人民出版社1980年版，第90—91页。

段发誓要斗争到底，即和徐树铮等商量对策。

7月4日晚，风雨交加，边防军第一师师长曲同丰、陆军第三师师长陈文运、第九师师长魏宗瀚、第十三师师长李进才、第十五师师长刘询等召开紧急会议，对直系的蛮横表示愤慨，指责曹锟、吴佩孚等拥兵自重，压迫中央，要求将其免职，并以强硬态度向尚未走的调解人张作霖提出所谓最后通牒。同时要安福系议员黄永熙等50余人，联名提出关于徐树铮免职的质询书。当张作霖把曲同丰等五名师长的决议转达徐世昌时，徐世昌顿感事出意外，又请张到团河劝段祺瑞不要用兵。段愤愤不平地坚决要求罢免吴佩孚。8日，蒙古恰克图商会致电总统、总理、各部总长、参众两院，请求收回徐树铮免职令，电文说："国家设官，布政在民，进退之间，惟民是赖。中央更动徐筹边使，民等逖听之余，惊愕罔措，直若大难将临，曷胜切肤之痛！……徐使一人之进退，关系于蒙疆之得失，及万民之生死……徐使更动，在外蒙（古）则若中流之失柱石……弃徐使，无异弃外蒙（古）……弃再造之版图，恐非国家之福也。"[①] 但总统总理等置若罔闻。

7月5日，段祺瑞以边防督办名义，下令边防军紧急动员，边防军第一师、第三师、第九师准备出动。段亲自向边防军官兵训话，鼓励他们奋勇作战，说如果这一仗打不胜，不仅他个人失败，边防军也肯定不能存在，全体官兵的命运将不堪设想。同一天，西北军五个旅长打电报挽留徐树铮担任原职。久病不出的倪嗣冲也赶到北京，但终因身体不好，随后到北戴河养病去了。徐树铮又去拜访张作霖，请他列席皖系研讨曹锟的军事会议。

7日晚，段祺瑞在官邸召开讨伐直系的会议。张作霖亦前往参加。会议中，徐树铮采用陈幹的建议，将段祺瑞叫出接电话，说要扣留张作霖。段正犹豫不决时，张看他神色不对，认为情况不妙，即借口上厕所而溜走，

① 中国第二历史档案馆编:《直皖战争》，江苏人民出版社1980年版，第95—97页。

连夜逃往天津，并电告张作相、张学良等："时局益见危急可虑。"[①]次日下午7时抵奉，马上召集高级将领会议，秘密讨论对策。

徐树铮听说张作霖潜逃，不禁顿足感叹大势去矣！吴鼎昌认为，"是时又铮所以周旋奉帅者"，是为挽回失去之人心，"而卒不得免焉"。[②]

7月8日上午8时，段祺瑞由团河回到京城，在炒豆胡同将军府召集特别会议，一如徐树铮、曾毓隽事前的秘密安排，代理国务总理萨镇冰、陆军总长靳云鹏、参谋总长张怀芝、警察总监吴炳湘及近畿各军重要长官、卫戍司令、步军统领等均参加，共100余人。段祺瑞郑重讲话："国家纲纪为重，纲纪不振，则国不存。吴佩孚受贿通敌，无故撤防，以至湖南失败，涂炭生灵。撤防后又在保定兴风作浪，逆迹昭彰。曹锟竟敢以兵力要挟元首，胁迫中央，为种种破坏法律之主张，且要求下令免徐使（树铮）之职。徐使此次收回外蒙（古），厥功甚伟，并未用中央之款项而收回数万里之疆宇，曹吴等则要求元首罢免徐使，法纪荡然，是非不明。鄙人为维持国家纲纪及维持元首威信起见，不得不兴师讨逆。现拟呈请大总统将曹锟、吴佩孚、曹锳（曹锟弟，时任蓟榆镇守使兼第四混成旅旅长）褫夺官勋，交祺瑞拿办。现已入军事范围，如有不听命令者，当按军法办理。"[③]讲完话，他拿出会前准备好的致徐世昌总统的呈文，征求与会者的赞同。曾毓隽率先表示赞同，与会者无不赞成。会后，段将呈文[④]交萨镇冰转达，并通告全国。

这时，西北边防军司令部，边防军第三师、第九师及第十五师，由宣化、三家店等地，纷纷将武器弹药运往南苑、窦店等地，全国经界局总办曾宗鉴（曾毓隽族亲），也由山海关带人押送重炮一尊、弹600枚至永定车

---

① 辽宁档案馆编:《奉系军阀密电》第二册，中华书局1984年版，第91页。

② 林绪武、邱少君编:《吴鼎昌文集》，南开大学出版社1912年版，第54页。

③ 李新、李宗一主编:《中华民国史》第二编第二卷，中华书局1987年版，第544页。

④ 呈文见中国第二历史档案馆编:《直皖战争》，江苏人民出版社1980年版，第93—95页。

站，交第九师运往南苑，积极备战。

7月8日下午，段祺瑞的呈文转到徐世昌处，并经内阁会议通过，罢免吴佩孚，予曹锟以褫职留任处分，由曾毓隽和朱深送总统徐世昌盖印发表。徐世昌颇感为难，不同意惩办曹锟、吴佩孚。曾毓隽、朱深再三进言，徐世昌始答应免吴佩孚一人职。曾毓隽、朱深仍坚持同时惩处曹锟，要求盖印。徐世昌说："盖印固易事，但因是使时局益纷扰，人民受战争苦，将谁负责？"曾毓隽答："总统止顾盖印，一切自有合肥（段）负责。苟总统不盖印者，恐时局益难解决，总统且贻后悔。"① 徐世昌拒不盖印，而派袁乃宽至团河向段祺瑞谋求缓和办法。段祺瑞表示："非将曹吴免职，吴佩孚惩办，曹锳交法庭，不能缓和。"② 并要挟说："纵彼不下令，我岂遂不能免曹吴而拿办之耶？"③ 随即派徐树铮率兵包围总统府，胁迫徐世昌盖印，并由边防军传出消息说，若"免曹吴令"到晚间8点不下，皖军将于明日首先在琉璃河开火。徐世昌无奈，只得盖印发表惩办曹吴令，但声明自己不承担意外之责任。

段祺瑞在将军府开过特别会议后，迅即返回团河别墅，召集近畿各师长讨论作战计划，决定以曲同丰边防第一师任第一线，刘询陆军第十五师任第二线，陈文运边防第三师任第三线，李进才陆军第十三师任第四线，魏宗翰陆军第九师任第五线，命交通部转饬有关路局赶备专车输送，④ 并划定东路、中路、西路等作战区域，同时决定在京畿地区实行宵禁。任命段芝贵为京师戒严总司令。

7月9日，段祺瑞在团河组织"定国军"，自任总司令，以徐树铮任副司令兼总参谋长，段芝贵、曲同丰、魏宗翰等分任第一、二、三路司令。

---

① 《直皖战争始末记》，《近代史资料》1962年第2期。

② 李新、李宗一主编：《中华民国史》第二编第二卷，中华书局1987年版，第545页。

③ 《直皖战争始末记》，《近代史资料》1962年第2期。

④ 张一麐：《直皖秘史》，荣孟源、章伯锋主编：《近代稗海》第四辑，四川人民出版社1985年版，第60页。

同时下动员令，以边防军第一师、第三师、陆军第十三师为西路，出卢沟桥，沿京汉线攻保定，由段芝贵指挥；以西北军第二旅为东路，沿京奉线攻天津，由徐树铮指挥；边防军第二师（师长马良）由山东进攻德州，以牵制敌军的后援。卢永祥从上海方面牵制江苏李纯的队伍，防其北上。同日，边防军第三师开赴廊坊，陆军第九师、第十三师、第十五师，分别向卢沟桥、长辛店、良乡、房山等地进发。南苑的飞机队也奉命待发。但外交使团照会中央政府，不准飞机在北京上空飞行，不准中国军队带武器入城。这显然对边防军不利。为了取得外交使团的支持，皖系进行秘密联系。意大利公使将其使馆内所有军火售予边防军，曾毓隽则从日本三井洋行借到 100 万元作为边防军的开拔费。①

7 月 11 日，徐树铮和段祺瑞乘专车到良乡、琉璃河一带视察。这时皖系部队、边防军已基本布遍琉璃河至榆垡一线前沿阵地；西北军则布在东路廊坊、蔡村一线。兵力共约 5.7 万人：边防军第一师曲同丰部 1.1 万人、边防军第三师陈文运部 1.1 万人、陆军第九师魏宗翰部 8000 人（另有宋焕章团驻守海参崴）、陆军第十三师李进才部 8000 人（另有一团为公府卫队，在河南彰德看护袁世凯坟）、陆军第十五师刘询部 8000 人（另有吴长植一旅在山东）、西北军第二混成旅宋子扬部 8000 人、边防军训练处学生队约 2000 人。又急调在库伦的褚其祥旅回京，但已来不及了。另外，属于皖系的各省军队，总计约有十七八万人。②

直军方面，自曹锟、吴佩孚免职令发表后，更是加紧备战，如箭在弦。7 月 9 日，曹锟在天津组织“讨逆军”，并举行誓师典礼，宣布吴佩孚为前敌总司令，兼西路总指挥，曹锳任东路总指挥，王承斌（第一混成旅旅长）驻郑州任后路总指挥，赵玉珂（天津镇守使）为总参谋长。大本营设在天

① 陶菊隐著：《北洋军阀统治时期史话》（中），生活·读书·新知三联书店 1983 年版，第 982 页。

② 张一麐：《直皖密史》，荣孟源、章伯锋主编：《近代稗海》第四辑，四川人民出版社 1985 年版，第 26 页。

津，司令部设在高碑店。东路驻守京奉线，西路沿京汉线进攻，吴佩孚声言将亲率三军，直捣京城，驱老段，诛小徐。这时直军前锋已抵达涿县、固安、杨村一线。10日，曹锟函请外交使团，防止意大利、日本两国暗中助段。意、日两国公使后来声明保持中立。同时，曹锟、吴佩孚顾虑吴光新部可能由京汉路进扰直军后方，又电令冯玉祥旅从常德等地退入湖北以作防备（16日吴光新被王占元拘留）。曹锟还与张作霖和长江三督及直系各主要人物加强联系。

这时直军共有兵力约5.7万人：吴佩孚第三师1.1万人，第二、第三混成旅合计1.6万人（另王承斌第一混成旅驻郑州），补充旅6000人，曹锟卫队3000人，直隶警备队26个营约1.3万人，曹锳第四混成旅8000人。另外，属于直系的外省军队总计约有十二三万人；站在直系一边的有张作霖3个师，约三四万人，察哈尔都统王廷桢第十六师和绥远都统蔡成勋师合约2万余人。①

总的来看，直皖两军数量相当。但以战斗力而言，直军强些，特别是吴佩孚师久经征战，而边防军和西北军编练时间较短，缺乏实战经验。

张作霖自7月8日凌晨1时逃离北京，即决心帮助直系反皖。当天他到天津，即与曹锟、吴佩孚及同盟各省代表举行紧急会议，讨论对皖作战问题。当时曹锟尚无必胜信心，而吴佩孚则慷慨陈词，条分缕析直皖双方的实力与态势，认为凭他自己所部兵力，就足以战胜皖系而有余："万一战而不胜，我军扼守京汉路线，联合西南，以直省为前敌，河南为中坚，湘粤为后盾，徐图进取，更有张巡阅使控制东北，则段派直如瓮中之鳖，又何虑哉！"② 张作霖及各省代表极表赞同。

张作霖回到沈阳，立即召集奉军高级将领会议商定对策后，即致电段

① 张一麐：《直皖秘史》，荣孟源、章伯锋主编：《近代稗海》第四辑，四川人民出版社1985年版，第26页。

② 《补记吴佩孚决战之言》，《申报》1920年7月23日。

祺瑞，劝段不要袒护徐树铮，并表示将亲率师旅，铲除徐树铮等。

7月11日，张作霖召集吉林督军鲍贵卿、黑龙江督军孙烈臣及所部高级将领张景惠、吴俊陞、张海峰等在奉天省公署开会，决定由第二十七、二十八两师各出兵一旅入关。同时，张作霖收到曹锟的电报，希望他给予军事支持并联名通电讨皖，张随即复电赞同，说："现在弟处已备二十七八两师步队，兼以马队两旅，当能足用。二十八师先行进关，马队作为后盾。此次出师，由弟亲自带往，现在赶急调集之中，二十八师车到即可全数出发。日前奉军入关者，与贵处军队合计，约有七八万人，如有战事，尽可先行支持。叙五（张景惠）兄即速往前方，与三哥（曹锟）面商一切，率领第一师鲍旅许部筹划进行。愚见以兵力论，我众彼寡；以公理论，我直彼曲，绝无不胜之理。我辈骨肉至交，当此危急存亡关头，断不能不极力相助，请释廑念。至联衔通电，事已至此，即请拍发为要。"[①]12日，张作霖又致电段祺瑞说，"在奉天捕获姚步瀛等行迹可疑分子13人，彼等携带12万元活动费由北京到奉天，据供认，旨在图谋召集土匪闹事。盖此事并非（段）督办之本意，必是左右小人嗾使而为者。余今率兵陆续进京，目的在清除督办左右之小人，至于督办乃余平素最尊敬之人，不敢有侵犯之意"。此时直皖双方未正式开战，张作霖仍极力表示他对段的敬意，似乎曹锟领衔列有其名的声讨段徐之通电与他无关一样，是预为日后变通留有余地，巧妙之至。而所斥督办左右小人，自然是指徐树铮等。关于姚步瀛等，此后张作霖又几次通电指责，作为进兵关内助直反皖的借口。不过，似仍照顾段之体面，留有余地。但以东北三省议会等名义和由奉天学界名义发出的通电，则直接指斥段祺瑞、徐树铮同为姚案之元凶。

---

① 中国第二历史档案馆编:《直皖战争》，江苏人民出版社1980年版，第113页。

四、战争失败

1920 年 7 月 11 日，直皖两军前线，发生小冲突。北京居民闻知消息，纷纷逃避。这时，段祺瑞对战争尚抱有胜利信心，认为张作霖虽与徐树铮不和，但同曹锟、李纯等也有难以克服的矛盾，因此不相信张会真正助直反皖。段认为用几天的时间，就可打败直系。

12 日，曹锟、张作霖、王占元、李纯、陈光远、赵倜、蔡成勋、马福祥、王廷桢等通电声讨徐树铮及段祺瑞，谓其“专横谬妄，实为全国之公敌……因免一徐树铮，彼竟敢遽行反拂，诉诸武力，直接与锟等宣战，总施攻击”，并表示：“惟有秣马厉兵……以靖国难。”[①] 与此相呼应，由吴佩孚、曹锳、王承斌、赵玉珂等以直军全体将士名义，通电宣布段祺瑞、徐树铮罪状。吴还发表《直军全体将士为讨伐徐树铮告全国各界书》。这是对皖军的宣战书。

13 日，段祺瑞以应战的姿态，发布讨伐曹锟、吴佩孚的檄文。段自视甚高，似乎胜券在握，实欲杀曹、吴之锐气，虚张声势。

同日，吴佩孚又发表《出师讨贼通电》，直指段祺瑞为汉奸，与其不共戴天。张作霖亦通电全国，宣称“派兵入关，扶危定乱。其与我一致者，甚愿引为同袍；其敢于抗我者，即当视为公敌”[②]。显然，张作霖是与直系采取一致行动的。奉军已源源入关，其总参谋长兼二十七师师长张作相也已先行入关，在天津附近布置兵力。张作霖留下儿子张学良，担任奉天省城戒严司令，负责保护后方，自己亲督奉军陆续入关，以军粮城为中心，集于天津北仓一带，总数约 7 万人。

---

① 中国第二历史档案馆编：《直皖战争》，江苏人民出版社 1980 年版，第 117 页。

② 《张作霖派兵入关参加助直倒皖战争通电》（1920 年 7 月 13 日），中国第二历史档案馆编：《直皖战争》，江苏人民出版社 1980 年版，第 110—111 页。

段祺瑞得知奉军大举入关并分布至天津附近，才认识到前景不妙，安福系也认为势头不好，边防军及刘询第十五师中，忽有不愿出战之表示。于是，由曹汝霖、傅良佐出面谒见总统，要求颁发停战令，意在徐图转圜。

总统徐世昌不愿看到大局彻底破裂，14 日发布命令，严饬各路军队，“一律退驻原防，勠力同心，共维大局”[①]，但是，欲战各方，都不听从。

7 月 14 日下午 3 时，段祺瑞发布总攻击令。为了配合总攻击，京畿卫戍总司令（段芝贵）宣布本日起在京畿地区实行戒严，并宣布“本总司令于本日（14）赴前方视察军务，所有戒严总司令职，已委托吴（炳湘）副司令代行……遇有特别情形，京师附近之军队，得归总司令调遣……现在曹锟军队进逼京畿，杨村及高碑店各地方，均已分驻重兵，实行包围北京之举。本总司令为警卫北京起见，已通饬所属各军为相当之防卫……曹锟军队已通过固安及长沟地方，迳向京师南面及西面为攻击行动各等情前来。京城附近，业受包围，战争行将实现”[②]。宣布京畿地区戒严，是皖军对直军采取的重大防范措施，这样就可以减少后顾之忧，一心对直作战。当晚，直皖战争爆发。

直皖双方兵力部署与作战计划如下：

直军西路以吴佩孚为总指挥，所部第三师及第二、三两混成旅，在易县、涞水、涿州、固安一线，准备向北大举进攻皖军，由王占元在湖北监视并阻止吴光新部北上，以郑州的直军和洛阳西观音堂的奉军（原许兰洲旅），围攻洛阳的西北军。直军东路以曹锳为总指挥，所部第四混成旅、第二补充旅及直隶守备队 20 个营，驻守杨村，与徐树铮所部对阵，同时准备由商德全率第三混成旅占据德州，配合奉军，与徐州镇守使张文生的部队合攻马良。[③]

---

① 中国第二历史档案馆编:《直皖战争》，江苏人民出版社 1980 年版，第 124—125 页。

② 中国第二历史档案馆编:《直皖战争》，江苏人民出版社 1980 年版，第 129—130 页。

③ 李新、李宗一主编:《中华民国史》第二编第二卷，中华书局 1987 年版，第 553 页。

皖军西路（京汉铁路京保段沿线）由段芝贵任总指挥，所辖边防军第一师、第三师第五旅，陆军第十五师、第九师之两营，第十三师辎重营等，布列在涿州、固安以北；边防军第一师为主力，集中于良乡—琉璃河—涿川一线；左翼为边防军第三师；右翼为陆军第十五师。东路（京津铁路沿线）徐树铮任总指挥，所部西北军第二混成旅（旅长宋子扬）、边防军第三师两个团及第九师一部分，布阵于廊坊、落垡一带，向东南杨村方面与直军曹锳部作战，且防奉军入关参战。计划以西路主力部队南下夺取保定并乘胜追击南进，以湖北的吴光新率部北进，使洛阳的西北军宋邦翰旅和张鼎勋旅同时东进，三军会合，围歼直军主力于中原。东路夺取天津乘胜南下，济南的马良率边防军第二师沿津浦路北进，会合歼灭东路直军。

14 日晚（8 时），西路皖军以边防军第十五师为先锋，向吴佩孚的第三师发起猛攻。当边防军正要夺取直军第一道防线时，直军突然反攻，边防军退回原线。深夜，边防军再次进攻直军，受到直军夹击，又返回琉璃河原阵地。双方各死伤几十人。

这时，东路皖军由梁庄、北极庙一带向杨村进攻，直军在杨村铁路桥边架设大炮阻击，双方对峙，胜负未决。

15 日晨，西路皖军分别从榆垡镇、码头镇、琉璃河一线，向南进攻固安、官村、涿州一线的直军，激战数小时后，连续突破直军外围防线数处，再图进攻时，均被击回。直军趁机反攻，皖军溃退。双方皆死伤不少。稍停之后，皖军继续进攻，双方激战涿州、固安两地。吴佩孚坚守固安，皖军未能攻下。而涿州及松林店，则被皖军攻占，直军退至松林店以南 50 华里的高碑店。

当天，曹锟发表通电指责边防军“以众大之兵力占据涿州、固安、涞水等处，于寒（14 日）、删（15 日）两日向高碑店方面分路进攻。东路则占据梁庄、北极庙一带，向杨村攻击。炮声猛烈，枪弹如雨”，并声称：“敝军为防御，未即还攻，而彼竟愈逼愈紧，实为有意开衅……惟有激励将士，严阵以待，固我防圉，而卫民生。”[①]指责边防军进攻实则有之，而谓直军未即还攻，则是虚与遮掩，意在准备更大的反攻。这时湖北省议会通电呼吁直皖双方弭兵息争。

15日夜晚9时，徐树铮在廊坊指挥西北军第二混成旅、陆军第九师一部、边防军第三师步兵二团，冒着滂沱大雨，分三路由张庄、蔡村、皇后店进攻杨村直军，其中张庄一路为主力，沿铁路线进攻，两军开战于杨村北10里，战至深夜2时，不分胜负。16日拂晓，直军用20营兵力猛攻西北军宋子扬旅，被宋旅击溃。直军从北仓、军粮城等地调来许多援军，并在杨村车站吊桥西旁安设数尊大炮。日本驻军因其防地毗邻，向直军抗议，要求将所设大炮立即移走，并不准在铁路沿线六里以内作战。直军抗辩无效而撤离，其防线即出现缺口。徐树铮命令所部军队乘隙突入缺口，以少胜多，追奔逐北。直军退至北仓与李家嘴中间，始站住脚跟。北仓离直军总部天津只有18里，由于租界条约所限，皖军未能直夺天津，即与直军相持于北仓以西，并派人与龙济光联系。龙济光时驻天津小站，有招募训练不久的振武军约2000人。曾毓隽赠其13.2万元作为军饷，龙济光同意配合皖军袭击天津然后合扑保定。但他却将赠款填入私囊，士兵不肯前进。而奉军则派工程兵一营帮助直军，直军立即反攻。

16日，曹锟发表通电，正式宣告对皖系作战，指称“段、徐两逆，擅兴无名之师……皆在必讨之例”，宣布“自今日始，实行围困奸党根据地，必将凶残除尽，以固邦本”。[②]

这时广州岑春煊响应曹锟，以军政府名义通电声讨段祺瑞。鄂督王占元则通电扣留了吴光新，并令直军第十一师长李奎元率部开至武胜关一带待命，准备北上援助曹吴。吴佩孚所部萧耀南第三混成旅，由固安向北进

---

① 中国第二历史档案馆编:《直皖战争》，江苏人民出版社1980年版，第125页。
② 中国第二历史档案馆编:《直皖战争》，江苏人民出版社1980年版，第127—128页。

攻，击溃边防军第三师，师长陈文运受伤而逃；陆军第十三师也被击溃，其中一营投降直军。皖军退至马头镇。

16日夜，雷雨大作，吴佩孚以奇兵包抄袭击断敌归路之战术，迅猛进攻西路皖军。奉军第一师第一旅邹芳所部，从河南赶来援助直军，随即正面进行作战。皖军腹背受敌，第十五师约两团兵力被困而投降，师长刘询及第十五师溃兵渡河北逃。吴佩孚军乘势夺回松林店、三家店及涿州等地。第十五师第二十九旅旅长张国溶、第三十旅旅长齐宝善倒戈归直。

17日，张作霖以侦获姚步瀛等为理由通电助直讨皖。这对皖军是很大的威胁。奉军因有前年秦皇岛截械，装备也配有先进的火炮和较多的机关枪。面对奉军的参战，徐树铮该作何想？是他诱使奉军在秦皇岛截械的，是他引导奉军有了入关经验的。他曾带领奉军南下作战，如今奉军却来同他作战。真是早知今日，何必当初！奉军与直军并肩同皖军作战，17日重新夺占杨村，并乘势向落垡、廊坊进攻，皖军损失较重。同日，李纯通电，再度表明，勠力同心支持曹吴倒皖。

这一天，西路皖军损失惨重。由于陆军第十五师投降，边防军第一师被包围，第一旅旅长范尚品战死，第二旅旅长程长发潜逃，团、营、连长及士兵伤亡甚多，无力再战。第一师师长曲同丰要和吴佩孚停战，吴佩孚阳表同意，暗遣军队绕道涿州、高碑店之间，向皖军前敌总部所在地松林店突击。

段祺瑞得知消息，并闻报奉军由天津开赴保定助战，急忙派人飞报东路徐树铮、西路段芝贵，采取措施以防不虞。17日晚，段芝贵逃回北京。徐树铮看大势已去，连夜潜回北京。

18日上午，西路边防军第一师师长曲同丰及师部人员被直军掳走，其粮秣、子弹、重炮、陆炮、山炮等一切军用物资，尽被直军掠去。陆军第十五师第二十九旅旅长张国溶、第三十旅旅长齐宝善等在前线通电，指责

“段氏不道，容奸卖国”，并宣布“不受乱命停战”[①]。

18日中午，直军西路进占琉璃河，奉军随之开进涿州。当日，曹锟、张作霖、王占元、李纯、陈光远、赵倜、蔡成勋、王廷桢、马福祥联名通电，否认皖系政权。蔡成勋还另有通电，宣布派兵与直奉一致讨皖[②]。

同日，西北边防军第二混成旅旅长宋子扬自廊坊发出通电，指责直军并揭示与直军接战的情形，希望各省出力调解，如果直军再事逼迫，则誓死一决雌雄[③]。

宋子扬还致函奉军司令张景惠，请其出面调停。张景惠18日复函说：“此间已得有保定电话，曲同丰业已被俘，全军已竟缴械，西南方面，不战自溃，段之大势已可知矣。我兄旧隶雨帅（张作霖），谊属同舟，究竟或和或战，万望早具决心。贵军应退至廊坊……执事部下军官，多系廿七师百六团之旧人，将来如不幸而言战，该军官实不免有进退维谷之势，万恳鉴其苦衷，开其生路，免致演以奉人杀奉人之惨剧。倘竟意存畛域，迫令前驱，弟惟有操最后相当手段，以图抵御。”[④]张景惠并不愿出面调停，而准备帮助直军战斗到底。

东路皖军仍试图抵抗。山东马良派兵北上，拟夺直军商德全旅防守的德州兵工厂后，赴天津与东路皖军会师。天津小站龙济光的振武军也准备前往接应马良，但未能成功。后来马良虽然夺取德州，却由于商德全旅、曹锳旅和奉军的联合进攻，被迫撤退，战后被遣散。龙济光军也被奉军击败。龙本人携眷潜逃。

段祺瑞迭接皖军战败之警报及各方面之通电，自觉胜已无望，惭恨交加。这时靳云鹏向他进言说：“战争已完全失败，边防军战斗力已失，若不

① 中国第二历史档案馆编：《直皖战争》，江苏人民出版社1980年版，第140页。
② 中国第二历史档案馆编：《直皖战争》，江苏人民出版社1980年版，第137—138、141页。
③ 中国第二历史档案馆编：《直皖战争》，江苏人民出版社1980年版，第129页。
④ 中国第二历史档案馆编：《直皖战争》，江苏人民出版社1980年版，第138—139页。

从速设法，恐三数日内，京中粮食问题，将令全军不战自溃，至兵临城下，为时已晚，追悔莫及矣。”[①] 靳云鹏还代表段祺瑞，叫傅良佐到天津向直军求和，傅去后被直隶省长曹锐扣押。于是，段祺瑞请徐世昌下停战令。令中“责成各路将领，迅饬前方，各守防线，停止进攻，听候命令解决，用副大总统再三调和之意”[②]。

19日，曹锟与张作霖联名通电宣布战况：“西路直、奉军与边防军第一师全部、第三师之第五混成旅及陆军第十五师全部、陆军第九师两营、陆军第十三师辎重一营，在涿州、固安、涞水一带，于十四日午后开始战斗，直至十八日午前止，激战四昼夜。边防第一师完全溃散，师旅团长等归向来保；陆军十五师已完全与直奉军相合，该师张（国溶）、齐（宝善）两旅长并已通电，宣言不受乱命；边防第三师第五旅弃炮溃走；十三师之一营亦完全来归。现在直奉各军已至琉璃、泊岳、马头镇一带布置妥协，前进部设在窦店附近。彼军挫衄之余，已无斗志。”[③]

同日，宋子扬自杨村前线，致电大总统、国务院、各部总长，段祺瑞督办、段芝贵卫戍总司令，宣布先行罢战，请速令直军勿再相逼。电中说：“阋墙之争，胜何足荣……现静驻杨村，先行罢战。伏乞我大总统速令直军停进，勿再相逼，重生战祸。”[④] 后经陆军部派员接洽，宋子扬旅归属陆军部，移驻通县、北苑等地。

这时，李纯通电宣布：江苏“自十八日起宣告临时戒严”[⑤]。河南赵倜宣布反皖附直。河南省长刘镇华则呼吁交战各方维护豫省安全。江西督军陈光远通电，谴责徐树铮弄权并宣布讨伐皖系。熊希龄等呼吁南北双方弭兵息争。

在对皖系极端不利的情况下，段祺瑞19日通电引咎辞职，解除定国军

---

① 《段祺瑞屈服后之北京》，《申报》1920年7月27日。

② 《政府公报》，沈云龙：《徐世昌评传》，台北传记文学出版社1979年版，第590页。

③ 中国第二历史档案馆编：《直皖战争》，江苏人民出版社1980年版，第146页。

④ 中国第二历史档案馆编：《直皖战争》，江苏人民出版社1980年版，第148页。

⑤ 中国第二历史档案馆编：《直皖战争》，江苏人民出版社1980年版，第147页。

名义，试图自杀而被卫兵救下。直皖战争结束。

在首尾五天的战争中，皖系军队惨败。影响所及，除在山东的边防军马良第二师被击退遣散外，驻守洛阳的西北军宋邦翰第一混成旅和张亚威第四混成旅在洛阳哗变，被直奉军队击溃，逃往西北方向。李如璋旅在南口、居庸关一带被直军逼迫，节节退让。而察哈尔都统王廷桢响应曹锟、吴佩孚，又在居庸关等地打击败退的西北军，将其武装全部解除。至此，徐树铮与段祺瑞煞费苦心经营的西北边防军，几乎全军覆没。

自曹锟、吴佩孚声讨徐树铮以来，徐树铮未尝公开以言语反驳。始取静观待变态度，次以军事对抗，结果失败，皆无一言公之于世。

时在天津的梁启超，认为这是一场“私斗”。他“一切不问，安心读书著书”。“惟都中已等围城，粮食断绝，兵变屡发，（五日来火车、电报、电话皆不通）”，“避难来津者多”。[①]

时在北京的林纾，也认为这是一场私斗，是“手足之争”，并作《述变》诗予以谴责：“称兵必有名，今兹变不测。喁喁一夕议，战云蔽天黑。把臂起兵间，手足忽斗阋。……侵晨闭九门，妇孺争啜泣。我老更忧患，有命死胡恤。”[②]为避京师战乱，他也逃亡天津。次年夏天，他南游雁宕，车过徐树铮家乡，心还“别有所触”，“愀然而悲”，“无限庚申怀旧感”。[③]

白坚武[④]1920年7月23日写道：“段军西路溃败已不能军，徐又铮尚

---

① 梁启超《与娴儿书》（1920年7月20日），丁文江等：《梁启超年谱长编》，上海人民出版社1983年版，第912页。

② 张旭、车树昇编著：《林纾年谱长编》，福建教育出版社2014年版，第358页。

③ 张旭、车树昇编著：《林纾年谱长编》，福建教育出版社2014年版，第372页。

④ 白坚武（1886—1937），河北省交河县人，和李大钊相知较深。曾追随直系孙洪伊、李纯、吴佩孚等。1916年孙任国务院内务部总长，白坚武被聘任为佥事。1917年由孙推荐，随李纯任江西督署顾问、江苏督署顾问兼书记处交际股主任，1920年6月因意见不合而去职赴沪。1922年被吴佩孚聘为两湖巡阅使署和直豫巡阅使署政务处长，参与军机要务。其主持的政务处有“小内阁”之称。1924年第二次直奉战争，被吴佩孚任为“讨逆军”总参议，失败后退寓天津。1933年配合日军筹建“华北国”活动，1937年任冀察政务委员会顾问，被冯玉祥部逮捕处死。

拟在东路背城一战，到底不弱。流芳遗臭之语，乃腐士妄行分别之谈。以人性言之，凡抱一主张至万劫不回，具为高等人类之好表现；滔滔皆属冯道、刘表之流，是尚得以人性言耶？虽然盖棺论定，今尚未能定段芝泉、徐又铮也，拭目以观之可耳。昨夜卧未即眠，半夜中得诗一首，留之以志梦：'虎踞龙盘地，鸟飞兔走哀。元戎长望气，风定战书来。'"（"元戎"似指徐世昌）24日写道："段祺瑞图自杀，为卫兵救护。段不愧为男儿，尚有军人性格，视望气看风者不可同日而语。"[①]白坚武是长期追随直系的人物，评段祺瑞、徐树铮，却独具眼力。

西北边防军第三师师长陈文运后来写道："段祺瑞执掌北洋政府权柄时，事无巨细，如果向段请示，他总说：'找又铮去。'徐树铮这个关口不通过，什么事也办不成，只要他一点头，即使段不知道，也能如愿以偿。例如王永泉找我设法谋事，我向徐树铮一说，就很容易地办到了。就陆军方面来说，当时全国各省，有关请饷、领械、编制队伍……有哪一件事能不找陆军部？而这一切，必须徐树铮答应才能算数。因此，在无形之中，徐树铮不知树了多少敌。""有人谈起徐树铮，总把他说成一个蛮横跋扈的人，其实并非如此。徐树铮见人满面春风，彬彬有礼，从不让人下不了台。可是尽管他待你很客气，但你所要求的事却未必可以办成。如果他不同意，也不一口拒绝，总说：'这可要向老总（指段）请示。'只要他这样一说，大家便只好绝望，知道事情绝对办不到了。由于在任何问题上他都可以替段当家作主，因此大家都称他作段祺瑞的'灵魂'。"[②]这也是直皖战争的潜在原因。

关于直胜皖败的原因，诸如人心向背、军队士气、素质，边防军与西北军固然落后于直军，而在战略战术方面，据《扪虱谈》作者说，他还存

① 《白坚武日记》第一册，杜春和、耿来金整理，江苏古籍出版社1992年版，第264页。

② 陈文运：《我所知道的皖系将领（徐树铮）》，见石玉新、杨小波主编：《文史资料存稿选编（晚清北洋）》（下），中国文史出版社2002年版，第792页。

有徐树铮手写《对直奉系作战草案》，可与蒋百里之《北伐草案》比重。曾毓隽说，“是项草案，合肥极为赞许，但诸将领中，有不欲尽从其说者，后则勉强从同，而其意志与才力，又不能相副。及大家失败后，应当抱头痛哭之时，又铮已独尽其责，殊无怨尤，而弃逃诸将，犹反唇相讥”[①]。后来皖系中有些人，还责备西路段芝贵无能。但都认为，皖系“在直皖战争中所以失败，与其说是因为直系的力量强，还不如说是徐东海（世昌）的阴谋所造成的”[②]。徐世昌下台后，徐树铮作《六月十五夜对月》诗，追忆直皖战争，称徐世昌为“狐鼠”“老猾”，言下之意，皖系失败也是由他造成的。

段祺瑞说：当局对徐树铮收复外蒙古不以为然。“未几，吴佩孚衡阳撤防，擅自北归。曹锟等呈劾将军专横，政府遂其言，加以处分。若然，以功为罪，是非颠倒，纲纪荡然，国何以存？余表率有责，不忍坐视，力争之。政府不为所动。不得已，告以疆吏跋扈，政府无术制止，当为讨伐。胜则国家之福，败则有国法在。庚申之役（即直皖战争），所由起也。势有可胜，事多中变。知劫数之已成，非人力所能挽回。不愿兵事久持，重苦吾民，自请议处，还我寄庐。旋知松树胡同（徐世昌住处），已在半年前，设有机关，内外协谋，集议十人，以余为的。其所以然者，不便私图故也。吁，余之愚甚矣！”[③]这里所指的就是徐世昌联络直奉两系对付皖系的内幕，验之徐鼐霖《憩园存稿》中“上靳翼公（云鹏）总理书”等，可知以上所言不谬。

陈文运认为：“皖系内部的矛盾，也是引起这次战争加速自己崩溃的重要原因，而靳云鹏在这里面的确起了决定性的作用。因为直系中反对皖系最力的第三师师长吴佩孚，与靳云鹏有师生关系，又是山东同乡，而吴佩

① 徐道邻编述、徐樱增补：《徐树铮先生文集年谱合刊》，台湾商务印书馆 1989 年版，第 324 页。

② 《李思浩谈他的一生》，徐铸成：《旧闻杂忆补篇》，四川人民出版社 1984 年版，第 47 页。

③ 中国科学院近代史研究所近代史资料编辑组编辑：《徐树铮电稿》，中华书局 1963 年版，第 382—383 页。

孚当时提出的口号，主要是支持靳总理，要求撤换徐树铮。”“奉系反对皖系，也是靳云鹏鼓动出来的。张作霖本来是个权力欲望极大的野心家，早就想把势力扩充到关内来，而靳云鹏和张作霖又是儿女亲家。这次直皖战争中，奉军方面作战最力的是许兰洲和李景林。李景林本来是参战军第一师的团长，他脱离参战军归附许兰洲，完全是靳云鹏的布置，并不是曹锟、吴佩孚方面去联系的。”“皖系的作战计划和部署，都由靳云鹏泄露给直系了。”[①] 曾毓隽也认为，靳云鹏是导致徐树铮和皖系失败的谋主。曾毓隽说，“民八倒戈之役，靳为谋主，张志潭特其助手，吴佩孚、张作霖乃其工具也”[②]。

直皖战争对徐树铮是致命的挫折。在此之前，他屡仆屡起。而在此后，他虽仍图东山再起，却终归事与愿违。战后“报章所传载，书册所流播，日被树铮以恶声，一若罪有应得，无可稍逭，加之卖国亲日，沟通土匪，借日款充军饷，聘日人练兵等等，诸罪状不一而足，几似通国之人皆以树铮为可杀也者。此树铮所大惑不解者也”。他后来在《告国人书》中说：“树铮当日往来外蒙（古），劝撤自治，督办善后，筹立银行，通行汽车，修治道路，创设医院，改正关税，招组公司，政府究尝给我以若干资财，籍我以如何助力乎？案牍具在，不难查考。树铮辛苦经营，辗转借垫，时近二年，不惟本身应得薪俸未领分文，所属军饷政费等，实无一不待举债而后集事，即令属在逃亡，尚岁代政府认垫数十万元八厘息金也。”“至卖国亲日勾匪等事，又不知何所据而云。”[③] 他称直皖战争为“定国军之役”，没想到却一败涂地。

---

① 陈文运:《我所知道的皖系将领》，见《文史资料存稿选编》，中国文史出版社 2002 年版，第 917 页。

② 曾毓隽:《宦海浮沉》,《近代史资料》总 68 号，第 53—54 页。

③ 徐树铮:《告国人书》1922 年 7 月 21 日，杜春和、耿来金整理:《徐树铮与段祺瑞等人书》,《近代史资料》总 76 号，中国社会科学出版社 1989 年版，第 182—184 页。

第十八章

逃避通缉

一、避匿日本使馆

1920 年 7 月 19 日，为解决直皖战争问题，徐世昌委派靳云鹏、张怀芝、姜桂题、傅良佐等 6 人，携带据说是段祺瑞同意的四项条件（第一，惩办徐树铮；第二，解散边防军；第三，解散安福系并罢免李思浩、曾毓隽、朱深三总长；第四，解散安福国会）[①]，前往天津调停。由于曹锟、张作霖当时不在天津，调停未得要领。直隶省长曹锐对靳云鹏等态度冷淡，并扣压傅良佐，解除其警卫 170 余人武装，表明直系不愿接受上述条件。

7 月 22 日，徐世昌电召张作霖来京筹商善后，并派步军统领王怀庆督办近畿军队收束事宜。王怀庆奉令后，即将溃败的西北边防军，分别改编或给资遣散。23 日，吴佩孚领衔直系将领曹锳、赵玉珂、王承斌、阎相文、萧耀南、高德全等 14 人联名致电王怀庆，要求严厉惩处皖系，并提出六条办法，请转达徐世昌核办："一、边防督办官制取消，边防军解散；二、西北筹边使官制取消，西北军解散；三、段合肥安置汤山等候国民的公决；四、徐树铮、曾毓隽、朱深、李思浩、丁士源五人，拿交法庭审办；

① 《段祺瑞屈服后之北京》，《申报》1920 年 7 月 27 日。

五、国会停会；六、安福系首领王揖唐及安福系议员，追交证书，永褫公权。”[①]

徐世昌对上述六条基本照办，24日以后，连下数令，准财政部李思浩、交通部曾毓隽、司法部朱深三总长和京师警察总监吴炳湘（以殷鸿寿代）辞职；免去段芝贵京畿卫戍总司令职，以王怀庆代理；准段祺瑞辞去本兼各职；裁撤督办边防事务处，“其所辖之边防军，著陆军部即日接收，分别遣散”；撤销西北边防军名义，遣散该部军队；并密令王怀庆、殷鸿寿等严密缉拿徐树铮等10人。[②]根据王占元请求，免去吴光新湖南督军暨长江上游总司令各职，并撤裁长江上游总司令，其所辖军队，由王占元妥为收束。免吴之令，实际上是“马后炮”，因为吴光新早已被王占元拘捕。又以吴炳湘党附徐树铮等，不知远嫌，有背职务，虽经免职，未足蔽辜，因下令褫夺吴炳湘陆军中将官职及勋位、勋章。吴光新亦被褫夺官职、勋位、勋章。

29日，徐世昌明令，严缉务获徐树铮、曾毓隽、段芝贵、丁士源、朱深、王郅隆、梁鸿志、姚震、姚国桢、李思浩等10人，将直皖战争的一切罪过归于徐树铮等，而对段祺瑞，则曲意解脱。段在战争期间的主要言行，多半是经过徐世昌的，徐不能不负一定的责任。他说他顾念段曾“三造共和”、参战增高国际地位等“殊勋”[③]，表示愿以全家为段担保。靳云鹏也向曹锟、张作霖为段求情担保，张有维护段意，曹也不便坚决反对。所以，徐世昌下令惩办祸首时，撇开段祺瑞，并为段开脱。吴佩孚原拟将段安置在汤山以便监管，未能如愿。段在战后，仍居京城府学胡同，而且态度相当强硬。靳云鹏曾几次劝他去天津或东交民巷避避风头，他都未答应。

徐世昌下令通缉徐树铮等人后，王怀庆即会同殷鸿寿等，“督饬军警明密派队一体严密缉拿。先将各犯家宅一一查封，派兵监视。而于东交民巷

---

① 存萃学社编:《直皖战争文牍》，见沈云龙:《徐世昌评传》，台北传记文学出版社1979年版，第592页。

② 中国第二历史档案馆编:《直皖战争》，江苏人民出版社1980年版，第187—188、194页。

③ 《北京通信》,《申报》1920年8月8日。

界线，尤层层布置，星罗棋布，务期必获”。还发出布告，在北京外城十三门开放时，行人准进不准出。以防徐等逃走，并“悬赏购线，行文各省，一体通缉”。[①]

徐树铮于7月17日夜潜回北京，见大势已去，便和曾毓隽、李思浩、朱深、王郅隆等躲进六国饭店（东交民巷使馆区内），商量如何脱身。有的主张南下伺机再起，有的主张北去蒙古以图大举。由于京津、京汉路线已被直奉军队严密控制，而京城更在直系军警和密探严格监视之下，徐树铮和曾毓隽主张先避居日本公使馆。结果，在徐世昌下令缉捕他们之前，除李思浩躲入华俄道胜银行，徐等9人避匿日本使馆，日本公使小幡酉吉[②]把他们安置在该使馆卫队兵营里。

7月28日，各国公使在法国公使馆开会，讨论是否收容避难华人问题，法、英、美三国公使主张，除妇孺外，中国男人一律不许在使馆界内居住，而日本和意大利公使则不同意，结果决定各行其是。法、美、英公使当天发布文告，告诫本国在京侨民，不准中国男人居于使馆界内，如有收留，限48小时以内勒令迁出。这时，各国公使盖已得知要惩办祸首的消息，由于英、美、法倾向直系，而日本、意大利则倾向皖系，所以徐树铮等才得以避居日本使馆。

8月2日，京畿卫戍总司令部王怀庆密咨内务部，请求会商外交、司法两部，并呈明总统徐世昌，设法引渡徐树铮等。徐世昌接到王怀庆密呈即转给国务院，要求照办。

8月3日，徐世昌下令解散安福俱乐部，令文如下：“政党为共和国家之通例，约法许集会结社之自由。安福俱乐部具有政党性质，自为法律所不禁。年余以来，迭据各省地方团体函电纷陈，历举该部营私误国，请予解

① 中国第二历史档案馆编:《直皖战争》，江苏人民出版社1980年版，第194页。

② 小幡酉吉（1873—1947），日本外交官，1898年来华，历任使馆参赞、驻烟台领事、天津领事、头等参赞，继林权助之后，任驻华公使（1918—1923）。

散。政府以为党见各有不同，自可毋庸深究。乃此次徐树铮、曾毓隽等称兵构乱，所有参预密谋，筹济饷项，皆为该部主要党员，观其轻弄国兵，喋血畿甸，肆行无忌，但徇一党之私，虽荼毒生灵，贻祸国家，亦若在所不恤。是该部实为构乱机关，已属逾越法律范围，断不能容其仍行存在。著京师卫戍总司令、步兵统领、京师警察厅即将该部机关实行解散。除已有令拿办诸人外，其余该部党员苟非确有构乱证据者，概予免究。其各省区如设有该部支部者，并著各该省地方长官转饬一律解散。”[①]至此，由徐树铮操纵的安福俱乐部土崩瓦解。次日，徐世昌又发表反躬自省令，指责安福系“乃一党专制，激起政争；政争不已，继以兵祸”[②]。这也是邀请曹锟、张作霖进京筹商解决时局问题的一种姿态。曹锟、张作霖此次进京住了整整一个月，一方面与徐世昌、靳云鹏等商讨解决时局问题，一方面催促惩办祸首。

8月5日，国务院通饬内务部说：“案奉大总统发下步军统领王怀庆密呈，查明祸首匿居地点，请饬交涉引渡文一件。案关构乱要犯，情罪重大，应由外交部转向领袖公使妥速交涉引渡，俾早归案讯办。”[③]并分饬外交部、司法部。7日，外交部照会驻京公使团领衔法国公使柏卜，交涉引渡徐树铮等10人，并请转达驻京各国公使查照。同日，徐世昌连下三令，通缉北方议和总代表王揖唐，隶属安福俱乐部的议和代表方枢，以及担任安福俱乐部要职的国会议员光云锦（新闻股专任干事）、康士铎（册籍股专任干事）、郑万瞻（交际股专任干事）、臧阴松（筹划股专任干事）、张宣（评议会评议员）等，谓其“均属附乱有据”，必须“一律严缉，务获惩办”，[④]

① 《大总统解散安福俱乐部令》（1920年8月3日），中国第二历史档案馆编:《直皖战争》，江苏人民出版社1980年版，第192页。

② 《大总统就直皖战争指责皖系并反躬自省令》（1920年8月4日），中国第二历史档案馆编:《直皖战争》，江苏人民出版社1980年版，第193页。

③ 中国第二历史档案馆编:《直皖战争》，江苏人民出版社1980年版，第195页。

④ 《京畿卫戍总司令部关于严缉安福祸首王揖唐等布告》，中国第二历史档案馆编:《直皖战争》，江苏人民出版社1980年版，第199页。

并将边防军第一师师长曲同丰、第三师师长陈文运、陆军第九师师长魏宗瀚、第十五师师长刘询、谦威将军张树元（原山东军务帮办）等，褫夺军官、军职、勋位、勋章，交陆军部依法惩办，谓曲等“于此次徐树铮称军近畿，甘心助乱，以致士卒伤亡，生灵涂炭，均属罪有应得”。[①] 这时，直隶省议会和天津总商会，还通电倡议拟请政府惩办段祺瑞，随后新疆省议会通电响应。此前新疆省议会曾通电指责段祺瑞，主张严惩徐树铮。

8 月 9 日，日本公使小幡，根据日本政府训令，就中国外交部照会要求引渡徐树铮等一事，复照中国外交部代理总长陈箓，拒绝引渡徐树铮等人，复文说：“为照会事：徐树铮、曾毓隽、段芝贵、丁士源、朱深、王郅隆、梁鸿志、姚国桢及姚震九人，各自来本公馆，请求保护其生命。本公馆顾念国际上之通义，及中国许多之事例（指张勋复辟失败逃入荷兰使馆，使馆予以庇护等），认为事出不得已，决定对于以上诸人以相当保护，收容公使馆护卫队营内，且对以上诸人严重告诫，在该收容所内，不得干预一切政治，并使与外面交通完全断绝。本公使当将以上各节通告贵代理总长之际，深信贵国政府当能十分谅解本公使馆等之处置，全然超越政治上之趣旨。即现在以上诸人所受之保护，并非因其所属政派之如何，与以特别待遇；虽以上诸人不属（其）他之政派，在公使馆亦不能因此拒绝。”[②] 同日，徐世昌在与张作霖、曹锟等充分讨论后，特任靳云鹏为国务总理，靳内阁成立。各部总长名单如下：内务张志潭、外交颜惠庆、财政周自齐、陆军靳云鹏（兼）、海军萨镇冰、司法董康、教育范源濂、农商王乃斌、交通叶恭绰。除靳、萨外，都是新任。其中张属直系，王属奉系，亦与徐树铮势不两立。新成立的靳内阁，当然也要看曹锟、张作霖的颜色行事。

8 月 12 日，外交部将与公使团交涉情况转知内务部、司法部及京畿卫

---

① 《大总统查办曲同丰等皖系将领令》（1920 年 8 月 7 日），中国第二历史档案馆编：《直皖战争》，江苏人民出版社 1980 年版，第 194 页。

② 中国第二历史档案馆编：《直皖战争》，江苏人民出版社 1980 年版，第 196—197 页。

成总司令部等。京畿卫戍总司令部认为，外交部未能将徐树铮引渡归案，是无能表现，次日即咨外交部，并呈明总统徐世昌，借以施加压力。咨文中说："兹徐树铮等既在日使馆内，至应如何交涉，如何引渡，是贵部之专责。设或稽延日久，搀混潜逃，咎将谁归？应请贵部据理迅速严重交涉，克日引渡，以凭惩办而绝乱萌。"①22日，外交部又照会日本公使小幡，表示不承认其9日的复照，仍要求引渡徐等。27日，小幡又复照中国外交部，再次拒绝引渡徐等，而且态度更为强硬。复文中说："贵国大总统颁发捕拿该犯等之命令，系以政治为根据，故敝使署即视为政治犯而容纳保护之。敝使并声明：无论彼等将受何等刑事罪名之控诉，敝使不能承认贵总长所请，将彼等引渡也。"②这时中央政府意欲撇开政治，改以"称兵构乱，或擅用公款，实属触犯内乱刑事罪名"③，并加紧搜查证据，设法引渡徐等。而小幡当已窥知，因而针锋相对，声称无论如何，不能将徐等引渡。盖日本政府已决意保护徐等，以期为将来推行其对华政策，预留地步。同时，亦是日、意亲皖势力与美、英、法亲直势力之间，争夺对华权益的反映。

京畿卫戍总司令部与京师警察厅、京师地方检察厅等相互配合，四处搜查徐等罪证。可是检查数日，"仅查获定国军所发檄文一张及段芝贵戒严布告底稿一件，此外只字皆无"④。而京畿卫戍总司令部，又密令京师警察厅派员搜查徐树铮等所有"一切动产、不动产及在各银行、银号所入股份、存款"，"和寓所家具物件，暨自行开设生意等项"。京师警察厅奉令搜查曾毓隽、徐树铮、李思浩、姚震、姚国桢、朱深、梁鸿志、丁士源、段芝贵等人住宅，历时半月余始行结束。"总计段芝贵有房产而无器物；朱深、

① 中国第二历史档案馆编：《直皖战争》，江苏人民出版社1980年版，第197页。

② 蔡东藩、许廑父著：《民国通俗演义》第三册，中华书局1973年版，第1038页。

③ 《京畿卫戍司令部咨稿》（1920年8月13日），中国第二历史档案馆编：《直皖战争》，江苏人民出版社1980年版，第197页。

④ 《京畿卫戍司令部关于搜查徐树铮等罪证情形复函》（1920年8月），中国第二历史档案馆编：《直皖战争》，江苏人民出版社1980年版，第206页。

丁士源仅有器物，其房屋皆系租赁而来；曾、徐、李、姚、梁等，皆有房产有器物；而房屋之大、器物之多，以李、姚二人为最”，“至十犯等在各银行、银号所入股份、存款一节，按照银行通例，除财政部外，不能任人查账”，因而建议由京畿卫戍总司令部“函抄财政部各银行股东名册，以便有所依据；一面函令银行等，自行查报”。①

搜查家产的结果，除了清点房屋器物外，几乎一无所获。当局自然不能满意。9 月 7 日，京畿卫戍总司令部正式悬赏缉拿：徐树铮 3 万元（银洋）；曾毓隽 2 万元；段芝贵、丁士源、朱深、王郅隆、梁鸿志、姚震、李思浩、姚国桢各 1 万元；王揖唐、方枢、光云锦、康士铎、郑万瞻、臧荫松、张宣各 3000 元；商民等通风报信或军警机关购线探明，因而拿获者，每名赏 500 元②。在此之前，光云锦于 8 月 24 日下午，由（日本）扶桑馆向“东四”六条班大人胡同陈幹住宅转移途中被捕获③，臧荫松于 8 月 31 日晚 10 时在东华门迤南地方被捕获，随身携带的 1470 余元现洋，被搜去“先行分赏出力官兵”④。康士铎则于 9 月 28 日上午被警厅在御河桥拿获。王怀庆当日即电告时在保定的曹锟、吴佩孚及盛京张作霖、天津曹锐⑤。这时，曹锟已由徒有虚名的四省（川粤湘赣）经略使改任享有实权的三省（直鲁豫）巡阅使，以与张作霖东三省巡阅使平衡；吴佩孚任直鲁豫三省副巡阅使。曹吴等对于惩办祸首始终不遗余力。10 月 22 日，曹锟得到密报徐树铮、

---

① 《董玉麐刘景沂等关于调查安福祸首房地铺产情形呈函》（1920 年 8 月），中国第二历史档案馆编：《直皖战争》，江苏人民出版社 1980 年版，第 207—208 页。

② 《京畿卫戍总司令部关于规定拿获祸首赏格咨呈稿》，中国第二历史档案馆编：《直皖战争》，江苏人民出版社 1980 年版，第 212—213 页。

③ 《京畿卫戍总司令部关于拿获光云锦、康士铎、臧荫松函电》，中国第二历史档案馆编：《直皖战争》，江苏人民出版社 1980 年版，第 209—210 页。

④ 《京畿卫戍总司令部关于拿获光云锦、康士铎、臧荫松函电》，中国第二历史档案馆编：《直皖战争》，江苏人民出版社 1980 年版，第 211 页。

⑤ 《京畿卫戍总司令部关于拿获光云锦、康士铎、臧荫松函电》，中国第二历史档案馆编：《直皖战争》，江苏人民出版社 1980 年版，第 211—212 页。

曾毓隽准备潜逃时，当即致函王怀庆，要求“饬属严加防范，勿任漏网”，“是为至要”。[①]

陆承武欲借机为父报仇。8月8日，正当中央政府交涉引渡徐树铮等十人之际，陆建章之子陆承武，以陆军少将、公府军事咨议身份，具呈京师警察厅总监殷鸿寿，请求拿办徐树铮以雪父冤。殷鸿寿转呈内务部总长张志潭，“报请钧部鉴核”[②]。可是时过数日，没有下文。陆承武报仇心切，又于8月17日，具呈卫戍司令部，请求惩办段祺瑞，谓：“置先父于死者，虽系徐树铮，而教唆徐树铮使之实施犯罪行为者，则实为段祺瑞……按谋杀先父事实，该段祺瑞、徐树铮等均已构成新刑律第三百十一条之罪，徐树铮所犯之罪，业经按照普通刑事罪犯呈请究办外，惟段祺瑞尚有军人资格存在，按诸陆军刑事条例及陆军审判条例之规定，是以另案呈请组织军法会审，依法制裁。”[③]陆承武以刑事罪犯之名控诉段、徐，与北京当局欲以刑事罪犯名义交涉引渡徐树铮等如出一辙。更值得注意的是，在徐世昌等已担保段的情况下，而陆仍出来控诉，其背后似有极端反段派的支持。这不仅是反段，也是反对徐世昌。吴佩孚即为当时极端反段并且反对徐世昌的主要人物。

针对陆承武呈请惩办段祺瑞、徐树铮案，史家沈云龙说：“按陆建章于袁世凯时代任京师执法处处长，以酷刑惨戮反袁党人无算，素有‘陆屠户’‘活阎王’之恶谥。今承武原呈自尊其父为‘元勋’，未免脸上贴金，识者嗤之。而陆建章死于徐树铮之手，未经审判，即正典刑，虽杀之不以其道，然究属大快人心之举。兹承武欲乘机为父复仇，当属自动，或出诸他人指使，亦非无可能。至当时卫戍司令部是否受理此案，以及曾否组织

---

① 《曹锟为严防徐树铮等潜逃出京函》（1920年10月22日），中国第二历史档案馆编：《直皖战争》，江苏人民出版社1980年版，第215页。

② 《京师警察厅呈》（1920年8月13日），中国第二历史档案馆编：《直皖战争》，江苏人民出版社1980年版，第204—205页。

③ 《陆承武请依法惩办谋杀其父陆建章之首犯段祺瑞呈》，中国第二历史档案馆编：《直皖战争》，江苏人民出版社1980年版，第205页。

军法会审，尚乏资料可证。况中央政府对段祺瑞已置诸不问，徐树铮匿身日使馆，自亦无从传讯，则陆承武此项控诉，无异放一空炮，并无实际效果也。”[①]8 月 25 日，内务部下令京师警察厅总监殷鸿寿说：“查该陆承武所呈，系以擅杀上官，请附带陈诉。既据该厅声称，业经悬赏购缉有案，应由该厅依据职权办理。”[②] 显然，这也是搪塞推脱之词。此后即未再见下文。京师警察厅和卫戍司令部，对徐等逃匿者及段祺瑞，明显无能为力。

二、逃至日本再到上海

徐树铮等避匿日本使馆后，中央政府所派侦缉队一直包围监视东交民巷使馆区。9 月底，徐等与日本公使小幡及副领事八木，连日密议脱逃办法，因八木反对，未便实行。但日使仍有让徐等脱逃之意，让日本兵营严密看护，以免发生意外。徐世昌听说日使馆军队有换防之说，即指示京畿卫戍总司令王怀庆注意。此后，徐等设法逃脱之消息不断传播。10 月 28 日，陆承武通电谴责王怀庆有故纵徐树铮逃逸之迹，以耸舆论听闻，警惕徐等逃脱。

11 月 16 日下午，日使小幡忽然照会中央政府外交部，说徐树铮已逃出日本使馆：“收容于本馆护卫队兵营内之徐树铮氏，近来再三请求本使停止其保护，拟退出本公使馆外，曾经本使切实促其反省。兹据护卫队长报告称：该氏至十一月十四日之晚，尚确在该兵营内，而十五日之朝，即不见该氏之形迹，自系在十四日之夜与十五日之间单身逃出该所无疑等语。本使当日收容该氏，系基于国际之道义，并无他意，当日曾将收容该氏之事实照会贵国政府在案。兹复将该氏逃出本馆之事实，照请贵国政府查照

① 沈云龙：《徐世昌评传》，台北传记文学出版社 1979 年版，第 600 页。

② 《内务部指令稿》（1920 年 8 月 25 日），中国第二历史档案馆编：《直皖战争》，江苏人民出版社 1980 年版，第 203—204 页。

可也。”[①] 次日，步军统领衙门，就徐树铮逃离日使馆事发出密传，悬赏现洋10万元缉拿徐树铮。徐树铮后来赋诗吟道：“购我头颅十万金，真能忌我亦知音。闭门大索喧严令，侧帽清游放醉吟。白日歌沉燕市筑，苍波梦引海舟琴。云天不尽缠绵意，敢负生平报国心！”[②]

徐树铮避匿日本使馆120天，于11月14日夜藏柳条箱内逃脱。据当时驻北京之日本人说：“十一月十四日，当徐树铮逃出使馆时，有日本兵士一员，先到北京之日本杂货店藤洋行（店主即宪政会之代议士加藤吉氏），买大号之柳行李一只，后又往他铺购求小号一只，并由居留民高森助次郎将徐氏装入。当时渠因麻绳不敷，即将腰间皮带代之，而自己乃换著和服……自兵营到车站，均由南次郎（驻屯天津）司令派遣小野寺主计正与其男一路保护，趁当晚火车赴津。惟自使馆区域至车站通过城门时，中国侦探虎视鹰瞰，异常注目。虽系日兵行李，然因时入深更，行迹不无可疑，遂报告于上官。后上官为日本行李，不欲滋事，乃任其脱漏。故徐氏虽蛰伏箱内，幸有护卫者之周旋，得直达津门，而未受丝毫虚惊也。北京守备队长镰田中佐，因挂念徐氏之行止，几致夜不成寐。翌晨得南司令之军用电报（行李于十五日安抵天津，小幡公使前乞最守秘密）后，遂走访公使，报告徐氏之走脱。而公使闻之，亦电告政府，求示处理方针。队长归营后，又拍电南司令，谓余已不得已将此事报告公使矣。徐氏行李到津后，本定趁十八日出港之花笑丸渡日，后该丸因有徐氏关系，遂改早一日出港。南司令对于公使守秘密之一电，特上京辩明，非出本官所为，或部下参谋等借本官之名义而为之，亦未可知。”[③] 徐树铮是藏匿柳条箱，由一名日本军

① 《步兵统领衙门机要股关于缉拿在逃徐树铮密传》（1920年11月17日），中国第二历史档案馆编：《直皖战争》，江苏人民出版社1980年版，第217页。

② 《六月十五夜对月》（1922年），徐道邻编述、徐樱增补：《徐树铮先生文集年谱合刊》，台湾商务印书馆1989年版，第94页。

③ 《驻日公使胡惟德抄送北京日使馆纵使徐树铮逃出北京译报》（1921年2月9日），中国第二历史档案馆编：《直皖战争》，江苏人民出版社1980年版，第219—220页。

官带进火车头等包房赴津的，同时京津线各站，均有便衣日本兵严密戒备。徐树铮在柳条箱内，一路上哼“单刀赴会”，直到天津[①]。后来张謇吊他的《满江红》词中说：“历诸艰曾自箦中亡，蒙张禄”[②]，就是指的这段经历。冯玉祥得知徐树铮逃脱，“大有所思，以为人生于世，既不能有所为，若又怕死，生亦何益也。应决心将此身提供国家社会，不顾一切勇往直前任事”[③]。

徐树铮趁夜逃出北京，至天津塘沽乘日本轮船东渡。到日本后，即与日本政府接洽，设法营救曾毓隽等。据中央政府所得情报，1920 年 12 月 24 日，徐树铮由日本东京致电日本驻津提督（司令）南次郎，“要求转致驻京公使（小幡），竭力保护在日使署之段芝贵、王郅隆，去电安慰居住青岛之马良等。并报告前在京时所有计划可望成熟等语”。1921 年1月 16 日，又有李元德报告：“驻津日本领事船津辰一郎，昨接到日本政府来电一件，内容甚秘。惟从旁侦察，系因段芝贵、王郅隆、曾毓隽等祸首在日使馆潜居，虽经小幡妥为保护，仍恐中国政府藉词要求引渡，须设法陆续离华，逃赴日本，方为妥便。故电召船津回国，与徐树铮接洽进行办法。约于本月二十日以后，该船津即由东京搭轮回津。”[④]

1921 年 2 月初（庚申年“腊尾”），徐树铮逃到上海。此前，在日本躲了两个多月。他在上海潜居，一般不见客。对外接洽，主要由陈干、方枢、马琴甫等联系。6 月 24 日，淞沪护军使何丰林又向陆军部密报说：“最近据密线报，徐竟潜匿在公共租界静安寺路某号洋行内，携有一妾同居，出入恒在夜间，身著和服，并有二日人偕行保护。其办事机关，另设在虹口某日人家。凡与之接洽者，均由方某代见。”[⑤]

---

① 徐道邻编述、徐樱增补:《徐树铮先生文集年谱合刊》，台湾商务印书馆 1989 年版，第 328 页。

② 张謇研究中心等编:《张謇全集》第五卷・艺文（下），江苏古籍出版社 1994 年版，第 443 页。蒙张禄：蒙受张禄一样的遭遇。张禄：战国时名相范雎的化名，曾受迫害潜逃。

③ 中国第二历史档案馆编:《冯玉祥日记》第一册，江苏古籍出版社 1992 年版，第 1 页。

④ 中国第二历史档案馆编:《直皖战争》，江苏人民出版社 1980 年版，第 222 页。

⑤ 北洋政府陆军部档案，中国第二档案馆藏。

徐树铮刚逃到上海时，住英租界麦根路卢永祥部下陈乐山师长的房子，每天阅读《全上古三代秦汉三国六朝文》和《全唐诗》各一卷。不久即搬到南洋路九号居住，把两个儿子安排在新闸路武林里，请北京大学毕业的姜忠奎[①]和他们一起住，教他们国学，还请一位笛师教他们昆曲。他常常每隔四五天去看他们一次，并和他们一起唱昆曲。他有自己的功课，读书之外，“学写汉隶，遍临诸碑碣，皆数十遍，尤喜郑固碑——并且每日教两个如夫人读书写字唱昆曲”[②]。

自直皖战争以来，北京对徐树铮一直穷追不舍，倍加防范。1921 年 6 月 11 日，京畿卫戍总司令部致函警察厅总监殷鸿寿说：“顷据探报：据日兵营中国人云：日前徐树铮由汉口致曾毓隽、丁士源函称：库伦、陕西现值多事之秋，正我等大有为之时。二兄务须设法脱逃，共图大举。不久即有信使前来，面陈一切。等语。旋于本月 8 日，闻有杨姓由东车站下车，即驰入日兵营中。复闻徐树铮前有随员名杨仁山，侍徐多年，及徐脱逃，伊复随徐同逃。兹查以上情形，该杨姓想即杨仁山，衔徐命令，前来与曾、丁两逆详告陕、库情形，并令曾、丁设法脱逃，亦未可知……查该祸首曾毓隽、丁士源接到徐函，拟乘机潜逃，亟应严加防范。相应函达执事，即希严饬侦缉队官兵，对于在京藏匿各祸首，均须特别注意防范，以免疏虞。是为至要。”[③] 由此看来，徐树铮在 1921 年 6 月 10 日前，似曾到武汉活动，设法营救曾毓隽等。但此情报是否准确，是个问题。

1921 年 7 月，京畿卫戍总司令部和有关各方磋商后，将东交民巷附近军警一律撤退，改派便衣侦探，并请由外交部知照日使馆及道胜银行，嗣后对于曾毓隽、李思浩等“各祸首”的活动及脱逃等事，担负完全责任。

---

① 姜忠奎（1896—1945），字叔明，山东威海荣成人。柯劭忞弟子。1918 年北京大学中文系毕业。后在青岛大学、北平女师大、北京大学及国学书院任教。著有《诗经古义》《儒学》《群经性情考》《说文转注考》《大戴礼记训纂》《六书述义》《荀子性善证》等，因拒绝任伪职，抗战结束前被日本人杀害。

② 徐道邻编述、徐樱增补:《徐树铮先生文集年谱合刊》，台湾商务印书馆 1989 年版，第 329—330 页。

③ 中国第二历史档案馆编:《直皖战争》，江苏人民出版社 1980 年版，第 222—223 页。

但日使馆仅答应，如果他们向该使馆撤回当初保护之请求，可即时知照中国政府。此后不久，王怀庆被免去步军统领职，以聂宪藩继任；殷鸿寿被免去警察总监职，以薛之珩继任。务在加强警戒，以防曾、李等外逃。

1922年10月1日，正当徐树铮潜抵福建延平创设建国军政制置府之时，王郅隆、曾毓隽、梁鸿志等三人，突自日本兵营逃脱。为此，聂宪藩、薛之珩等请将失察军警分别惩处并自请处分。国务院会议议决，向日本使馆提出严重抗议，要求将未逃者立即交还，并饬令该馆军警严加防范。10月3日，外交部照会日本公使小幡说："前以徐树铮逃出贵公使馆兵营，迭经本部提出相当办法，照请贵公使办理，乃未蒙贵公使谅解，迄未解决。现该徐树铮果在福建延平地方有称兵构乱之举，而该王郅隆、梁鸿志、曾毓隽三人，又适于此时逃逸，本国政府视为极关重要；且难保尚收容贵公使兵营之朱深、姚震、丁士源、姚国桢四人不再出有意外情事，应请贵公使查照本部迭次去文，即将该朱深等四人交还本国政府，归案办理，以杜后患。"[①]11月11日，朱深又由日本兵营出走。15日，姚国桢、姚震亦逃出。至此，避匿日本使馆的9名"祸首"只剩丁士源一人无消息了。段芝贵已被特赦取消通缉。避居道胜银行的李思浩，后在1923年黎元洪再度就任总统时，经王士珍等疏通，取消通缉令，才离开东交民巷，到天津居住。

时在北京的冯玉祥密切观察形势，并有所准备。1922年11月24日，他召集所部各旅长、参谋谈话："现在时势，皆是彼此为难，互相捣乱，奉派、安福派乘隙而起，国家前途，危险万状，殊深忧虑。吾辈宜速训练兵士，使成劲旅，以期将来为国努力也。"[②]

徐树铮逃到上海后，仍想大有作为。

---

① 中国第二历史档案馆编:《直皖战争》，江苏人民出版社1980年版，第231页。

② 中国第二历史档案馆编:《冯玉祥日记》第一册，江苏古籍出版社1992年版，第255页。

第十九章

开府延平与孙段联合

一、到桂林会见孙中山

1921年4月7日，广州非常国会选举孙中山为中华民国非常大总统。徐树铮对此不以为然。但孙中山就任非常大总统后，却屡派亲交，寻访徐树铮踪迹，渴望与其接洽。然而，徐树铮坚持避而不见。

孙中山此前已经设法通过别人，间接与段祺瑞通音信，周善培[①]、邓铿[②]就是受托之人。孙中山认为，段祺瑞不出，大局终难平定；并想发表意见，促使徐世昌退位，而请段祺瑞全权接手。段祺瑞也想知道孙中山方面的消息，希望凭借素所推重者为其说明一二。1921年4月15日，孙中山致函周善培说："合肥处虽间接通音问，惟恨不能尽意。仲元忙于军事，则亦未以此为言。近叩仲元，方知前途甚盼南中消息，且冀籍素所推重者为道达一二，此真幸事。先生关心粤局，或不嫌其琐渎，兹别草书奉寄，敬祈费神转达。""顾独居深念，以为君前途不出，则大局终难敉平。辄欲以此时发表意见，促城北退让，而请前途以全权接收，维持北都治安，略如

① 周善培（1875—1958），字孝怀，浙江人，清末进士。与邓铿有师生之谊。

② 邓铿（1886—1922），字仲元，广东人。曾奉孙中山命，主持广东讨袁（世凯）驱龙（济光）活动。1917年任广州军政府总部参谋长，率军援闽。随后任广州军政府粤军总部参谋长兼第一师师长。

克强故事。惟与此间同人磋议，有谓时机过速，且未得前途同意，不知于其地位，有无妨碍？故暂未果行。然弟认此事为必要，望一定之。”“更望以弟之诚意，密商前途，不吝赐教。”[①]因“事在秘密”，函中使用代词隐语，“合肥”“前途”均指段祺瑞，“城北”指徐世昌。

直系掌权半年左右，“东西列强诟议京政，颇有袒南弃北之意，迹象渐著，太平会议中国决无美绩，共管之说日盛一日”，徐树铮“闻之心惊，思之辄棘促不宁”。孙中山多次派人和他联系之后，他觉得“中山约晤至诚”，“似不可久置不答”，并认为应该与孙中山接洽，即致函段祺瑞说：“彼果开诚祛私，共商救国，则树铮先与抟合，未始非统一南北之捷径。盖我辈一置于京政则与南垓鬲，不易通款。今乘时与相洽浃，他日北归即可挈之同返，似待北归后别与商略为势较顺。”[②]这时，徐树铮已决意与孙中山联系。段祺瑞当然也同意。

在此之前，双方已有过一些联络。1919 年 8 月 17 日，孙中山《复林修梅函》中说：“自上海和议开后，徐（世昌）、段（祺瑞）具曾派人来此接洽，征文意见。徐所派者为其弟徐世章。文对徐不独要求其根据法律行事，且勉其以道德立身，并谓伊如能于道德无碍，予当乐为之助等语。徐弟去后，犹无下文。段所派者，则为安福部人。文要求以能完全赞同文《学说》之主张，乃有相商之余地。迨《学说》出版后，王揖唐、徐树铮、曾毓隽等俱经看过，皆极端赞成，复详加批注，交段阅看，段亦大体赞成，然后再派人来相商。余乃示以根本办法及维持现状办法两种。”段表示赞同孙中山的主张，并向孙保证，“愿取消二十一条要求及由此发生之各协约”。孙即“自愿与段谋和而共同行动”。[③]徐树铮收复外蒙古后，亦主动

① 孙中山：《致周善培函》，《孙中山全集》第五卷，中华书局 1985 年，第 520 页。

② 徐树铮：《与合肥将军书》，杜春和、耿来金辑：《徐树铮与段祺瑞等人书》，中国社会科学院近代史所近代史资料编辑部编：《近代史资料》总 76 号，中国社会科学出版社 1989 年版，第 177—178 页。

③ 《孙中山全集》第五卷，中华书局 1985 年版，第 98—99、464 页。

电告孙中山，以示输诚和取得支持，盖亦因有这方面的接触。

待至皖系失败，孙中山分析说："段氏失败，北洋派势力自断一股；而我方原定目标，亦已消灭。自我方言之，未始非最大利益。今彼派即将段氏打倒，直奉之争乃又继续开幕。盖直曹奉张，其野心皆无底极，而两方势力又莫能相下。徐世昌今已为彼等所卵翼，更无涵盖之能力，由此观之，奉、直必因权利而冲突、而决裂，而皖系之余烬，又必不能不附我而图报复。"[①] 基于这种分析，孙中山在直皖战争后，继续联皖倒直。徐树铮所言孙中山"屡派亲交"询访其踪迹，即是一例。

1920 年 10 月，孙中山为讨伐桂系岑春煊、陆荣廷、莫荣新，计划先剿除桂系在惠州之重兵，先后致电浙督卢永祥、闽督李厚基，商请援助粤军，并请李厚基速派臧致平师王永泉旅，"同时并进，火速攻破惠州"，以为"闽、粤共存之计"[②]。由此可见孙中山与皖系之间的过往关系。

孙中山既认为直曹奉张不足与道，而徐世昌又为他们所卵翼，因又欲请段祺瑞出山，代替徐世昌以维护北方治安。他除派人与徐树铮等段之亲信联系外，还委托周善培等人直接与段联系。

这时，在直皖战争中联合倒皖的直奉两系已露分裂端倪。张作霖与段祺瑞释怨修好，暗中联合，计划倒直。张作霖与孙中山之间，也有代表相互联系。孙中山被桂系排挤下台后，亦有意联结段祺瑞和张作霖。1921 年秋，孙中山领导粤军，联合闽军及浙军，打垮桂系，收复了广西。12 月 4 日，孙中山到达桂林，以非常大总统名义，组织北伐大本营，准备北伐徐世昌、曹锟、吴佩孚。

1921 年 12 月 22 日，徐树铮由上海经香港到达广州。孙中山因前往桂林，早已安排廖仲恺、汪精卫、蒋介石等，代表他与徐树铮切商军事之进

① 《致何民畏函》1920 年 7 月 18 日，《孙中山全集》第五卷，中华书局 1985 年版，第 268 页。
② 《致李厚基电》,《孙中山全集》第五卷，中华书局 1985 年版，第 369 页。

行。孙中山 11 月 22 日《复廖仲恺汪精卫电》中说："徐君惠临，慰我数年渴望。且我等已积极进行，由粤至桂，动需月余，虑于彼此所事有所妨碍，兹请两兄及介石为我代表，与切商军事之进行。现我军决于旧历年后用兵，吴佩孚若来，则用小包围之法，击之于衡、宝一带。若彼退守武汉，则用大包围之法……闽王攻赣之背面，鄂孙乱吴之后方，尤须应时。请先注意于此。形势既利，浙卢、皖马即可据长江下游，而豫赵、鲁田共起，使直系更无归路。自来战略因于政略，吾人政略既同，斯为南北一致，以定中国，其庶几也。"①此电说明：孙中山渴望见徐树铮已有数年，其推倒直系之政略，也与段祺瑞、徐树铮一致。

1922 年 1 月 3 日，徐树铮由蒋介石陪同，从广州前往桂林②，同行者还有戴季陶等。孙中山派大本营宪兵司令吴忠信迎至梧州。15 日到达平乐，次日 9 点半由平乐启程，下午 4 时后到阳朔，寄宿旧捐局。吴忠信说机会难得，劝徐树铮一游。徐说去桂林见中山先生，为的是国事，不敢停留片刻。将来天下大定，再来游玩不迟。蒋介石听吴忠信说北伐计划未定，即想由阳朔回上海。但再三思维无计可出，只有先到桂林，再定个人行藏之计。18 日到达桂林。孙中山非常高兴，在独秀峰下王城行辕内，热情接待徐树铮。两人一见如故，纵横论述天下大事，切磋国是，非常融洽。徐树铮建议孙中山与段祺瑞、张作霖建立"三角同盟"，以打倒直系。孙中山很乐意接受徐树铮的建议，并且实际上已采取这种策略。谈到国际形势和国际地理时，孙中山根据自己长期旅居国外的经历和独到的见解，侃侃而谈，如数家珍，徐树铮听了非常佩服。论及建国方略，孙对徐也非常赏识和器重。22 日，孙中山在桂林召开军事会议，讨论如何出师北伐，西南各省均

---

①《孙中山全集》第五卷，中华书局 1985 年版，第 634 页。闽王：福建北军师长王永泉。鄂孙：驻湖北的长江上游总司令兼北军第二师师长孙传芳。浙卢：浙江督军卢永祥。皖马：安徽安庆卫戍司令马联甲。豫赵：河南督军赵倜。鲁田：山东督军田中玉。

② 这时，共产国际代表马林，由张太雷陪同，正在桂林和孙中山接洽。徐树铮到桂林时，马林已去广州。

派代表参加，徐树铮亦应邀与会。

这时候，蒋介石、李烈钧（军部部长）、许崇智（军长）、胡汉民（大总统秘书长）、张继（宣传部部长）、朱培德（某总司令）等，均在桂林孙中山周围。蒋介石陪徐树铮到桂林后，至4月初才离开桂林回浙江。

孙中山有意留徐树铮做参谋长。但徐是代表段祺瑞而来，怎能留下？他还是辞别孙中山，几天后踏上了归程。

1月27日路过平乐，正值农历辛酉年除夕，徐树铮即兴写道："平乐城头暮鼓鸣，山程水驿不胜情。谁知岁晚江空处，著我扁舟一叶轻。船头暮雨正纷纷，一片笳声动水云。……水云如梦乱峰围，斗大山城一櫂归。换却岁华都不管，笛声自破野烟飞。"①

徐树铮和孙中山在桂林的会晤，加深了两人及双方的相互认识和理解，并促进孙段张三方联合倒直。徐树铮回到上海后，多次向人说孙中山如何伟大，还就国民党内部人事问题，分别给孙中山、蒋介石写信，劝孙不要摈弃蒋介石，劝蒋不要离开孙中山。他曾将两封信拿给好友方枢看，方枢开玩笑说："这是国民党自己闹家务，关你甚事？"徐树铮说："这是关系大家的事，关系整个国家的事，我们怎能不关心？"②蒋介石一度非常消极，认为"十日内如毫无进步，则无可如何"，并与粤军军长黄大伟闹意见，从福建回到宁波。孙中山写信批评他说："兄何能遽萌退志如此？夫天下事，其不如人意者固十常八九，总在能坚忍耐烦，劳怨不避，乃能期于有成。若十日无进步，则不愿干，则无事可成也。"③后来，徐树铮又到奉天与张作霖联系。

1922年2月10日，段祺瑞的代表周善培到广东与孙中山方面联络。21日，张作霖的代表李梦庚到桂林，和孙中山会谈共同出兵讨伐直系

① 徐道邻编述、徐樱增补：《徐树铮先生文集年谱合刊》，台湾商务印书馆1989年版，第92页。
② 徐道邻编述、徐樱增补：《徐树铮先生文集年谱合刊》，台湾商务印书馆1989年版，第333页。
③ 《孙中山全集》第六卷，中华书局1985年版，第616页。

问题。

段祺瑞在直皖战争失败后，行动一直不够自由。1920 年 8 月 17 日，陆军少将、总统府军事谘议陆承武，呈文北京卫戍司令部，谓段祺瑞指使徐树铮杀害其父陆建章，请法办段祺瑞和徐树铮。吴佩孚、曹锟等直系势力及冯玉祥等，更是不断对他施加压力。1922 年 2 月，段祺瑞在几个日本人保护下，化装乘汽车逃出北京，经过通州时得到奉军照料，当天到达天津。

段祺瑞让宋子扬持《星命书》及《防骄谕折》，又让褚其祥带“威虎之作”，还派顾琢塘，相继传示徐树铮，要他担负起“乱后收拾之责”。

徐树铮从桂林经广东回上海，得知段祺瑞出京，不禁额手称庆，“又急欲举所见闻，报乞察夺”，未及具函即派随行的韩宾礼当夜北上，代他去向段祺瑞汇报。接到宋子扬、褚其祥、顾琢塘传送之物与段祺瑞的指示，徐树铮即致函段祺瑞，表明自己的态度，并述其粤桂之行，尤其是与孙中山会谈的情况。函称“芝老上将军钧鉴”：“钧谕以乱后收拾之责期诸树铮。在钧座悲天悯人，慈悲念切，亟盼救世英雄，出民于水火。但树铮资轻望浅，何克肩此大业，所视有德信威誉足系群望之老辈，乘时崛起出任艰巨，树铮竭其悬诚，赞襄于左右，或可奏一时之效，远慰廑怀耳。大抵实心实力是我本色，捭阖反复，非其所长。天下之事与天下之人共之。事有所属，决不与人争荣。姑事无人办，亦决不畏难偷安听其废置，则敢为钧座预陈者也。粤桂间山川民俗，道途风气，此行躬亲考历，较之披图籍、搜报讯所得殊真切。与中山及其副贰将佐，长谈数日，推襟还抱，纵横上下，畅所欲言。虽嘐嘐之志不无疏略之虞，而励精进取言不及私。因知其屡蹶屡起，自有一种不可磨灭之真力在，与钧座素所叹念甄取者相合。又深叹谋国者，欲统一区宇，如不能携挽此力，推诚相与偕之大道，徒以机心相驭终无济也。”“本愿买舟北来，一谒起居，顾念时当多事，恐为捏造黑白所资，姑以俟之异日。怀恋之忱，谨托筱轩代达。”[①] 筱轩即顾琢塘（1871 年生），安徽寿县人，是段祺瑞旧部，曾任皖军团长、安徽军政司长、陆军第七师师长，后来为陆军中将。

二、到延平建立军政府

1921 年 2 月初徐树铮因直皖战争失败逃到上海后，不久即秘密前往福州，劝说福建督军李厚基，同浙江督军卢永祥合作推倒直系，并托李厚基代发给陕西督军陈树藩一封密电，希望陈树藩能够配合。可是李厚基的态度相当冷淡，接了电报并不照发。李厚基曾是皖系一名重要成员，且与徐树铮有表亲关系，但在直皖战争后，已经投向直系。李为保全和巩固自己的地位，不愿再与皖系合作。因此，徐树铮徒自鞍马劳顿，往返接近两旬。

1921 年 2 月 9 日，外蒙古库伦活佛再度宣布独立。徐树铮过去对外蒙古的苦心经营，顿时化为泡影。同日，卢永祥电请中央政府缓行国会选举，随后江西督军陈光远、福建督军李厚基、陕西督军陈树藩、湖北督军王占元，相继通电支持，粤军总司令陈炯明致电卢永祥赞同。4 月 7 日广州非常国会选举孙中山为大总统后，10 日发表宣言，说明为何选举孙中山，并敦请孙中山尽快就职，建立正式政府。

徐树铮从福建返回上海，思虑再三，深为不安，欲合浙闽之力，另树一帜，进图中原。4 月 11 日，他致信浙督卢永祥，授以浙闽独立方策：“广州新选总统，局势一变……宜急合浙闽之力，别树一帜，斩断南北葛藤，

---

① 徐树铮:《与合肥将军书》(1922 年 2 月 25 日)，杜春和、耿来金辑:《徐树铮与段祺瑞等人书》,《近代史资料》总 76 号，中国社会科学出版社 1989 年版，第 178—179 页。

居中控纵，略定苏常诸郡，资其财赋，另立地方制度，悉力施布善政，整军安民，妥结邦交，然后规取南京，进图皖赣，皖赣或不拓而自至，至则确为整顿，不复虚与委蛇，有此数省，中原大势定矣。”①

卢永祥是拥护段祺瑞最忠实的督军之一。卢永祥，字子嘉，1867年生，山东省济阳人，天津武备学堂毕业，1917年任淞沪护军使，1919年8月改署浙江省督军。直皖战争后，他不愿投降曹锟、吴佩孚，一直坚守浙江。1921年6月4日，他通电主张各省制定宪法，实行地方自治，建议各省军民官长选派代表，在适当地方召开联席会议，取得一致意见后提交国民公决。这和西南方面“联省自治”的主张相当一致，而和徐树铮策划的浙闽独立貌合神离，也不符合孙中山的主张。卢永祥发表通电，与上月陕西督军陈树藩被撤换有关，担心自己也可能被撤换，如果撤换他，他就倒向西南一边。16日，他否认浙江独立，但又召集各界人士会议，决定聘请“名流”起草制定浙江省宪法。

卢永祥的通电发表后，北方便有徐树铮潜至杭州及安福国会迁往杭州开会的谣言；又有浙军准备进攻江苏的谣言，因此江苏督军齐燮元派兵增防苏州及昆山，卢永祥也派兵增防枫泾及松江，江、浙两省的战争危机又在眼前。卢永祥委托邓汉祥等，四处联络。邓汉祥时任黔军驻沪代表，与西南方面颇有关系，受卢永祥托后，北上天津及奉天，与段祺瑞、张作霖商洽推倒曹吴之事。

卢永祥虽忠心拥段，对徐树铮却很反感，特别是对徐杀害陆建章，绝不原谅，因而徐树铮关于浙闽独立之策划，没能实现。

此后半年多，徐“皆闭户读书，不与世事。浙闽有来以事见询者，尽

---

① 徐树铮：《与卢督军书》（1921年4月11日），杜春和、耿来金辑：《徐树铮与段祺瑞等人书》，《近代史资料》总76号，中国社会科学出版社1989年版，第175—176页。

所见及，剖其利弊，用与不用，不复过问”[①]。

1922 年 4 月 26 日，直系与奉系之间的矛盾，演变为一场战争，即第一次直奉战争。5 月 5 日，奉军战败退回关外。

5 月 7 日，徐树铮致信段祺瑞说：“吴氏（佩孚）虽非好手，然关外究无其敌，奉之败退久在意中，吴胜祸小，奉胜祸大，天下莫不同此心理。奉又纯恃虚憍诈吓之术以临敌仍能有幸乎！今两害既仆其一，仆者当少收敛，胜者亦非能以德礼信义服人，则天之所骄者，祸至无日，此后计皆君子道长之时，新甲子一到，必有应运而兴者，可为天下预贺也。吴之胜正所谓为贤者驱除耳。目前之所难者，余杭湖山太无生气，人方谋割其命而不思自奋，近二三日乃纷电乞灵于逃伏潮惠谋叛其主之人，浼其向吴道地，冀保一时之位，此公果折而入秦，则八闽更懦不足数，此真盘根错节之秋……树铮当仅随钧座之后，期旦夕遇其人矣，详由筱轩面陈。”[②]

在第一次直奉战争前，孙中山已在南方组织大本营，并于 1922 年 2 月 3 日在桂林下令北伐，以李烈钧率滇黔赣各军为第一路，进攻赣南及鄂东；以许崇智率本部粤军为第二路，联合湘军，由湖南进攻武汉。可是粤督陈炯明却与吴佩孚联结，暗中阻挠。而湘督赵恒惕又不肯让北伐军从湖南通过。3 月，孙中山将大本营从桂林移至韶关，改道江西北伐。不料，奉张失败后，陈炯明于 6 月 16 日竟在广州公然叛变。已经进入江西的北伐军回师平叛，连战失利，李烈钧部退向广西，许崇智部退往粤赣边境。卢永祥宣告浙江废除督军，改任浙江军务善后督办。曹锟、吴佩孚准备与卢永祥、

---

① 徐树铮：《与合肥将军书》（1921 年 12 月 11 日），杜春和、耿来金辑：《徐树铮与段祺瑞等人书》，中国社会科学院近代史所近代史资料编辑部编：《近代史资料》总 76 号，中国社会科学出版社 1989 年版，第 177 页。该信月日可能有误。原稿“辛酉年”与“新”写颠倒了。《与合肥将军书》，多是新历在前，旧历在后。

② 徐树铮：《与合肥将军书》（1922 年 5 月 7 日），杜春和、耿来金辑：《徐树铮与段祺瑞等人书》，中国社会科学院近代史所近代史资料编辑部编：《近代史资料》总 76 号，中国社会科学出版社 1989 年版，第 181 页。余杭湖山：盖指浙督卢永祥。谋叛其主之人：盖指陈炯明。道地：代人事先疏通，以留余地。八闽：盖指李厚基。浼（měi）：请托。

陈炯明密谋疏通。

这时，段祺瑞又派顾琢塘带信给徐树铮，仍望他担当乱后收拾之责，要他与卢永祥及王永泉联系，并将“致卢复王各稿”带给他。信中还谈到王郅隆、曾毓隽说的事，且为之忧虑。6 月 22 日，徐树铮致信段祺瑞说：“既无他人士肯以既有之力奉行钧座之志，推溥通国，则当仁不让，树铮其又奚辞”，“成败利钝所不敢计也”。[①]

7 月 21 日，正当直皖战争两周年之际，徐树铮发表《告国人书》，述其近年行迹，并谓：“二载以来，国势日益分崩，民艰日益困苦，有迥出吾人意想以外者。衮衮诸公，为吾民任官，高居吾民上，磨牙吮血，噬肥而甘，不以吾民为念，原无足怪，独怪吾民呼号憯瘁，甘承其蹂践，日忍朘削，曾不知一自为计，听任狡黠者流，巧立名说，欺世自固，尚复嚣然盲从！”因而介绍所著《建国诠真》，进而述说西北筹边、外蒙古撤治及直皖战争，认为自己无罪，不应被明而通缉、暗而追刺，及抄没家室、扰及妇孺，“国家果有廉正法庭，不难投案对簿，一理曲直”，“民国以民为主，既无政府，树铮愿受国民裁判，敢昭告我父老昆弟、邦人君子，请尽素所致疑于树铮者，或发自己心，或得诸传闻，无论何事，不限于前述各节，尽请随意质询，函发著名各报，树铮必据实奉答”，“果其证为有罪，树铮谨当临风自刭，以谢国人”！[②] 这是他准备公开复出的一个重要信号。

孙中山 8 月 14 日抵达上海，随后与徐树铮会谈。徐树铮拟至福建延平（今南平市）策动王永泉部，驱逐李厚基，占领福建，以建立一个对抗直系的根据地，履行“乱后收拾之责”。他怕兵力不够，商请孙中山调其部队协

① 徐树铮：《与合肥将军书》（1922 年 6 月 22 日），杜春和、耿来金辑：《徐树铮与段祺瑞等人书》，中国社会科学院近代史所近代史资料编辑部编：《近代史资料》总 76 号，中国社会科学出版社 1989 年版，第 189 页。

② 徐树铮：《告国人书》（1922 年 7 月 21 日），杜春和、耿来金辑：《徐树铮与段祺瑞等人书》，中国社会科学院近代史所近代史资料编辑部编：《近代史资料》总 76 号，中国社会科学出版社 1989 年版，第 182—184 页。呼号憯瘁（cǎn cuì）：犹呼叫惨痛。朘削（juān xuē）：剥削。

同作战。两人商定联合夺取福建。21日，胡汉民被派往延平，与王永泉商定合作的具体条件。

9月2日，徐树铮发出《致各衙署公函》，说："树铮不敏，不自知以何事获罪，目前遍发通函，敬求通国之人质询裁判，计已上呈省览。树铮供职中枢，多历年所，举凡政务、军事、财款各项，内而各部院，外而各省区，以及衙署、军队、商行、绅耆，当日经营所及，殆无不具有关连，将来各地人士考问事件，树铮作答时或者追忆不明，须请尊处代查成案之处恐有难免。兹寄上密码一册，备通电讯，谨祈察存。此册树铮手编，不虑旁洩，即时局有何要务，亦尽可供译寄之用也。树铮居止处所未能明示以前，已托至友向电局挂明上海二五四五号，有事即请照寄，无论何在，必能转到。"①

随后，徐树铮带领尹同愈、孙象震、齐暗农、汪某等人，携带80万元经费，从上海出发，经由浙江仙霞岭，9月7日到达福建延平，与王永泉商订作战计划。王永泉原是他手下的一个旅长，时任闽北镇守使，属李厚基部下，所部有炮步工辎等二十六营，约1.6万人②。徐树铮策动王永泉与粤军许崇智部联合，共同驱逐已由皖系倒向直系的福建督军李厚基。9月18日，王永泉部在长汀将李厚基部王献臣旅缴械。27日，王永泉在延平宣布独立，控制延平附近10余县，并致电李厚基要其交出军民两政，即日离闽。同时，许崇智军从粤赣边境向福建进兵。29日许崇智和黄大伟从建瓯通电讨李。李厚基匆忙派唐国谟旅自福州驰往水口防守。

1922年10月2日，徐树铮通电宣布：在延平设立"建国军政制置府"，自任"总领建国军政制置事宜"，并宣称：不至全国统一，复设正统

---

① 徐树铮：《致各衙署公函》（1922年9月2日），杜春和、耿来金辑：《徐树铮与段祺瑞等人书》，中国社会科学院近代史所近代史资料编辑部编：《近代史资料》总76号，中国社会科学出版社1989年版，第186页。

② 陈贞涛：《萨镇冰生平及其轶事》，《福建文史资料》第五辑，福建人民出版社1981年版，第32页。

政府之日，“无论何人命令，树铮概所弗受，惟以至诚至敬尊奉合肥段上将军祺瑞、中山孙先生文，为领导国家根本人物……何日见此二老共践尊位，发号施令，树铮即日束身归罪，听候质讯”。[①]且向总统府、国务院、各级军政长官及农会、学会、商会、各报馆通电宣布：“暂行刊用木质关防一颗，文曰‘建国军政制置府之印’，于本日启用。”[②]拟克日移驻福州，处理一切军民事务，并限李厚基24小时内离开福州。

徐树铮所设“建国军政制置府”，是一个类似国务院的机构。其组织的建国军，由王永泉部和孙中山属下的许崇智、黄大伟、李福林等部，及黄展云统领的福建民军和原驻福建漳厦的臧致平部北洋军队组合而成。徐树铮任命王永泉为第一军军长，许崇智为第二军军长，臧致平为第三军军长，李福林为第四军军长，黄大伟为第五军军长。以黄展云为福建民军总司令，下辖六路民军。此时许崇智部约有5000余人，有枪者只占半数；李福林部约9000余人，黄大伟部仅有两个营。各军和民军统称为“建国军”，军人臂缠红布，上印“建国军”作为标志。

10月3日，徐树铮发动王永泉、许崇智部进攻福州。许崇智部担任左翼，李福林、黄大伟所部归其指挥，由建瓯进攻古田；王永泉部担任右翼，从延平的樟湖坂进攻水口，遂与李厚基部发生激战。福州大为震动，李厚基连电向北京告急，并勒令商会筹饷50万元，导致福州银行发生挤兑风潮，官吏眷属纷纷逃离福州。6日，许崇智部占领古田后，会同王永泉部进攻水口，“由侧翼猛力冲击”，与李军彻夜激战，双方死伤官兵数百人[③]。同时李福林、黄大伟两部由古田经大湖向福州推进。8日，李厚基致电中央政府控告说：“徐树铮此次潜逃赴延，勾结驻延陆军第二十四混成旅旅长

① 北洋政府财政部档案。转见南平市政协:《南平文史资料》第十一辑，1990年，第143页。

② 《延平建国军政制置府通电》1922年10月2日，中国第二历史档案馆藏。

③ 《李厚基报告与徐树铮、王永泉作战电》1922年10月7日。章伯锋、李宗一主编:《北洋军阀》第四卷，武汉出版社1990年版，第320页。

王永泉及许崇智等，于本月二日在延平宣布独立，妄窃名义，希图假闽省为根据地，以扰乱地方，破坏大局，其居心实不堪问。”① 中央政府遂下令褫夺王永泉官职、勋章，并通饬拿办，准备对徐树铮进一步采取措施，电令萨镇冰率部应援福州，并准其调遣海军。与此同时，孙中山则派汪精卫与卢永祥联系，卢主张浙、奉、孙三方可派代表在上海组织军事委员会，但因徐树铮已成立制置府，卢永祥的主张未能落实。

孙中山密切关注着闽省的局势，对于王永泉、许崇智之向福州进攻，甚表乐观，认为许崇智“与王永泉协定福州，成功在迩，前途甚可乐观”②。

这时候，冯玉祥在北方，也密切关注着形势，加紧练兵，准备打仗。1922 年 10 月 8 日，他告诫所属：“风声日紧，不可不有作战准备”，“蜀闽两省战争情形，出人意外者较多”。③

10 月 12 日，王永泉、许崇智两部占领水口。李福林、黄大伟两部进迫福州洪山桥。李厚基率卫队迎战，败退南台仓前山时，遭到海军炮击，遂偕财政厅长费毓楷等人，避入日本领事馆，后入马尾船政局，被海军软禁于马江海容号军舰上。萨镇冰和海军对李厚基也是不满的，随即逼他交出历年积欠。后由费毓楷交出现金 50 万元，北方吴佩孚等要求派军舰护送李厚基北上，李厚基才得以脱身，由马尾乘运输舰赴厦门经上海至南京。

10 月 13 日，李福林、黄大伟部在孙本戎部的配合下，占领福州，李厚基在福州的史廷飏等部即缴械投降。这时，陈炯明又派尹骥为援闽粤军总指挥，率第二师开赴福建，另派两个混成旅开赴闽边。而福州各团体则提出“闽人治闽”的口号，推举萨镇冰做临时省长，并通电拒绝“客军援闽”，试图阻止南北各军混战于福建。黎元洪当即特派萨镇冰会办福建军务，又于 15 日免去李厚基原兼省长，任命萨镇冰为福建省长。

① 北洋政府陆军部档案。转见《南平文史资料》第十一辑，1990 年，第 145 页。
② 《复石青阳函》1922 年 10 月上旬，《孙中山全集》第六卷，中华书局 1985 年版，第 571 页。
③ 中国第二历史档案馆编:《冯玉祥日记》第一册，江苏古籍出版社 1992 年版，第 229—230 页。

10 月 17 日，徐树铮偕许崇智、王永泉到达福州。徐以“总领建国军政制置事宜”名义，任命王永泉为福建“总抚”。这个“总抚”，是根据徐著《建国诠真·官制章》的主张设置的，类似清代的总督、巡抚，下设军政、民政、财政三个署，与以前“督军、省长”制不同。徐树铮认为，“一省之中，最高长官不容有二，财政军法，统由一人辖之。任斯职者，专以才识德量为衡，不限文武之途。其下或分设军政民政财政三端；或分设民政军政两端，职限厘然不许稍混”①。

这时国民党人纷纷电请孙中山到福州组织政府。孙中山因徐树铮已组织，不愿插手其间。孙中山认为，“汝为（许崇智）既已占领闽省，国事当益可为”，并派汪精卫、蒋介石、居正等“前往辅襄，大可据是以攻粤贼”陈炯明等②。福建一时形成孙段两系和中央政府三种势力汇聚共处的局面，其中左右形势的，主要还是徐树铮。

10 月 22 日，蒋介石等到达福州。蒋就任东路讨贼军总司令部参谋长，总司令是许崇智。为配合徐树铮此次行动，孙中山已将退到福建的北伐军改名为讨贼军。东路军“既得福州，许、黄、李三部以所得军实，扩充兵力，增加不止一倍”③。

自徐树铮宣布成立军政制置府，皖系要人即纷纷活动，到上海等地筹购炮弹及招募军队等，以支持徐树铮。据京师警察厅驻沪侦探 10 月 22 日探报：“吴光新由津来沪，住虹口某国人家……与沪地要人筹划，以及安福分子，均有所接洽（援助徐树铮独立事）。并携有巨款，闻已向某洋行订购枪弹，俟议妥，即运闽。并闻在此所招兵队，日内由轮载赴福建。”④

但是，由直系控制的中央政府，岂能容忍这种局面出现。10 月 24 日，

---

① 徐树铮：《建国诠真》，癸亥季春出版，1923 年，第 14 页。
② 《复刘介藩函》，《孙中山全集》第六卷，中华书局 1985 年版，第 581 页。
③ 《致邓泽如函》（1922 年 10 月 23 日），《孙中山全集》第六卷，中华书局 1985 年版，第 592 页。
④ 北洋政府京畿卫戍总司令部档案。转见《南平文史资料》第十一辑，1990 年，第 145 页。

由黎元洪下令讨伐徐树铮，任命李厚基、萨镇冰为讨逆军正副司令，高全忠为闽军总指挥。这个命令是吴佩孚一再催促发表的。可是萨镇冰不以为然，29日致电北京辞职，李厚基、高全忠则已转至厦门。在此之前，10月18日，北京参陆办公处已电派常德盛为“援闽军”总司令。这样，北方对闽军事就派出了两个互不相属的总司令。另外，吴佩孚还调动各路人马准备进攻福建。

在此形势下，福州各团体及旅沪旅京福建同乡会，极力呼吁“闽人治闽”，反对在福州设立制置府，并拒绝各方军队进至闽省作战。福州百姓，亦颇感不安。因此，徐树铮重新考虑制置府事宜，并向王永泉、许崇智等说明，对于制置府不执成见，服从舆论，赞成选举省长。

10月30日，福州各界公推林森为省长。

11月1日，徐树铮和孙中山的代表汪精卫等出面，在福建旧督军署，设宴招待王永泉、许崇智、李福林、黄大伟、黄展云和萨镇冰及省议会议长林翰并各界代表100多人。汪精卫是10月26日到福州的，他先作长篇发言，称“南北迄未统一，国势阽危，直系军阀在北方凭借武力，毁法乱纪，南方陈炯明在广东暗通直系，背叛孙中山先生。这次大军来闽，旨在统一南北，先平广东，再图北伐。我等成立建国制置府，举徐树铮先生为总制，希望全体军民听徐总制的指挥，立建国的大业”[①]，等等。徐树铮接着作简短讲话，表示拥戴孙中山、段祺瑞为国家领导人，并解释说，建国军政制置府，将随时局发展，移驻别地，不会长期设在福建。随后省议会、商会及其他团体负责人相继发言，都说福建地瘠民贫，久厌兵祸，而且福州僻处海滨，福州厦门两地属海军范围，不宜久驻大军，更不宜设中央政府。语调颇形激烈。徐树铮等若有不安之感。因此，徐树铮又打算取消建

① 潘守正:《建国军和建国军政制置府的昙花一现》,《福建文史资料》第一辑，福建人民出版社1962年版，第115页。

国军政制置府总制名义而改称建国军总司令，并通电主张迎接段祺瑞到上海与孙中山会面，在上海召开联省会议，解决组织政府和各省共同出兵讨直的问题。可是未及各方反应，段祺瑞的代表王郅隆即到福州，劝徐树铮取消制置府，立即离开福州。卢永祥也来电提出应该暂缓成立制置府。卢永祥对徐树铮在福建的行动不表赞同。卢永祥身为浙江督军，拥有兵将饷械，却不飞不鸣，不给徐等以支持。徐树铮认为卢永祥非常懦弱，远不如国民党人孙中山等。卢永祥的心腹臧致平占据厦门，也不听徐树铮的号令。王永泉亦怀有异志。因此，徐树铮与汪精卫、王永泉、许崇智等开会商议，认为根据《建国诠真》，应在各省设立总抚，但鉴于当前的形势，宜改王永泉的“总抚”为总司令，专管福建军务，以闽籍的国民党人林森（广州非常国会议长）为省长，暂且实行军民分治。许崇智、李福林、黄大伟等部，根据孙中山令改称东路讨贼军，以许崇智为总司令，并适当收编各路自治军，准备回粤讨伐陈炯明。这样一来，建国军便取消了，建国军政制置府也就昙花一现地结束了。

11月2日，徐树铮怀着失败的心情乘轮离开福州返回上海。报纸上很快出现他与许崇智不和的消息。实际上并非如此。孙中山在《复杨大实函》（1922年11月）中说：“文素以争主义不竞私利为职志，此次我军入闽，诸将士幸皆坚守斯旨，未尝稍逾。汝为（许崇智）与又铮感情尤洽，又铮联好吾党亦既有年，外患方殷，中原未定，讵同袍相迫之时，是愚者所不为，而谓汝为、又铮为之耶？各报所载许、徐不和之说，直谰言耳。幸转告雨亭（张作霖）、邻葛（杨宇霆）两公，勿以介意。文与芝泉、雨亭，共患难之日方长，终不愿其部属友好睚眦相向也。”①

徐树铮随即北上天津向段祺瑞汇报闽事经过，并商讨未来方略。然后又南归上海，“声言他行，闭户谢客”，但对闽事仍特关注，“闽中有要务，

① 《孙中山全集》第六卷，中华书局1985年版，第627—628页。

或专人、或电函请示导时，无论其能否听行，必揭其利害以示之”[①]。不久，段祺瑞派吴光新赴闽与王永泉接洽，经上海见徐树铮，徐还特为关照。徐树铮担心吴光新性格率直，万一论事急骤，可能与王永泉龃龉，即嘱其加意委婉，并力促曾宗鉴随行。曾宗鉴是福建闽县人，曾任上海浙江地方实业银行副行长，还做过外交官。

但是，徐树铮离开福建后的一两个月内，福建出现了群雄逐鹿的混乱局面。这时曹锟、吴佩孚又加派孙传芳为“援闽军”总司令，率兵开往福建。1923 年 1 月，当孙部开到赣东准备进入福建时，王永泉、许崇智、臧致平、李福林等联名通电，反对直系派兵入闽。孙传芳只好暂停不前。3 月 20 日，中央政府在曹、吴胁迫下，发表孙传芳督理福建军务善后事宜。同时，中央政府张绍曾内阁还发表王永泉为福建军务帮办。4 月 12 日孙传芳到达福州，17 日就任福建督理，王永泉取消福建总司令名义，退居军务帮办一职。这期间，孙传芳和王永泉都曾派专人持函到上海，和徐树铮商酌办法，想要他到福建主持。徐树铮顾及浙督卢永祥的猜忌，即以“东行”（赴日）婉言谢绝。孙传芳到上海，徐树铮亦避而不见。

三、敦促段祺瑞联合孙中山

徐树铮率王永泉、许崇智等夺取福建，是孙中山与段祺瑞联合的重要一环。但孙方的主要目的是把福建作为讨伐陈炯明的根据地，拟在讨平陈炯明、恢复广东后再举北伐。段方的目的，则是谋得一块反抗直系的根据地。

---

① 徐树铮:《与合肥将军书》（1923 年 2 月 10 日），杜春和、耿来金辑:《徐树铮与段祺瑞等人书》，中国社会科学院近代史所近代史资料编辑部编:《近代史资料》总 76 号，中国社会科学出版社 1989 年版，第 187 页。

自陈炯明叛变以来，孙中山时刻难以忘怀的是回粤讨陈。他在许崇智等攻占福州后，即将北伐军改为讨贼军。东路讨贼军奉其命令，1923 年 2 月 1 日起，由福清、泉州逐步向南移动。2 月 21 日，孙中山偕谭延闿等，由上海经香港到达广州，成立大元帅府。孙中山自称大元帅，不再恢复总统职位，并且宣布此后转入“讨贼时期”。其大元帅府，依然具有政府性质。孙中山任命了一批部长，又改任徐绍祯为广东省长。23 日，他在大元帅府召集各军将领会议，宣布对北方主张维持和平，先讨伐西南内部首鼠两端的地方军阀。但他还缺少消灭陈炯明的实力。4 月 16 日，讨伐过陈炯明的桂军总司令沈鸿英，突然宣布接受中央政府的任命，成为广东督理，并且发动对广州的攻势，逼迫孙中山离开广州退回上海。孙中山多方调集军队，并亲临战场督战，经过半个多月才将沈军打退。而陈炯明旧部杨坤如、翁式亮、尹骥等又在东江叛变，5 月 9 日发动大规模反攻，与许崇智等部进行 10 余天的拉锯战。正当东江苦战的时候，逃入江西的沈军又和北军联合反攻北江。6 月下旬，陈炯明由香港到汕头，进一步与孙中山为敌。在这困难险恶的时期，孙中山既无力北伐，又难以讨平叛军，因而同段方的关系逐渐疏远。

段祺瑞自离京以来，一直住在天津，对于闽粤方面不断变化的实际情况缺乏了解。对与孙中山的联合，越来越淡漠。

这时北京的政局也非常动荡，总统黎元洪被直系逼迫出京，直系首领曹锟准备竞选总统。

在上述情况下，徐树铮主张继续联孙抗直。1923 年 6 月 24 日，他致函段祺瑞说：“中山博士固未尽娴治国之道，然质地甚佳，比北将之贪饕殊属净洁，较西湖[①]之巽懦实大果敢。心志不知向我，我为国计，尚不应弃之门外；既知向我，而我犹不克纳之轨物，恐非济世牖民之大也。甚愿有

① 西湖：指住杭州的浙督卢永祥。

以许之。”并积极采取行动，敦促段祺瑞与孙中山联合。他在同一封信里还说，孙中山方面已派信使到上海，“专函输诚”，与其接洽，“由树铮暂滞之在沪，特遣次君（韩宾礼）先来详陈，期能婉转应付”。[①]

韩宾礼代表徐树铮北上向段祺瑞汇报情况，段祺瑞对徐树铮多所责备，责其“不应目西湖为巽懦”等。1923 年 7 月 3 日，徐树铮又致信段祺瑞，对其责备一一辩解，并进一步阐述与孙中山联合之必要。信中写道：“若中山孙公之应否团结，实于国事前途消息至大，愿钧座更进一步而有以勘其微焉。中山之真态如何？钧座所闻者来源不一，各有所挟，与之敌者扬其短，或不免过甚；与之友者誉其美，或不免阿好。树铮今兹之所见，专就国事着想。钧座本身之利害，姑无庸计及，但能利国，钧座更复何求？今日之中国，宁有利于国，而有害于钧座之事，故不足言也。短孙者，第一目之为破坏人物，次则不谙国情，再次则理想荒唐，再次则左右芜杂，再次则不能下人。之数说者，度已熟闻于钧聪。惟其不能尽信，故前岁桂林之行，极蒙嘉许。惟其不能无疑，故始终不即不离，难征实绩，今试逐条剖察之，孙公之破坏未向外人损掷国权断送民利也，未以民间脂膏搜括入己，储之外国银行，俾外商资为母金，坐收中国大利也，此与保定曹氏（锟）所为如何？更与他氏破坏道德，破坏廉耻，破坏纲常教化者何如？藉使曹氏今日向钧座低首下心，甘与公结，纳之乎？抑拒之乎？藉曰纳之，曹犹可任，而孙转不可乎？藉曰拒之，曹氏之拥兵拥财自若也，不待天之死之，即无策除此国毒，以钧座与国休戚之躬，而所以为国效命者，不过曰听天，将来史籍之责备，何以为公宽？当今群儿寒噤，各谋己私。忍艰辛困苦以与贪饕抗者，仅此粤东一隅，而公不思结为己助，俾渐返破坏之辙同趋安轨，徒听其长此破坏不加喜戚，如此则在公纵非破坏，而公之所

① 徐树铮:《与合肥将军书》（1923 年 6 月 24 日），杜春和、耿来金辑:《徐树铮与段祺瑞等人书》，中国社会科学院近代史所近代史资料编辑部编:《近代史资料》总 76 号，中国社会科学出版社 1989 年版，第 188 页。

为国保全者安在？愿钧座熟虑之也。”[①] 徐树铮一一为孙中山辩解，敦促段祺瑞与孙中山联合，共谋国是。信中言辞激烈处，虽有反责之嫌而不避。

1923 年 8 月至 9 月 21 日，徐树铮带韩宾礼、王郅隆等去日本活动。日本方面，到处有人招待，特为警备，与 1918 年 11 月他赴日观操一样，不过只是非正式的。这次在日本期间，意外遭遇关东大地震和海啸，徐树铮和韩宾礼仅以身免，而王郅隆及其仆人陈某不幸丧生。9 月 23 日，徐树铮写给叶恭绰的信中说：“前读精卫兄携来手书，责望殷拳，感与惭并。天下事败坏至今日，非彻底清厘，不足为起死回生之剂。造端既属宏大，则断不宜鲁莽从事。故弟所图维而期待者，虽粗具端倪，而默相时机，似尚有需于月日。然急起直追，则静中著力，殊未敢稍有松懈也。合肥中山二老，志同道合，自必肝响于无形，机势一展，立可见之实际，固不争朝夕之迟早耳。”[②]

徐树铮继续为孙段联合而奔走努力。可是大有为之时机尚未到来，他只能默观形势，静中著力，不敢稍有松懈。

① 徐树铮：《与合肥将军书》（1923 年 7 月 3 日），杜春和、耿来金辑：《徐树铮与段祺瑞等人书》，中国社会科学院近代史所近代史资料编辑部编：《近代史资料》总 76 号，中国社会科学出版社 1989 年版，第 190—191 页。

② 徐道邻编述、徐樱增补：《徐树铮先生文集年谱合刊》，台湾商务印书馆 1989 年版，第 341—342 页。

第二十章

被捕与放洋

一、形势的变化

直皖战争后，直奉两系争抢收编皖系的残兵败将。奉军把宋子扬旅改编成奉军，直军则改编了陆军第九、第十五两师。宋旅哗变后被解散。边防军第二师师长马良被迫辞职。张敬尧的残兵在湖北被收容，王占元还逮捕枪毙了张敬尧的兄弟张敬汤。直奉两系的首领曹锟、张作霖，都想掌控北京以操纵中央政权。曹、张二人表面上仍维持徐世昌的总统职位，并让和徐树铮势不两立的靳云鹏，再度成为内阁总理，其阁员内务总长张志潭、财政总长周自齐等，也和徐树铮不相容。此前的所谓安福国会，不得不宣布闭会，从而退出政治舞台。吴佩孚则到洛阳常驻练兵，不断扩大势力和影响。

直奉两系都力图扩大自己的势力范围。1920 年 10 月 12 日，江苏督军李纯忽然自杀，遗书说“纯为病魔，苦不堪言”，并“叩求卢督军子嘉（卢永祥）大哥维持江浙两省治安”，同时推荐“以齐帮办燮元代理”江苏督军职务。[①] 15 日中央政府下令以齐燮元暂行代理江苏督军。张作霖马上推荐

① 陶菊隐著:《北洋军阀统治时期史话》(中)，山西人民出版社 2013 年版，第 406—407 页。

亲家张勋任江苏督军兼苏皖赣巡阅使；曹锟则推荐齐燮元任江苏督军，以王士珍为苏皖赣巡阅使。徐世昌为在曹锟、张作霖之间保持平衡，鉴于张勋复辟而不便任用，竭力说服张作霖同意，才于12月3日任命王士珍为苏皖赣巡阅使，齐燮元署理江苏督军，何丰林为淞沪护军使。何丰林是齐燮元保荐的。淞沪护军使职位，是直皖两系多年来没能解决的一个争端问题，目前所以如此，是直系为取得卢永祥、何丰林对齐燮元的支持。此前，中央采取李纯的建议，任用淮海镇守使张文生为安徽督军。直系明显取得优势。

张作霖则在东北加强势力。他调任孙烈臣为吉林督军，排斥了曾属皖系的鲍贵卿，并任吴俊升为黑龙江督军。他还推荐张勋任察热绥巡阅使，保荐师长汲金纯任热河都统，试图把西北地区纳入他的势力范围，因有阻力而未成。于是又想拉拢皖系，并保释了段芝贵。

1921年5月，张作霖与曹锟达成妥协，把曾属皖系的陕督陈树藩改任为祥威将军，任直系的师长阎相文为陕西督军，张作霖兼任蒙疆经略使，得以节制热河、察哈尔、绥远三区。河南则已成为直系的势力范围。8月，阎相文自杀，冯玉祥继任陕西督军，附属于直系；湖北方面，因湘军进攻，王占元宣布辞职，并秘密释放吴光新，吴随即由汉口赴沪转往天津；吴佩孚升任两湖巡阅使，萧耀南继任湖北督军，湖北进一步成为直系地盘。时任总理靳云鹏也准备继续推行武力统一政策，以吴佩孚为两湖巡阅使，就是准备进而平定西南。随后，吴佩孚即和湖南赵恒惕为争夺地盘，进行一场湘鄂战争。“旅津湘鄂人士黎元洪、熊希龄等劝告曹、吴不要迷信武力，梁启超劝告吴‘勿将安福系之垢衣，取而自披于肩背’。吴对这些呼声充耳不闻。”[①] 接着，吴佩孚又带领直军，到鄂西宜昌等地，与前来进攻的川军，打了一个多月的鄂西战争。原来湘军和川军有约，要为“联省自治”会师

① 陶菊隐著:《北洋军阀统治时期史话》(中)，山西人民出版社2013年版，第477页。

武汉，并准备成立联省自治政府。吴佩孚曾公开表示："有我吴佩孚在，决不允许联省自治政府成立！"[①] 11月中旬，吴佩孚到保定与曹锟谋求改造政局，准备赶走徐世昌，让黎元洪再任总统。

1922年6月2日，总统徐世昌被排挤下台。6月11日，黎元洪又任总统。8月1日，旧国会重新开幕。1923年1月4日，吴佩孚的亲信张绍曾组阁。6月13日，黎元洪又被排挤出走，由高凌霨组织摄政内阁。9月中旬，黎到上海准备组织政府而未成。10月5日，曹锟以行贿当选总统，10日就任，以高凌霨代理内阁；30日，让孙宝琦组阁（两个多月后才获得通过）。1924年7月2日，顾维钧代理内阁（9月14日颜惠庆组阁）。9月3日，苏浙战争开始，10月13日，卢永祥下野。17日，第二次直奉战争开始，由于冯玉祥倒戈，曹锟被迫于11月2日宣布下台。张作霖和冯玉祥协商，推段祺瑞出来维持大局。11月24日，段祺瑞就任临时执政。

二、图谋再起租界被捕

徐树铮自取消建国军政制置府以来，在蛰居的同时继续默察发展变化着的形势。1924年夏，他到奉天会晤张作霖，"共商国计"，一有机会，就试图再起。苏浙战争，似乎带来机会。

江苏自冯国璋驻南京以来，经过李纯，再到目前的齐燮元，都是直系势力地盘。浙江则由皖系地方实力派卢永祥控制。直皖战争之后，卢永祥因实力而幸存。但直系不能长期容忍。

1924年9月3日，苏浙战争爆发。齐燮元自任苏军总司令，司令部设

---

① 陶菊隐著:《北洋军阀统治时期史话》（中），山西人民出版社2013年版，第486页。西南几省，甚至江西、浙江，也想成立联省自治政府。孙中山及徐树铮等，也不赞成。

于苏州，指使苏军发起进攻。卢永祥认为这是曹锟的主意，即发表通电讨伐曹锟，并请西南各省联合讨直。这关系到孙段张反直三角联盟的命运。孙中山、段祺瑞、张作霖均对卢永祥表示支持。卢永祥、张作霖都有电报请孙中山出师北伐。据上海《民国日报》报道，孙中山自8月31日起，在大元帅府每天召开军事会议，讨论北伐问题。9月4日，孙中山提出，“两星期内，所有滇、桂、湘、豫、赣、山、陕各军一律出师北伐，以为浙卢声助”，并决定“五日内先统兵出发韶关，设立大本营于是处，以便居中策应”。[①] 次日即下令讨伐曹锟、吴佩孚，还发表《告广东民众书》说：“以全国言，一切变乱之原动力，在于曹、吴。”“苟能锄去曹、吴，则乱源自息。以广东言，浙江、上海，实为广东之藩篱。假使曹、吴得逞志于浙江、上海，则广东将有噬脐之祸。故救浙江、上海，亦即以存粤。”“当与诸军会师长江，饮马黄河，以定中原。”[②]

苏浙两军在黄渡等地对峙。浙军初战胜利，不料，直系孙传芳带队由福建进军浙江。9月7日，中央政府下令讨伐卢永祥及淞沪护军使何丰林。卢永祥被迫放弃浙江并辞去浙江军务督办，将此前不久组织的浙沪联军司令部移驻上海。卢自任浙沪联军总司令，下辖三军，何丰林、臧致平为第一军正副司令，陈乐山、杨化昭为第二军正副司令，张载扬、潘国纲为第三军正副司令。

9月17日，中央政府任命孙传芳为闽浙巡阅使兼浙江军务督理，25日任命苏皖赣巡阅使齐燮元兼淞沪护军使。孙传芳进军浙江顺利，25日占领嘉兴，10月3日和卢永祥军接触于松江、石湖荡一带。10月9日，卢军退出松江。12日，卢在上海召开军事会议，讨论战守问题，臧致平、杨化昭主张战斗到底，陈乐山认为两面受敌，要坚持也不能坚持。卢永祥确认形

① 《孙中山全集》第十一卷，中华书局1986年版，第10页。另见上海《民国日报》1924年9月11日。

② 《孙中山全集》第十一卷，中华书局1986年版，第16—17页。

势不利，即宣布下野，次日携何丰林等乘船东渡。

当时松江、青浦、嘉定已被齐燮元、孙传芳的军队占领。战局虽说不利，但黄渡、南翔、浏河、吴淞还在卢永祥、何丰林方面，所属第四师、第十师、第六混成旅及臧致平、杨化昭的部队，还相当完整，合计三四万人，大都军械齐备，子弹军实犹有余存。卢永祥与何丰林出走后，这些部队纷纷退到上海闸北南市一带与百姓杂处，而无人统率负责。上海租界担心溃兵涌进租界，即在租界边遍布鹿角，网上铁蒺藜，各国海军陆战队和万国义勇团出动巡逻。

徐树铮认为卢永祥懦弱，两人关系已多年不和。苏浙战争时，徐树铮未置一词，但时刻注意战局发展。卢永祥通电下野后，原安福系及皖系主战者，对卢永祥与何丰林出走深致不满。于是，徐树铮与臧致平、杨化昭、陈乐山等 20 余人，在上海闸北会议，主张继续对齐燮元作战，众推徐树铮为总司令。徐树铮下令第三十七团和第三十九团及臧、杨部队，由北火车站开至麦根路潭子湾一带布防，共设三道防线：第一道距真茹约 3 里许，第二道距闸北约 3 里许，第三道在闸北。10 月 14 日，孙中山得悉后，复电叶恭绰等说："又铮登台必可大振，望各方为之助力。"[①]

可是，10 月 15 日，徐树铮到浙军司令部开过会回到家后，即被租界工部局以避免战争和维持租界治安为由，派一些巡捕把他软禁在家，他当时住在公共租界南洋路 34 号，与外界完全隔绝。随后又把他拘捕至英国驻沪总领事署软禁。其子徐道邻找人想办法解决，唐绍仪、朱庆澜极力主张，由徐道邻出面，请英籍律师安得臣向法院投诉，控告工部局违法拘捕徐树铮。为此，曾宗鉴也帮了不少忙。孙中山则向广州领事团抗议，反对上海工部局拘捕徐树铮[②]。可是，租界当局都不顾及。

---

① 《孙中山全集》第十一卷，中华书局 1986 年版，第 186 页。

② 徐道邻编述、徐樱增补:《徐树铮先生文集年谱合刊》，台湾商务印书馆 1989 年版，第 343—344 页。

17日，曹锟下令缉拿卢永祥、何丰林、陈乐山、臧致平、杨化昭。孙传芳与苏军第一师师长白宝山由沪西南的梅家弄到上海，主持收束卢永祥、何丰林的军队，并与齐燮元的代表商谈收编或遣散浙沪联军的条件。20日，白宝山代表齐燮元、孙传芳到上海北站，会见浙沪联军代表朱声广及各将校，并赴浙沪联军总司令部，商定收编所有军队：浙沪联军第十师与臧致平、杨化昭的军队，由齐燮元收编为苏军；第四师及第六混成旅残部，由孙传芳收编为浙军。不愿接受改编的，遣送回籍。陈乐山21日离上海去日本。

三、不得不出洋及向往

1924年10月20日晚上，租界工部局派人找到徐道邻，一起去看其父亲。到那里，曾宗鉴之外，还有两个英国侦探。原来租界当局，奉公使团训令，强迫徐树铮出洋：英国蓝烟囱公司的货轮，21日早上就启航。未到英国利物浦之前，不准下船。找徐道邻去，是让徐树铮向他交代家事的。

10月24日早上，船抵香港。停靠一日。香港一家西方报社特派记者上船采访。就记者提出的问题，徐树铮作了回答。他说他此次出国，目的在求高深学问，然未尝一刻忘却中国，“国人纵然忘我，而我则断不忘国家”，并说他在国内已饱历风尘，“现在拟往外洋一吸外国新鲜空气，此行纯系以私人资格，全无政治意味，但目的上则仍是为国家设想”。记者问：“此次君在上海被留，孙中山曾向北京外交团提出抗议，君知之否？”徐答：“事后方知，因予在沪被留时，与外间消息完全隔绝，故外间之事当日实茫然也！此次被留，实亦无可如何事，本国国势贫弱，有以致之耳。补救之方，惟有使国家转弱为强。强国之本，基于智识。此次本人决计出外求学，亦有感于此。”记者问他对孙中山有何看法。他说他与孙中山是“良友”，虽有时政见略有不同，然而孙有数种政策很好，深信中山必能为国尽力建设。记者问，现在北方与广东又发生问题，粤省北伐，而直系则命湘省赵恒惕派兵进窥广东。对此，您有何看法？徐答：“直系纵派兵南进，然必无效力，本人深信直系武人迟早必倒。南征一事，必不能见诸事实。逆料北京政府之命运，将不能持续下去，是以本人此次出洋，期多得阅历，储为国用，并希望将来从根本上组织一良好政府，以拯人民于水火之中。”①

徐树铮初抵香港时，即有一警察小轮，载几名华探与水警，由船警司负责人带领，登船往访徐氏。徐对他们说，他不打算登岸，将乘原船赴欧。他没带家人，只带秘书黄某和随员一人。徐树铮所在舱室，门外贴有其名片。徐操北方口音，与他们及记者谈话，由黄秘书翻译。

10 月 25 日该船由港起碇前，香港总督忽然派人请徐树铮下船，并向徐表示歉意，告诉他可以完全自由行动了。徐树铮登岸后，直上坚尼路 61 号，到前广东省长李濯汉家住宿。港府同时派出精干侦探，在门前轮值保护。

原来这几天，北京政局又有重大改变。10 月 17 日第二次直奉战争爆发②，吴佩孚的部将冯玉祥，暗中与在天津的段祺瑞及奉天张作霖联系，计划倒戈驱曹。10 月 23 日，北京政变，正当直奉战争紧张之际，冯玉祥突然命令部队，回头占领北京，迫使曹锟辞去总统，准备请段祺瑞到北京主政。段祺瑞当天获悉即召集会议商讨办法，并致电在上海的曾毓隽、李思浩、马良暨浙沪联军各师旅团长，告知当前情况，要求保护数万久经战阵的浙沪联军士兵，勿让零星散去。徐树铮得知这一消息后，数次致电段祺瑞，请其暂缓入京，即使入京也必须有条件。因此，段祺瑞延缓两星期入京。徐树铮则暂留香港，静待形势明朗。

---

① 《申报》1924 年 11 月 2 日。

② 冯玉祥说，“此次直奉之战，双方死伤不下十二万人，真乃以一二人之私仇，驱无罪之官兵去死，残忍已极”。《冯玉祥日记》第一册，江苏古籍出版社 1992 年版，第 658 页。

徐树铮认为北京政局正在剧烈动荡，一时难于稳定。这时记者又采访他，问他是否再出而从政？闻冯玉祥有拥段祺瑞为总统之表示确否？他说，段公此时仍在天津，不易轻出。必自保存声誉，而不汲汲于实力活动。此时所组之政府，是过渡时代之产物，恐不能久存。像这样的政府，对现状仍无甚补益[①]。显然，他对冯玉祥此时拥段主政抱有疑虑。而冯玉祥，此时拥段是出于无奈，准备等段到京后，他即飘然远引，并认为“合肥（段祺瑞）出，不能再用小徐一般群小”[②]。

徐树铮逗留香港，接受记者采访，有许多似是而非的报道，引起许多人的关注。徐树铮察知这一现象，特意致函《申报》，谈论吴佩孚、段祺瑞、冯玉祥与国家的关系和与他本人的关系，及他的言行问题，申明自己的态度。这很值得注意。该函如下：

敬启者：连日港报登载，树铮对客谈论，有称吴子玉（佩孚）为今日中国不可再得之人之言，又詈冯玉祥反复小人之言，又有谓段芝老（祺瑞）即一亲信卫兵俱无，非与子玉合，不可出山之言。月前树铮以五公使强要离沪，故赴欧旅游，舟甫抵港，适京军政变，政局转幻，树铮行程，因之稍稽，护照船票，皆有更改，非树铮本志也。停寓友家，知交过访，不无谈及时局，各报所载，诚非无因，然模糊隐约，多非真相，兹略追忆所谈话意，录送台察，敬请酌量登载，庶免辗转传讹，则幸甚也。

（一）合肥段上将军，为国家柱石，又为树铮惟一长官，德望在人心，故旧满天下，出任国事，则确尽己责；退居在野，则苍生引领。举国爱戴，是举国人民，皆其卫兵；举国不爱戴，则皤然一老，长斋绣佛，无所用其卫兵，何待一吴氏之合不合哉！故凡论及段公出处者，应为国计，不应为

① 《申报》1924年11月2日。

② 《冯玉祥日记》第一册，江苏古籍出版社1992年版，第649页：1924年11月6日日记。

吴氏计。前五六日树铮致电段公，谓“非有妥法安置吴子玉，不为长策，亦不为国策”，非为吴氏计，并非为段公计也。

（二）吴将军子玉，为树铮旧友，其任第三师师长及孚威名号，皆树铮一力推荐，素与树铮往还无忤，树铮始终许其为战将，未许其可假以国政。当六七年前，渠始与树铮意见不合，时曾与以一电，谓以君行径，必有进退维谷之一日，俟届彼时，君但记徐某尚可为君解释足矣，好自为之，他事不必相溷云云。曩岁在沪，尚述此言，以电警之，仍只许为战将而已。今春斋公[①]复完，派员到沪，今夏树铮到奉，晤张公雨亭（作霖），共商国计，树铮皆虑子玉一部，须好安置。若尽以力征经营，即获全胜，亦损国家元气，庶皆为国事计，非与何人有何私爱私恶。今仍此心此志耳。吴君之自计，作何打算，能否念及树铮前言，非所问及，若云其中国今日不可再得，溢誉误友，树铮素所不为。然渠果能降心相从，不复谬自愎恃，则尚有可取也。

（三）冯将军焕章（玉祥），亦树铮旧友，共事更久于子玉，且部曲将士，彼此互调者，亦属不少，渠曾有一二困窘之事，由树铮为之援手。综树铮之于渠，及渠之于树铮，未见有何反复之事。此数日间，尝有人谈其反复者，树铮默然，未赞一词。惟素有悬空之论，谓今日用人之人，率以己利为主，用时则甘如饴，用后则弃如遗。是用人者先自反复，何能以反复责人？此语非为谁谋而发，实有慨于世风日下而言之也。

以上数事，皆树铮胸怀所寄，无所变改。今当远行，尤不愿与闻时政。一俟护照船票，屏当妥帖，即当放棹云海，一扩尘襟。归期早晚，虽不敢预定，要当习新学，补所不足。国事有所急需，则沿途皆可折回；国事得所安定，则寄居研学，期能深得，他日实学而返，重图报国，计亦天下之所许也。[②]

---

① 斋公：即段祺瑞，前述“长斋绣佛”者。

② 《申报》1924 年 11 月 16 日。

冯玉祥倒戈驱曹后，又驱逐溥仪出宫，于1924年10月31日组成黄郛摄政内阁。11月5日，吴佩孚率残部3000余人由天津退至英美势力所在的长江流域，第二次直奉战争结束。11月10日，张作霖以胜利者的姿态到达天津，并电邀冯玉祥至天津，与段祺瑞共商大局。在重建中央政权的问题上，冯玉祥主张采用委员制，张作霖主张总统制，最后达成的妥协方案是，拥段祺瑞为中华民国临时总执政。对此，徐树铮坚决反对，认为"执政"二字与"中华民国"根本不符，劝段不要急于就任。他也反对委员制，而赞成总统制。但段只能将就其势。为了缓和张、冯之间的争权斗势，段祺瑞试图对张、冯保持平衡，以津浦线及长江中下游地区为张的范围，京绥线及京汉线为冯的范围。实际上，北京完全在冯玉祥控制之下，其军队由原来属于直系的第十一师，扩编为6个师，约8万人①。张作霖也循例改编战败者军队，其兵力由战前17万人，一跃而为35万人，把势力扩张到关内直隶（河北、天津）、山东、江苏等地，图谋控制中央政权。段祺瑞"知势有难为，然为国家计，不容迟回"②。

1924年11月24日，段祺瑞到北京就任临时执政。徐树铮嫌其匆促，认为势必受到冯、张挟持，不可取。因此，他决定继续出国游历。

徐树铮在香港期间，其子徐道邻没有得到他允许，就一人到香港看他。他叫道邻赶回上海，准备全家放洋。"两位姨太太，两个小囡囡，两个奶妈，一个女佣人，三个男佣人，六十箱子的书，三大包毛笔，好几刀宣纸，都要赶上十一月二十四日离开上海开往马赛的法国邮轮阿马逊号。"③ 等道邻再到香港时，段祺瑞已就任临时执政，打几个电报要徐树铮回北京。徐树铮看势不可为，已下决心出洋，就把长期计划改为短期，临时把两个小

① 来新夏主编：《北洋军阀史稿》，湖北人民出版社1983年版，第306页。

② 段祺瑞撰：《徐树铮神道碑》，《徐树铮电稿·附录》，中华书局1963年版，第383页。

③ 徐道邻编述、徐樱增补：《徐树铮先生文集年谱合刊》，台湾商务印书馆1989年版，第345页。

囡囡和奶妈送回上海。他仍照原计划，乘法国邮轮离开香港，并请林子峰[①]作英文秘书同行。离开码头后，梁士诒还坐个小艇，一路放鞭炮送他出港。

徐树铮在香港停留一月，本希望中国政局能够进入正常轨道，结果却很失望。这期间，他还同孙中山、胡汉民等国民党领导人联系，讨论解决时局办法，同梁士诒等也进行过讨论。但缺少实力而不能施行，只得出国游历。他向往求得新知而再服务国家。

法国邮轮离港后，遇大风浪如荡秋千，徐树铮在“甲板上往来步履，有似登山，饭厅每饭必吃，无一脱课”。其家人却晕吐狼藉。他“平常不能自了一身，今且兼顾一家”，往来照拂其晕所饮食等事，且“乐此不疲”。“盖较林君（子峰）等尤健旺也。”[②]船行三日，11 月 26 日中午抵安南西贡（越南胡志明市），有华人招待，相见甚欢。徐树铮写诗两首答谢，并以明信片寄给翁之憙，从中可以略见其情，及其赴欧途中对前景的瞻望，和对祖国的牵挂。

西贡步杜君庆存赠儿子审交韵

不世谁能与策勋，风流儒雅自超群。胸中满贮千秋业，眼底平看万壑云。

禹域龙蛇纷起陆，越宫花草对斜曛。波涛前路想珍重，莫信惊鲵早息氛。

再依前韵奉谢陈君肇祺

人间喜见杜司勋，游海元龙迈众群。故国烽烟莫回首，相逢意气正如云。

两行红粉离歌起，一片清波暮色曛。君问归期应不远，神州风雨杂兵氛。[③]

---

① 林子峰原为广西梧州关监督，由韩宾礼介绍给徐树铮。曾在英国 10 余年，学研法学。

② 又铮（徐树铮）:《舟次致某友人书》,《申报》1924 年 12 月 31 日。

③ 明信片下记年月日为“甲子仲冬三日”，即 1924 年 11 月 29 日。翁之憙（1896—1972），字克斋，江苏常熟人，时在天津。曾随徐树铮“入蒙”。诗见翁之憙:《入蒙与旅欧》，中西书局 2013 年版，第 180 页。诗中杜君庆存，不详。审交，即徐道邻。陈肇祺，云南人，曾与人集资开办云南煤矿公司。

第二十一章

环球考察

一、受命与组团

1924年12月24日早晨，徐树铮一行抵达法国马赛，驻法公使陈箓派秘书李骏、陇海铁路督办章笃臣派王慕陶到马赛迎接。徐树铮在马赛告诉新闻记者，“中国不久可复宁靖，世人勿以布尔希维克主见存虑。中华民国愿巩固中法两国间现有之和好友谊，以符段上将之政策”[①]。当晚转乘火车，25日到巴黎，住宿凯旋门附近的公寓房。中国驻法官员，及法国、丹麦等国报纸，均表欢迎。

1925年1月4日，段祺瑞执政府特派徐树铮为考察欧美日本各国政治专使。原先，徐树铮想以私人资格游历考察，认为私人考察可以接触面广些，无论何派均可接洽，若为政府代表，则反对政府者即不易接近。因此，当段祺瑞计划令他为考察专使时，他力请中搁。但当接到政府任命后，他又不得不就。这项命令，年前已发出，原为“考察欧美各国实业专使”。电报打到船上，徐树铮回电，要求把“实业”改为“政治”，在“欧美”之后加上“日本”。政府满足了他的这一要求。“政治”可以涉及各方面。段祺

① 《申报》1924年12月27日。

瑞亦希望，通过其考察，能“弃短取长，兴我邦家”[①]。

徐树铮在巴黎接受“考察欧美日本各国政治专使”任命后，立即组织考察团。军事人员全部由国内调用，有宋子扬（任东）、褚其祥（瑞孚）、韩振先、刘卓彬、孙象震（仲尧）、李鼐（友嵩）、司可庄（临之）、褚哲文[②]、韩辉荣[③]等；文职人员，有从国内调来的翁之憙（克斋），有同来的林子峰、张文轩、董世五等，有向各使馆调用的朱佛定[④]、王治焘、薛学海[⑤]、汪延熙[⑥]、蔡增基[⑦]，还有从所在国留学毕业生中调用的吴国柄[⑧]、李锡恩[⑨]、谭伯英、段茂澜[⑩]、徐赞化等[⑪]。当初正式随员15人。考察过程中人员有所调整，总计20余人。段祺瑞说，其“随员十有五人，多调自各使馆，人才是视，荐擢有加，余悉如所请”[⑫]。

宋子扬、褚其祥、翁之憙、李鼐、司可庄、褚哲文等，1925年1月26日（农历乙丑年正月初三），从天津乘火车出发，途经奉天、长春、哈尔滨、满洲里，过俄国（西伯利亚、莫斯科等地）、德国（柏林等地），2月

① 段祺瑞:《徐树铮神道碑》，见《徐树铮电稿·附录》，中华书局1963年版，第383页。
② 褚哲文，名宏濬，徐州人，褚其祥侄子。
③ 韩辉荣，原籍福建龙溪，印尼华侨。17岁回国，在保定军校骑兵科一期学习。参与徐树铮收复外蒙古。任过驻德、俄使馆武官。后在福建、湖北盐务局任职。抗日战争初期在四川病逝。
④ 朱佛定（1889—1981），名文黼，字佛定，江苏江阴人。1914年京师大学堂毕业，公派留学法国、瑞士。1919年参加巴黎和会。1947年任台湾民政厅长。法学博士、外交家、教育家、书法家。
⑤ 薛学海（1897—1965），字汇东，江苏无锡人。晚清维新派薛福成之孙，袁世凯女婿。早年就读清华学堂，留美学经济。
⑥ 汪延熙，字子长，江苏吴县人。汪荣宝长子，陈箓长婿。在外交界任职。时居瑞士首都。
⑦ 蔡增基（1890—？），字厚民，广东香山人。1915年毕业于美国哥伦比亚大学。后任国民政府财政部金融管理局局长，铁道部管理司司长，杭州市长等。1949年定居美国。
⑧ 吴国柄（1898—1987），湖北建始人。曾留学英国，军事随员。
⑨ 李锡恩（1895—？），字纶三，吉林人。德国柏林大学毕业，新委任随员，曾在瑞士。后任吉林大学副校长，1942年当选第三届国民参政会参政员，1945年再次当选。1948年当选立法委员。后去美国。
⑩ 段茂澜（1899—1980），字观海，合肥人。清华大学毕业后留学美国，又在法国进修过。职业外交家。
⑪ 朱佛定:《考察欧美日本各国政治日记》，见徐道邻编述、徐樱增补:《徐树铮先生文集年谱合刊》，台湾商务印书馆1989年版，第347页。
⑫ 段祺瑞:《徐树铮神道碑》，见《徐树铮电稿·附录》，中华书局1963年版，第383页。

22 日（农历二月初一）到达法国巴黎。

考察团大本营，设在巴黎中国使馆附近一栋房屋。3 月 11 日晚，徐树铮把随他到巴黎的家眷，连夜送往马赛，次日乘船回归上海。其子徐道邻，已于 1 月底去德国柏林读书。

徐树铮治事，最重组织，考察团员，各有所司，无一闲散。每到一国，即指定熟悉该国情况的团员，负责处理具体事宜，如考察团的饮食起居，与所到国政府安排考察日程等，均由该员秉承其命负责处理，因能每到一国秩序井然。每至一处考察，考察成员人手一册，必须把所见所闻记下来，称为“日记”，当晚呈徐树铮批阅，第二天早晨发还；经他批阅后的“日记”，由朱佛定汇编成当天的“总日记”，再经他核阅，即成定稿，准备回国后印行。[①]

徐树铮严于律己，以身作则。对考察团成员要求亦严，学识、人品、能力，各有要求，并要考察团成员自重，严格遵守纪律，不拖延，不客气，不要让外国人看不起。他利用早晨或其他余暇，给考察团讲解中国传统文化，讲《论语》《战国策》尤其是《孟子》，讲中国传统礼仪沿革，并请熟悉外国礼仪者讲解外国礼仪，以符合考察需要。

考察团先后考察法国、英国、瑞士、意大利、德国、苏联、波兰、捷克、比利时、荷兰、美国、日本 12 国。

每到一国，首先考察其政治体制，如法国的议会政府、责任内阁制——总统、总理、国会参众两院及法院等怎样选举产生和怎样行使职权；英国的责任内阁制、内阁合议制、国会两院制及法院等；瑞士的联邦制、政府委员制（中央政府为联邦行政委员会）；意大利的法西斯独裁政治；德国的政党、魏玛宪法、总统与内阁、联邦法院；俄国十月革命后的政治状况、

① 朱佛定:《考察欧美日本各国政治日记》，见徐道邻编述、徐樱增补:《徐树铮先生文集年谱合刊》，台湾商务印书馆 1989 年版，第 347 页。

联邦宪法、加盟共和国、苏维埃代表大会制度和中央执行委员会；比利时的责任内阁制；美国的总统制、国会两院制、联邦法院制等等。考察过程中，徐树铮和考察团成员，对各国政治体制进行种种比较，初步得出一些结论，如：英国的责任内阁制与法国的责任内阁制有所不同，法日内阁为多党联合内阁，对两院负责；英国则为一党内阁，仅对下议院负责；瑞士中央政府既不同于英法责任内阁制，也不同于美国总统制，而是委员制；美国总统制与欧洲议会制也有许多不同之点；法国的法院与中国的法院颇有类似之处，是采用四级三审制，等等。其次考察经济（如各国的工矿企业、苏联的新经济政策、法郎与英镑的比值、荷兰的堤防工程与围海造田等）、军事（如各国军队及兵工厂、最新武器等）、教育（如各国高等院校），还考察各国的科学技术及文化艺术等方面。对各国的风土人情和社会状况，也非常注意。徐树铮还非常注意买书，以便深入了解各国情况。

考察期间，徐树铮先后会晤法国总统杜美格、总理班乐卫，英国首相鲍尔温，意大利首相墨索里尼，苏共总书记兼人民委员会主席斯大林、红军总司令伏龙芝、经济委员会主席托洛斯基，比利时国王，荷兰女皇威尔敏娜，美国总统柯立芝，日本天皇等，并进行一系列重要会谈。在法国与其政要会谈金法郎案、中法关系等；在意大利与墨索里尼会谈援助中国军火问题；在苏联与托洛斯基谈论经济问题，与苏联外长齐趋林会谈中苏关系问题等。

具体考察，据翁之憙日记（法国、英国、瑞士、意大利）[①]，朱佛定日记（德国、俄国及美、日）[②] 等，整理如下。

---

① 翁之憙：《入蒙与旅欧》，中西书局 2013 年版，第 31—191 页。

② 朱佛定：《考察欧美日本各国政治日记》，徐道邻编述、徐樱增补：《徐树铮先生文集年谱合刊》，台湾商务印书馆 1989 年版，第 347—373 页。

二、法国

（3月9日至4月13日）

1925年3月8日，法国考察程序已定[①]，“所有考察日程，均由法政府会同我国使馆排定”[②]。法国政府派白里索将军负责接待。白里索（1869—1948），曾任法国驻北京公使馆武官，袁世凯的军事顾问，主张中国开办航空学校，并为中国陆军编写教材。第一次世界大战中任法国陆军上将（一说中将）。

3月9日至11日，白里索将军为考察团演讲“法国战前战后军政之组织”“法国战前战后军政之财政情况”等，并赠专使以自著《法国财政》一书，陪专使等到法国教育部了解法国教育状况。一位大学教授为考察团讲“法国宪政之沿革”，两位军官讲德法两国军事状况及“俄国现状”。

3月13日，专使率考察团到巴黎城外参观宝玑飞机厂。厂中有奉天（辽宁）张作霖方面预订制造的十余架飞机，还没竣工。该日，专使新撰《中国对于世界和平应负之责任》一文。

14日至16日，马丁教授等，为考察团讲“法国之预算”“欧战情形”及“飞艇沿革”。其间，考察团参观巴黎大学及巴黎市政厅。专使表示“愿此后两国益敦和好”[③]。17日，考察团到巴黎郊外参观水面飞机厂，专使和随员李鼐、褚其祥分别乘机飞行。参观拿破仑陵寝、陵墓，俯仰之余颇多感奋。当日下午及18日，听海军及其他方面专人讲演。参观法兰西共和国卫队，及救火总会救火队。

3月19日，梅斯特先生为考察团讲“法国立国大要”。随后，考察团到巴黎东北13公里处的勒布尔热看军用飞机，专使和公使均乘坐飞行；看

---

① 翁之憙：《入蒙与旅欧》，中西书局2013年版，第78页。

② 朱佛定：《考察欧美日本各国政治日记》，徐道邻编述、徐樱增补：《徐树铮先生文集年谱合刊》，台湾商务印书馆1989年版，第348页。

③ 翁之憙：《入蒙与旅欧》，中西书局2013年版，第82页。

客机时，专使和褚其祥、宋子扬、翁之憙、李鼐、蔡增基、汪子长、谢东发、董世五等，一起登上飞机，乘坐飞行，俯瞰巴黎，井然在目，降落极稳。20日，到凯旋门祭奠法国参加欧战阵亡的无名英雄。祭毕，专使携褚其祥、宋子扬往见法国总统杜美格。

3月21日，参观海上飞机厂，并至赛音河畔看飞行演习，当时雨雪纷飞，天气特别寒冷；晚上，驻法公使陈箓宴会专使和考察团成员及王宠惠、郑毓秀等。23日，上午参观电车公司修车厂、总发电厂；下午，专使到法国最高法院演讲“中国与世界和平之关系”，主旨谓：“世界大战后和平仍不可靠，中国必将被牺牲为第二战场”，但中国不会屈服，如能得到适当帮助，将会促进世界和平①。法国名流到会听讲者很多，陈公使和王宠惠、郑毓秀亦到会。

3月24日，参观法国中央高等工业美术学校及其附设之博物院等，博物院有中国手抄本蚕桑图、4000多年前的非洲古墓旧锦、最初的自行车、最早的蝙蝠式飞机、法国赠送美国的自由神雏形、火车与纺织机模型等，令人难忘。参观审判厅、检察厅等。在审判厅见法国前总统米勒兰从事律师业务，他1920年至1924年任法国总统，是独立社会党领袖，国际共产主义历史上内阁主义的首倡者，是社会主义者当选法国总统的第一人。

3月25日，听取马丁教授等讲演“法国银行之组织”“巴黎之市政”。26日，参观巴黎郊外汽车厂（4000余人，日产车300余辆）后，专使往访法国总理，并和陈箓公使与白里索将军等，到萨托里看军队400余人坦克车野操。天气很凉，路途泥泞，枪炮之声不断。专使试乘坦克车，看后犒其烟酒小费。27日，参观法政大学，听演讲“法国政党”。参观法国国家瓷器厂。当晚参加使馆招待会，法国国务总理兼外交总长、国务院秘书长、陆军总长、外交部3名司长等亦参加，饭后跳舞，专使携随员亦跳。

---

① 翁之憙:《入蒙与旅欧》，中西书局2013年版，第88—89页。

3月28日，考察团乘火车到卡莱尔参观法国颜料厂。第一次世界大战前，法国人多用德国颜料，该厂是战后新建，所产颜料出口至中国，大部分为“鸡牌靛青”。同日参观法国旧宫。29日，专使将林纾画的《汉江秋望》《填词》两图，及所藏“兰亭”及“夫子庙”堂碑拓片，出示随员。之后，率团参观卢浮宫。参观时专使有事匆匆而出，未能畅览为憾。30日，参观狄德罗城市职业学校，该校成立于1875年，学生免费，分冶金、木工、铁工、电机等科，学成可以各自执业。每年从1200人中考取100人，3年毕业。还参观了女子职业学校。

4月1日，专使率褚其祥、宋子扬两旅长和李鼐、孙仲尧、蔡厚民、司可庄、褚哲文、董世五、王聪彝、朱佛定等，去杜阿弗尔拱廊街参观，紧接着去法国中东部城市勒克勒佐，次日到达，参观炮厂等，即回。3日，专使派翁之憙和朱佛定为值日员，从当日开始，每日5时起唤醒考察团各成员，到专使住处集合。专使率团参观法国圣西尔陆军军官学校，该校是1802年拿破仑指令创办，法国军官大半在此学习过。考察团到时，全校师生及法国骑兵列队出迎，并有乐队奏乐，请专使检阅。校长是一位老军官，须眉浩然，胸前佩戴宝星40余枚。学生1000余人，演操极为整齐。参观结束时，“校长代表政府，授专使以大绶荣光勋章”[①]。随后访问巴雷奥将军，参观飞机传习所。“飞机零件一一剖析，图说并列。有极完备之实验室。人方汲汲，我独可不急起直追耶？”[②]

4月4日，参观菜市及粮食交易所，由法国工商界人士杜白乐依尔带领。杜白乐依尔曾在中国多年，善讲华语。参观时，一些人见一行中国人来，“有指目而议论者，有笑骂者，甚至有高声谓尔中国人何不回国练兵自强，奈何在此闲游者”。“令人沮丧颜赧。呜呼！国家不强，吾人苟不

---

① 朱佛定:《考察欧美日本各国政治日记》，徐道邻编述、徐樱增补:《徐树铮先生文集年谱合刊》，台湾商务印书馆1989年版，第349页。

② 翁之憙:《入蒙与旅欧》，中西书局2013年版，第94页。

速起，何以图存？”同日中午，考察团招待法国客人。法国政军商学界要人200余名前来。中国驻法公使夫妇、使馆人员和考察团全体人员陪同。专使演说，大意如下：“一、致谢法政府接待之殷。二、法人爱国如妇之爱夫。三、法人文武兼资不拘一格。四、法人真自由。五、法国文化古博。”“听者皆甚感动，有两上议员皆号称一时之辩才，起而答词，大旨皆称颂中国派选专使之得人，以及推崇中国之文化。”①

4月5日至10日，专使率团赴波尔多、土伦等地考察。波尔多是法国十大军区之一，也是欧战时临时首都。法国空军，成立于1909年，1912年在陆军部设空军局，全国分设五个空军区，波尔多即其中之一。土伦是法国六大海军基地之一。5日（中国清明节），旅法华人开会追悼孙中山，专使送花圈，派代表到会。“学生中有共产派，散布传单，攻击使馆及专使，称为与帝国主义亲善之公使及北京军阀派所派代表云云，并谓不可许其吊唁及上台演说。”②

考察时，“参观水上飞机，并试飞行，忽然机械发生故障，强迫降落海上。专使神色自若，无丝毫惊惶态也”③。后被民船救起。10日回到巴黎。

11日，专使为考察人员讲《孟子》，由“孟子见梁惠王”讲起，翁之憙听后有感：“甚透彻，惜予辈到此除文电考察外，不得从事研究耳。”随后，白里索将军和杜白乐依尔来与专使密谈甚久④。下午，专使率随员应邀到经济政治研究会参观访问，该会专为研究政治、经济、商业而设，愿与中国作政治经济之联络。法国内阁改组，保罗·班乐卫⑤将任总理。

---

① 翁之憙:《入蒙与旅欧》，中西书局2013年版，第95页。颜赪（chēng）：脸红。

② 翁之憙:《入蒙与旅欧》，中西书局2013年版，第96—97页。

③ 朱佛定:《考察欧美日本各国政治日记》，徐道邻编述、徐樱增补:《徐树铮先生文集年谱合刊》，台湾商务印书馆1989年版，第350页。

④ 翁之憙:《入蒙与旅欧》，中西书局2013年版，第99页。

⑤ 保罗·班乐卫（1863—1933），1917年、1925年两度任法国总理。政治家、哲学家、航空学家。

该日专使规定：司可庄在巴黎学飞机，董世五学机器，褚哲文学炸弹制造，张文轩留守住宅。其他随员准备赴英考察。

4 月 12 日，白里索将军来谈。专使因人员工作不力而生气有所责备。13 日，专使令蔡增基讲英国人性情。午后率全体同人，到白里索将军等人家茶话；晚上到公使馆，为公使暖寿。饭后专使度曲，大家唱歌，以共欢乐，并结束在法国的考察。

4 月 14—15 日，做赴英考察准备。本月经济困难，恐不能发薪，沪、京两款均未到。①

在法国考察期间，徐树铮得知孙中山先生 3 月 12 日在北京逝世，即拟挽联拍发国内：

百年之政，孰若民生？何居乎：一言而得，一言而丧。

十稔以还，使无公在，更不知：几人称帝，几人称王。

有人说："中山先生之丧，全民哀悼，举国偃旗，挽词之多，莫可纪极！而当时竟公推徐氏此联为第一！余后来曾分别询诸李协和（李烈钧），胡展堂（汉民），汪精卫，张溥泉（继）诸先生：何以国民党内，文人学者，盛极一时，而竟无一联，能道出孙先生心事，以堪与徐氏抗衡者？李先生等答复，虽各所见不同，但一致认定：徐之才气，横揽一世，远不可及！"②

在法期间，专使曾访问塞纳省长，考察法国地方制度：法国全国，分为省、县、区、乡。省长由中央任命，执行地方自治职务。省有省议会。县只是行政区域，不是自治团体，有县议会。区有区长，区不是自治团体，也不是行政区域，只是选举区和司法区。"乡设乡长，是基层地方自治团

---

① 翁之憙：《入蒙与旅欧》，中西书局 2013 年版，第 101 页。

② 徐道邻编述、徐樱增补：《徐树铮先生文集年谱合刊》，台湾商务印书馆 1989 年版，第 351 页。

体，有公法人地位，乡有乡议会。”①

还“参观凡尔赛西乡国立农业学校，由校长陪同参观农具储藏室，马车刈草机，每匹马力，可代九个人工，摩托耕地机，一机可代三十五匹马，图书馆、植物病室、肥料实验室，设备极佳”②。专使非常重视该校的新式农具特别是耕田机，当即对随员兼副官长吴国柄说：要“记住，回国后把机器弄到农村，把人民移到西南、东北各省去。机械不是一下子就能操作，所以要设个学校，把各农区派来的人集中到此学习，学好后带机器回农区实地耕作，实施农业机械化”，“中国以农立国，用人力、兽力耕田太落伍了，把法国的农业学校弄到中国照样办一个”。陪同参观的白里索将军说愿随专使到中国，帮助推行农业机械化③。

徐树铮在法国考察时，国内频频有人来电，想要他尽快回国。

3月11日，国务院帮办张伯英来电，“劝专使速归，谓甘肃督军陆洪涛有以位相让之意”④。14日，甘肃督军陆洪涛来电，“愿荐贤自代，推举专使，外有甘人公推电”⑤。陆洪涛（1866—1927）是江苏铜山人，天津武备学堂炮兵科毕业，清末即在甘肃任职。1921年任甘肃督军，1925年3月中风卧床，有意让位于徐树铮并连电中央。徐树铮不愿做甘肃督军。后来，中央让冯玉祥以西北边防督办兼甘肃军务善后督办，冯则让部将刘郁芬代理。

4月6日，上海韩宾礼来电，报告政局，促专使早归。7日，香港来电，盼专使归而解决粤局。9日，北京来电，“盼专使速归”，并说“如专

① 朱佛定：《考察欧美日本各国政治日记》，徐道邻编述、徐樱增补：《徐树铮先生文集年谱合刊》，台湾商务印书馆1989年版，第349页。

② 徐道邻编述、徐樱增补：《徐树铮先生文集年谱合刊》，台湾商务印书馆1989年版，第350页。

③ 吴国柄：《徐树铮与我——陪徐专使考察欧美日本各国记》，见朱传誉主编：《徐树铮传记资料》（二），台北天一出版社1979年版，第18页。

④ 翁之憙：《入蒙与旅欧》，中西书局2013年版，第80页。

⑤ 翁之憙：《入蒙与旅欧》，中西书局2013年版，第82页。

使一时不能成行，宋任东（子扬）可先归”。因执政府与冯玉祥发生隔阂，甘肃又来电劝专使回国，拥戴甚切。又有来电报告：“阚玉昆、刘振华均败，胡景翼则得势，奉张尚在观望”[①]，等等。多方寄望专使速归。

但徐树铮决心按既定日程考察。

三、英国

（4 月 16 日至 5 月 22 日）

4 月 16 日，考察团离巴黎赴英国考察。当晚到伦敦，住孟得鸠街 39 号并在此办公[②]。在英国的考察，主要由中国驻英使馆朱兆莘代办和英国政府接待官奥特威尔陪同。奥特威尔曾任驻中国云南领事，现为英国外交部司长、海外贸易部负责人。朱兆莘（1879—1932），广东花县人，曾在美国纽约大学、哥伦比亚大学留学，获法政硕士学位。1913 年回国后加入中国国民党，被选为参议院议员，又被推为参议院外交委员会主席，宪法起草委员会委员，兼任北京大学商科主任、总统府秘书、谘议等。1914 年 1 月，被袁世凯解除各种职务。1916 年国会恢复，仍任国会议员。1917 年夏，任总统府秘书。1918 年 3 月，任驻美国旧金山总领事。1920 年 9 月，任驻英公使馆一等秘书。1921 年，任驻英使馆代办（后任驻意大利全权公使）。[③]

4 月 17 日，专使派定各随员职务。收发：朱佛定、李锡恩[④]。庶务、会

① 翁之憙：《入蒙与旅欧》，中西书局 2013 年版，第 97—98 页。

② 朱佛定说 5 月上旬由巴黎到伦敦。见徐道邻编述、徐樱增补：《徐树铮先生文集年谱合刊》，台湾商务印书馆 1989 年版，第 351 页。此依翁之憙日记。

③ 朱兆莘 1927 年 7 月宣告脱离北京政府；8 月任国民政府外交部政务次长；1929 年 4 月，任粤海关监督兼外交部特派广东交涉员。九一八事变后，任特种外交委员会委员。1932 年 1 月，被聘为国难会议成员。1932 年 12 月 11 日误食蛇羹中毒逝世，终年 53 岁。参见百度词条。

④ 李锡恩，字纶三，德国留学生，新任随员，曾在瑞士。后任吉林大学副校长、立法委员，后去美国。

计：孙象震、汪延熙、韩辉荣。招待来宾：李锡恩、翁之憙。发电报：林子峰及其他同人。随行译员：林子峰、翁之憙、蔡增基、李锡恩。新闻接洽：林子峰、翁之憙，蔡增基助理之。参观记载汇总：翁之憙、朱佛定、王聪彝。办公时间：每早 8 点在楼下大厅集合。

当天中午和晚上，专使接受伦敦《早邮报》主笔帕克、《晚新闻》主笔杰恩，及另几名记者采访。采访主题皆为专使游历各国宗旨与在英时间。下午，专使带随员到中国驻英使馆，看望朱兆莘代办及馆员。并由朱代办陪同，访晤日本驻英大使林权助。林权助（1860—1939），曾任日本驻华公使，1920—1925 年任驻英大使。目前已老，“须发皤然，冷峻之态可掬”，“稍谈即辞出”。[①]

按朱佛定记载，到伦敦后，“先由驻英代办朱兆莘陪同访晤鲍尔温首相，及有关部会首长”，“英国政府招待专员陪同本团参观国会”。朱佛定还记述了英国责任内阁与法国内阁的比较，记述了英国国会两院制概况及提案权、质询权等。[②]

4 月 18 日，专使为考察团讲演中国礼节沿革，让林子峰讲演英国礼节：“一、饭时吃面包应用左手；二、食物切成小块再入口，勿咬大块；三、握手必去手套；四、访友小坐可不脱大衣；五、食时忌以盐递人手中；六、访友时忌以伞、帽放桌上；七、男女同行应让女客走里边；八、与女子谈话应庄重；九、与人谈话不可多笑；十、同桌不可越人取物，有欲取之物应请人代取，然后谢之。”[③]

朱兆莘和奥特威尔来约定参观郊外兵营事。专使接受《每日电讯报》《星期报》人员采访，涉及英法两国女子及中国家庭问题。专使访晤朱尔典，谈中国大局、关税、庚款问题等。朱尔典（1852—1925），是英国外

① 翁之憙：《入蒙与旅欧》，中西书局 2013 年版，第 105—106 页。
② 徐道邻编述、徐樱增补：《徐树铮先生文集年谱合刊》，台湾商务印书馆 1989 年版，第 351—353 页。
③ 翁之憙：《入蒙与旅欧》，中西书局 2013 年版，第 106—107 页。

交家，1876年任驻北京领事馆见习翻译，1906年任驻华特命全权公使，长期在中国工作。“朱公注重具体统一中国办法，其所询甚难置答，专使谓庚款似宜暂缓交付中国，一俟政局平定再议，恐入贪人手也。朱云此亦吾人所深愿，但虑又为贵国人排英之资料耳；并云关税会议一事，实可为中国统一之机会，应纠合各省以分利之观念动之，将来似仍须联省自治，中央执外交形式上之主盟，舍此恐不能求（得）统一。”①

4月20至24日，到伦敦郊外参观军营。该地驻有步兵、骑兵、炮兵共2.8万人。行至中途即有武官来接，到达时师长菲利普·切特伍德爵士②出迎，专使和随员均穿晨礼服、戴高帽。参观坦克车，专使和宋子扬登上战斗坦克车，开行体验。参观骑兵、炮兵演习、步兵野战演习、戴防毒面具射击演习，及兵营卧室、厨房等。访问英国外交、内务、陆军各部。参观伦敦郊外飞机教练所、伦敦地道车（地铁）公司、救火总会救火演习、伦敦港口、航空学校、各种飞机、发电厂等。专使还到中国驻英使馆，与朱尔典谈中国事达2小时；到伦敦大学亚洲学院演讲《中国之音乐源流》；召集考察团训话，大意为：“一、办事勿拖延；二、勿客气；三、自重，勿令外人笑我。”③

24日晚上，专使出席公使馆宴会，朱尔典，林权助，英国大元帅罗伯逊，英国海外贸易部负责人，及英国海军部官员等在座。朱兆莘代办致辞说：徐专使此次来英，我特设宴招待，以为贵国名流介绍；专使不仅通韬略，实为一文人，且为学者。专使答词说：中英邦交密切，商务关系至深，近年变乱，稍有困难，然不久时局平定，两国及世界上商务必益发达，我不才不胜考察之任，尚望贵国诸名流竭力指导，等等。英国大元帅致辞说：

---

① 翁之憙：《入蒙与旅欧》，中西书局2013年版，第107页。

② 菲利普·切特伍德（1869—1950），英国爵士、军官，曾驻缅甸。第一次世界大战期间，在西线、加沙等地服役，1933年获英国陆军统帅衔。

③ 翁之憙：《入蒙与旅欧》，中西书局2013年版，第112页。

中国有段（祺瑞）上将军出而当国，又有徐（树铮）将军出洋考察，前途可以高枕无忧。朱尔典最后起来说：段合肥是我老友，公正廉明，中国现今时局，舍此公不能肃清。徐将军为合肥左右手，此次出洋考察获益必多，然中国各问题至大且艰，深盼徐将军回国辅佐郅平之业，并祝两国邦交益笃。①

4月25日，专使接受《曼彻斯特卫报》主编采访，主要回答四个问题：（一）到英印象如何；（二）中国现状如何；（三）对于国际联盟会有何意见；（四）中国人早起习惯是否如旧。27日，赴坎伯利（桑德赫斯特）参观英国皇家军事学院。院长考克兰将军携将校多人在门前迎候，并陪同参观。28日，参观英格兰银行后，专使到泰晤士书局买书，又赴日本驻英大使林权助之约。日使馆参赞吉田对翁之憙说："予在美洲时，美人尝谓予曰：'汝辈日人何可助中国，中国不久必强，届时匪惟欧美之祸，亦日本之祸也。'予每答以中日有亲善之必要。际此黄白竞雄时代非合作不可，白人离间不可信也。"② 参观帝国造币厂。再次访晤航空部部长，谈话甚久，皆论航空部组织事。

29日，参观格林威治天文台、海军学校画院博物馆。专使接见《基督教科学箴言报》及《约克郡邮报》记者，到威斯敏斯特大教堂致祭战亡之无名英雄。参观英国下议院，有议员演说，英国自由党领袖、前首相、巴黎和会三巨头之一劳埃德·乔治亦在座，秩序整严。会见英皇代表3人。

30日，到郊外参观留声片机器制造厂。到伦敦彻塞奇小饭店，这里是英国大文豪约翰逊往昔常来讲论文艺之处，摆设仍如其旧。专使因先期订座，得坐约翰逊过去常坐的木椅中。饭后，专使在来宾簿上签名并作短记：

① 翁之憙：《入蒙与旅欧》，中西书局2013年版，第113页。
② 翁之憙：《入蒙与旅欧》，中西书局2013年版，第116页。

“伦敦市上有此彻塞奇小酒肆，名闻万里，非其酒香而肉美也，实以大文豪约翰孙（逊）先生生时常来此，独坐啜茗或偕二三文友同坐谈议；故先生没后百余年，读先生之书者每留连想慕其为人，思之而不得见，则来此酒肆坐先生之坐，以冀释虚慕之渴，故门限为穿。余亦其一人也。今既得坐先生之坐，而先生之书尚不知何日能读。且闻先生生时穷愁困苦，而没后乃享此盛名。余今身为显宦，仆仆风尘，忽焉灭没，不复知后世有人知我姓名与否。此又重可愧念者矣。西千九百廿五年四月记此。徐树铮。”[①]晚上听取中国驻英使馆法律顾问莫尔博士讲英国宪法史。

5月1至2日，到海口参观纳尔逊获胜之木制战舰，及位于鲸鱼岛的海军学校。参观牛津大学。此时牛津大学共有22处，学生4000人，中国学生仅有7人。专使在大学学院茶会时，会晤中国学生五六人。还参观剑桥大学。“英国皇家学院，为艺术最高学府，请专使演讲，当以《中国古今音乐沿革》为题，译成英文宣读。听众中久居中国，深通中国乐艺者，大有人在，均首肯不置。翌晨《泰晤士报》载称，专使以军人而有此文学造就，令人钦佩之至。”[②]

3至4日，由伦敦到曼彻斯特考察并访晤市长。参观大教堂、交易所、大学、运河、纺织棉纱公司等处。专使先后接见商会会长及中国学会会长、交易所所长、3名中国留学生（分别来自湖北、浙江、吉林，均学工科）。到欧战烈士墓致祭。旅馆账房女郎持纪念册请专使及同人签名时，翁之憙为作莲花一帧，专使题诗：“托性在清波，泥滓莫相误。昂昂可凌尘，徘徊不忍去。”[③]奥特威尔将诗译为英文书写其上，亦可谓佳话也。

5至6日，自曼彻斯特到英格兰西部铁路枢纽克鲁参观；接着到利物

---

① 翁之憙:《入蒙与旅欧》，中西书局2013年版，第119页。

② 朱佛定:《考察欧美日本各国政治日记》，徐道邻编述、徐樱增补:《徐树铮先生文集年谱合刊》，台湾商务印书馆1989年版，第354页。

③ 翁之憙:《入蒙与旅欧》，中西书局2013年版，第122页。

浦，参观交易所时，见有中国棉花，人说中国棉花绒多而丝短，远不如埃及、印度之长，甚可惋惜。翁克斋“闻之而愧，愿以此语归而告诸国人，以图努力，庶可无落埃及、印度之后也”①。又参观码头。7日回到伦敦。8日，参观皇家高等法院。

9日，参加英帝国商品博览会开幕式。到会者约数万人。英皇乔治五世和皇后玛丽来行开幕礼，专使和朱兆莘代办着大礼服入外交席，随员坐看台。“英属各殖民地人，如印度、非洲、海洋洲等处土王酋长”，奇形异服难以名状，“皆鹄立站班，气象万千”。“海陆飞机各军队，均列队整肃，如大阅兵。发礼炮21响，庄严之极”。博览会“陈列品教育上之价值既远且大”，真如英语所谓“To see the exhibition is an education itself”（看展览就是受教育）。翁之憙“因念昔日我国全盛时代光景，诵‘万国衣冠科冕旒’之句，不觉悲愤填膺也”。“至香港、缅甸、马来各馆，屋宇布置悉按中国式，见中国货物及港人衣鲜明之中国服，列入人之附庸，宁不可慨！中国人若不发奋自强，则所谓数千年文明古国受人摆布也！”②

5月10至11日，自伦敦到布拉佛德市，参观市染业联合会陈列的半丝半毛织品：形形色色，全为推销往中国而设，一切广告皆为中国字。参观染厂、羊毛交易所、羊毛厂。访问市政厅及商会。有人演说，涉及中国内地厘税及商标法问题，专使一一回答。听演说工会之要义。11日晚回到伦敦。

12日，参观伦敦市议会，议长及海军总长等陪同午餐。参观旧贝利刑事法庭及审判实况。13日，专使与英国外交部东方股长晤谈。乘火车赴谢菲尔德市，该地钢铁世界有名。14日，参观维克斯公司钢铁厂，该厂在欧战时，每周可制钢350吨，所造大炮与军火足供英国用，还可接济盟国。

---

① 翁之憙:《入蒙与旅欧》，中西书局2013年版，第123页。

② 翁之憙:《入蒙与旅欧》，中西书局2013年版，第124页。

参观哈德菲尔德有限公司及埃德加·艾伦和有限公司，看制造钢板、钢轨、钢轮。参观罗杰斯餐具公司。15日，参观巴尔福厂、约翰布朗厂（专制钢轴等件，工程极大）、卡梅尔莱尔德公司（铸造铁路钢轨，厂甚大）。当晚回到伦敦。中国驻意大利公使唐在复到伦敦访晤专使，请示赴意大利考察事宜。

5月16日，专使特准翁之憙两天假。翁去牛津访晤苏慧廉。苏慧廉（1861—1935），是英国教育家、汉学家，曾来华传教，创编欧音拼音文字，任山西大学堂校长，对中国有深刻见解，与翁之憙父亲友善。苏慧廉和翁之憙纵谈中国时局与人才，谓专使"成见太深，自信太切"，"中国考察事太多如此"，并谓"朱尔典公使亦有此说，匆匆过眼云烟，恐难收若何之成效"等等。翁之憙"唯唯否否，不敢有所妄议"。[①]

5月19日，鉴于国内外局势，专使准备派宋子扬回国，并写致段执政函，让宋面呈。该函如下："芝老上将军钧鉴：违侍年余，驰依万万。客冬事局，树铮脱身远出，非敢以艰苦为避，特以心中别有所图，故不能羁蹤……奉令后，法英两国近已考察竣事，日内即移赴瑞士、意大利，躬视一切。大抵欧洲情形，无论政商财货，仍以英为主局。在英不受轻侮，他国即可迎刃。至工商制造，德国犹雄视一时，拟于意大利事毕时往察，欧洲即可告讫。另有比、荷两国，亦不过酬酢，无关大计矣。树铮身虽在远，此心终不能忘国内之事。前此电论外交人材，闻有触怒钧座之处，亦不暇自避。然仍日盼府赐采择，于外交布置，必多裨补，敢断言也。兹遣宋参赞子扬回京面陈一切，凡迭次电所未及者，口述较详也。临颖无任依恋。敬叩　钧安不宣。树铮谨陈　五月十九日，乙丑四月廿七日。"[②]

5月20日，专使举行宴会，答谢英方接待。宾主欢洽，于两国感情上

① 翁之憙：《入蒙与旅欧》，中西书局2013年版，第130页。

② 《徐树铮致段祺瑞的函扎》，中国第二历史档案馆藏，全宗号1002，卷号1108。

好像增益不少。英国前首相贝尔福，及朱尔典、林权助等均在座。贝尔福、朱尔典等相继演说，赞颂中英邦交。21日，专使出门拜客，作离英准备。在朱尔典家茶叙时，朱与专使再次长谈关税会议、庚子赔款、中央政府、改良教育、裁除厘金等问题。“其论老到，殊难措辞，在朱之意，则中国之祸乱正未央也。”①

5月22日，结束对英国的考察，离伦敦回巴黎。车行途中，专使和随员纵谈，并讲授昆曲。当晚，宋子扬、司可庄离巴黎，取道西伯利亚回国。这时，段祺瑞为首的中央政府，和冯玉祥已早有隔阂，专使因而先遣宋子扬等回国斡旋。

5月23至25日，驻巴黎休息调整。翁之憙向专使谈及家事，要请假回国。专使表示请人帮其解决困难，不想让他回国。翁辞谢，再三坚持请假，专使不许且怒。适巧林子峰请假回国，专使亦不高兴，但准林子峰假。林子峰原为广西梧州关监督，因韩宾礼介绍，并慕徐树铮声名，所以弃官随徐赴欧，在徐未任专使前出洋时即随行，“性脱落不羁”，曾在英国10余年学研法学。“与专使谈政治，间有不合处。至伦敦专使性急，子峰不能堪，多有龃龉。一夕专使以批子峰日记有迳率之词，子峰怒而投诸火，下楼面专使斤斤而辩，同人解之而罢，自是归心决，而专使亦意不甚挽留。”林子峰退而对翁之憙说：“专使，国之干才，然其性情我所不堪，去之则两全，合则两两不怿。吾行矣，然精神固未离，窃愿将军善用时机，自此番欧美之游见解益宏，则国家之福。吾老矣，不能胜鞭策也。”② 25日晚，专使为林子峰饯行，饭馆中有红衣舞女，舞近翁之憙座椅时，与翁絮絮接谈。薛学海夫妇因此和翁开玩笑。翁又感到伤心，为请假未准而不乐。专使即席写诗《观舞示克斋并送子峰》：

---

① 翁之憙:《入蒙与旅欧》，中西书局2013年版，第134页。

② 翁之憙:《入蒙与旅欧》，中西书局2013年版，第140—141页。

一片春波聚短萍，客愁何处不堪惊。
深杯浮玉客心醉，利屣缘珠正眼明。[①]
闾里莺花游子梦，天涯风雨故人情。
明朝去住谁能说，莫妒闲鸥自在行。

专使担心翁之憙想不开，当日批其日记说：“不贰过吾不敢言，不迁怒则优为之。子峰自有子峰之事，何可迁以为例。子峰可行可止，执事则义不可行。君子爱人以德，故不敢允。勿久怏怏，亦勿屡聒聒，幸甚。”后来翁之憙写道：“予当时忧悬家事，未免出于意气，遽尔乞假先归，事后思量吾重负专使矣！年少不三思，人恩我而我不省。今徐公已长往，吾更事稍多，亦渐悔前此之非，噬脐憾晚，尚可言哉！书此以志吾负人之罪不可逭也。”[②]

四、瑞士、意大利

瑞士（5月26日至6月2日）

5月26日晚，考察团到达瑞士首都伯尔尼（中国驻瑞公使陆征祥招待）。27日，瑞士外交部秘书长陪同参观铁路公司，该公司已用电气机车。参观乡间道路桥梁。访晤瑞士总统。陆征祥公使宴请专使，瑞士总统及阁员军官多人出席，济济一堂，颇形敦睦。总统为人非常和蔼，学者出身，无官僚习气。28日，到访瑞士陆军部，一位公爵为讲瑞士陆军组织。赴新兵学校，参观野外演习，及兵工厂。参观下级军官学校，及工兵汽车队演习。29日，参观几家钟表厂，听讲演钟表历史。30日，到访瑞士司法部，

① 利屣（xǐ）：头小而尖的薄底鞋，跳舞时穿，边缘缀珠。

② 翁之憙：《入蒙与旅欧》，中西书局2013年版，第140—141页。聒聒（guō guō）：无知而又不听人劝，一意孤行。

听讲瑞士宪法。参观瑞士上下议院。到电业工会看水力发电厂，机械工程极其浩大。到莫兰伯格看电机工程，下地道阴黑如漆，在水平面下25米多，机器犹如鬼工，用人工处绝少，洁净整齐。31日，去日内瓦。6月1日，在日内瓦参观国际劳工大会。会员代表先后演说，出席者千余人。中国会员唐在复、夏奇峰、严敬斋、张慰慈等在座。

在瑞士期间还参观洛桑大学、日内瓦大学。中国代表施肇基，陪同专使参观国际联盟。[①]

意大利（6月3日至13日）

6月3日，考察团到意大利米兰。宾馆高扬中国国旗，盖表亲善之意。专使告诫轮班值日随员，不得离办公室一步，并处理所应接洽信件事宜。4日，专使早起拜客。上午参观百利达飞机厂，专使等乘机次第试飞。继看炼钢厂、炮弹厂，“工人孜孜，日夕若临大敌。人之备战，与我国之自操同室之戈，迥不侔矣。思之思之，不胜痛愤，愿以此告吾国人，此时而不悟，行且无噍类矣”[②]。继看化学冶金研究学社。又看印花布厂及附设幼儿园、工人宿舍，皆为优待职工设备。5日，由米兰至罗马。6日，意大利陆军中将巴巴利奇为演讲军事。7日，巴将军陪同到罗马郊外阅兵。该日是意大利国王维克多·艾玛努尔三世（1869—1947）登极25周年纪念盛典，特在郊外举行大阅兵，首相墨索里尼亦在。8日，参观屠宰场，牛羊等用机器宰割。参观电厂、圣保罗教堂、市政公所、卡比托利欧博物馆。9日，意政府派人来讲财政、军事等问题。参观兵工厂。

6月10日，参观圣彼得大教堂。其中各雕像及画像栩栩如生，祈祷者、跪诵《圣经》者、忏悔者、游览者络绎不绝，门外石阶上亦有跪祷男

---

① 朱佛定：《考察欧美日本各国政治日记》，徐道邻编述、徐樱增补：《徐树铮先生文集年谱合刊》，台湾商务印书馆1989年版，第356页。

② 翁之憙：《入蒙与旅欧》，中西书局2013年版，第149页。噍类（jiào lèi）：活人。

女。随员谓“国教所在，人心攸系，迷信云乎哉。我国今日，旧篱既决，人心乃泛滥大坏，观此百感具来矣”①。参观军事博物院，其中设备极全，多近代武器，令人增无穷痛感。翁之憙所感有三：“（一）我国军事不修，武人多自残以逞私图，自卫不足，何能言战。（二）杀人利器日新月异，我国梦梦瞠乎其后，世界和平殆永无希望。（三）外人事事有组织有计划，故能强，而我国则事事徒骛虚名，不求实际。与外人较，正如三家村初念天地玄黄之小儿，欲与老儒论学，其相差何啻万里。”“吾观乎此，因自誓事事求实践。虽所学至肤浅，而既学一事即求深造，深造不能，亦当竭全力以赴之，所不能者，决不可蹈虚骛远，夸大欺人。呜呼，国事日糟，我以为大多数国人，不悟外人之究竟胜于我者何在，此至可痛者也！”②傍晚由罗马乘火车赴里窝那，半夜到达，有海军军官等及一队军士在站迎接。

专使批翁之憙该日日记说：“天下之本在国，国之本在家，家之本在身，我辈见国人程度卑下固应愤慨，然不能以愤慨便作了事。自誓之言愿永勉之。又，凡我辈所致慨于国内之事，均应自省，不必徒恨他人。”③

6月11日，参观海军学校。该校已有40年，现有学生350人，其中芬兰人及罗马尼亚人颇多，附设航空教练所。下午乘车去热那亚。晚饭时专使对翁之憙说：“克斋宗旨不定是大病，试问自己一生欲做何等人？商耶，汝不相宜；官耶，汝亦不宜；学逐臭夫徒以虚荣肥己为务？似汝资质正宜猛著祖鞭为国效力，不宜常思返国与大腹贾为伍，终日营营谋斗米也。”④翁听后深受感动，思之良久而不能安寝。

12日，参观造船厂、码头，帆樯如林，商品辐辏。自热那亚到都灵。

---

① 翁之憙:《入蒙与旅欧》，中西书局2013年版，第152页。

② 翁之憙:《入蒙与旅欧》，中西书局2013年版，第152—153页。

③ 翁之憙:《入蒙与旅欧》，中西书局2013年版，第153页。

④ 翁之憙:《入蒙与旅欧》，中西书局2013年版，第154页。

13日，参观菲亚特飞机厂，专使乘机试飞。后看汽车厂，继看化学展览会。

在意大利期间，“义（意）政府派巴白力区中将，负责招待”。专使由巴中将和朱佛定陪同访晤墨索里尼首相，“引接至大客厅，未见设有座位，墨相中立，右手插入胸前对襟中，如拿破仑状。专使与之握手，略事寒暄即辞去”。专使即对朱佛定说：“未来时即电请我驻使早为安排，何竟若此！使才之难，于斯可见。汝其为我另订约谈。”朱佛定“因墨相政务丛脞，约谈恐实不易，姑与招待专员巴中将一试之，殊不知巴为墨氏心腹，经其转达”，竟得允准。次日墨索里尼在办公室接见专使，专使与墨氏对面坐，“谈话一经开始，竟历两小时之久”。“事后并将谈话笔录一式两份，各亲笔签字。所谈各节，均系彼此对国际问题及共产问题的看法，并有日后援助军火之议，外传与义（意）签订密约者盖指此也。”[①] 还参观国会，检阅宪兵队。

6月13日，考察团乘火车离意大利回巴黎。

巴黎困顿（6月14日至20日）

6月14日晨回到巴黎。9时专使召集同人宣布：（一）赴德日期尚须视国内情形酌定。（二）携赴德国参观六人：朱佛定、王聪彝、孙仲尧（象震）、李友嵩（鼒）、吴国柄、褚瑞符（其祥）。（三）准蔡增基、翁克斋（之憙）、韩耀安（辉荣）先行回国。[②]15日，翁之憙到专使住处，将其承担的公事交代给朱佛定、王聪彝。该日，专使偃卧痛哭。

16日，翁之憙得知专使痛哭后写道：“闻汪子长兄言，专使昨日偃卧痛哭。褚瑞符兄亦亲见之。盖有许多伤心事不能言，亦不忍为。又闻予之

---

① 朱佛定：《考察欧美日本各国政治日记》，徐道邻编述、徐樱增补：《徐树铮先生文集年谱合刊》，台湾商务印书馆1989年版，第357—359页。

② 翁之憙：《入蒙与旅欧》，中西书局2013年版，第155页。

行亦滋伤专使之心，闻之惘惘，嗟乎，予重负专使矣。”[①]17日，专使为翁之憙、韩辉荣、蔡增基饯行，席间演说，多有勉励。次日为翁之憙送行时，专使有凄惨之容，对翁说：“汝弃我而去，我则不忍弗送，愿天雨尼汝行，或到马赛船已开行，回而就我，则大妙矣。”翁之憙深感“其言恳挚，闻之感刻”[②]。

“丈夫有泪不轻弹”，何况徐树铮？究竟为什么？他经历已多，而身为专使，远在异国他乡，对随员之去留，亦无可奈何。

是否因为国内情形？翁之憙6月7日记载：“闻（5月30日）上海大罢工，电信不通，为之忧悬，大乱将起，此其嚆矢，游子万里，此心飞越重洋依依沽水间矣。”8日记：“报载，广州过激派与反过激派大战，长沙亦罢市，乱未艾也。”9日记：“阅报知罢工到处蔓延，为之忧忡。”11日记：“开封亦响应罢工。”12日记：“今日英报载，美已派兵船赴广州，援其侨民。广州激战甚烈。上海罢工者宣言反对日、英两国。北京学生聚众游行，捣毁外（交）部家具。又英国议员发问：俄国现有兵队若干？陆长答一百万，并云俄正备与世界各国战，其心叵测。俄与中国罢工作乱者息息相通也。”不久“重庆罢工者暴动，竟与英人交哄，广州（属法人）亦有流血惨剧，闻之不胜悬悬”。[③]翁之憙忧国尚且如此，何况专使？

专使每日阅读同人日记，至少知道大部分上述情形，况且他还随时和国内保持电报联系。段祺瑞自任执政以来，困难重重。冯玉祥多次提出辞呈，张作霖要移军京畿。派系人事争斗激烈。中央财政拮据。善后会议难以善后。国共两党携手反段。5月初以来，北京及全国各大城市学生，不断要求“推翻执政府”。5月30日，上海2000多名学生及群众在租界内示

---

① 翁之憙:《入蒙与旅欧》，中西书局2013年版，第156页。

② 翁之憙:《入蒙与旅欧》，中西书局2013年版，第157页。尼：阻碍。

③ 翁之憙:《入蒙与旅欧》，中西书局2013年版，第150—154、170页。

威，声援工人罢工，英国巡捕开枪打死示威者10余人，造成“五卅惨案”和外交纠纷。6月2日，外交部照会驻京外国使团领袖意大利公使翟禄第，就“惨案”对各关系国提出严重抗议。次日起北京学生及各界群众不断游行示威，6月10日，仅北京就有20万人。而外交方面，一直没有结果，以致“巴黎中国学生围使馆，以传单等强公使签字”①。作为段执政特派考察欧美日本各国政治专使，时在欧洲而国内动荡如此，考察团“赴德日期尚须视国内情形酌定”，徐树铮能不心痛？

徐树铮虽在国外考察，但从未忘记国内政局。他对第二次直奉战争后张作霖、冯玉祥推段祺瑞执政的局面，始终不抱乐观。认为段在张冯两大势力挟持下，实难有所作为，中国潜伏着新的战乱危机。他写诗寄段说：“六合风云晦，苍茫万古愁。蛟龙藏泽薮，虎豹满山邱。吾道真穷苦，斯人未足谋。何当挂帆去，江海送悠悠。”②他在巴黎《题子长世讲画册》还借题发挥，倾诉忧国忧民情怀：“涉冬春复秋，西陆此淹留。雾露征尘积，山川霸业休。史编在覆辙，世事逐前沤。野哭荒榛外，谁怜骨未收。龙虎竞吞噬，天人相有情。儒文终用世，奇术且纵横。乐利生民愿，敦盘万国盟。悠悠问寰宇：战伐倘能平？故国多风雨，新盟孰主宾？兵戈犹满眼，岁月欲惊人。独鹤矜高羽，群鹰互远瞵。不知老太傅，棋局悔生尘。”③

徐树铮在各国考察时，外国人多以中国内战足以亡国为辅助话题，亦使他感到非常痛苦。

其随员孙象震后来说：“徐树铮到欧洲后，积极活动于英、法、意诸国的军政各界，企图借款，购买武器，重建实力，东山再起，遭到我国

① 翁之憙：《入蒙与旅欧》，中西书局2013年版，第161页。

② 徐道邻编述、徐樱增补：《徐树铮先生文集年谱合刊》，台湾商务印书馆1989年版，第101页。

③ 徐道邻编述、徐樱增补：《徐树铮先生文集年谱合刊》，台湾商务印书馆1989年版，第99—100页。“老太傅”当是指段祺瑞。

留欧学生的声讨”，另外也有一些事，使他非常尴尬，如在法国时，“在一个大酒店中张设盛筵，宴请法国各界名流。酒菜的精美，确实称为上等。不料引起一场轩然大波，原因是欧美各国主人在宴会中，一定要夸称自己的酒菜如何如何好，他们认为这才是表示对客人的尊敬和请客的诚心。在酒馆设宴，更是只能说好，不能说坏，因为还关系到酒馆的声誉问题。而此次宴会客人就座后，徐氏按照中国人宴客的习惯，首先向客人声明，酒菜不好，请大家包涵原谅……他的话刚刚说完，酒店主人便气势汹汹地进来，当众向徐树铮提出抗议。酒店主人说：‘我店的酒菜向称精美，在座客人无不知道。你当众说酒菜不好？哪个客人说不好？哪一样菜不好？你必须说清楚，否则你就是对我店的公开诽谤。我要向法院起诉，你必须赔偿我店的名誉和经济损失。’这个突如其来的风波，使得客人不欢而散，徐树铮也弄得不知所措。虽然一再向酒店主人解释这是中国的习惯，并无诽谤酒店之意，但是酒店主人始终不肯罢休。直到徐树铮在报纸上公开道歉，才算了事”。“又得知段祺瑞意态消沉，有意倦勤”，[①] 不亦伤心？

五、德国、苏联及美国、日本

德国（6 月 21 日至 7 月 11 日？）

6 月 21 日，专使率朱佛定、孙象震、李锡恩、吴国柄，由巴黎乘火车到柏林，至哈登堡街 19 号住宿办公。褚其祥、王治焘、薛学海，次日赴德。其余人员，除已回国者均留巴黎。

22 日，访晤德国政府首要（中国驻德公使魏宸组陪同），参观国会及

① 许汉三：《孙仲尧谈徐树铮二三事》，许汉三等著：《皖事拾零》，安徽人民出版社 1989 年版，第 55—56 页。倦勤：厌倦勤劳的事，厌倦政事的辛劳。

联邦法院。德国总统由人民直接选举，任期七年，可以解散国会，或将国会通过之法律，提交公民复决。国内秩序发生重大紊乱时，总统得停止人民各种自由。对于联邦之不履行义务时，得用武力强制之。内阁的职权及责任，与其他国家实行责任内阁制者，无甚出入。国会议员由人民直接选举，男女均有选举权。国会对总统有罢免权，但罢免案应交人民复决。罢免案通过，总统去职；如不通过，则国会解散。国会对于内阁有质询权、弹劾权，及提不信任案之权。联邦法院，系统整齐。

23日，参观柏林工科大学、柏林大学及德国图书馆。大学讲述原理皆有模型和图解。柏林大学中国图书管理员通晓中国语文。德国图书馆，时有藏书200万册，有全德国各学校藏书目录。

24日，检阅德国警察，警服都是绿色，此即欧洲各国注意的德国绿色警察。他们精神饱满，动作敏捷，其操演分步枪队、手枪队，假想与匪搏斗，入水救人等。参观盗贼用具陈列所，及警犬训练所，教练说明警犬性能及功用。

25日，参观柏林医院，各科皆备，可容纳2400名病人，病房建筑尤合卫生。参观天文台，该台使用爱因斯坦发明的折光天文仪。

27日晨至Eisen Pappel，参观陆军野操，分红蓝两军，步马炮队各就指定位置，开火之先，步兵在前，机关枪队次之，炮兵殿后，动作迅速，演习逼真。

30日，参观西门子电器厂。该厂建于1874年，以8名工人开始，现有5.2万人，主要生产发电机、电话、电表、电报机等，次第参观至下午4点始回。

7月1日，参观博西火车厂，此厂设于1846年，现有4000名工人，主要生产火车头、耕地机、锅炉等，厂内附设工业学校。2日去毕脱菲特，参观颜料肥料及人造丝厂。在厂午饭后，乘车去耶拿。3日参观蔡斯镜公司，此公司成立于1846年，主要生产各种镜头、眼镜片、汽车灯、望远镜、测量仪器等，依次参观其货栈、切镜厂、磨光厂、验镜处、仪器厂、木匣厂、出品陈列所、新天文仪。

6日到埃森，参观克虏伯创业时之小工厂、炼钢炉、制造机器厂、大钢管厂、农具厂、车辆厂、炮厂、汽车厂、火车头制造厂、纺织机器制造厂、机器陈列所。到克虏伯家访问。据说炮厂还赠送专使一套制造大炮的蓝图[①]。

8日，上午参观波恩大学。下午乘火车去汉堡，晚10时到达。9日晨，乘汽船参观海港。10点参观造船厂，此厂有3500名工人，是德国有名的造船厂。下午参观Holstein Brauerei啤酒厂及Hansa油厂。回柏林。11日，孙象震少将及随员吴国柄等先回巴黎。

翁之憙归途记载：7月1日，"阅报见柏林中国学生亦向使馆闹风潮，迫公使（魏宸组）签字，并有迫专使即行出德境，不许买军械，不许订立任何伤害中国之条文云云。公使皆签字。此中线索甚多，亦不尽学生也。闻巴黎有女共产党提倡罢工暴动者，工潮如此"。7月2日，"晚得孙仲尧信，知友嵩因上人当，以办事不周大遭专使之怒，下条撤差，临行强争，只予以旅费一千二百马克，可叹。又，不数日专使即赴俄，仲尧有云：练腿外尚须练笔，稍一不周，怒颜相加。而有人则随行优游无些事。"[②] 7月8日，"晚与S君谈欧洲时局，S君以为德国予未小住研究其国情，殊为可惜。德人勇鸷有志行，不为势屈，虽经创挫，而各事之恢复令人可惊，办事严整足可师法。今联盟国虽限制德之军备，而自由结社以练习体育为名者在在皆是，实通国皆兵也。又因军械上限制关系，德人所需军械及航空机多在西班牙经营，如克虏伯厂之在西班牙经营已历有年所，尤

① 徐道邻编述、徐樱增补：《徐树铮先生文集年谱合刊》，台湾商务印书馆1989年版，第210页。

② 孙象震（仲尧）后来说："徐树铮才华横溢，文武兼资，而又勇于负责，是中国不可多得之人才……只是由于皖系失败，徐氏平时任事太勇，锋芒太锐，遂成为奉、直两系和官场中一般滑官老吏的众矢之的。否则段祺瑞和徐树铮在历史上都将会另有一番记载。"见许汉三：《孙仲尧谈徐树铮二三事》，许汉三等著：《皖事拾零》，安徽人民出版社1989年版，第57页。

以 Barcelona（巴塞罗那）一处，德人之利益为多。各国人知之，故全欧惴惴，终日终夜，从事战备。又法、德小学校中教育多注重于报复，此种思想深印儿童脑府，报复之念愈积愈深，十年之内，乱未艾也。又德人财政计划令人惊讶，即如马克之低落以及现在之恢复，当其赔偿军费时时借口，以及人民之苦事积蓄经营军备，此种现象不能不令人叹服。欧乱固未艾，而转瞬间人为刀俎，我为鱼肉。国人迷梦方酣，乃欲以赤手空拳与列强决雌雄，多见其愚梦耳。今日第一要义在培养国家元气，树植人材。苟能自卫，人自不我扰。第所难能可贵者：一本大公而能为第一流政治外交家果何在？”①

苏联（7 月 18 日至 8 月 1 日）

7 月 18 日，专使率同褚其祥、王治焘、薛学海、朱佛定等到莫斯科，中国驻苏联公使李家鳌暨使馆全体参随，苏联政要暨红军一队，在站欢迎。苏联外长齐趋林，驻苏李公使，趋前握手并介绍各重要欢迎人员。专使检阅仪仗队后，登车至迎宾馆。

李公使陪同考察团访晤苏联政府首要，晤谈之下，深悉俄国 1917 年 10 月革命以来，已逾七载，经过种种艰危，始有今日局面。

“革命初年，农民情绪恶劣，1921 年的收获，仅及前数年平均收入百分之四十。列宁察知局势日非，于 1921 年毅然宣布新经济政策，以资挽救。新政策施行后，超时工作，可以给资，默认私人所有权，奖励外国资本家投资，国内买卖，可以自由。施行结果，方得挽救危局，俄国之创业艰难，于此可见。”②

访晤斯大林。斯大林当时为苏共总书记，兼人民委员会主席。他 1922

① 翁之憙：《入蒙与旅欧》，中西书局 2013 年版，第 164、166、169 页。

② 朱佛定：《考察欧美日本各国政治日记》，徐道邻编述、徐樱增补：《徐树铮先生文集年谱合刊》，台湾商务印书馆 1989 年版，第 364—365 页。

年受命组织起草联邦宪法，1923年经中央执行委员会通过施行。按1918年宪法，俄国原名俄罗斯社会主义苏维埃联邦共和国。新宪法中改称社会主义苏维埃共和国联邦。行政权由中央执委会所任命的人民委员会行使。人民委员会相当于议会政治国家的内阁，其主席相当于内阁总理。

访托洛斯基，时任经济委员会主席。

会晤苏联红军总司令伏龙芝，伏龙芝陪同检阅红军。

还参观了苏联法院。

苏联政府欢宴专使及随员于外交部，显要毕集。外长齐趋林穿燕尾服，状甚庄重。宴会9时开始，散席已过午夜。齐趋林邀专使密谈，“对专使尤尽拉拢之能事”[①]。

徐树铮“在莫斯科考察一切，彼国总理（斯大林）、农长（经济委员会主席托洛斯基）与谈苏联宪政及没收田产法，自称世界最新。徐答：‘他国云何，不敢强知，吾华三千年前行之，越九百年始改郡县。距今八百年前，又欲执行，扰民过甚，未容竟事。鄙见政法之于国，但问适时便民与否，无新旧之别，故余至佩诸公精神新锐，而不在法制如何。凡以华人而惊叹贵邦取新法者，非忽华事，即昧俄政。’语次为举烦琐难行者数事以告，皆言适亦患此，诚如尊论。相顾欢颂中国文化之早，深致佩羡。外长、陆长公宴演说，盼中国速兴，务组大军，俾列强闻而生畏，并盼徐氏速归整军，非军无以立国。徐答：‘华人天性和平，不求人畏，亦不畏人。无军诚难立国，但非财又安能立军。诸公政治各（名？）家，当知军为政治一端，谅不专重战阵。’两长又言，中国受列强压迫，盼速奋争国权。徐答：‘国权损失，极所痛心。但国先自弱，而后外侮来。奋争之道，当先整顿内政，而后向外’。两长深以为然，又言某某皆欺侮中国，惟俄最友善，愿力助图

① 朱佛定：《考察欧美日本各国政治日记》，徐道邻编述、徐樱增补：《徐树铮先生文集年谱合刊》，台湾商务印书馆1989年版，第366页。

强。徐答：‘叨在邻境，惠爱自所感谢，惟恃助终非久道，吾华之于列邦，向取平交。好我者我好之，仇我者我仇之，惟视其行事而定亲疏耳。’两长又言，中国何尚有反对苏联政治者，盼纠正之。徐答：‘苏联制定政纲，措施俄境之内，何必顾虑旁观空论。’又有新闻家问，中国究信苏联政策否？徐答：‘政策予人以可信，自无不信。今欲转问贵邦，究已自信否？’支吾不能对。又红军总司令言，中国最大，惜不统一。徐答：‘商民通行，岂非统一？政军团体，稍有歧议，正是进步。当帝制下民不干政，相安于浑漠。今则人皆预政，各有意见，而经验未足，故稍纷歧。再进一步，意见合则统一矣。’彼又言盼徐氏速归，能握各方实力，总期意见使归一致。徐答：‘报国之责，所不容辞。但似此则是帝王待民，去真共和尚有待。’彼大叹服，令所属各军，为中国及徐上将三呼万岁”。①

8月1日乘火车离苏联回法国巴黎。

“回法途中，过（波兰）华沙，国家虽新，惜无朝气。旋去捷克参观史科达兵工厂，规模宏大，制品精良，晤外长贝奈斯（Benes），有为之政治家也。”②

比利时　荷兰（8月）

8月3日到巴黎，略事休息，即去比利时首都布鲁塞尔。中国驻比公使王景岐，偕同馆员到站迎接。

比国在欧战中，被德军破坏中立，受祸甚烈，元气大伤，迄未恢复。

专使率同随员，会见比利时国王。这位曾在欧战中流亡的君主，态度和蔼可亲。

参观比国责任内阁制，与法国内阁及国会无甚差别。

---

①《申报》1925年8月27日。

② 朱佛定：《考察欧美日本各国政治日记》，徐道邻编述、徐樱增补：《徐树铮先生文集年谱合刊》，台湾商务印书馆1989年版，第367页。

参观路文大学[①]。参观某玻璃厂及昔日战场。

在比国停留数日，即去荷兰。荷兰地理位置低下，有在海平线以下20英尺者，全靠堤防抵御水患，其防水工程闻名世界。

考察团到荷兰，正值暑天，女皇已赴行宫避暑。当由使馆代办龚湘，陪同去避暑地方，会见威尔敏娜女皇。

参观堤防工程，政府派专家陪同，随时讲解说明。荷兰境内，有三大河流，即莱茵、末斯、意塞尔。河床增高，易生水患，均筑堤防范，又将池沼低下之地，或在海边筑堤围一片与陆地相连之海，先将水抽干，再经雨将地上的盐洗掉，然后加以填筑使之可耕种。

荷兰城市中或公路旁，随处可以看到运河。荷兰的旷野，常有纵横的水沟。地上积水，先使其流入运河，再由运河入海。

没有这些堤防及水沟运河，荷兰很多土地，就不能存在。自1923年起，即从事填筑，新生地的工程，很有成效。

荷兰风俗，就考察时说，50年前，婚姻亦全由父母主持。老辈人反对短袖女服与随意坐立，均与中国老辈思想不甚悬殊。大学生每年年会，在西部城市代尔夫特有聚餐演剧之乐，荷兰时有五所大学，轮流年年聚会，大学毕业者，每年皆以能一到代尔夫特为乐。"荷兰有一中荷协会，极愿知中国事，惜无人供以材料。"[②]

专使等考察荷兰后，即乘飞机返至巴黎。在巴黎停留期间，整理考察报告，并请巴黎大学公法名教授，如巴得勒米等，讲授宪法。

在巴黎期间，北京《晨报》访员谒见专使，专使说他乐于和法国各门专家会商，觉得法国各界人民皆表同情于华人，两国人民今后当更联好。以后回国，将推行中法亲善政策等等。[③]

---

① 今译鲁汶大学。

② 翁之憙：《入蒙与旅欧》，中西书局2013年版，第170、166、169页。

③ 《申报》1925年10月7日。

美国（10月初至下旬）

1925年10月初考察团离巴黎去马赛，乘皇后号轮渡大西洋西上赴美。①

中途适逢双十国庆，专使举行庆祝会，遍邀头等舱客晚餐，并举行舞会，宾主备极欢愉。

专使与部属不拘形迹，某晚餐席上，忽笑谓曰："我有一对，不知诸君对得上否？"众问何对。专使曰："'开公事房'，逆读之为'房事公开'。"久无应者。朱佛定答："'了私情案'可乎？倒读之为'案情私了'。"专使首肯曰："汝三句不离本行。"② 朱佛定是读法律的。

抵纽约，稍事休息，即乘车去华盛顿，住五月花饭店。

参观国会，美国是两院制。"参议院代表各州，每州出议员二人，任期六年，每二年改选三分之一；众议院以人口为标准，而定议员名额，但每州至少有议员一人，任期二年。参议院议长，由副总统兼任；众议院议长，由多数党推出候选人而选举之。"

访晤美国总统柯立芝，中国驻美公使施肇基陪同至白宫。"美国总统之产生，系间接选举，但其方法，与他国不同。即须由人民先选出总统选举人，再由总统选举人选举总统。各州先选出与各该州应出两院议员名额相等之总统选举人，例如纽约州应出参议员二名，众议员四十三名，其总统选举人即为四十五名。在一州之中，一党比他党多得一票，则此州之全部选票，统归该党所掌握。故选民的多数，与总统选举人的多数，是不一致的。总统竞选人，能得到总统选举人的过半数，却未必就是得到全体选民的多数票。总统候选人，由各党开代表大会推举之，能得到总统选举人过半数的票，即当选为总统，任期四年，副总统之选举过程亦同。总统是否可连任，宪法未规定。华盛顿二次当选为总统后，即拒绝再竞选，嗣后遂

---

① 《申报》1925年10月8日报道：徐树铮等定10月7日起程赴美，将在美日小作盘桓，然后回国。

② 朱佛定：《考察欧美日本各国政治日记》，徐道邻编述、徐樱增补：《徐树铮先生文集年谱合刊》，台湾商务印书馆1989年版，第368—369页。

成为宪法上的惯例。

“美国是总统制，与我们所看到欧洲采用议会政治的国家相比较，其政制有若干不同之点：1. 美国国务卿为首席部长，其地位与其他各部长平等，不能加以支配；内阁总理，则推荐所有阁员，并指挥监督之。2. 大政方针，（内阁制）由内阁总理决定，元首不加干涉；美国则由总统决定。3. 内阁制的阁员，对国会负责；美国各部长，由总统任命，而对其负责，不对国会负责。4. 内阁制的阁员，得兼任议员，出席议会，其在英国，非议员的阁员，且须补选为议员；美国各部长，不得兼任议员，亦不得出席国会。5. 美国各部长，不对国会负责，故国会不能提不信任案，因之亦无内阁制中所常见之倒阁风潮。但如有私人或职务上的违法行为，众议院对之有弹劾权，政府对议会无解散权，但得宣告休会。6. 内阁制的政府，得向议会提出法律案；其在美国，提案权专属于两院议员。但美国总统，得向国会送达咨文，等于间接提案，亦可交由本党议员提出。”

参观联邦最高法院。“美国为联邦国，其法院有联邦法院及各邦法院之分，联邦法院分三级：1. 将全国分为八十四个司法区，每区设一个地方法院；2. 又将全国分为十个司法区，每区设一个巡回上诉法院；3. 在华盛顿设联邦最高法院，该法院如认联邦法律或各邦法律为违宪，得拒绝执行，但不得取消。联邦法院，只能受理宪法列举的案件，其余均归各邦法院审理。”①

在华盛顿考察后，去芝加哥、圣弗朗西斯科考察。在美国考察，注重政治方面，其他因国内迭电促归，时间迫切，未及详细参观。

1925 年 10 月下旬，搭乘加拿大轮船前往日本，途经檀香山。“轮上旅

① 以上见朱佛定：《考察欧美日本各国政治日记》，徐道邻编述、徐樱增补：《徐树铮先生文集年谱合刊》，台湾商务印书馆 1989 年版，第 369—370 页。

客中，有一巴西小姐，专使教以昆曲，数遍以后，居然能随笛声而抑扬唱出，虽对于曲中意义，并不了解，更不识中文，然发音清脆，且能合拍，不能不佩其听觉之特别敏锐。”①

日本（11 月 26 日至 12 月 6 日）

由檀香山启航，舟行十昼夜，于 11 月 26 日正午抵日本横滨。该处总领事暨华商多人，日本参陆部官员、市长代表等，同赴码头迎接。随即登岸，横滨警署派人保护，乘火车去东京。

距东京前一站，中国驻日公使汪荣宝、日本外务省官员等即前来迎接，同车到达东京。先至中国驻日使馆暂息，专使之旧友河野、东京《日日新闻》记者随即次第来访。之后就在使馆晚餐，原有来宾及全体馆员作陪。

驻帝国饭店，日政府殷勤招待。

汪荣宝公使，在使馆举行茶会，介绍日本朝野。

日人拿纸求专使墨宝者，每天不断，专使即当众挥毫回应。

专使曾留学日本士官学校，昔日同学，今居重要岗位者甚多，酬应极繁。

日外务省通知汪公使，日本政府因英太后丧礼，暂停国际办公，请等 3 天后定期正式通知专使觐见日皇。专使即暂留东京，并留韩宾礼、孙象震、刘卓彬三位少将及朱佛定、何千里两秘书一起。其余随从人员，仍搭乘轮船先回上海。

12 月 2 日，专使率同随员，会见摄政官；5 日会见日皇日后。日本政府宴请专使及全体随员。

---

① 朱佛定：《考察欧美日本各国政治日记》，徐道邻编述、徐樱增补：《徐树铮先生文集年谱合刊》，台湾商务印书馆 1989 年版，第 371 页。

徐树铮原拟在日本停留一月，对日本各方面详加考察，只因中国时局生变，形势急迫，不得不早作归计。

12 月 6 日，徐树铮率随员离东京，由横滨搭乘大来洋行麦金莱号轮船回国。[①]

① 《申报》1925 年 12 月 1 日、10 日、11 日。

第二十二章

廊坊枪声

一、考察归来

1925年12月10日，徐树铮率随员回到一别经年的上海。

朱佛定记载："舟抵沪埠，最先登轮者，为沪上闻人黄（金荣）、张（啸林）、杜（月笙）三君，盖隐寓保护之意。欢迎人众，专使意欲御上将礼服登陆，以昭郑重，同列恐惹人注目，尼之不听。笔者乃进言曰：'专使是否文职？'曰：'然。'笔者又曰：'今专使以考察专使回国，似以服文职常礼为宜。'专使笑曰：'算你有理。'遂改御常礼服登陆，由欢迎人员护送南洋路私邸。"[①]

另据报道：徐树铮抵沪时，其在沪友人，特派小轮波涛号，先驶赴浦东白莲泾大来码头，其余迎接者分两批乘公司小轮抵大来码头。江苏特派交涉员许沅等，则另向海关借小轮一艘。许沅还叫人通知英法租界巡捕房派得力探捕沿途保护。当时到埠者，有江干廷（徐树铮的副官长）、张藻宸、张小麟、沈卓吾、杨筱堂，及中外新闻记者40余人。警厅特派总务科

① 朱佛定：《考察欧美日本各国政治日记》，徐道邻编述、徐樱增补：《徐树铮先生文集年谱合刊》，台湾商务印书馆1989年版，第371—372页。

沈子顾及武装保卫队20人，在码头保护。9：05分，麦金莱号始抵浦东，徐氏先出，与欢迎人群扬巾招呼，9：45船始靠岸。许沅等即上船和徐氏握手。10时许，徐氏即入波涛小轮。[①]

登岸前，徐在小轮中接受中外新闻记者采访时说，他此行所得最大之感想，即各国人民对我国民待遇均极好。此行本为交际性质，非正式办外交也，即对日本，亦无特别任务。英国秩序甚佳，且其富力潜藏于社会全部，而非仅握之政府，故其基础甚为巩固，各种事业，近年来亦极进步。关于国内政治，他认为，政府与段执政个人，须分别言之。他与段氏感情极深，且觉中国目下无人比段氏更适于当元首。但对政府不觉其如是。[②]

在这前一天（12月9日），《申报》登出徐树铮途经日本时拍的两封电报。徐在电报中极力推举原内务总长龚心湛为新内阁总理[③]。电中所谓浙奉战争、关外之变，和“不容动摇合肥元首地位”“委员陋制，不宜国体”“豫鲁争地，直奉逼取”及其所发议论，引起各方注意，并宣称：回国“赴京展觐后，即当周赴各省，详剖利害”，也引起各方注意。

原来，在他离国考察期间，国内接连发生争城夺地的混战。1925年1月，在沪宁线上，卢永祥与齐燮元战，卢胜齐败，齐将所部交与浙督孙传芳接收。奉军乘机向南发展，1月底进占无锡、上海等地。2月初，奉浙双方约定撤兵。奉军张宗昌随后以苏皖鲁“剿匪”总司令的名义，移驻徐州，准备进兵河南。河南关系冯玉祥国民军的生死存亡。冯自回师北京举行政变后，河南军务督办、省长两职，即由国民军第二军军长胡景翼、第三军军长孙岳分别担任。这时陕西督军刘镇华也与国民军产生矛盾。刘是河南人，亦想占领河南地盘。他曾派镇嵩军憨玉昆师进兵河南，并在豫西近20

① 《申报》1925年12月11日。
② 《申报》1925年12月11日。
③ 段祺瑞自1924年11月25日就任临时执政以来，据《临时政府组织条例》，一直没设总理，由临时执政主持国务会议。可是，由于政局多变，段祺瑞难于控制，因而又拟改组内阁，再设总理。

个县立住脚跟。国民军不能容忍。2 月下旬至 8 月上旬，国民军与镇嵩军展开激战。刘镇华到洛阳指挥，憨玉昆亲临火线督战；胡景翼至郑州督师，孙岳等也率军到前线。结果国民军胜，镇嵩军败，憨玉昆服毒自杀，河南被国民军全占。奉军无法夺取河南，就转而争夺山东地盘，迫使段祺瑞将皖系郑士琦调离，以张宗昌接任鲁督，因而山东地盘被奉军争占。

奉军继续向南扩张。虽然 2 月间奉浙双方相约撤离上海，但奉军一直未全部撤退。5 月，奉军又大举入关，首先威胁冯玉祥国民军，冯军大部撤往宣化、张家口等地。6 月，奉军姜登选部源源开至上海。张作霖任命邢士廉为上海戒严司令。从此，上海被奉军控制。浙督孙传芳感到恐慌，急忙派部队驻扎淞江。奉浙关系再度紧张。8 月底，段政府被迫下令，派奉系东三省巡阅使署总参议杨宇霆为江苏军务督办，姜登选为安徽军务督办。冯玉祥和孙传芳都受到奉军威胁，因而秘密联合，相约出兵夹攻奉军。10 月中旬，孙传芳兵分五路，首先进攻沪宁线的奉军。同时，冯玉祥准备在北方响应，试图一举消灭关内的奉军。

10 月 18 日，徐树铮自美国拍电报给张作霖、孙传芳，称兄道弟，许为旧友，劝双方息兵，共尊合肥（段祺瑞），并致电段祺瑞，报告致张、孙之电文，请段关照奉省局势。

10 月 22 日，徐树铮又自美国致电杨宇霆，劝杨“不可私逞意气，妄动干戈”，应把奉军撤回东三省。电中谈及冯玉祥与奉军的关系。言下之意，奉浙冲突与冯有关。应该尽快撤兵，以防冯方捣蛋。这时报纸上披露“冯玉祥最近之态度”，说他“不愿与任何方面合作”，“非至双方力疲不出兵”，“抱定以逸待劳之策”。①

同一天，徐树铮还致电张作霖的盟兄弟——吉林督办兼吉林省长张作相、黑龙江督办吴俊陞，劝他们力促奉军撤退。电中谓“雨帅（张作霖）

① 《申报》1925 年 10 月 21 日、26 日、29 日。

为拥戴合肥（段祺瑞）中坚，奉事即大局之事”①。集中说明徐树铮为什么反复敦劝孙张息兵及要求奉军撤退。这时，北京完全在国民军的控制之下。

由于奉军迅速撤退，冯玉祥未能与孙传芳合力灭奉，即转而利用奉系内部矛盾，与奉军将领郭松龄协力倒张。11 月 25 日，冯玉祥打电报要张作霖下野，痛骂奉军摧残工人学生运动及武力夺取地盘，并骂张作霖有帝王思想，经常轻举妄动，愚蠢无知，应当及时引退。11 月下旬，郭松龄在滦州宣布班师回奉，并和冯玉祥签订密约，要逼迫张作霖下台，另造东三省新局面。冯玉祥即派兵出喜峰口而趋热河，势与郭松龄合作。这就是徐树铮 11 月 29 日电报中说的“关外之变”。徐树铮所发的一通议论，也不无讥郭刺冯之意。尤其他回到上海前一天所发电报中说“不容动摇合肥元首地位”“委员陋制，不宜国体”等，主要是针对冯玉祥的，因为冯要推倒段执政而实行委员制。

11 月 27 日，京师警卫司令鹿钟麟，按照冯玉祥的命令，指使在北京的国民军，逮捕与奉张联系的执政府参政曾毓隽。29 日，又逮捕姚震。曾和姚都是昔日安福系的重要成员，属于徐树铮的“旧友”和“京友”，曾、姚被捕，对徐是不祥之兆。另外还拟捕段祺瑞的部属李思浩、梁鸿志、叶恭绰、朱深、沈瑞麟及吴光新等，他们亦是徐树铮的“旧友”和“京友”。

徐树铮一心要维护段祺瑞的元首地位。他知道国内的战乱和政局对段非常不利，因而急忙回国，极力劝说孙传芳和张作霖息兵，共同拥段以制冯。临离日本时，他还发表一篇临别赠言，“尤希望日本上下，对于本国此次变局，取绝对不干涉主义，严守中立”②。

---

① 《申报》1925 年 10 月 28 日。

② 《申报》1925 年 12 月 11 日。

二、联络孙传芳及张謇

孙传芳（1885—1935），字馨远，山东泰安人。1904年留学日本，1908年毕业于日本士官学校，1909年回国后，历任营、团、旅长等。1925年10月带兵驱逐苏皖等地奉军势力，11月在南京成立苏浙皖赣闽五省联军，自任总司令，并谋划组织独立政府。但因兵力财力有限，不足以维持，担心受冯玉祥、吴佩孚、张作霖等势力侵蚀。得知徐树铮回到上海，即去电欢迎徐赴杭州，以便晤谈，进而取得段政府支持。

12月11日上午，徐树铮赴杭州与孙传芳晤谈。徐说，他到国外考察行抵巴黎时，得知国内东南部发生战争，即发二电，劝阻各方息兵。电文原旨，对于张作霖扩充地盘，派杨宇霆、姜登选分督苏、皖，大不以为然。他在各国考察时，外国人多以中国内战足以亡国为辅助话题。这使他感到很痛苦，所以连发两电，促双方息争，听执政府命令解决，冀免混战蔓延，影响国际地位。他的本意，系为保国安民而起。其实，他于当时并未明瞭国内各方离合之症结，及抵横滨时，得日本友人之传述，始稍知国内战局之端倪，而症结所在，仍未明瞭。今特来杭州，请孙总司令详告一切。孙传芳即将有关情况告诉徐树铮，徐树铮仍劝孙传芳拥段。

当天晚上，孙传芳在浙江督办署，欢宴浙省全体省议员，请徐树铮讲演考察欧美政治情形。徐讲："到欧洲考察，居巴黎最久，曾详细考察法国的政治、军事、实业等各方面，觉其政治组织较为完备，惟一切竞尚繁华。次至英国，英国秩序之维持，皆在社会之有力者，社会不过司机械而已。次至瑞士，瑞士社会组织之完备，不亚于英，而一切政治井井有条，国境虽小，不可轻视。次至意大利，意为欧洲老大帝国，现总理以一身而兼多部总长，招待鄙人，十分优厚。次至德国，德人科学之进步，制造之精明，颇足惊人：如飞机一项，法国制造者最佳，须离地40米才可高升，而德机则10余米即能飞腾；法国虽限制德机引擎马力不得过150，而德人能以数小机相并，其限制终归无效。次至俄国，苏联政府全属骗人，其专制且较君主而过之，不久必溃，实不足虑，但求我人勿利用之，以免反为所用。次至波兰，一切组织均未完备。次至捷克，捷克均为俄属，其组织更不足道。次至比国，宛如德之模型。次至荷兰，荷兰实业颇为发达。由荷回法，由法赴美。美国荒地甚多，与中国相类，尚未十分开辟，制造能力，亦觉可观，惟与德国相较，则德人精益求精，日求进步，而美则适可而止。时已得孙总司令开始秋操之电。归途道经日本，无事可纪。各国对我国感情颇佳，而尤尊重我国人之商业信用。故我国苟能整顿，对外不成问题。甚望人民不放弃其天职，以监督政府。国内治平，则条约束缚，一言即可解除。当鄙人在欧时，张作霖偏向各国购买军火，鄙人阻之。或谓鄙人系段氏私人，鄙人谓余非段氏私人，余乃国家之人，即段氏亦国家之人，非段私有。若张作霖愿为国家用，余亦服从之。各国均然鄙人之说。鄙人粗读书史，虽不敢比孙总司令，自谓较胜张宗昌辈。今考察归来，得与诸君相见，如见浙江三千万人民，欣幸何如。浙江民智及秩序，均为各省冠，可为各省模范。鄙人今次入京，或将供职政府，尤冀诸君加以指导。”[①] 就此演说来看，徐树铮与孙传芳晤谈后，对国内局势相当乐观，对前途抱有信心。他和孙传芳接洽相当顺利。

次日，徐树铮应孙传芳邀约，赴笕桥阅兵。阅毕即返上海，与上海官绅商及新闻等各界人士接洽，并与各国领事接触。14日，前总理唐绍仪专门设宴招待他。执政府内务总长龚心湛，特派其侄龚勋华到上海接洽。

有报道说：“徐晤孙传芳后，即在外宣言，孙确系诚意拥段，并拟设法使段正位总统。”同时，冯玉祥亦与孙传芳极力联系，“关于组织中央政府问题，频向孙传芳征求意见。但孙不愿表示真意，仅谓反对现政府。至于维持今后政局之方法，则迄未吐露何种意见。但双方现仍信使不绝，力事

① 《申报》1925年12月13日。

联络”[①]。这时许世英组阁之声甚高，所欲罗致者有：国民一军 3 人，国民二军 2 人，国民三军及孙传芳代表、萧耀南代表、赵恒惕代表、郭松龄代表各 1 人。冯玉祥国民军占优势。实际上，孙传芳和徐树铮是反对的。这使冯玉祥对徐树铮与孙传芳的联络不能不产生疑忌。孙传芳还专程由南京到上海与徐树铮晤谈。上海各团体在商会开会，隆重欢迎徐专使与孙联帅。徐孙倾谈甚久。

12 月 17 日，徐树铮和孙传芳联袂到南通拜访张謇。张謇（1853—1926），字季直，号啬庵，江苏南通人，1894 年状元，著名实业家、政治家、教育家。曾起草清帝退位诏书。历任实业总长、农商总长兼水利总长。创办许多企业和学校。张謇让儿子张孝若和张仁奎、卢鸿钧、李万里等南通各界代表 300 余人，到天生港口迎接。军舰鸣炮，军警举枪奏乐。徐树铮和孙传芳上岸后，转乘汽车，沿途军警森严、断绝交通。张謇到候马亭迎候。

当天下午 1 时，张謇组织各界人士在总商会开欢迎会。张謇等先致欢迎辞，孙传芳与徐树铮相继致答辞。

孙传芳说：“民国十四年来之战争，大多循环报复之举……余在浙一年，未有成绩，奉军开拔来苏，雅不欲以战事制胜，当奉方势盛之时，余曾派人向张雨亭（张作霖）表示意见，不问和平统一，抑法律统一，亦不问奉系直系浙系，只须热心国政，不扰害人民者……黄河流域及长江流域，可悉归其掌握。惟未为所信。其后张雨亭派王子春来，欲余与之合作，以五省经略使名义为饵……余曾劝其切实改革，未见照行……今竟以三万人推倒之……”[②]

徐树铮说：“树铮首先声明，今日亦主人之一，奉退、啬[③]二老之命，

---

① 《晨报》1925 年 12 月 19 日、20 日。
② 《申报》1925 年 12 月 20 日。
③ 退、啬：张謇之兄号退庵，啬即张謇。

招待馨帅（孙传芳）来此。铮于啬老，以乡党言是晚辈，以学问言是后进，资浅识薄，无发言之地位，惟重违乡老之命，略为说词。南通教育实业，为全国光，铮以江苏人地位，不敢据以自夸，惟每值外人，辄嘉许南通事业。尝考欧美自治各区，其状况不必与南通相同，其精神则一而已矣。南通自治，为全国先进，成效素著，足树东南之模范，而资群众之观瞻。铮以苏人尝以未能一游为憾。益以孝若公使[①]，前铮考察欧美实业，铮步后尘，绝愿以考察所得，与孝公一相考证，且就教于前辈乡先生之前。今得随馨帅同来，与啬退二老及孝若公使以及南通诸君子相聚一堂，幸何如之。惟时间匆促，不能多谈。容再领教。"[②]会后，与各界人士在总商会俱乐部欢宴。

当晚，张謇设宴招待徐树铮、孙传芳。席后，徐树铮大唱昆曲，曲终而情犹未尽，并向张謇索诗。他说："小梅（兰芳）唱一出戏，得先生一首诗；我唱了曲子，也想求一首诗。"张謇满口答应说："当然照例。"[③]据说，徐还唱了豪迈的《大江东去》词曲，张即口占一首："将军高唱大江东，气与梅郎角两雄。识得刚柔离合意，平章休问老村翁。"[④]后来正式写了题为《饮徐又铮席后听其按曲因赠》诗[⑤]：

使凭龙虎节旄崇，归及貔貅战斗中。
月镜日珠盘海上，铜琵铁板唱江东，
孙吴并世儒为将，芒砀生才地故雄，
磨练深沉应不远，吾衰惭甚谷城翁。

---

① 张孝若（1898—1935），张謇之子，1918 年毕业于美国哥伦比亚大学商学院，1922 年任考察欧美日九国实业专使，多次出国考察。后被任为驻智利全权公使（未到任）。1935 年被人暗杀。

② 《申报》1925 年 12 月 20 日。

③ 张孝若:《南通张季直先生传记》，中华书局 1930 年版，第 444 页。

④ 许汉三:《孙仲尧谈徐树铮二三事》，许汉三等著:《皖事拾零》，安徽人民出版社 1989 年版，第 56 页。参张英和:《徐树铮一生》，见《萧县文史资料》第三辑，1986 年版，第 60 页。

⑤ 张謇研究中心等编:《张謇全集》第五卷 艺文（下），江苏古籍出版社 1994 年版，第 443 页。

诗中表达了张謇对国内局势的隐忧和对徐树铮的很大期望。

12 月 18 日，徐树铮与孙传芳同游东粤山庄，张謇为备蔬餐，他们继续讨论了时局的一些问题。当晚，徐树铮依依惜别，返回上海；孙传芳则返回南京。

徐树铮、孙传芳结伴访问张謇，自然引起冯玉祥不安，因为张謇对冯玉祥拥兵自重非常反感，曾明确表示反对冯玉祥控制北京。再者，如果孙传芳成为徐树铮所主张的三角联盟的一角，那将对冯玉祥和国民军极为不利。

这时，有消息报道说，图谋组织苏浙皖赣闽五省独立政府的活动，正在暗中进行。“预闻此议者，有唐绍仪、徐树铮、孙传芳、张謇，及其他政商界人物……孙氏赴南通之真目的，即为征求张氏协作及担任行政首领之同意。至孙徐唐等在新政府中地位，尚未探悉，但料小徐及唐将居重要地位，孙氏则管理五省军务。”[①] 这种扑朔迷离的报道，也使冯玉祥不安。如果徐树铮在东南得势，那么对他和国民军也是极为不利的。

冯玉祥在徐树铮离开日本到达上海前一天（12 月 9 日），从张家口急忙致电段祺瑞，12 月 18 日，又将该电在《申报》等媒体发表。电文很长，略谓：张作霖力蹇势穷，业将下野。障碍既去，此后政治应根本刷新。要实行平民政治，举贤才，明是非，政治公开。最后称：“我执政耆年宿望，力任艰巨，俭奉苦行，以谋邦国，在变难未平之际，必有收拾善后之图”，“倘临机不决，坐失良机，敷衍之政象如前，纠纷之情势已急，则人心之去，不卜可知”。这引起各方注意。徐树铮当亦注意及此。

---

① 《申报》1925 年 12 月 20 日。

三、晋京及遇害

为使国家统一和稳定发展，徐树铮主张拥戴段祺瑞做国家领导人，并希望冯玉祥也能拥戴段祺瑞。他在欧洲时派宋子扬提前回国，就是要做冯玉祥的工作。他本人和冯玉祥也有联系。

徐树铮自上海北上前，曾拟经陇海铁路转京汉铁路入京，并致电张家口冯玉祥商量沿路安全办法。冯玉祥复电说，已转开封岳督办饬属保护。后改海路，亦电告冯玉祥。冯亦复电，有“承示忻悉，把晤非遥”等语。[①]

12 月 19 日，徐树铮自上海乘轮船北上晋京。此时北方依然处在战乱之中，张作霖时任讨伐郭松龄军总司令，以杨宇霆为总参谋长，以张学良、张作相、吴俊陞分任中央、右翼、左翼三军司令，全力讨伐郭松龄。与此同时，冯玉祥国民军出关援郭受阻，而和李景林军在天津周围激战。

段祺瑞及徐树铮的友人，都劝徐树铮暂缓晋京，以免遭致意外，不但以电报劝阻，而且派员劝阻。李思浩还派亲戚李祖恩，也是徐树铮熟识的朋友，到天津迎候和劝阻。但徐树铮力排众阻，执意晋京，“一以海外初归，有面谒执政（段祺瑞）慰问起居及述职之必要；一以冯督办（玉祥）推诚相与，尚电托豫督保护，京津为其直辖防地，当必格外周妥，毫无疑义。于是毅然决然，率从入觐”[②]。当然，对于政局和段执政地位是否稳定，他亦不能不想一探究竟。更重要的是，他还想因此而大有作为。

12 月 25 日下午 3 点，徐树铮率韩宾礼、刘卓彬、孙象震、朱佛定、

---

① 孙象震、韩宾礼、刘卓彬:《对〈徐树铮之死〉的补充》，石玉新、杨小波主编:《文史资料存稿选编（晚清北洋）》（下），中国文史出版社 2002 年版，第 870 页。原电为:“徐又铮先生鉴：铣电承悉，改由海道北上，忻悉，把晤非遥，良深企盼。特复。弟冯玉祥号。”（铣代 16 日，号代 20 日）电见韩福东:《冯玉祥是徐树铮被杀的幕后元凶？》，《同舟共进》2017 年第 12 期。

② 孙象震、韩宾礼、刘卓彬:《对〈徐树铮之死〉的补充》，石玉新、杨小波主编:《文史资料存稿选编（晚清北洋）》（下），中国文史出版社 2002 年版，第 870 页。

王治焘、吴国柄、薛学海、段茂澜等，乘顺天轮船于炮火声中到达天津，住裕中饭店。王荫泰[①]、翁之憙等来见。徐树铮和来见者相谈甚久，态度如恒，殊无风尘劳顿之色。晚上一起到张叔诚[②]家吃饭，徐树铮高唱昆曲，兴致甚豪。

当晚，京师警厅秘书桂茂林自京到津，与王荫泰一起劝徐树铮切勿入京。徐树铮坚持己见，予以驳斥。

26日上午，随员们乘专车先行进京。宋子扬以代表国民军冯玉祥名义，并带借自英使馆的福特牌小汽车，到津迎接徐树铮入京，同来者有王松午[③]等。午饭时，翁之憙、薛学海等在座，众议此行危险，期期以为不可，而仍无人能阻。宋子扬以身担保。

徐树铮说，考察归来必须面见合肥（段执政）述职，况且合肥正处荆棘中，谊为师友岂能回来不见？明知危险，义须一行。又说，在法在德，飞机汽车，屡遇危险得不死，死固在命，匪可预防。

26日下午，徐树铮到达北京，随即至执政府谒见段执政。两人一度相拥痛哭。徐树铮将考察所得，及与孙传芳晤谈情况，向段执政扼要汇报，请对时局力持镇静。还说，准备将考察所得汇编成册，以作详细报告和借鉴；准备相机前往各省，以考察所得，游说各省长官，使其放大眼光，勿再从事内战，自贬国际地位。[④]段祺瑞谓其“信宿盘桓，议论宏通，皆经国大计，默审继起者，将无其匹”[⑤]。

26日深夜，徐树铮打电话与吴鼎昌联系。次日早走访吴鼎昌，到吴家

---

① 王荫泰（1886？—1961），字孟群，山西汾阳人，王式通之子，曾留学日本和德国，历任库伦特派员、库伦宣抚署总务处长、外交总长、司法总长等职。

② 张叔诚（1898—1995），直隶通县（今属北京）人，字文孚，别名忍斋，曾与周恩来在天津南开中学同学。父张翼是清末工部侍郎、总办路矿大臣。父兄去世后，18岁任山东枣庄中兴煤矿监察人及常务董事等。后任天津政协委员、文史馆馆员。实业家、文物收藏家。

③ 王松午，王郅隆次子。继承父业，任裕元纱厂总稽查，后投身民族工业。

④ 《申报》1926年1月8日。

⑤ 《徐树铮神道碑》，见《徐树铮电稿》，中华书局1963年版，第383页。

未及落座即说："三日出京，绝不闻政。"好像已经知道吴将劝他如此。实际上，和段祺瑞见面交谈后，徐树铮已深知，现在的京城，确实对他不利。于是，和吴议论正志学校事，临别相约"在上海见"[①]。

27 日下午，举行专使觐见国家元首仪式。徐树铮身穿大礼服，胸佩各样勋章，以公使之礼入觐，段祺瑞以国家元首身份接待，意在向国内外显示中国局势稳定，表示中国将与各国友好合作和徐树铮考察之重要。段祺瑞对徐树铮极为嘉许，当场宣示，给予一等大绶宝光嘉禾章[②]。

就在这一天，北京《晨报》登出《孙传芳又大举攻鲁》的消息，说孙传芳与徐树铮会见后，"已定出兵攻鲁，除电靳云鄂进驻兖州，指挥作战外，拟以兖州为第一防线，由豫军王（维勤）陈（文钊）二师担任。以临城为第二防线，由卢香亭谢鸣勋二军担任。以徐州为第三防线，由陈仪一部担任。另电郑俊彦、白宝山由沂、莒二州进袭泰安，陈调元一部协助徐州至蚌埠之任务。并定将总兵站移设徐州，已令兵站总司令吴小峰星夜赴徐布置"。徐树铮是否与此有关呢？这是冯玉祥不愿看到的。

觐见仪式后，徐树铮遍访各国公使，并出席国务会议，报告考察各国的情况，受到热烈欢迎。他还出席各种宴会。

徐树铮的许多故旧，亦不断来看访他。他和王树柟[③]相见时，王愕然说："今何时乎？而轻身若此？"徐说："来复命耳！"王说："复以一纸书足矣！明哲保身之谓何？胡汲汲不少待耶？"[④]王再三言之，他却默然。28 日《晨报》登出消息，说徐树铮对人表示："二三日后，仍当赴津南下，绝不愿与闻政治。"

这时，冯玉祥的国民军，已打退奉系李景林军，进占天津，从而加强

---

① 林绪武、邱少君编：《吴鼎昌文集》，南开大学出版社 2012 年版，第 55 页。

② 《晨报》1925 年 12 月 28 日。

③ 王树柟（1851—1936），字晋卿，河北省新城人，曾任新疆布政使、《新疆图志》总纂、《清史稿》总纂，著有《陶庐文集》等。

④ 徐道邻编述、徐樱增补：《徐树铮先生文集年谱合刊》，台湾商务印书馆 1989 年版，第 162 页。

了对京津地区的控制。另一方面，张作霖讨伐郭松龄也取得胜利，将郭逮捕枪毙。张、冯势必进一步争斗。

28日，许世英内阁勉强成立。同时又有许多对徐树铮不利的消息。段祺瑞仍促他从速离京，免生意外。

29日上午，徐树铮偕曾宗鉴等视察正志学校（成达学校），对学生多所勉励。

29日下午5点，徐树铮出席龚心湛为他饯行的晚宴。这时，又有人劝他说："目前段执政的地位风雨飘摇，北京、天津之间所有实力均掌握于冯玉祥之手。冯系有政治野心之人，现在张作霖已经退出关。而段祺瑞赤手空拳，已为冯所掌握。你今来京，冯已洞悉，此行绝非简单，而冯玉祥既要把持政权，就绝对不允许别人再出任何事故，也绝不能轻易放过你去，且廊坊一带系冯部张之江驻扎。你乘车过廊坊不太妥当，我们认为应谨慎从事，或改乘飞机或乘汽车到天津。"他当时犹豫了一下说："我的专车已经备好，还会有什么问题吗？并且我现在还是专使的身份，他们怎能擅动呢？冯就是想和我为难作对，也绝对不能轻易动我。因此我决心乘火车离京去天津，我相信不会发生什么意外，请大家放心吧！"[①]

当天下午，段执政忽然发现书桌上有一张纸条，上写"又铮不可行，行必死"。段急忙派人把纸条送给徐树铮，但他仍不介意[②]。晚饭后即携随员谒段辞行，他有许多话要向段说，但由于时间匆促，终未说出口。徐树铮率褚其祥、薛学海、徐赞化、孙象震、韩宾礼、刘卓彬等到北京东站乘车，前往送行的有龚心湛、曾宗鉴、张伯英、张庆琦、卫兴武等，9点车开。

行前，宋子扬、褚哲文等要派武装人员护送，徐树铮坚辞不要。宋子

---

① 《文史资料选辑》总第106辑，中国文史出版社1986年版，第200—201页。

② 徐道邻编述、徐樱增补：《徐树铮先生文集年谱合刊》，台湾商务印书馆1989年版，第374页。

扬未送至车站，已于 6 点赴张家口。

冯玉祥的亲信——京畿警备司令兼京师警察总监鹿钟麟得知消息，立即以电话向在张家口的冯玉祥请示处置办法。冯早已对徐树铮深怀不满。徐曾杀害他的亲戚和知遇恩人陆建章。尤其使他不安的是，听说徐树铮出国考察期间同外国订有军火协议，一回国就力图建立奉直皖同盟，要拥段祺瑞为总统，且与孙传芳密切接触。此外，徐树铮与吴佩孚也早已恢复联系，“吴子玉再起，合奉张战冯”①。冯玉祥怎能没有危机感?

冯玉祥决定除掉徐树铮。冯以电话告诉鹿钟麟：“处置徐树铮的办法，就是逮捕枪决！”命鹿钟麟转达张之江执行②。冯认为，鹿钟麟“有智有勇，才大心细”，张之江“冒险敢为”③，可靠并能完成任务。而且，“冯玉祥与北京俄使加拉罕，已有勾搭”④。

张之江是冯玉祥部第五师师长兼前敌总指挥，刚刚结束与奉军李景林在京津线杨村的战斗，正驻守廊坊。张之江接到命令，立即严密布置。

1925 年 12 月 29 日午夜，徐树铮的专车被卡在廊坊车站。徐及随员被强行“请”下车。徐顾左右士兵说：“我徐某向来做事了澈生死，不劳诸位簇拥。”说罢即大踏步进入张营⑤。随后被拥出，在站东不到一里的地方枪杀了。徐的随从被拘禁多时，等陆建章之子陆承武演了为父报仇的戏之后，才被释放。考察各国所得各种资料与报告，以及各同人日记，和大批行李，皆被抢劫毁坏无遗。

30 日，上海《时报》登出“徐专使专车被炸”的消息。31 日，国内外

---

① 张謇研究中心等编:《张謇全集》第六卷·日记，江苏古籍出版社 1994 年版，第 897 页。

② 《文史资料选辑》第二辑，中华书局 1960 年版，第 109—110 页。

③ 《冯玉祥日记》第二册，江苏古籍出版社 1992 年版，第 40 页。鹿钟麟（1884—1966），河北省定州人，冯玉祥部名将。曾任炮兵团长、步兵旅长，率军警驱逐溥仪出宫。张之江（1882—1969），河北省盐山人，冯玉祥部名将。冯辞职后，张任察哈尔都统、代理西北边防督办及国民军总司令。不久脱离军界。

④ 高拜石:《古春风楼琐记》第 12 集，台湾新生报社 1979 年版，第 123 页。

⑤ 《申报》1926 年 1 月 9 日。

大报纷纷登出“徐树铮在廊坊被杀，陆承武为父报仇”的新闻。北京《晨报》还登载“陆承武的通电”，说他“本月二十九日遇徐贼于廊坊，手加诛戮，以泄国人之公愤，报杀父之深仇”等等。几天后又登出张之江致鹿钟麟电，张声言自己12月27日抵廊坊后，即赴落垡、杨村一带分配驻军。30日午返廊坊，才获知有一自称陆某者声言枪杀徐树铮为父报仇。“据报后，当即亲赴尸地暨各处查看，陆某已不知去向，究竟被杀者是否徐氏，尚不可知”[①]。这都是伪托之辞，故弄玄虚。

由于徐树铮刚从国外考察回到国内，其死在国际上的影响自不待言。日本尤为关注，其驻京人员获悉徐树铮遇害，当天即进行调查研究，认为徐树铮实被张之江部所杀，“暗杀阴谋，系某方面深虞徐氏赴沪之后，将筹划某种行动，故有此举”[②]。

四、尾声

徐树铮遇害后，北京政局深受影响。

1926年1月1日，冯玉祥通电下野，电称希望段祺瑞与吴佩孚不念前嫌，共谋国是，声言“玉祥个人应即日下野，以卸仔肩，如是则造谣惑众者可以息止，而挑拨是非者失所凭依”，“与其遗误将来，见讥国人，莫若早日引退，以勉咎戾”。并致电段执政，请“开去西北边防督办暨督办甘肃军务善后事宜本兼各职”。[③]随后离开张家口前往库伦（乌兰巴托），准备出游苏联。这时，《申报》等新闻媒体，已不断揭露徐案真相，对冯相当不利。

---

① 《晨报》1926年1月5日。

② 《申报》1926年1月1日。

③ 《晨报》1926年1月5日。

段执政得悉徐树铮被害，痛苦至极，“他拟就了一道表扬和抚恤的命令，这道命令须由陆军总长副署，却因（新任陆军总长）贾德耀置之不理而无法发表”[①]。

段祺瑞知道徐树铮死于非命，但无力讨伐凶手，自身也处于险境。他想撒手不干，可是冯玉祥突然先走一步，又使他一时下不了台。他实在难以为继，深感“事愿俱违，心力交瘁”，1月7日通电说，自本月“16日起，即不视事”，“一切政权交由国务院负责执行”。[②]

有报道说，徐树铮“此次来京之最大目的，系为组阁问题”[③]。孰料事与愿违。新成立的许世英内阁，本已决定，以徐树铮坚决支持的龚心湛和汤漪，任交通和内务总长，却因徐树铮遇害，国民军方面又强力反对龚和汤，即大有不能不更动之势。许世英内阁无力行使职权，勉强维持一月即散伙。贾德耀继而组阁。

4月20日，段祺瑞迫于内外压力，连同贾德耀内阁一起辞职，从此退出政治舞台。

另外，还有一些难以估量的影响。

考察团成员朱佛定、孙象震等，集体呈文段执政，希望国家为徐树铮抚恤，略言徐专使有功国家，身后萧条，有男未婚，有女未嫁，敬恳优恤，以慰忠魂。[④] 段执政无奈，只能自己出钱，给徐树铮买了一副棺材。

徐树铮遇害后，张謇“梦中闻徐诵诗云：‘与公生别几何时，明暗分途悔已迟。戎马书生终误我，江声澎湃恨谁知？’噩梦惊醒，词句尚能记忆，即披衣篝灯书之。书竟不怿曰：‘徐树铮必有事故，玩其悲悔之意，其来与我作魂梦之别乎？’”[⑤] 这段记载似有迷信之嫌。但与张謇挽徐树铮联对照来

---

① 陶菊隐著:《北洋军阀统治时期史话》(下)，山西人民出版社2013年版，第304页。

② 《晨报》1926年1月8日。

③ 《申报》1926年1月8日。

④ 《朱佛定等请为徐抚恤的呈文》，中国第二历史档案馆藏，全宗号1002，卷号1131。

⑤ 刘禺生著、钱实甫整理:《世载堂杂忆》，中华书局1960年版，第98页。

看，大概不是无稽之谈："语谶无端，听大江东去歌残，忽焉感，流不尽英雄血；边才正亟，叹蒲海西头事大，从何处，更得此龙虎人！"[①]

获悉徐树铮遇害，张謇终日郁郁，自书挽联，挂在东奥山庄——与徐座谈过的地方，深表哀悼，还作《满江红·挽又铮》（又铮工词，故词以吊之）[②]：

"问客彭城，道芒砀风云犹昨。数人物，萧曹去后，徐郎才霸；家世不屠樊哙狗，声名曾隽燕昭马。战城南小怯亦何妨，能为下。[③]

将玉帛，观棋暇；听金鼓，横刀咤。趁续完骞传，更编遵雅（又铮集名）。反命终申知遇感，履凶不论恩仇价。好男儿为鬼亦英雄，谁堪假。[④]"

张謇意犹未尽，又作《满江红·题又铮遗像》（二首）[⑤]，进一步追述徐树铮的生平经历，并对他的死提出质疑，斥责杀人凶手及其幕后指使者，以抒发极为沉痛的心情。

张謇得知徐树铮遇害当日，即致电段执政悲言哀悼。

1月2日，段祺瑞复电张謇说："徐上将树铮相从近三十年，知其尽瘁国家，不避劳怨。辛亥之役，首赞共和；副贰戎曹[⑥]，修明军政；筹边初任，收回外蒙（古），未绝一弦，厥功尤巨。此皆中外所共闻见。往在盛年，颇露锋锷，因以见忌于时，毁誉之者不一，而忠诚爱国其矢靡他。今学养渐深，志虑益纯，出聘列邦，声誉隆起，不辱使命，实国之光。期老其才，

---

① 张謇研究中心等编：《张謇全集》第五卷·艺文（下），江苏古籍出版社1994年版，第601页。蒲海西头：盖指廊坊一带。

② 张謇研究中心等编：《张謇全集》第五卷·艺文（下），江苏古籍出版社1994年版，第443页。

③ 彭城：徐州。芒砀：指徐州一带。昨：读"乍"。萧曹：萧何、曹参，西汉著名功臣。樊哙：西汉名将，早年以屠狗为业。隽：杰出。燕昭马：代指战国时燕昭王的人才乐毅等。战城南：指直皖战争。怯：犹"败"。

④ 将：携带。玉帛：玉器和丝织品，古代使者执玉帛。观棋暇：闲观棋战，从中了解战斗之兵法。金鼓：古代作战"击金则退，击鼓则进"，此处代指指挥作战之号令。趁续完骞传：趁完成出使任务，此指考察欧美日本归来。骞：汉代张骞，曾出使西域。反命：回国复命。

⑤ 详见张謇研究中心等编：《张謇全集》第五卷·艺文（下），江苏古籍出版社1994年版，第443页。

⑥ 副贰戎曹：指徐树铮在陆军部次长任内。

树为时栋。惨遭狙击，轸痛良深……”①

清史馆总纂柯劭忞②说：徐公“自海外归，忌者益欲致公于死，而公不知也。祸起仓卒，竟莫得其主名。段公得公凶问，哭之痛，然亦不能究诘也。予辱公知，以为公可当异日之大任。而今已矣！”③

曾任新疆布政使的王树枬说：“君报伟略，能任艰巨，以国之休戚、民之苦乐为念，无富贵利达之心。义所当为，不顾祸福毁誉。与人交，无城府，要之终身。平生不逆亿人诈伪，坦率自喜，终以此致惨祸。其夙所抱，百不逮一，遽尔殒丧。呜呼痛哉！天何若斯之酷也！”④

段祺瑞称，将军“虽未竟其志，然杀身正所以成仁。夫人寿不过数十寒暑，耄耋期颐，无功言之立，宁非草木同朽？古语有云：‘名是无穷寿’，要在保天命之性。率性之道，存正气于两间，虽夭亦寿也……中外文人哲士，多为将军憾。想将军亦可以无憾欤！”⑤

历史不只是一面镜子。历史是多棱镜，观者各有认识。

徐树铮一生毁誉交加。毁者谓其罪大恶极，以至杀之而后快；誉者倍称其爱国之至，恐继起者无匹。究竟徐为何人？相信读者自会鉴之。

---

① 中国第二历史档案馆藏，全宗号 1002，卷号 1131。

② 柯劭忞（1848—1933），字凤荪，山东胶州人，进士，曾任翰林院编修、侍读、侍讲、京师大学堂总监、清史馆总纂、代馆长，总成《清史稿》，撰有《春秋谷梁传注》《新元史》等。

③ 徐道邻编述、徐樱增补：《徐树铮先生文集年谱合刊》，台湾商务印书馆 1989 年版，第 158 页。

④ 王树枬：《远威将军徐府君家传》，徐道邻编述、徐樱增补：《徐树铮先生文集年谱合刊》，台湾商务印书馆 1989 年版，第 162 页。

⑤ 中国科学院近代史研究所近代史资料编辑组编辑：《徐树铮电稿》，中华书局 1963 年版，第 383 页。

附：

徐树铮与传统文化

徐树铮（1880—1925），字又铮。肖县人。是北洋政府时期的风云人物之一。在推行武力统一政策、外蒙古撤治、直皖战争等事件过程中扮演过主要角色。当时的军事、政治，与他有不可分割的重大关系。他虽然以从军从政为主，但始终不忘读书，深受传统文化影响，并做过一些有益于文化传承的工作，还有专著及诗词等作品。

一、读书和藏书

徐树铮自幼随父读书，受过良好的教育。其父徐葵南，是徐州城乡一带有名的教书先生，曾在徐州设馆教学。徐树铮刚刚学语，即能辨认文字。稍长便在馆内附读。在家期间，其父则杂取书史骚雅，折角交其母亲分日督课。

随着年龄增长，徐树铮渐渐能够自觉读书。十六七岁以后，更知用心勤读。

徐树铮读书目的明确。他认为："儒者读书，要以致用为宗"①，对于国家大事，如果释而不图，纵然读书读到老死也无所谓有益。他参加江南乡试

① 徐树铮：《先考妣事略》，徐道邻编述、徐樱增补：《徐树铮先生文集年谱合刊》，台湾商务印书馆1989年版，第28页。

失败后，即毅然停止举子之业，私究兵书，留意天下政财大略，准备投笔从戎，以国家为己任。于先秦诸子之书，他最爱读《孙子》。他认为，“周秦诸子中，兵家者言，以孙武为最。不仅理胜，兼以文胜”①。他有一部《孙子》，总是随身携带，服役，留学日本，回乡省亲，出外游历，均不忘阅读。

徐树铮喜读兵书如此，而于其他诸书，尤其爱读桐城姚鼐编的《古文辞类纂》。徐树铮从十六七岁起，直至遇难，近30年间，总以《古文辞类纂》自随，无论平时、战时、出国或舟车途中，常常随手翻阅。他认为一切经国大计、治事律身的道理都可以从这部书中找到。别的书可以不看，这部书却不能不读②。1917年和1918年，是他一生中极为忙碌的两年，往来东西南北，几无一刻空闲。但他仍然随带一部《古文辞类纂》，利用途中缝隙，温习汉赋，认为熟读汉赋，可使其作文气息深厚。平日公务再忙，亦坚持读书一小时。

除了熟读喜爱之书，他也博览其他书籍。特别在下野之后，更是如此。1920年直皖战争之后，他避居上海，长期关门读书。日有定课，极少间断。经史子集，几无不览。1921年11月10日，他致段祺瑞信中，回顾此前半年中的读书生活说：“至中秋前，已毕之课，计校读《易》、《诗》、《孝经》、《左氏传》、大小戴记、老、庄、韩、荀，各一遍；批点《资治通鉴》三十卷；点识勘校七十家赋钞二百六篇；精读《握奇》《六韬》《孙吴》《司马》《尉缭》《素书》《心书》各一遍，汉魏六朝、唐宋古体诗二十余卷，唐代五代宋词十余卷。”同时，他还“习南北曲四十出；临径司汉隶《西狭颂》十本、《韩仁铭》十本、《乙瑛碑》四本、《郑固碑》四本、《礼器碑》两本、《石门颂》三本、《裴岑碑》六本，凡万三千八百字，寸楷三千五百

① 徐树铮《重印赵注〈孙子〉序》，徐道邻编述、徐樱增补：《徐树铮先生文集年谱合刊》，台湾商务印书馆1989年版，第8页。

② 《孙仲尧谈徐树铮二三事》，许汉三等著：《皖事拾零》，安徽人民出版社1989年版，第57页。

字。”[①] 由此可以略见徐树铮读书之勤之博，及其校读、批点、点识勘校、精读、泛读等读书之方法，并习戏曲和书法。

徐树铮 40 岁以后，非常重视《易》，兼及其他诸经。在上海闭门读书期间，著名桐城派晚期文人马其昶亲赠《易注》给他。他“受而点读，反复数数，舍《易》更何求哉”！他“读《易》后，发愿总集群经，遍为点读”。回顾既往，他不无感慨地写道：“年来奔走四方，形劳而神豫，无时无地，盖未尝不以丹铅典籍自随。近十三经中，惟余《公》《穀》未毕。非不知贪多之为害，特以不能详博，何由返约？故亦不惮其繁也。”[②] 徐树铮受《易》影响之大，于此可见。不仅熟读《易经》，而且遍读其他各经。

徐树铮不但自己博览勤读，并且要求亲友、学生、僚属及其他人经常读书，对于那些不愿静心读书的所谓学者仕人，几乎不屑一顾，甚至痛加指责。他在《建国诠真·仕风》中指出：“学优则仕，仕优则学，古训昭明，人人挂诸齿颊。特今之学者，望仕之心至切；今之仕者，不复屑意于学，为不可解耳。今之仕者，废公不治，纷驰于声利之场，其豪者溺情歌舞，彻夜呼卢，小者亦踯躅梨园，追随裙屐。若夫棋枰消日，诗歌遣愁，虽非志士之为，要不失狂奴故态，殆已渺焉莫观矣。欲救此弊，莫如读书，经史鸿籍，多载前言往行，常接于心目，则忠奸毁誉所激动，自油然生其向善之诚，而品德为之日趋高尚。即不然，评书小说，著者皆寓劝惩之义，对卷沉思，亦非无益。至以专门学绩毕业入仕者，尤不应举昔以为学而今以为用之书，一概束置高阁，而别求钻刺夤缘之术也。”[③] 徐树铮以读书相号召，来解救仕人学者没落

---

① 徐树铮：《与合肥将军书》，杜春和、耿来金辑：《徐树铮与段祺瑞等人书》，中国社会科学院近代史所近代史资料编辑部编：《近代史资料》总 76 号，中国社会科学出版社 1989 年版，第 177 页。

② 徐树铮：《致柯凤孙王晋卿马通伯书》，徐道邻编述、徐樱增补：《徐树铮先生文集年谱合刊》，台湾商务印书馆 1989 年版，第 43 页。

③ 徐树铮著：《建国诠真》，癸亥季春出版（1923 年），第 25 页。另见《近代中国史料丛刊》，沈云龙主编，徐树铮著：《建国诠真》，台湾文海出版社 1968 年版（影印），第 69—71 页。

颓废的社会弊病，虽然未必能够成功，却也不失为解救社会弊病的方剂之一。

徐既热爱读书、重视读书，自然也就喜欢买书藏书。1911年春，他寄居江苏清河县（今淮阴）时，已"藏书万余卷"。不久，他"奉檄江皖湘鄂，历观军佐。徂夏涉秋，更预开平（即河北滦州）之役。而武昌变起，南北隔绝"。他亦"从第一军、佐幕草檄，不复虑及家事"。就在这个时候，清河县发生兵变，其藏书几遭破坏之险。同年底，其眷属自清河县间关北上，并将所藏万余卷书，"无片纸只字之残毁"地运至北方[①]，后来藏于北京家中。辛亥革命之前，已有如此丰富之藏书，殊属不易。未去日本留学时，他身为低级军官，妻子体弱，生活非常困难。在那种情况下，还能缩衣节食以买书，令人难以想见。辛亥革命之后，情况好转，他更以"累年俸钱所入"不断买书[②]。藏书越来越多，占了几大间房屋。

徐树铮买书讲究实用。虽然买得很多，但对价格昂贵的珍藏版本，从不曲意追求。他说："买书为读也，若当古董陈列，有何意味；且一部宋元版，可抵寻常版若干部，多费钱不能多得书，是殊不值。吾生平讲实用，不尚虚文，买书更应如是也。"[③]

读书和藏书，是徐树铮的一大乐趣，并且是为实用。可谓善读善藏乎？

二、校印《孙子》等书

1902年，徐树铮在保定服役期间，偶得一帙明代赵虚舟注释的《孙

① 徐树铮:《重印赵注〈孙子〉序》，徐道邻编述、徐樱增补:《徐树铮先生文集年谱合刊》，台湾商务印书馆1989年版，第8页。

② 徐树铮:《致马通伯书》（1915），徐道邻编述、徐樱增补:《徐树铮先生文集年谱合刊》，台湾商务印书馆1989年版，第12页。

③ 高操叟:《北洋怪杰徐树铮》，见朱传誉主编:《徐树铮传记资料》（一），台北天一出版社1979年版，第65页。

子》，且是日本传刻本，悉心阅读之后，即“命活字版排印数百部，分赠素识”，以致“江鄂间有流行之本”，皆由此排印之本“转相沿袭”，原书则仍然自藏之[①]。这是徐树铮第一次校印《孙子》。1914年天下略定，徐树铮又对原书手加校订，并作《重印赵注孙子序》，付之坊间，印行售世。自己爱读《孙子》，并且两次校印，以广其传，可谓推己及人，有利天下否？

校印《古文辞类纂》。该书编于清代乾隆四十年（1775）。至清末已有三种版本：首为嘉庆末年李申耆为兴县康绍镛校刊于粤东之本，世称康刻本；次为道光五年（1825），梅伯言、管异之为江宁吴启昌校刊于金陵之本，世称吴刻本；三为光绪二十七年（1901），萧穆依康刻为滁州李承渊校刊于上海之本，世称李刻本。康刻姚鼐圈点，吴本又遵姚鼐之言削去圈点。以上版本，徐树铮最喜读康本，自十六七岁起，至死乃止，吴本则备之而已。1915年，他从姚鼐曾孙姚永概手借一吴本，发现该部有苏征所临姚鼐晚年手笔圈点，并附有方苞、刘大櫆评识，较康本多有不同，与李氏刊本也不甚一致。既有疑问，便又托姚永概转借其二哥姚永朴实藏本对勘，亦时有不符。徐树铮求知心切，因即利用闲暇，旁考诸集评识，校补康本。“未尽二卷，困于簿书。假手钞胥，则又讹俗错出。因复别取康本，手自缮写……浸淫经月，仅得卷许。既罢官（1915年6月26日被袁世凯免去陆军次长职——笔者），胸中洒然，乃尽一二日之力，屏当琐务讫，即伏窗下端端而为之，不十日而竟。”[②]同年秋，又补抄吴汝纶《古文辞类纂批点》，总计十五六万字。不久，他任职军府，又借得梅伯言、张廉卿两人圈点，一并采录付之刻印，“仍躬校讹脱，日尽十许页为常”。1916年6月袁世凯死后，徐树铮转任国务院秘书长，公务极忙，“时流策士，又往往引与

① 徐树铮：《重印赵注〈孙子〉序》，徐道邻编述、徐樱增补：《徐树铮先生文集年谱合刊》，台湾商务印书馆1989年版，第8页。

② 徐树铮：《钞古文辞类纂批点记》（1915年），《合刊》，第10页。

纵横计天下事。而此日十许页校书之课，益兢兢不敢废”，终于校印完毕而传世。当他手持校补书稿去见林纾时，林说：“有是哉子之迂也！世变方亟，人皆逐逐焉侯王利达之是谋。以子壮年，择应世之术，与时距迎，何之而不可？顾若有慕乎老生穷儒之业，锲而不舍如此。此何为者哉？虽然，子则勤矣！吾请为序而行之世，有甘心寂寞者，将与子同好恶矣。”[①] 徐树铮听后大受感动。

徐树铮校印的《古文辞类纂》，受到广泛的重视，比以前三种版本，更为有利于世。因为除原评外，徐树铮更采诸家评语，附于每篇末，使读者能够“就前人已成之迹，察其寄意之所在，以上追古作者之精神，于以自会己意”[②]。1935 年，世界书局“依据徐刻本，参酌其他善本，重为刊印”，1986 年 6 月，北京市中国书店又据世界书局 1935 年版影印行世。

校印《汉魏六朝百三名家集选》。1917 年 11 月，由于直皖两派之间的斗争，徐树铮又被免去陆军次长职，随后便潜心读书。他这时读的主要是《汉魏六朝百三名家集选》。该书是向吴闿生借的，并且是吴闿生父亲吴汝纶的选本。徐树铮认为：“汉魏六朝诸文，固皆兼骈散之长，绾古近之枢。学文者沿流溯源，所不容或阙，不可畸视”，并认为吴汝纶的选本比明代张溥的选本扼要，即“辄从藉印，公诸士林。校未一卷，寻为兵机所驱，匹马度关”，于 1918 年 2 月到东北联络张作霖。此后，他长期南北奔走，不得闲暇，遂托友人臧荫松继续校雠。同年秋冬之际，校雠完毕。徐树铮欣然为之作序。序中说：“吾知是书一出，读者得沾溉吴先生（汝纶）遗教，用垂无极，而辟疆（吴闿生）之惠，涧秋（臧荫松）之勤，皆良不可没也。何时边事大定，国家文化复昌，政纲法轨，灿然毕陈，吾得选暇日，手此

① 徐树铮:《校印诸家评点古文辞类纂后记》，徐道邻编述、徐樱增补:《徐树铮先生文集年谱合刊》，台湾商务印书馆 1989 年版，第 16 页。

② 徐树铮:《钞古文辞类纂批点记》（1915 年），徐道邻编述、徐樱增补:《徐树铮先生文集年谱合刊》，台湾商务印书馆 1989 年版，第 11 页。

卷，以吴先生读书之法，荫高树，踞大石读之，学为骈散兼至之文，以纪一时政教。读倦则偃书闭目，追念今日奔驰之不辍，入之文，不知当作何状？傥亦乐事也！”[①]为了印书，徐树铮在北京虎坊桥办有“都门印书局”。管理其事的，是他的一位同乡范佩生[②]。另外，徐还创办“都门编书局”“经史学社”“同风阁纸辅”等，均属私营。直皖战后，都被查抄破坏。唯其所办正志学校被收归陆军部管理，未遭摧残。

三、著书立说

著《建国诠真》。徐树铮因直皖战争失败，逃避通缉而伏处多暇，即盱衡国事，深念天下利病及挽救危亡之要，本其多年从政经历，“详审民生疾苦，预拟整国救民之方”，于1921年9月22日至11月1日，在上海著《建国诠真》，讲其政治见解、政治思想、政治主张及政治措施。完稿誊清后，以手写本交有正书局影印，寄赠各方人士约1000多本。后来排印出版。还传到日本，至少有两种不同的日文译本。

《建国诠真》分列二十三章如下：

国体（统一、民主），宪旨（界政权、平责任），国会（别资格、减议额、增岁费、持风宪），政纲（严节制、任法规、修文学），官制（中枢总管纲要、省权上合下分），用人（限资格、定任期、避亲籍、严考成、禁兼职、减员额、绝杂任、厚薪俸、诛贿墨、慎名器、明赏罚、核荐引、勤作育），仕风（重行检、尚气节、芟酬应、勤读书），邦交（抱信守礼、确保主权、默察怨恩），吏治（清户口、立田籍、治道路、通沟

① 徐树铮:《汉魏六朝百三名家集选序》，徐道邻编述、徐樱增补:《徐树铮先生文集年谱合刊》，台湾商务印书馆1989年版，第22页。

② 徐道邻编述、徐樱增补:《徐树铮先生文集年谱合刊》，台湾商务印书馆1989年版，第8页。

洫、督警卫、务农桑、植林木、练吏材），民俗（导德礼、崇勤俭、重然诺），市乡（辅自治、登耆贤、备荒歉），教养（尊经训、重史籍、娴艺术、课事规、迫设民校、官立末年、同言文），军政（讲品学、勤训练、厉简汰、重章制、时移调、化省界、专事权、奖制械、昌马政、备舰艇），财政（谋开源、劝节蓄、严出纳、正圜法、税奢靡、整盐课、采林鱼），工艺（先常品、务坚洁、竞美艺、制机器），商业（睦联络、集公司、竞航运、察奸侩），铁路（募公债、集外资、釐价章、杜弊窦、制军轨），电报（展杆线、减价额、除译费、停官差、矫积习），垦牧（擘经纬、殖牧畜、设兵屯），矿务（联股金、广开采、培工师），刑法（明国律、顺民情），边徼（优礼遇、启文明、屯兵备），侨民（诚爱护、坚团结、勤慰视）。

二十三章之前有述旨，之后有叙论，全书共计二十五部分，约3.5万字。

述旨说："羲皇建国，五千余年帝主之政，忽焉一易而民主，煌煌哉盛事也。是役也，谁实始之？于南则民党志士，不恤死生，前者仆，后者继，遂见义旗翻举，而武昌告捷。谁实成之？于北则陆军第一军，见义勇为，呼召诸镇，遂见电奏星驰，而清皇逊位。凡此之为，岂尝有自私自利之意！几微存乎其间哉！有恫乎帝政之殃民，思有以易之而安天下耳。"可是，易政十年来，荒废堪忧之象殊多，甚至有复辟之行，省自为治之说，及武人割据之图。干戈扰攘，民不聊生，智勇具困。何以如此？他认为，南北诸贤，"勇于易政，而不讲建国之策，故虽得之而未知所以治之也。而今而后，建国之事，其不可缓也"。"建国之要，安民而已。安民之术，乐利而已。乐利之源，太平而已"。"大抵安民之政，利在万世，亦不肯害于目前；利遍众庶，亦不忍遗于孤独"。并说："吾抱建国之略，亦既有年，从未侈口放言，发为政论，良以供职枢部，责有所限，力之所至，毅然行之；力所未至，缓而俟之。""今既不受束缚，权责无限，谨以报国之忠，敬从南北诸贤之后，致力于建国之业，冀安民而致太平。爰举一己智能所及，阅历所积，素循为施政之准者，诠其真旨，笔而出之，与吾民相见以诚。虽仅提大略，未能析及细务，而纲领要不外是。”“愿吾民逐事察核。”[①]

叙论进一步说明为何撰《建国诠真》，及各章之要。最后说：“国体经野，一卷之书。天地风云，尽在吾庐。坐言起行，取怀而予。兴亡有责，圣人所许。”[②]

柯劭忞说，徐树铮“治经守家法，为文章操笔立就，壮伟有奇气。著《建国诠真》二十有三篇，具载公之学识焉”[③]。

关于《建国诠真》，作者自称：“一字一句，皆出之天良，征之实际，无丝毫恩怨之见，无些微虚构之词。”同年冬，印订万余册，欲寄赠各方，“共察利病”。“因志方经营实力，冀能躬自措施，一苏天下积困，不欲张皇耳目，徒托空谈，故复久久庋藏”，1922 年春，才以少许分寄友好，“仍再三致意，切恳严为密保，勿稍宣露”。无奈“奔走经年，无所成就”，但见“六合鱼烂，割据纷纭”，深感“长此终古，民何以堪”，即“缄书驰寄，远希采览”。谓“握政柄者，读此可识临民之要；执论衡者，读此可濬察事之智；阅历逊乎吾者，读此可获往例之验；识解超乎吾者，读此可增起予之兴。若由此采用吾言，推而行之，吾民早获一日之安。国家事人人应办，吾言之非必吾行之也。即不能行，而斟取要义，广为关诏，俾凡留心时事者，胸有所主，则横流邪说、惑世诬民之焰，亦庶几其少熄也”[④]。

---

① 徐树铮：《建国诠真》，癸亥季春出版（1923 年），第 1—3 页。

② 徐树铮：《建国诠真》，癸亥季春出版（1923 年），第 84—85 页。

③ 徐道邻编述、徐樱增补：《徐树铮先生文集年谱合刊》，台湾商务印书馆 1989 年版，第 158 页。

④ 徐树铮：《告国人书》（1922 年 7 月 21 日），杜春和、耿来金辑：《徐树铮与段祺瑞等人书》，中国社会科学院近代史所近代史资料编辑部编：《近代史资料》总 76 号，中国社会科学出版社 1989 年版，第 182—183 页。

徐树铮深信，可依《建国诠真》治理国家，并劝吴佩孚施行。1922年7、8月间，直系当局进退维谷，吴佩孚请张绍曾[①]，在北京找到徐树铮妻兄夏仲陶，要和徐树铮联系。夏仲陶即致信徐树铮，说张绍曾转述吴佩孚之意，谓吴认为，欲谋大局之统一，须南北先自统一；欲谋北局统一，非与徐树铮推诚相与不足有为。吴佩孚拟托张绍曾访晤徐树铮，当面领命。徐树铮不愿与其晤面，即于8月2日，写信劝吴佩孚：尊奉段祺瑞、孙中山为国家领导人，然后好选真材，总持政柄，以治人行治法，“依贱著《建国诠真》所条举讨论而修饰之，施行三年，大局未有不定，人心未有不振，国势未有不起者”，“欲肩大任，必先有定见；欲有所为，必先有所不为。与弟推诚，不如与天下推诚；托人面弟，不如静思弟言，详察鄙著”。[②] 其时，徐树铮正致力于孙段张三角联盟。

徐树铮终生喜欢为文、吟诗、填词。有《视昔轩遗稿》传世。《遗稿》分三部分：一、“视昔轩文”28篇；二、“兜香阁诗”185首；三、“碧梦庵词”60首。其中大部分是他生前亲自整理过的。他去世后，次子徐道邻重加整理，并编订年谱，辑为《徐树铮先生文集年谱合刊》，于1962年6月在台湾商务印书馆出版。后来，长女徐樱又在美国作整理补辑，于1989年7月增补一版，仍由台湾商务印书馆出版发行。

徐树铮有大量的电稿。中华书局1963年出版的近代史资料专刊第二号：《徐树铮电稿》，约35万字，是徐在不到一年间（1917年12月至次年10月）发往各方的电报，对于研究该时期的政治、军事，具有不可或缺的价值。此外还有许多未刊的电稿及信函。

---

① 张绍曾（1879—1928），字敬舆，直隶（河北）大城县人，日本士官学校第一期炮科毕业。1911年任第二十镇统制，发动“滦州兵谏”，主张立宪共和。1913年任绥远将军，1916年任陆军训练总监，1922年任陆军总长，1923年1月任国务总理，6月去职。后在天津遇刺身亡。

② 徐树铮：《与吴将军书》（1922年8月2日），杜春和、耿来金辑：《徐树铮与段祺瑞等人书》，中国社会科学院近代史所近代史资料编辑部编：《近代史资料》总76号，中国社会科学出版社1989年版，第185页。

徐树铮的日记。徐树铮1918年赴日本观操，“有全程的日记”，徐道邻说，大约1937年在南京的《民族》杂志上发表过[①]。可是笔者到处查找，至今未见。徐树铮青少年时期，也曾天天记日记，但自留学日本回来后就中断了。他说以后有人会替他记。果然，他后来奔走国事的主要活动，他在各方面的许多言行，可以通过报刊杂志及其他记载看出来。不过他以前的日记不见了，也是个损失。另外，他还要求儿子记日记，并作“日记宜忌”若干条，以警策儿子。徐道邻自受警策（1921年在上海），每天写日记，40多年没有一次间断。“只是世乱频仍，每隔几年，都不免失落一次。”[②]徐树铮1925年率团考察欧美日本各国政治，亦有考察日记和许多文件资料，可惜遇害时失散。

张謇《满江红·挽又铮》词有“更编《遵雅》(又铮集名)”之句。由此可知，徐还应有《遵雅》之集，可是笔者至今尚未见到。也许由于他过早地去世，未能编成？

徐树铮拟编“经训二十种”及“诸子、诸史、骚、赋、诗歌、填词、南北曲、八比文”等专集。如前所述，徐树铮自避居上海后，长期闭门读书，广为涉猎。读书既多，自然有所疑问，有所心得，有所发现，有所欲求，自然也就会讲究学术，力求有所撰著。1923年，他致信柯劭忞、王树楠、马其昶三位著名老学者说：“尝考十三经之称，传记训诂，杂厕并列，未为的当。拟提出《尔雅》，仍以《大学》《中庸》还《小戴》之旧，而以《大戴》并立，附《国语》《国策》于《左氏传》后，合为十五经传。再于《尔雅》后，增取《方言》《释名》《说文》《广雅》共成经训二十种。中国经世大文，殆可包举无遗。读者各尽资力所能，专治一二，或普读其大凡。国家兴学育材，此为之基；立贤行政，此为之准。然后益以艺事之学，分

① 徐道邻编述、徐樱增补:《徐树铮先生文集年谱合刊》，台湾商务印书馆1989年版，第272页。

② 徐道邻编述、徐樱增补:《徐树铮先生文集年谱合刊》，台湾商务印书馆1989年版，第40页。

门隶事，群智得其范围，古今两无偏泥。神州泱漭，庶免陆沉之惨。特不知何日能观厥成耳。诸子诸史，骚赋诗歌，填词南北曲，八比文，皆中国文学粹腋，不可不各有最辑。拟定为目录，广求名宿耆贤审抉择后，刊布于世。俾勤读之士，有所依归……此事重大，尚未敢轻有所表著。然权富可剥，功名可弃，此则毕生以之，穷通决无二致，非外物所能得而夺矣。”[①]孔子时有“六经”之说，汉代有“五经”及“七经”之谓，唐代有“九经”及“十二经”之名，宋代始有“十三经”之称。自宋以来，“十三经”之称通行。徐树铮独创“十五经传”及“经训二十种”之说，可谓别有见地。他想以中国传统经典著作教育国人，救治国家，虽未结果，却不失为一家之言。而其编纂计划，由于政治、人才及其本人遇刺等各种原因，亦未能逐一实现。

徐树铮还筹计编纂“清史”及《通史》。他曾复信王树楠说：“清史事，树铮亦尝有所筹度。盖以谓我国古史，肇端尚书，断自唐虞，适终揖让之局。有清一代，则适当征诛之终。而自夏迄明，历代兴亡之迹，举凡政俗盛衰，文治通塞，武功强弱，与夫权臣倾主，幼冲当宁，阉伶弄权，藩镇肆志，清谈误国，黜锢蔽贤，乃至荒裔向背，宫闱变端，国祚移而复还，朝政兴而复替。种种事实，无一不见于清室掌故之书。故拟以清事，上承列朝，后先比照，编为通史，用括数千年来全史之要……似可与丈右（指王树楠——笔者）‘清鉴’之议，互相发明，并行而不悖。惟兹事体大，非树铮武夫所能了了，尤非一手一足所克有功。甚盼杖履归京，及时商榷，期可见之施行。需费虽巨，要自待人而办，匪足虑也。”[②]想必他对编纂清史及《通史》所需经费亦有所筹措。人才问题，更是自不待言。他所尊敬并

① 徐树铮：《致柯凤孙王晋卿马通伯书》，徐道邻编述、徐樱增补：《徐树铮先生文集年谱合刊》，台湾商务印书馆 1989 年版，第 42—44 页。

② 徐树铮：《复王晋卿书》，徐道邻编述、徐樱增补：《徐树铮先生文集年谱合刊》，台湾商务印书馆 1989 年版，第 32—33 页。

与往来相处甚洽的姚永概、姚永朴、马其昶、柯劭忞和王树楠等，均参加《清史稿》的编纂工作。后三者还担任过清史馆的总纂。柯劭忞曾兼代馆长。显然，徐树铮对编纂清史亦有所贡献。

四、施教于人

徐树铮自己热爱读书，也要求别人多读书。不仅如此，他还常常为别人讲解书，施教于人。

1919年，他在蒙古时，“为僚属讲解《孟子》”，并有所悟。他讲解《孟子》“专拒杨墨”，认为“杨氏为我，易动愚人耳目；墨氏兼爱，有似乎仁，而其弊者皆足以害天下，较他说为更烈。因更针对蒙俗，痛说为我兼爱所以为害之实”，“孔子言仁，孟子始兼言义。先儒多谓仁以辟墨，义以辟杨。是日在讲堂中，忽悟一解：孟子言仁，以辟为我；又恐为兼爱所袭，故以义定仁之限。是义所辟兼爱也”！其僚属听了，很受教育：有点首称是者，有点头赞叹私相告语者，谓“曩知孟氏与杨墨争辩不已，不知杨墨之罪何在，今始恍然知孟氏用心之远”。徐树铮还把他对《孟子》的悟解，写信告知姚永朴、姚永概兄弟[①]。姚氏兄弟都是桐城派晚期的主要人物，对《孟子》皆有相当的研究。

徐树铮治军，以倡导读书为本。他曾通令部属，指定《左传》《孟子》《孙子》《资治通鉴》为必修科目。部属有疑难，他允许以私函质询。每月一次命题课试，文字之前，官兵平等，下级可登上第；由于古籍繁奥难读，青年官兵经常望而却步。他即在西北边防总司令部特设编辑处，敦聘林纾、

① 徐树铮：《致姚仲实兄弟书》（1919年），徐道邻编述、徐樱增补：《徐树铮先生文集年谱合刊》，台湾商务印书馆1989年版，第36—37页。

王树楠、马其昶、姚永概及苏州胡某、山阴虞某等编辑整理旧籍，开示门径，辅助官兵学习。①

为亲属讲解各书。徐树铮在直皖战后避居上海期间，除自己静心研读外，“为儿子讲《论》《孟》《左氏传》各一遍。为姬人讲授教科书两部、史事百余条，《小戴》《曲礼·擅弓》两册”②。这时他把跟他逃至上海的两个儿子——徐审义（毅行）、徐审交（道邻），安顿在上海新闸路武林里，请姜忠奎和他们一起住，教他们国学，并请一位笛师教他们昆曲。他本人有时也去教孩子们唱昆曲或写作等。

带团考察欧美日本政治期间，徐树铮还经常为考察团讲解《论语》《孟子》《左传》，讲中国传统礼仪，讲中国音乐沿革，教人唱昆曲等。

综上所述，徐树铮与传统文化有不解之缘。探讨徐树铮同传统文化的关系，对于深入认识传统文化，认识中国近现代史及徐树铮其人，都是有帮助的。

（原载《安徽近代人物国际学术讨论会论文集》，黄山书社 1994 年版）

---

① 周培艺:《勋二位陆军上将西北筹边使徐先生行状》。

② 徐树铮:《与合肥将军书》，杜春和、耿来金辑:《徐树铮与段祺瑞等人书》，中国社会科学院近代史所近代史资料编辑部编:《近代史资料》总 76 号，中国社会科学出版社 1989 年版，第 177 页。

徐树铮与桐城派

徐树铮身为军政人物，始终坚持读书学习，尤其爱读姚鼐《古文辞类纂》。在与知名桐城派人物接触后，更加虚心向学，进而收集整理校印诸家评点的《古文辞类纂》。他还延聘桐城派人物创办正志学校，和他们筹编清史，筹编经书 20 种。他和马其昶、姚永朴、姚永概及林纾等，亦师亦友，互相尊重，互相关心，互相支持，为文化教育事业的传承与发展做出了一定的贡献。

一、关于《古文辞类纂》

《古文辞类纂》是姚鼐（1731—1815）编辑的古代文选，初成于 1779 年（乾隆四十四年）。此后 30 多年随时修订。姚鼐所选古文辞，以致用为目的（但不选史传，因为不可胜录），分为 13 类，即：论辩、序跋、奏议、书说、赠序、诏令、传状、碑志、杂记、箴铭、赞颂、辞赋、哀祭，并论述各类的特点和功用，总结作文的要义与方式方法，提出“神、理、气、味、格、律、声、色”8 项重要观点。他认为，“神、理、气、味”，属于“文之精”，“格、律、声、色”属于“文之粗”，“学者之于古人，必始而遇其粗，中而遇其精，终则御其精者而遗其粗者”[①]。这些见解，是桐城派文辞论的重要组成部分。因而，《古文辞类纂》很快就得以流传，成为学习古文辞的必备书。

徐树铮自幼随父读书，十几岁即读《古文辞类纂》，深受影响。他开始读的是康刻本，即姚鼐弟子康绍庸根据姚鼐乾隆年间订本所刻，有姚鼐本人的圈点和批注，比较便于阅读理解。道光五年（1825），姚鼐门人吴启昌，又据姚鼐晚年意见，去掉其圈点，增加方苞、刘大櫆文章，刊刻行世。徐树铮认为：“其间篇目多寡，文字异同，稍有出入，无涉要旨。康刻惜翁圈点，吴以翁命去之，实为是书体制之歧。”[②]光绪年间，滁州李承渊又对康、吴两种刻本，互为校勘，于光绪三十二年（1906）秋刻成新本。对此，徐树铮认为：“滁州李氏刊本：圈点外，更以己意为之句读，又每竄易原字，殆不为识者所尚矣。余意：为著书计，固宜不著迹象，待其人深思而自得之；若为读书计，则无宁丹铅涂乙[③]，提要钩玄：譬人夜行，畀之以炬不其善欤！故余读康本近二十年，吴本则备之而已。”[④]因此，徐树铮又从姚永概处，借得苏徵君就吴本所临姚鼐圈点，并有方苞、刘大櫆两人评识。吴本姚鼐圈点，是姚晚年手笔，较康本多有不同。苏徵君跋其所临说：“临自翁（姚鼐）少子耿甫上舍家藏定稿”，与滁州李承渊刊本同出一源。徐树铮以为，姚永概是姚鼐曾孙，家学相承，自可征信。但是，经与滁州刊本相校，发现竟然也不一致。何以如此？姚永概又转借其二哥姚永朴藏本对校，亦时有不符。徐树铮因此进而产生疑问：是辗转传抄遂以失真呢，还

---

① 姚鼐：《古文辞类纂序目》。

② 徐树铮：《钞古文辞类纂批点记》，徐道邻编述、徐樱增补：《徐树铮先生文集年谱合刊》，台湾商务印书馆 1989 年版，第 10 页。

③ 丹铅涂乙：用笔在读书停止处画上像“乙”字形的记号，或字有错漏而从旁勾补。丹铅：丹砂和铅粉，古人用以校勘文字，因而校勘性的文字也称丹铅。

④ 徐树铮：《钞古文辞类纂批点记》，徐道邻编述、徐樱增补：《徐树铮先生文集年谱合刊》，台湾商务印书馆 1989 年版，第 10 页。

是姚鼐晚年随时改易，又有一本呢？既有疑问，就想解决。于是，徐即决定据以“斠同采异，校补康本”[①]。

时值1915年上半年，徐树铮身为陆军部次长，亲自校补康本不到两卷，即感到“困于簿书”。而“假手抄胥，则又讹俗错出”。因又“别取康本，手自缮写”。他认为：“望溪（方苞）绳墨太谨，海峰（刘大櫆）抉择有时近肤，又多好删乙古人字句，就我义法，殊不思古人当日，命意运笔，浩然而沛然，绝不以挫啬自拘。顾二老先正典型，为惜翁所自出，则亦比录而并观焉。”他“浸淫经月，仅得卷许”。[②]本已职责繁忙，业余校补古书，谈何容易！

1915年6月26日，徐树铮因为不赞成袁世凯称帝之图谋，被袁以订购外国军火浮报40万元为名，罢免陆军次长职务。对此，他感到“胸中洒然”，仅用一两天工夫，处理完琐务，就伏案窗下，用五色笔手自誊写，并加批识，专心校补康本《古文辞类纂》，不到10天即校补完毕。随即送请姚永概审校。他深感此为生平一大快事！

这时候，徐树铮回忆起辛丑年（1901）在保定军校时，梁式堂拿出吴汝纶先生批点的康刻《古文辞类纂》给他看，并愿借给他抄录。他那时认为：“批点之迹，不过读者一时意之所寄焉耳。吾人读书，略观大旨，各有所欲寄之意，安能低首下心，专袭陈迹，自饰精勤，而文其陋？”因而未借吴批康本。现在不免有所后悔，他认识到：中年以来，“治事之日多，读书之时促。就前人已成之迹，察其寄意之所在，以上追古作者之精神，于以自会己意，固未始非求益之一法。而余之盛气渐平，渐进于虚心，盖

① 徐树铮：《钞古文辞类纂批点记》，徐道邻编述、徐樱增补：《徐树铮先生文集年谱合刊》，台湾商务印书馆1989年版，第10页。斠（jiào）：通“校”，校对，校正。

② 徐树铮：《钞古文辞类纂批点记》，徐道邻编述、徐樱增补：《徐树铮先生文集年谱合刊》，台湾商务印书馆1989年版，第10页。

可于是焉考之矣。吴先生批点尤详尽，已有刊本，并附诸家评识”[①]。他想以后并录之，以便省览。

1915年秋，徐树铮补抄吴汝纶《古文辞类纂》批点，同时旁考诸集评识，加上此前所抄，共计十五六万余字。于是，又拿给林琴南看，希望听听林先生的意见。林先生断然批评他说：你怎么这样迂腐！天下形势正在急剧发生变化，人皆图谋竞相追逐权力地位与名利，以你壮年，“择应世之术，与时距迎，何之而不可”？你却有慕于老生穷儒之业，锲而不舍如此。这是为什么呀？然而，林又怜爱他的勤奋，并请为之作序而发表于世，使有甘心寂寞者，“将与子同其好恶矣”。[②]

同年12月25日，蔡锷在云南起义反袁称帝。此后几个月内，徐树铮受段祺瑞之命，为反袁称帝出谋划策。“文檄之暇”，徐树铮又借得梅曾亮、张裕钊两先生圈点，并做移录。之后即付刊刻，自己仍亲自校对讹脱，每日十许页。

1916年6月6日袁世凯去世后，徐树铮又被任命为国务院秘书长。官方文件大量聚集，公务繁忙，每日早上班晚下班，有时半夜不得回。“时流策士，又往往引与纵横计天下事”。而每日十许页校书之课，更兢兢不敢废。[③]

功夫不负有心人。徐树铮终于校完诸家评点古文辞类纂，1916年秋冬之际，由都门印书馆，铅印线装，嘉惠士林。他不无感慨地说：“盖以谓季世儆诡，丘轲之泽殆斩；功利夸诈，竞思泛吾智灵，以赴机括。当此之时，略取前贤载道之文，深含细咀，资为培溉，久久而不绝。譬人犯岭海蛮瘴

① 徐树铮：《钞古文辞类纂批点记》，徐道邻编述、徐樱增补：《徐树铮先生文集年谱合刊》，台湾商务印书馆1989年版，第11页。

② 徐树铮：《校印诸家评点古文辞类纂后记》，徐道邻编述、徐樱增补：《徐树铮先生文集年谱合刊》，台湾商务印书馆1989年版，第16页。

③ 徐树铮：《校印诸家评点古文辞类纂后记》，徐道邻编述、徐樱增补：《徐树铮先生文集年谱合刊》，台湾商务印书馆1989年版，第16页。

而行，深戒疠疫猝被其躬，日夕自健以药石；全乎人以俟乎天，抑亦君子居易之旨也。非然者：习俗移人，勇夫且不克重拒。吾以戋戋之身，何恃而能自保邪？校印既终，今将益治他课。畏庐即迁我者，宜有以诏我矣。”[①]

自龚自珍、黄遵宪以来，文学革命的呼声渐自高涨。袁世凯倒行逆施，借祭孔以复辟，以致反对传统文化与批孔的舆论兴起，废除古文甚至废除汉字主张随之出现。桐城派因而受到冲击，甚至被称之为“谬种”。当此之际，徐树铮增补、校印诸家评点《古文辞类纂》，既以自处，更以延续孔孟之泽和前贤载道之文而久久不绝，用意可谓深远矣！有人认为，徐树铮“俨然以桐城派的护法自居”[②]。这虽然未免有点偏激，却也反映徐树铮和桐城派的一种关系。

《诸家评点古文辞类纂》首次汇集姚鼐原书以外的各家评点，评点以方苞、刘大櫆、姚鼐、梅曾亮、曾国藩、张裕钊、吴汝纶为先后顺序。其中姚鼐的评点，据其幼子姚雉所藏晚年抄本，专取其与康本不同者，再以滁州李氏刻本校正晚年稿之异同。集评分为眉批和诸家圈点、评识两部分。诸家评识附在圈点之后，以年龄为序。眉批也引诸家梳理文脉、解释文意之说。徐树铮本人有所评识，亦补入其中。此书比以前各本内容更为丰富，更有利于读者阅读理解。

这是徐树铮对桐城派奠基之作的重要贡献，也是他被列为桐城派的重要依据。

都门印书馆铅印的《诸家评点古文辞类纂》，正文前有林纾、马其昶等四人写的《序》和徐树铮《钞古文辞类纂批点记》《校印诸家评点古文辞类纂后记》。从几篇序中，也可以看出徐树铮为人及与桐城派的一些关系。

---

① 徐树铮：《校印诸家评点古文辞类纂后记》，徐道邻编述、徐樱增补：《徐树铮先生文集年谱合刊》，台湾商务印书馆 1989 年版，第 16 页。俶诡（chù guǐ）：奇异，变异。丘轲：孔丘孟轲。夸诈：骄傲虚伪。机括（jī kuò）：弩牙和箭栝，此喻时机、时势。戋戋（jiān jiān）：微小、微弱的样子。

② 舒芜：《“文白之争”温故录》，《新文学史料》1989 年第 3 辑，第 51 页，并说桐城派“威信扫地，钱玄同称之为‘谬种’”。

林纾序中说：“吾友徐君又铮崇礼《姚氏全集》(此指《古文辞类纂》)，已一一加墨；且集诸家评语标之眉间，间亦出以己意。又铮韬钤中人，而笃嗜古文如此，较余之驽朽为甚矣！夫文评始于《典论》……至宋明诸老，则务求深解，好作高谈，非毁前人，毛举细事，用矜其识，又铮均不以为可；其刊成是篇，盖发明古人用心所在，用以嘉惠后学者！呜呼，天下方汹汹，又铮长日旁午于军书，乃能出其余力以治此，可云得儒将之风流矣！”[①] 林纾称徐树铮为友，为韬钤中人，而崇礼、加墨、集评《古文辞类纂》，意在发明古人用心所在，以嘉惠后学，得儒将之风流。林纾原不赞成徐树铮如此用力于《古文辞类纂》，而希望他更致力于现实中的国家大事。既然徐已完成《诸家评点古文辞类纂》，林即写出此序，显然对徐有新的理解和支持。

马其昶序中说：“萧县徐君树铮既去官，则大肆力于文，取《古文辞类纂》读之，苦无以发其意也，因集录归、方以逮近世梅、曾、张、吴诸家之说，覃思而熟复之，又将刊以饷同志……姚氏之书所以足重者，以其鉴别精，析类严，而品藻当也。今树铮又集录诸家之说以辅益之。自来论文精语，未有过此诸家者……述所目睹，以导先于人，树铮之为此，诚善矣哉！”这表明，马其昶也是理解和支持徐树铮集评《古文辞类纂》的。同时，马其昶又和林纾有同感地说：“树铮以干济才，不尽瘁于国事，乃区区勤儒生之业，吾又且为世惜也。”[②]

姚永概序中说：“徐君又铮既印行吴氏《史记评点》，复及此书，以姚氏为主，旁采诸家以翼之。又铮于文事，可谓至勤，嘉慧当世，意尤公也。”“又铮年壮而才高，见用于世尝显矣。乃孳孳操文儒之业若是，贤者

① 钱基博：《林纾的古文》，薛绥之等编：《林纾研究资料》，福建人民出版社 1983 年版，第 186 页。另见《古文辞类纂（徐树铮集评）序一》，任继愈主编：《中华传世文选（17）》，吉林人民出版社 1998 年版，第 1—2 页。

② 杨怀志等主编：《清代文坛盟主桐城派》，安徽人民出版社 2002 年版，第 377—378 页。另见《古文辞类纂（徐树铮集评）序二》，任继愈主编：《中华传世文选（17）》，吉林人民出版社 1998 年版，第 3 页。

固不可测也哉？”[①] 姚永概是徐树铮与之相处尤笃者，认为徐树铮年壮才高，用世尝显，似乎不该如此致力于《古文辞类纂》。然而，他肯定徐树铮此举“意尤公也”，并以“贤者固不可测也哉”结语，对徐有更高期望吧？

吴闿生序中说：“国务院秘书长萧县徐又铮中将，笃志好学，尝取《类纂》评点编摩校录，反复沉潜数十过，而不厌一字之疑、一语之异，参稽审勘，必得其当而后已。虽从政勤劳，军书旁午，未尝少间。既深自得，复印而行之，以公当世，其表章微学之意勤矣。”“又铮作育之盛意，亦且虚悬于磅礴无涯之域，而犹为有待也夫！”[②] 吴闿生和徐树铮相知有年，并曾在陆军部工作，对徐集评《古文辞类纂》亦有帮助。此序进一步说明徐集录校印《古文辞类纂》评点之用功，既深自得又印行以公当世，其作育之盛意尤为有待。不亦给徐以深刻理解与支持吗？

以上四位桐城派人物，为《诸家评点古文辞类纂》作序，不仅是对徐树铮的理解和支持，而且有助于对《古文辞类纂》的阅读理解与应用，同时表明他们与徐树铮的关系。

二、关于正志学校

1914 年 12 月，徐树铮开始创办正志中学。这是一所以中国传统文化儒家精神为主的军官预备学校。学制四年，采用军事教育形式。后来还分预科、正科。当时徐树铮是陆军部次长，就在陆军部用吴闿生名义致电姚永概，说徐次长请他办学。姚永概当时在桐城老家，因天冷而且孩子有病，

① 《古文辞类纂（徐树铮集评）序三》，任继愈主编:《中华传世文选（17）》，吉林人民出版社 1998 年版，第 4 页。

② 《古文辞类纂（徐树铮集评）序四》，任继愈主编:《中华传世文选（17）》，吉林人民出版社 1998 年版，第 6 页。

没能及时答应。经过吴闿生及省长倪嗣冲派人多次劝说，徐又亲自去电，1915年1月13日姚才离开桐城，经安庆乘船至南京，再买车船票，渡江乘车，1月17日晚8点到京。次日（星期一）晚上，徐树铮即让吴闿生陪同姚来见面。徐对姚极言敬仰之意，请其担任学校副教长①，并讲授一些课，约其后日即住学校。

徐树铮创办正志中学，自任校长，亲自规划教学内容，选定教学人员，确定学校规则。请林纾为正教长，兼讲《史记》；姚永概为副教长，兼授《孟子》《左传》和《尺牍选钞》；姚永朴讲《论语》《文选》和《修身》，马其昶讲《春秋左氏传》和作文课等。这几个人都是当时一流的国学大师。姚永朴、姚永概以能文有声海内，姚永朴治经学尤勤，兄弟二人还为正志学校合作选编《历朝经世文钞》，选择秦汉以下至其当前经世致用之文，共计6卷170篇，作为教材。该教材，“可以养德性，长志气，助波澜，起观感”②。姚氏兄弟不但文章好，诗也深有法度，均卓然成家，时称“桐城二姚”。林纾、马其昶都是著名的古文家，林还是著名的翻译家。他们几乎天天上课，或编讲义，或批改学生作业。相互之间，非常和谐，与学生关系也好。林纾在《与唐蔚侍郎书》中说他与正志学校学生“亲善如父子”，他讲课“一涉伦纪辄拊心痛哭者数矣。弟子颇感奋，知自爱”③。

徐树铮作为校长，经常置身师生之间，了解教学情况。亲自过目林纾、姚永朴、姚永概、马其昶等批改过的学生作业，选择其中的佳作，张贴在教室里，供大家切磋，借以表彰先进，激励后进。徐树铮还时常到教室里，屏息危坐，和学生一起听几位老先生讲课。

---

① 姚永概著，沈寂等标点：《慎宜轩日记》（下），黄山书社2010年版，第1287页。大概后来任教务长，参见姚永朴《叔弟行略》、马其昶《姚叔节墓志铭》，《桐城派名家文集（11）姚永朴集、姚永概集》，安徽教育出版社2014年版，第470、475页。

② 姚永概：《历朝经世文钞序》，《桐城派名家文集（11）姚永朴集、姚永概集》，安徽教育出版社2014年版，第255页。

③ 薛绥之、张俊才编：《林纾研究资料》，福建人民出版社1983年版，第90—91页。

徐树铮非常尊重林纾、马其昶、姚永朴、姚永概等几位老先生。他多次搀扶老先生（姚永朴高度近视）进教室登讲坛。每逢星期三（或星期二等）晚上，请几位老先生，及吴闿生（辟疆）、臧荫松（硐秋）等，一起聚餐。他们经常去“醒春居”“便宜坊”“厚记”几家餐馆，偶尔也到“思成居”“沙锅居”等几处出名的小馆子去吃，有时也在“中华饭庄”[①]，有时在自己家里。每次开菜单，都是臧荫松执笔。林纾最为健谈，往往是他一个人说话。吴闿生习惯于早睡早起，徐树铮就派人提前接送他。吃过饭后，常到虎坊桥徐树铮创办的《平报》馆聊天，或者到琉璃厂松华斋南纸店去坐坐。为了表示答谢，老先生们也请徐树铮吃饭。徐树铮还经常请他们，一起看戏观剧，一起游览公园。徐树铮和老先生们相处非常融洽，他们有什么建言，他也能采纳。姚永概记载：“与孙文元书，约之教博物，又铮从余言也。”[②]有时，徐树铮和姚永概等一起占卜，有次“又铮占段芝泉，得‘太乙将兵’云云”[③]。

1917 年 12 月至 1918 年 10 月，徐树铮忙于南北战争及总统选举等，仍设法抽时间到学校看望老师同学，促进教学发展。

第一期正志中学学生（首期两班 30 人），于 1919 年 1 月下旬毕业。1 月 24 日学校举行毕业典礼，姚永概等作演讲。26 日，徐树铮宴会毕业生，并请姚永概等老师参加。

毕业之际，同学们凑钱制订《正志同学录》，请校长徐树铮作序。徐树铮即写《正志同学录序》。《序》以“忠爱”之心对待学生，并以“忠爱”勉励学生。他说，“忠”即“忠于国事”，“爱”即“爱保民生”。学生在校

---

① 姚永概著，沈寂等标点：《慎宜轩日记》（下），黄山书社 2010 年版，第 1287 页：1915 年 1 月 23 日记载：“又铮招饮于中华饭庄，晤陆军部秘书张君、梁君、塔君及琴南弟子林君。”林纾、姚永概等，也经常相互约请聚餐，有时徐树铮也应约参加。

② 姚永概著，沈寂等标点：《慎宜轩日记》（下），黄山书社 2010 年版，第 1316 页。孙文元为当地人挽留未能来，推荐吴健吾自代，又铮亦允之。同书，第 1319 页。

③ 姚永概著，沈寂等标点：《慎宜轩日记》（下），黄山书社 2010 年版，第 1310 页。

期间年龄还小，离国与民之事尚远，为将来能“致忠于国致爱于民”，“舍为学无他术”。他欲致忠爱于学生，认为“舍尽心以诱掖其为学，亦无他术”。他殷切希望学生，离校之后，犹能专精致力于学，将来有以致其忠爱于我国人民。《序》中还追述他办学的一些情况：因为自己学力不足，于是敦聘老师硕儒，岿然系海内文物之望者，如林纾、姚永概等为师。因为自己不能天天来校，于是请张仰韩作为学监。因为担心学生来自各方而无规范，于是制定规矩，使有遵循而不致大背于准绳。现在四年过去了，学生学习各有所获，斐然有章，他忠爱学生之心，亦多少得以见效。关于学生凑钱制订《正志同学录》，他曾微闻其谋，告诉学监，校有总籍，即将刊行，学生可资考览，奈何多糜无益之费，希望学监阻止学生凑钱制订。不料学生很快制订出来，他自责没能尽挽其失，忠爱学生之心有所未尽，因而有所不安。书写此序，以补己过。①

林纾 1919 年 2 月 12 日，也为学生撰写《正志中学同学录序》，并在《公言报》上发表②。一个多月前，他还撰写《送正志学校诸生毕业归里序》，发表于 1918 年 12 月 30 日《公言报》。《序》中说：“古未有恃才艺足以治天下者。故孔子言艺，必先之以志道，居德，依仁，然后游艺……今诸生毕四年之力，颇闻古圣人之道，且略窥西人治艺之樊矣。或有挟资以西游者，吾又甚愿其勿右西人之艺而左吾道也。”③后来，吴闿生在林纾训其四子林琮的一封信后写道：“畏庐老人，文章道义，皆为当世所重，吾往年犹及与翁周旋，今读此札，弥服其内行之笃，持教之严，恍见翁灯下奋臂时也。”④由此亦可见，徐树铮请林纾执教之理由。

① 徐道邻编述、徐樱增补：《徐树铮先生文集年谱合刊》，台湾商务印书馆 1989 年版，第 23—24 页。
② 张旭、车树昇编著：《林纾年谱长编》，福建教育出版社 2014 年版，第 312 页。
③ 张旭、车树昇编著：《林纾年谱长编》，福建教育出版社 2014 年版，第 304—305 页。
④ 宋雪：《畏庐老人的教子用心》，《文汇报》2016 年 7 月 15 日。

姚永概为首届毕业生的演讲[①]，被有人笔记传抄，送给《公言报》，于1919年2月9日至10日，连载发表，题为《示正志中学校一二班毕业诸生》。主要讲“经术最适宜于宇宙五大原因”，即：人伦（夫妇、父子、兄弟、朋友、君臣五伦）、礼乐、政刑、历史、文字的重要性。认为去掉经术这五大要素，国将不国。最后勉励学生离校后不要忘记读经。“读一句有一句之益，读一经有一经之益，会而通之，乃大儒矣。切实可行，新奇不腐。”这显然是针对社会上有些人反对尊孔读经，主张无政府主义甚至要废除汉字的。清史馆馆长赵尔巽认为这“极有关世道”，并向姚永概深表敬意。一位激进趋新的读者SF，则把文章剪下来寄给《新青年》，要求予以批判。2月15日出版的《新青年》（六卷二号），发表SF君2月11日的来信和他剪下的文章，并加编者（钱玄同）按。SF的信发表时，题为《姚叔节之孔经谈》，其中说：“这不是今日‘人心世道之忧吗’？听见说有个《新民报》，也登着这篇，并且是拿他当（论说）登载的……就请诸位耐着性把姚先生这篇文章细细的看他一遍，仿照骂王敬轩先生的前例，痛痛的骂他一顿罢。”钱玄同2月12日代表《新青年》回复SF君说：“若姚氏此文，其发挥经义，颇为精当，竟把孔教的坏处完全显出，我们主张推翻孔教，此文颇可为间接之帮助，我们如何可以骂他呢？我将此文看了一遍，更恍然于共和与孔经是绝对不能并存的东西，如其要保全中华民国，惟有将自来的什么三纲五伦、礼乐、政刑、历史、文字‘弃如土苴’。如其要保全自来的什么三纲五伦、礼乐、政刑、历史、文字，惟有请爱新觉罗溥仪复辟，或请袁世凯……称帝。”[②]因为正志学校一次演讲，引起这样一种波澜，是五四前后新旧文化冲突的一种表现。同时，这也反映出正志学校的特点。五四运动期间，正志学校始终坚持照常上课，其他学校，大多卷入波澜。

---

① 1919年1月27日，姚永概将演说写成一文。《慎宜轩日记》（下），第1410页。但《桐城派名家文集（11）姚永朴集、姚永概集》未收。

② 姚永概著，沈寂等标点：《慎宜轩日记》（上），黄山书社2010年版，第19—21页。

1919 年 5 月起，姚永概受徐树铮委托，一边为正志学校讲课，一边为西北边防军评阅试卷（将士月试）。这时，徐树铮已把注意力转向外蒙古问题，并编练西北边防军。徐树铮任西北边防军总司令期间，姚永概不止一次到西北边防军司令部。1919 年 11 月 30 日，姚永概还和人一起“公请又铮于边使署，竟破一日乃散”[①]。

在正志中学有一定基础之后，徐树铮还准备办正志大学[②]。另外还有正志小学。姚永朴为其编《正志小学修身教科书》，姚永概 1920 年春为此写道：“教有次第，而师无高下”，“吾兄仲实应正志小学之请，复成斯编，凡为卷六，为目十八。自‘立志’以至‘改过’，正心修身之本也。自孝父母以至居官，则家国天下之本具焉。大端一宗朱子，而网罗较宏，文简而辞易了，于小学书为善本”。[③]

直皖战争后，1920 年 9 月，总统徐世昌将正志中学改名“成达中学”，并改私立为公办，派校董 20 人，公推王树枏为董事会会长，傅毓棻为校长，张仰韩仍为监学[④]。姚永朴、姚永概，仍旧在学校，其他人略有更换。

中华人民共和国成立后，该校逐步变迁为现在的首都师范大学附属中学。

三、诗书交往

徐树铮尊重知识分子，乐于和他们交往，虚心向他们学习，对桐城派人物尤其如此。

---

① 姚永概著，沈寂等标点：《慎宜轩日记》（下），黄山书社 2010 年版，第 1435 页。同年 6 月徐树铮任西北筹边使。

② 徐道邻编述、徐樱增补：《徐树铮先生文集年谱合刊》，台湾商务印书馆 1989 年版，第 218 页。

③ 姚永概：《书正志小学修身教科书后》，《桐城派名家文集（11）姚永朴集、姚永概集》，安徽教育出版社 2014 年版，第 260—261 页。

④ 姚永概著，沈寂等标点：《慎宜轩日记》（上），黄山书社 2010 年版，第 18 页。

《诸家评点古文辞类纂》印成后，徐树铮首先赠送马其昶、姚永概、姚永朴、林纾、吴闿生等。徐树铮还曾将此书寄给时在上海的周树谟[①]，并系以诗："昔贤志于道，鸿文照荒裔。今人从遨乐，残民遑所耆。逐欲竞靡已，大乱驯以致。抱道守厥躬，嘉言君夙契。嫉恶甚狐兔，老眼侧鹰鸷。风尘奋一声，胡为久避地。方我勤校书，君请贻一帙。书成君挂冠，我亦振远志。屡过海上庐，炎风吹客袂。衡宇劳瞻望，舟车不敢憩。奔走今犹频，剑屦师谁誓。狂氛天地塞，沧桑忽已易。读书还静坐，醇醇愈有味。因文道乃见，愿勿恝忘世。缠裹聊寄将，宿诺寻寤寐。"[②]

徐树铮喜欢诗词，常以诗词和友人交往。每有新作，即和友人分享。有时相互酬唱。如：《谢畏庐赠研》诗[③]，是写给林纾的。林纾亦有诗赠徐树铮。

姚永概50岁生日，徐树铮和林纾召集马其昶、姚永朴、朱孔彰、臧荫松、张伯英、胡朝梁（诗庐）、塔齐贤（式古）、张庆琦、梁上栋（次楣）、陶仲芳等，邀请姚永概泛舟净业湖[④]，随后在陈幹家置酒祝贺。次日，林纾作图记之，徐树铮填词《花犯·净业湖秋泛图为叔节题》[⑤]，装卷赠姚永概。各人续有诗文祝贺姚永概。姚即写诗七首答谢，其中"挂壁良弓暂辍弯，十年戾草檄如山。吹箫自度江南曲，城北徐公不等闲"[⑥]是写给徐树铮的。

姚永概避地天津时，徐树铮曾寄赠旅费。姚赋诗《谢又铮贶旅资》："久信君囊无盗泉，解装念我突难黔。子舆受赆原非贷，仲叔逃肝亦太廉。

---

① 周树谟（1855？—1925），湖北人，字劭朴或少朴，号沈观。光绪十五年进士，曾任黑龙江巡抚，1911年兼任中俄勘界大臣，据理力争，沙俄未得逞。辛亥后任平政院院长。和又铮相知。又铮曾作《寿周沈观先生六十初度》（七律八首）。

② 徐道邻编述、徐樱增补：《徐树铮先生文集年谱合刊》，台湾商务印书馆1989年版，第86页。

③ 详见徐道邻编述、徐樱增补：《徐树铮先生文集年谱合刊》，台湾商务印书馆1989年版，第81—82页。

④ 净业湖在北京德胜门西，即积水潭，以北岸净业寺得名。

⑤ 徐道邻编述、徐樱增补：《徐树铮先生文集年谱合刊》，台湾商务印书馆1989年版，第116页。

⑥ 《桐城派名家文集（11）姚永朴集、姚永概集》，安徽教育出版社2014年版，第454页。

世有英雄存老物，愿回日月照穷檐。年来苦觉遗经好，著论潜夫更欲潜。”①

徐树铮喜欢填词度曲，养成一种习惯，并著有《碧梦盦词》集。林纾因而绘画《徐又铮填词图》二帧，不少有名望的人在画卷上题词。姚永概写两首七言诗加以称赞②。

徐树铮《答友》说：“陋巷欣迎长者车，撄情宠辱已蠲除。功名尘土空谈笑，意态风云自卷舒。万马无声秋塞月，一灯有味夜窗书。登坛旗鼓君休诧，依旧萧萧似隐居。”这是他卸任陆军次长时作的诗。诗中的长者，即包括桐城派师友。“万马”一联最为时流传诵。姚永朴说：“空明澄澈，吾家惜翁执笔，亦不过如此。”别人亦有同感。徐有断句：“细数疏星待檐月，微闻清露下庭槐。”姚永概极为称许。③

徐树铮与之交往的人物，知其爱读书，便赠书给他。马其昶赠其《易注》，他反复阅读多遍，殊深感悟，并将自己的见解，提请马其昶及王树枏、柯邵忞审阅。尤其值得注意的是，他读了马其昶的书后，“发愿总集群经，遍为点读”。此前的所谓“十三经”，除《公羊》《穀梁》没读完，其他都已经读过。认为“十三经”之称，“传记训诂，杂羼并列，未为的当”，并“拟提出《尔雅》，仍以《大学》《中庸》还小戴之旧，而以大戴并立，附《国语》《国策》于《左氏传》后，合为十五经传。再于《尔雅》后，增取《方言》《释名》《说文》《广雅》，共成经训二十种”。他认为这样，“中国经世大文，殆可包举无遗。读者各尽资力所能，专治一二，或普读其大凡。国家兴学育才，此为之基；立贤行政，此为之准。然后群智得其范围，古今两无偏泥。神州泱漭，庶免陆沉之惨”。再者，“诸子诸史，骚赋诗歌，填词南北曲，八比文，皆中国文学粹腋，不可不各有最辑。拟

① 《桐城派名家文集（11）姚永朴集、姚永概集》，安徽教育出版社 2014 年版，第 458 页。

② 姚永概：《徐又铮填词图树铮》《题填词第二图》，《桐城派名家文集（11）姚永朴集、姚永概集》，安徽教育出版社 2014 年版，第 450、453 页。

③ 沈云龙主编：《今传是楼诗话》，王揖唐著，台湾文海出版社 1979 年版，第 89 页。《答友》另见《徐树铮先生文集年谱合刊》，第 89—90 页。

定为目录，广求名宿耆贤审慎抉择后，刊布于世”[①]。不久，徐树铮即成立都门编书局，礼聘名宿耆贤分别编纂经传。

姚永朴、姚永概将《旧闻随笔》《字体备检》等，赠给徐树铮。1919年秋冬之际，徐树铮自蒙古库伦（今乌兰巴托）《致姚仲实兄弟书》中说：“《旧闻随笔》《字体备检》，并经细读。《旧闻》略有点识，《字检》略有商榷。”[②]徐树铮读书后，有何心得见解，亦尽可能和他们交流切磋。

徐树铮多次到林纾、姚永概、马其昶等老先生家看望，或请教问题，或问寒问暖，帮助他们解决生活困难，如：为姚永概租屋，送他“俄毯”“品锅”[③]及“蒙物”等。徐树铮还在自己家里，多次请他们吃饭[④]。姚永概亦请徐树铮和各位，不止一次到家中聚过。当时的耆宿名儒柯劭忞、王树枏、王式通、朱孔彰、胡玉缙等，也都乐于和徐树铮相处，“且交相引重，气类之雅，近世所稀”[⑤]。

在上述诸人中，徐树铮和林纾相识较早，每见必称林师，多次请其修改作品。他说：“辛任（1911—1912）之际，始与畏庐老人交，猥许为性地廉厚，居恒以道义相磋劘（磨）。又时为论议古今文字得失，及为学次第；每见鄙作，删抹不少假借。始欣欣然知学之不可无师资矣。”[⑥]既知学需有师，徐亦主动请柯邵忞、王树枏、马其昶、姚永概、姚永朴等帮助修改文章。他写的《姜少芳先生家传》，就是请柯邵忞、王树枏、马其昶删

---

① 《致柯凤孙王晋卿马通伯书》徐道邻编述、徐樱增补：《徐树铮先生文集年谱合刊》，台湾商务印书馆1989年版，第42—43页。

② 徐道邻编述、徐樱增补：《徐树铮先生文集年谱合刊》，台湾商务印书馆1989年版，第36页。

③ 姚永概著，沈寂等标点：《慎宜轩日记》（下），黄山书社2010年版，第1308、1312、1313页。

④ 姚永概著，沈寂等标点：《慎宜轩日记》（下），黄山书社2010年版，第1300页：“赴会于又铮宅，豆粥甚美”；1315页：“又铮招至寓食乡味”。

⑤ 沈云龙主编：《今传是楼诗话》，王揖唐著，台湾文海出版社1979年版，第90页。

⑥ 徐树铮：《致马通伯书》，徐道邻编述、徐樱增补：《徐树铮先生文集年谱合刊》，台湾商务印书馆1989年版，第12页。

定的[①]。

1915 年初夏，徐树铮将其创制的《兵法新棋图》[②] 拿给姚永概看。姚深叹其能“因人所乐而导之”，能“寓教战于嬉戏，且适用于今日”，并为作《兵法新棋说略序》说：“天下之大利，莫善乎因人所乐而导之。因人之所乐，则无用之物皆有至用者存……古者，嬉戏之事有博有奕，而皆用棋奕，即今之围棋、弈棋，见于《左氏传》为最古。又有所谓象棋者，或疑即《招魂》之‘菎蔽象棋’……皆有寓于战。围棋之用在占势而破人之目，当必不得已之时，宁弃少以全多，合于兵家之权谋。象棋则以食敌将为胜，其用不尽合理……”，“徐君又铮曩游海外，通知近日各国之战术，创为《兵法新棋图》，且说之。其篇有六，曰局、曰子、曰能、曰约、曰律、曰理，举凡进退之道，攻守之利，器械之能，习熟之，皆可以知其用而不穷。乃者将广其传于将士间。出以见示，余读之，深叹其能与圣人因人所乐而导之者合。寓教战于嬉戏，且适用于今日”。[③]

徐树铮特别尊重和信任上述人物。他请他们为陆军编辑局润色所辑之书，并请林纾、姚永概帮助在陆军部创办的《平报》编稿。他有时太忙，即请姚永概代写有关文章及诗词联语等。如：1919 年 12 月 23 日，姚永概为徐树铮代作三联，一为张伯英母亲贺寿，一为挽朱孔彰（作吾国大师，再世传家通许学；传中兴名将，一生低首拜湘乡），一为饶氏。[④] 徐树铮有时还代别人请姚永概等帮助选诗征文。因此，姚永概为王郅隆写征文启、作祠联[⑤]，为孙绣田选诗。

---

① 徐道邻编述、徐樱增补:《徐树铮先生文集年谱合刊》，台湾商务印书馆 1989 年版，第 40—43 页。

② 徐树铮留学日本期间，深感祖国积弱，宗邦不振，归根到底是由于军学不倡，知兵之人少。因此，他“欲以军事知识，遍饷国人”。同时认为若无通俗之具诱掖国民，纵然“著书充栋、兴校盈野”，恐亦难见大效。1910 年 2 月，他“不惜数日之力，规仿今世陆军大旨，自营心构，创为‘兵法新棋’。赋性命名，一依现行军制；绘图说略，衍制贡世。使好之者循途而趋，会心不远。渐于游戏自得之余，恍然见甲兵大略”。此棋疑即当世流行之（陆战）军棋。

③ 《桐城派名家文集（11）姚永朴集、姚永概集》，安徽教育出版社 2014 年版，第 249—250 页。

④ 姚永概著，沈寂等标点:《慎宜轩日记》(下)，黄山书社 2010 年版，第 1437 页。

⑤ 姚永概著，沈寂等标点:《慎宜轩日记》(下)，黄山书社 2010 年版，第 1430 页。

1919年4月徐母岳氏去世，徐树铮非常悲痛地向几位老先生述说家世，请写《阡表》《墓志铭》等。随后，马其昶为徐撰写《醴泉村徐氏阡表》，记述其父母一生经历和主要美德，及其受父母教育情况，非常感人。姚永概撰《徐葵南先生墓志铭》。王树枏撰《徐葵南府君暨岳夫人合葬墓表》。吴闿生撰《徐府君碑》。1925年底徐树铮遇难后，王树枏还撰写了《远威将军徐府君家传》，深情记叙其一生重要经历。柯邵忞撰《远威将军陆军上将萧县徐公墓志铭》。

徐树铮是经吴闿生而结识姚永概的，自谓与姚“志同道合，一见辄相倾倒”[①]。又经姚永概而结识其姐夫马其昶，和其兄姚永朴。徐树铮与姚永概相处，尤为紧密而情深意笃。平时，徐树铮去姚永概家，往往深谈很长时间。他还约姚永概一起，数次访问马其昶、林纾等。姚永概生病时，徐树铮前去看望，“并赠贰百元药资，其意极诚”[②]。姚永概准备回家乡时，徐树铮特赠旅费[③]。1917年11月25日，徐树铮还赠姚永朴、姚永概两件羊裘。次日，姚永概“晤又铮，赠以书画，年刻《陆宣公集》、王梦楼题张弋高画”[④]。12月1日，徐树铮约姚永概等“赴公园观书画展览会，颇多名迹”[⑤]。12月23日，正志学校“行散学礼，毕，小晏，又铮醉”[⑥]。他们一起喝酒，有时姚永概也喝醉，都是性情中人。同年底，姚永概为在老家买屋，向徐树铮借钱500元[⑦]，不久即还。姚永概不止一次向徐树铮借钱，徐从不含糊，总是如数借给。1918年5月10日，徐树铮在戎马倥偬之际，紧密部署南征之隙，还招待姚永概饮酒[⑧]。姚永概请徐树铮为其四弟和二侄找工作，“二

① 《致马通伯书（民国四年）》，徐道邻编述、徐樱增补:《徐树铮先生文集年谱合刊》，台湾商务印书馆1989年版，第12页。
② 姚永概著，沈寂等标点:《慎宜轩日记》(下)，黄山书社2010年版，第1339页。
③ 姚永概著，沈寂等标点:《慎宜轩日记》(下)，黄山书社2010年版，第1363页。
④ 姚永概著，沈寂等标点:《慎宜轩日记》(下)，黄山书社2010年版，第1374页。
⑤ 姚永概著，沈寂等标点:《慎宜轩日记》(下)，黄山书社2010年版，第1374页。
⑥ 姚永概著，沈寂等标点:《慎宜轩日记》(下)，黄山书社2010年版，第1376页。
⑦ 姚永概著，沈寂等标点:《慎宜轩日记》(下)，黄山书社2010年版，第1376—1377页。
⑧ 姚永概著，沈寂等标点:《慎宜轩日记》(下)，黄山书社2010年版，第1387页。

侄得陆军部技士，又铮之力也”[①]。其四弟经吴闿生（时任教育部次长）安排在教育部工作，亦与徐树铮有关系。1920 年 2 月，徐树铮又委其四弟银行一事，兼国务院一事。

姚永概病逝时，徐树铮在日本，梦中有感，凌晨告诉友人说：“叔节（姚永概字叔节）恐不起。”唏嘘不已，随后讣至[②]。相处之深，以致精神感召如此。

徐树铮和桐城派的诗书交往，包括一些琐细，反映出他们之间的义理情谊和非同一般的关系。

四、关于编纂清史

1914 年，民国建立清史馆。赵尔巽为馆长，王树枏、马其昶等分别为总纂之一。姚永朴被聘为纂修，姚永概为协修。吴闿生、王式通等，之后也参与清史编纂。徐树铮对编纂清史非常重视，并有所筹划和贡献。

王树枏、马其昶等，和徐树铮说过编纂清史事。

徐树铮在回复王树枏的信中说：“清史事，树铮亦尝有所筹计。盖以谓我国古史，肇端尚书，断自唐虞，适终揖让之局。有清一代，则适当征诛之终。而自夏讫明，历代兴亡之迹，举凡政俗盛衰，文治通塞，武功强弱，与夫权臣倾主，幼冲当宁，阉伶弄权，藩镇肆志，清谈误国，黜锢蔽贤，乃至荒裔向背，宫闱变端，国祚移而复还，朝政兴而再替，种种事实，无一不见之于清室掌故之书。故拟以清事，上承列朝，后先比照，编为通史，用括数千年来全史之要，即开民国万万年纪元之基。似可与丈右《清

① 姚永概著，沈寂等标点：《慎宜轩日记》（下），黄山书社 2010 年版，第 1367 页。
② 沈云龙主编：《今传是楼诗话》，王揖唐著，台湾文海出版社 1979 年版，第 90 页。

鉴》之议，互相发明，并行而不悖。惟兹事体大，非树铮武夫所能了了。尤非一手一足，所克有功。甚盼杖履归京，及时商榷，期可见之施行。需费虽巨，要自待人而办，非足虑也。”[①]由此可见，徐树铮筹编清史，是为民国万万年。其用心可谓久远。至于所需巨额经费，他也可以帮助筹办。[②]

马其昶对光绪、宣统年间大臣的传稿，负有责任，并且亲自撰写或修改稿件。他拿《张之洞传稿》交给徐树铮看，想听听徐的意见。徐慎重阅读数遍，认为“裁剪严洁，惬心贵当，重事轻举，萧然若无觉矣。篇中多用侧笔，运以曲致，讽誉相孕，抗队在心。殆合取龙门六一之神髓，别造新妍，而不袭貌似者也”。并根据亲身经历，介绍自己对张之洞与袁世凯的看法。1903 年春天，湖广总督张之洞奉召进京，路过直隶总督府所在地保定。袁世凯时任直隶总督，年轻气盛，请张阅兵，又盛宴招待。徐树铮奉命陪席，亲见袁世凯率领将吏以百数，整饬肃对，无敢稍解。而张之洞倚案垂首，似睡似醒，呼吸之际，犹有鼾声。袁世凯执礼愈恭，张之洞愈自偃蹇，以作老态。袁世凯曾对张仰之如神，此后即大为不满，耿耿于怀。徐树铮认为：清代中兴以来，自李鸿章去世（1901 年）后，柱国世臣，资望无逾张之洞，干略无逾袁世凯。其时张如果涵以道气，驭以真情，同袁两美诉合，共忧国是，袁能尽其材画，勠力中朝，张虽先逝，而武昌之变，至今不作可也。然而张与袁相遇，殊形落寞，“一色息之细，不能稍自节束，以笼络雄奇权重之方面吏，徒使其人心目中更无可畏可爱可敬之人，生与并世，渐滋其骄谲之萌，致力于拒纳之术，以遗后世忧”，“此亦清室兴废一大关键，而春秋责备之义，所不容不独严于公（张之洞）也”，“宜于《传》中微书数言，俾后之读史者有所考，而知所以自处之道也”。[③]徐

① 徐道邻编述、徐樱增补:《徐树铮先生文集年谱合刊》，台湾商务印书馆 1989 年版，第 32—33 页。

② 林纾《答郑孝胥书》中说：“去岁内务大臣耆龄与弟言，盛称又铮不置，以为经费偶尔不足，一经语之又铮，即唾手可得。”薛绥之等编:《林纾研究资料》，福建人民出版社 1983 年版，第 100 页。由此看来，徐树铮确可帮助筹备经费。

③ 徐道邻编述、徐樱增补:《徐树铮先生文集年谱合刊》，台湾商务印书馆 1989 年版，第 17—18 页。

树铮对张之洞与袁世凯相遇殊形落寞表示不满。那时，张之洞时年 65 岁，袁世凯时年 43 岁。张之洞是生理表现，还是有意为之，难以断言。马其昶接到徐树铮意见后，亦不便于判断。

但是，徐树铮对于编纂清史的态度，对历史和历史人物的认识，及其对编纂清史的通体筹划，显而易见。马其昶和王树枏作为总纂，也会有所参考借鉴。

五、抵制袁世凯复辟

徐树铮始终抵制袁世凯图谋称帝，因此他还被免去陆军部次长职务。与他有交往的桐城派知名人物，林纾、马其昶等，也态度鲜明地坚决抵制袁氏称帝。

袁世凯图谋称帝初期，曾要徐树铮去向林纾说明，要聘林为参政。林纾听后“毛发悚然，如遇鬼物，抗辞至四日之久”。第五天，林还无法自解，就面告徐树铮：请把我头拿去，我脚是不能进中华门的[①]。徐树铮代林向袁尽力解说，林才得免被聘为参政。1916 年春夏之际，林纾写咏史诗 8 首，借古讽今，讽刺那些参与袁世凯称帝的人。林纾一直不忘自己是大清举人，作为大清遗民，念念不忘故君，但对袁世凯复辟之举动，始终不赞成。

马其昶也不赞成袁世凯复辟帝制。袁为实现野心，曾召见马其昶，希望他给以支持和帮助。马其昶身为总统府参政，决不同意，即辞去总统府参政，毅然携带家眷尽快回归桐城故里。其高风亮节，受到知者称赞。马其昶去世后，王式通写诗悼念：“唐松宋画等闲看，兰若谭禅耐夜寒。愿

① 林纾：《答郑孝胥书》，薛绥之等编：《林纾研究资料》，福建人民出版社 1983 年版，第 100 页。

制毒龙参贝叶，不随饥凤食琅玕。”即指其反对帝制、辞参政出都事。又：“桐城耆旧总温然，此是方姚以后贤。讲舍文论清宴夜，史家运厄火书年。长哀碧血曾千语，一掩黄肠共九泉。傥遇故人烦慰藉，孤儿键户理遗编。”作者自注：“后四句均谓碧梦。”有人说：“凡知碧梦与通伯交谊者当自了了。碧梦遗集近甫编成，而志盦又逝，其遗集刊订闻并属之毅行，又一段‘山抹微云’之佳话矣。”[①] 所谓“碧梦”，代指徐树铮。徐有《碧梦盦词》。志盦，即王式通，与马其昶一起编纂清史，相知较深；其女嫁给徐树铮儿子徐审义（字毅行）。从这里也可以看出徐树铮与马其昶（通伯）的关系。有人还说，马其昶“抗论帝制，曾有长书，心迹皎然，知者共谅，得志盦（王式通）此诗，可为张目”[②]。

要而言之，马其昶、林纾等和徐树铮，对于袁世凯图谋称帝复辟，都是坚决抵制的。不管出于何种原因，抵制袁世凯复辟帝制，都是符合历史发展潮流的。

六、其他

吴闿生父亲吴汝纶，曾用几十年精力，圈点评识司马迁《史记》。吴汝纶去世后，其门人印行于世，错误较多。吴闿生重加校正，并录其原本评点，及其所采诸家评识附后。徐树铮据以再印行世，并让友人臧荫松（字硐秋）校对。臧荫松反复校对，无一字误乃止。书成后，有感于臧荫松之认真与勤奋，徐树铮作《臧硐秋校史图》长诗。诗中写道：“龙门绝作万代稀，桐城点勘抉其微。不有善本赖熟读，古人笔妙何由追。勋华罗绮方炫

---

① 沈云龙主编：《今传是楼诗话》，王揖唐著，台湾文海出版社 1979 年版，第 428—429 页。

② 沈云龙主编：《今传是楼诗话》，王揖唐著，台湾文海出版社 1979 年版，第 434—435 页。

耀，谁从古纸争毫厘。爰有下相臧夫子，侧身尘海头低垂。殷勤刊校二百日，祁寒盛暑兼饥疲。当其辛苦未终日，蠹鱼性命人所痴。既成人竟夸精审，桐城微笑龙门怡。方知世事无小大，不守坚卓功安期。”[①] 林纾画臧荫松校史图，姚永概写《校史图记》[②]。

吴汝纶生前还曾评点《汉魏六朝百三名家集》，徐树铮1918年初在吴闿生书房看到后，即借以印行于世，并亲自校对。因“为兵机所驱”，又将校对之事委托臧荫松。校完后，徐树铮作序说，自古以来，文无所谓骈散，“辞达而已矣”。“文之至者，不因骈散而重轻”，“是书一出，读者得沾溉吴先生遗教，用垂无极，而辟疆（吴闿生）之惠，礀秋之勤，皆良不可没也。何日军事大定，国家文化复昌，政纲法轨，灿然毕陈，吾得选暇日，手此卷，以吴先生读书之法，荫高树，踞大石读之，学为骈散兼至之文，以纪一时政教。读倦则偃书闭目，追念今日奔驰之不辍，入之文，不知当作何状？倘亦一乐事也”！[③] 姚永概序中说：“辟疆偶出此书，又铮爱之，印传于世……日月不居，时势迁运，独此文字长存天地间以待来者，兹可慨也。”[④]

大概因为在正志中学教书的关系，几位老先生遇到特别难办之事，即请徐树铮帮助。1917年7月张勋复辟失败后逃入荷兰使馆，一直被通缉而不敢出来。1918年春，马其昶写信给徐树铮，希望他给段祺瑞总理说，放张勋一马，称张勋虽然“昧于大势”，举事轻率，“然究不失为肝胆血性男子”，比那些欺诈反复者好，“果其才有足用缓急可仗赖者”，则可收揽备用。“事已不成，困而知悔，则矜全之非私德也。示天下以大公，不以恩怨向背为取舍，盖古之观人者无他，亦观其性情心术而已。心术正，在仇

① 《徐树铮先生文集年谱合刊（增补）》，台湾商务印书馆1989年版，第85—86页。

② 见《桐城派名家文集（11）姚永朴集、姚永概集》，安徽教育出版社2014年版，第360页。

③ 徐道邻编述、徐樱增补：《徐树铮先生文集年谱合刊》，台湾商务印书馆1989年版，第21—22页。

④ 《桐城派名家文集（11）姚永朴集、姚永概集》，安徽教育出版社2014年版，第254—255页。

必录，不然虽加以兵可也。”那些性情心术早就坏了的人，不足以共功名。张勋则不然，现在段总理可以杀他，也可以让他活；杀他或让他活，都不为私。“闻定武（张勋）困伏外馆，时时与人言：吾举事未告合肥（段祺瑞），合肥非卖我者，今事败无所恨。又言及公（徐树铮），则深感平生雅故之情。以此知公之不能恝于定武也。公位日高，建树益伟，忌者益日众，使定武得出，彼不忘故主，岂负友哉，亦缓急可恃之交也。公素磊落，不为身图，今吾言此，疑若鄙浅，然愿公白合肥，煦定武，冀异时获指臂之助，正为国耳。若定武自谋得放归江湖，足矣，他非所望也。仆辱合肥知爱，欲自言，恐不获尽意，故具白于此。惟公侠气，能振穷阨，申谠言，慰士大夫之望，幸甚不宣。”[①] 马其昶为张勋知己，欲救张勋，并希望其能为国再用，亦为段祺瑞执政而谋。之所以致信徐树铮，是因为深知徐树铮，相信徐能和段说。这封信，反映出马其昶和张勋的关系，也反映出他和徐树铮及段祺瑞的关系。所谓观人“观其性情心术而已”，马亦如此。

1919 年 1 月 8 日，姚永概得知桐城革命党人史恕卿被拘求救，即和马其昶、吴闿生“公乞又铮”[②]，请徐树铮设法救出史恕卿。姚永朴称姚永概，“其于安徽或本邑事有关于利害者，苟力能陈之当事，必尽言无隐”[③]。诚然。

1919 年 6 月 11 日陈独秀因散发《北京市民宣言》传单被捕后，姚永概应“孝宽诸人”之托，“函求”徐树铮营救陈独秀[④]。

马其昶、姚永概等，请徐树铮帮助营救张勋、史恕卿、陈独秀之事，不知徐树铮如何处理（目前尚未看到具体资料）。但之后不久，几位须救

---

① 马其昶:《抱润轩文集》卷十，第 9—11 页。安徽省图书馆藏，原文无段落标点。标点是引用者添加。

② 姚永概著，沈寂等标点:《慎宜轩日记》（下），黄山书社 2010 年版，第 1379 页。史恕卿（1869—1942），桐城人，曾参加中国同盟会，联络革命党人谋起义。1913 年二次革命失败后，仍进行革命活动。后来参与筹建安徽大学。

③ 姚永朴:《叔弟行略》，《桐城派名家文集（11）姚永朴集、姚永概集》，安徽教育出版社 2014 年版，第 469 页。

④ 姚永概著，沈寂等标点:《慎宜轩日记》（前言），黄山书社 2010 年版，第 23 页。

者就有了出路。

1925 年，徐树铮上书段执政，说有人假借名义整治知识分子，应予“饬商停止”。同时提出要“崇儒重道”“尊圣兴学”，致力文化复兴。要加意保护知识分子。像柯劭忞、王树枏、马其昶、姚永朴、胡玉缙、贾恩绂、陈汉章等先生（“海内宿儒，为树铮所不及知者，尤不知凡几”），“拟恳厚赠禄养，矜式国人”，“并饬梁秘书长鸿志，张帮办伯英，正志学校张校长庆琦，时为钧座存问，俾各心安泰，保此斯文一脉”。林纾、姚永概两先生先后病逝，树铮“至为痛惜。树铮辟地频年，奔走南北，兄姊亲爱，死丧迭仍，皆为私痛未至过戚。惟两翁之殁，不能去怀，每一念及，辄复涕零。两翁皆于钧座有旧，从学满天下。身后清苦，请饬存恤其家，使遐迩共歌钧座崇儒重道之雅，争奋求学，文化庶几复兴”。为重整中华，“舍昌明经训无他术”，“为长治久安计，练百万雄兵，不如尊圣兴学，信仰斯文义节之士”。[①] 由此亦可看出，徐树铮对桐城派及许多知识分子的尊重和爱护。他是从重整中华之立场，并从长远着眼才这样做的。

王逸塘办中华学校时，聘姚永朴、姚永概兄弟任讲席，认为姚永朴“道范巍然，循循善诱”，姚永概“尤倜傥自喜，好谈天下事”，并说徐树铮与姚永概论事尤为莫逆，常对王称誉姚君之贤。[②] 这从侧面证实徐树铮与姚之相契。

1931 年九一八事变后，姚永朴作《闻东北事急，追忆萧县徐又铮树铮》诗，认为徐有匡时卫国之高才，可惜被忌者所害：“才高宁蠖屈，投笔起匡时。洒落交奇士，从容靖远陲。长城胡遽坏，大厦竟谁支？北望烽烟满，思君令我悲。”并在诗后加注说：“君由诸生充民国筹边使，蒙古服其

① 徐树铮：《上段执政书（民国十四年）》，徐道邻编述、徐樱增补：《徐树铮先生文集年谱合刊》，台湾商务印书馆 1989 年版，第 47—48 页。

② 沈云龙主编：《今传是楼诗话》，王揖唐著，台湾文海出版社 1979 年版，第 50 页。

廉。既归，为忌者所害。”[①] 过去交往的情景，自然又出现于胸怀。

以上所述，反映出徐树铮与桐城派的一些关系。徐树铮热爱读书学习，因而尊重知识，尊重人才。他和桐城派亦师亦友。他们之间的关系，主要是知识关系、诗书关系、道义关系。他们互相尊重、互相关心、互相信任、互相帮助与支持，为文化教育事业的传承与发展尽心尽力，做出了有益于当世及后世的成绩。

（“桐城派与清代社会”研讨会，2018 年 7 月 21 日，合肥）

① 《桐城派名家文集（11）姚永朴集、姚永概集》，安徽教育出版社 2014 年版，第 189 页。

《徐树铮传》主要参考资料目录

中国科学院近代史研究所近代史资料编辑组编辑:《徐树铮电稿》，中华书局 1963 年版。

徐道邻编述、徐樱增补:《徐树铮先生文集年谱合刊》，台湾商务印书馆 1989 年版。

徐树铮:《参观宁镇湘鄂皖陆军禀报》，北京大学图书馆藏（出版社与出版年月不详）。

徐树铮:《建国诠真》，癸亥季春出版，1923 年版。

杜春和、耿来金辑:《徐树铮与段祺瑞等人书》，中国社会科学院近代史研究所近代史资料编辑部编:《近代史资料》总 76 号，中国社会科学出版社 1989 年版。

朱传誉主编:《徐树铮传记资料》，台北天一出版社 1979 年版。

张侠、孙宝铭、陈长河编:《北洋陆军史料》，天津人民出版社 1987 年版。

杜春和等编:《北洋军阀史料选辑》（上下），中国社会科学出版社 1981 年版。

章伯锋、李宗一主编:《北洋军阀》（全六卷），武汉出版社 1990 年版。

来新夏主编:《北洋军阀》（全 5 卷），上海人民出版社 1988、1993 年版。

中国第二历史档案馆编:《中华民国史档案资料汇编》（第一、二、三辑），江苏古籍出版社 1991 年版。

中国第二历史档案馆编:《直皖战争》，江苏人民出版社 1980 年版。

中国第二历史档案馆编:《吴佩孚档案资料选编》，民国档案杂志社 2009 年版。

辽宁省档案馆编:《奉系军阀密电》，中华书局 1984—1986 年版。

李良玉、陈雷主编:《倪嗣冲函电集》，社会科学文献出版社 2011 年版。

中国社会科学院近代史研究所近代史资料编辑室编:《一九一九年南北议和资料》，中华书局 1962 年版。

杜春和编:《白朗起义》，中国社会科学出版社 1980 年版。

荣孟源、章伯锋主编:《近代稗海》，第 2—8 辑，四川人民出版社 1985—1987 年版。

中国社会科学院近代史所近代史资料编辑室（部）编:《近代史资料》，总 2、11、13、15、17、18、26、27、31、35、40、48、50、51、56、73、74、76、91 号，中国社会科学出版社等，1962 年以来。

国家清史编纂委员会文献丛刊:《慎宜轩日记》，姚永概著，沈寂等标点，时代出版传媒股份有限公司、黄山书社 2010 年版。

中国近现代稀见史料丛刊:《贺葆真日记》，贺葆真著，徐雁平整理，凤凰出版社 2014 年版。

民国名人日记丛书:《白坚武日记》，中国社会科学院近代史研究所编，杜春和、耿来金整理，江苏古籍出版社 1992 年版。

民国名人日记丛书:《冯玉祥日记》，中国第二历史档案馆编，江苏古籍出版社 1992 年版。

翁之憙著:《入蒙与旅欧》，中西书局 2013 年版。

陆丹林、丁仕源著:《革命史谭　梅楞章京笔记》，中华书局 2007 年版。

陈夔龙、胡思敬著:《梦蕉亭杂记　国闻备乘》，中华书局 2018 年版。

中央文史研究馆编:《史迹文踪》，上海书店 1994 年版。

杜春和编:《张国淦文集》，燕山出版社 2000 年版。

文明国编:《张国淦自述》，人民日报出版社 2011 年版。

国家清史编纂委员会文献丛刊:《桐城派名家文集（11）姚永朴集、姚永概集》，严云绶、施立业、江小角主编，安徽教育出版社 2014 年版。

国家清史编纂委员会文献丛刊:《桐城派名家文集（8）马其昶集》，严云绶、施立业、江小角主编，安徽教育出版社 2014 年版。

中国社会科学院近代史研究所中华民国史研究室、中山大学历史系孙中山研究室、广东省社会科学院历史研究所合编:《孙中山全集》（全 11 卷），中华书局 1982—1986 年版。

姜义华、张荣华编校:《康有为全集》第十二集，中国人民大学出版社 2007 年版。

张謇研究中心等编:《张謇全集》第六卷・日记，江苏古籍出版社 1994 年版。

张謇研究中心等编:《张謇全集》第一卷・政治、第五卷・艺文，江苏古籍出版社 1994 年版。

林绪武、邱少君编:《吴鼎昌文集》，南开大学出版社 2012 年版。

陈隽、佟立容编:《陈明侯将军》，中国文史出版社 1997 年版。

胡晓编著:《段祺瑞年谱》，安徽大学出版社 2007 年版。

朱羲胄编:《林畏庐先生年谱》，上海书店 1989 年版。

张旭、车树昇编著:《林纾年谱长编》，福建教育出版社 2014 年版。

公孙訇:《冯国璋年谱》，河北人民出版社 1989 年版。

陈锡祺主编:《孙中山年谱长编》（上下），中华书局 1991 年版。

凤冈及门弟子编:《梁士诒年谱》（上下），广东人民出版社 2014 年版。

陈奋主编:《梁士诒史料集》，中国文史出版社 1991 年版。

丁文江、赵丰田编:《梁启超年谱长编》，上海人民出版社 2009 年版。

李良玉等著:《倪嗣冲年谱》，黄山书社 2010 年版。

韩信夫、姜克夫主编:《中华民国史大事记》第一至三卷，中华书局2011年版。

李剑农著:《中国近百年政治史》，商务印书馆2011年版。

李新、李宗一主编:《中华民国史》第二编第二卷，中华书局1987年版。

来新夏主编:《北洋军阀史稿》，湖北人民出版社1983年版。

刘以芬:《民国政史拾遗》，上海书店出版社1998年版。

徐一士编著:《一士类稿　一士谈荟》，书目文献出版社1983年版。

徐铸成:《旧闻杂忆补篇》，四川人民出版社1984年版。

刘禺生著，钱实甫整理:《世载堂杂忆》，中华书局1960年版。

陶菊隐著:《北洋军阀统治时期史话》(上中下)，生活·读书·新知三联书店1983年版。

[日]实藤惠秀著:《中国人留学日本史》，谭汝谦、林启彦译，生活·读书·新知三联书店1983年版。

中国政协文史资料委员会编:《文史资料选辑》，总第二十、二十六、三十五、四十一、一零六辑等，中国文史出版社。

石玉新、杨小波主编:《文史资料存稿选编(晚清北洋)》(上下)，中国文史出版社2002年版。

天津市政协文史资料委员会编:《天津文史资料选辑》第四十辑，天津人民出版社1987年版。

吉林省政协文史资料委员会编:《吉林文史资料选辑》第四辑(张作霖等奉系军阀人物资料专辑)，吉林人民出版社1983年版。

福建省政协文史资料编辑室编:《福建文史资料选辑》第一辑，福建人民出版社1962年版。

福建省政协文史资料室编:《福建文史资料选辑》第五辑，福建人民出版社1981年版。

南平市政协文史资料委员会编:《南平文史资料》第十一辑，1990年印。

安徽省政协文史资料委员会编:《安徽文史资料选辑》第三辑，安徽人民出版社 1982 年版。

安徽文史集萃丛书之二:《军阀祸皖》，安徽人民出版社 1987 年版。

许汉三等著:《皖事拾零》，安徽人民出版社 1989 年版。

萧县政协文史资料委员会编:《萧县文史资料》第三辑，1986 年印。

江苏省政协文史资料委员会编:《江苏文史资料选辑》第三辑，江苏人民出版社 1981 年版。

中华民国史资料丛稿:《民国人物传》第一卷，中华书局 1978 年版。

黄征、陈长河、马烈著:《段祺瑞与皖系军阀》，河南人民出版社 1990 年版。

程舒伟、侯建明著:《段祺瑞全传》，黑龙江人民出版社 2001 年版。

侯宜杰著:《袁世凯全传》，群众出版社 2013 年版。

沈云龙著:《徐世昌评传》，传记文学出版社 1979 年版；中国大百科全书出版社 2013 年版。

李良玉、吴修申主编:《倪嗣冲与北洋军阀》，黄山书社 2012 年版。

曹心宝著:《徐树铮与皖系兴亡研究》，广西师范大学出版社 2016 年版。

张华腾著:《清末新军》，人民出版社 2019 年版。

张孝若:《南通张季直先生传记》，中华书局 1930 年版。

吴忠亚、吴厚智著:《百年吴禄贞》，湖北人民出版社 2011 年版。

[日]园田一龟著:《怪杰张作霖》，胡毓峥译，辽宁大学历史系印，1981 年。

《晨报》《晨钟报》《大公报》《申报》《民国日报》《东方杂志》《安徽史学》《民国档案》《民国春秋》《近代史研究》等。

后记一

为人写传，不是一件容易的事，尤其是臧否不一的人物。徐树铮，乡人也，民年少即闻其名。1980年，入安徽省社会科学研究所（今社科院），遂起研究徐树铮之念。每趁返乡省亲之期，至徐州、醴泉、萧县、桃山等地，访问故老，寻求资料。又趁编辑工作出差之便，先后至北京图书馆、中国社会科学院近代史研究所、南京中国第二历史档案馆、上海市图书馆，查阅有关书籍、报刊、档案。尤以泡在安徽省图书馆的时间最长。无奈天生愚钝，进度缓慢。待此传稿粗成，倏忽已十有二年，不胜碌碌无为之感。1992年秋，重新负笈校园。行前，安徽省社科院历史所的领导和师友，力促将传稿付梓，马昌华先生慨然以修正校雠为己任，铭感之外，民复何言！

民写徐树铮传，不特为其人也。为其有爱国之心之行，亦有误国之处也。国之盛衰，匹夫有责。愿与读者诸君，共鉴戒之。

际此传稿出版，谨向上述提供资料的单位、给予支持鼓励的领导和师友，以及黄山书社，深表谢意。

王彦民

1993年11月8日于天津南开大学

后记二

这次修订，重新查阅资料，看到许多新资料和相关学术成果。增加“参观宁镇湘鄂皖陆军”“更预开平之役”“创办《平报》”“赴日观操”等节。其他各章节，均作修改补充或调整。附录：《徐树铮与传统文化》《徐树铮与桐城派》《徐树铮生平纪要》《主要参考资料目录》。

搜集资料时，杜春和、耿来金、陈长河、张绍堂、徐樱、徐小虎、杨光庭、王士友、罗其安、马中文、刘悦斌、高天鼎、彭贺超、李彬彬等，给予重要帮助。

修订过程中，朱信泉、施立业、纵精笑等，提出宝贵意见。施立业的意见，尤为全面。匿名评审专家的意见，也很宝贵。

在此谨向以上各位先生及有关单位，表示衷心的感谢！

向中央党校离退休干部局和东方出版社的有关同志深致谢意！

王彦民

2021 年 7 月 5 日